编委会名单

顾　问　陈春声　陈平原　林　岗
主　编　张培忠　肖玉华
副主编　孔令彬

编　委（以姓氏笔画排序）
江中孝　李　彬　李伟雄　吴亚南
余海鹰　张　超　林　茵　林洁伟
赵松元　段平山　黄景忠　曹亚明

韩山师范学院2017年省市共建中国语言文学
重点学科经费资助

广东省普通高校人文社科重点研究基地
岭东人文创新应用研究中心阶段性成果

张竞生集

第十卷

主　　编　张培忠　肖玉华
副　主　编　孔令彬
本卷主编　孔令彬

生活·讀書·新知 三联书店

Copyright © 2021 by SDX Joint Publishing Company.
All Rights Reserved.
本作品版权由生活·读书·新知三联书店所有。
未经许可,不得翻印。

图书在版编目（CIP）数据

张竞生集/张竞生著. —北京：生活·读书·新知三联书店，
2021.1
ISBN 978 – 7 – 108 – 06928 – 3

Ⅰ.①张… Ⅱ.①张… Ⅲ.①社会科学－文集
Ⅳ.① C53

中国版本图书馆 CIP 数据核字（2020）第 145000 号

责任编辑	徐国强　李　佳　吴思博	
装帧设计	康　健	
责任印制	徐　方	
出版发行	生活·讀書·新知 三联书店	
	（北京市东城区美术馆东街 22 号　100010）	
网　　址	www.sdxjpc.com	
经　　销	新华书店	
印　　刷	河北鹏润印刷有限公司	
版　　次	2021 年 1 月北京第 1 版	
	2021 年 1 月北京第 1 次印刷	
开　　本	635 毫米 × 965 毫米　1/16　印张 239.75	
字　　数	3220 千字　图 140 幅	
印　　数	0,001－2,000 套　（全十册）	
定　　价	980.00 元	

（印装查询：01064002715；邮购查询：01084010542）

饶平张竞生文化园内的张竞生雕像

位于饶平五中（原农校）的张竞生手植树

张竞生博士之墓

张竞生之子张超在父亲出生地大榕铺村张竞生祖屋

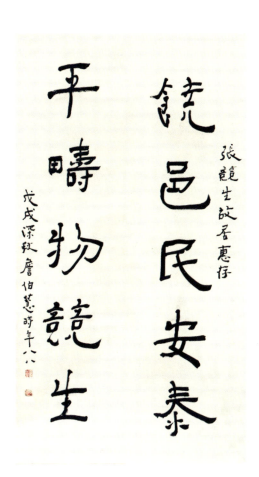

饶平著名学者詹安泰之子詹伯慧为张竞生故居所题对联

褚问鹃的个人回忆录《花落春犹在》对张竞生多有提及

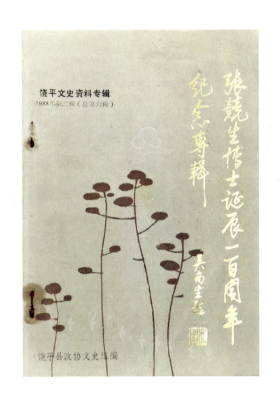

1988年饶平县政协文史组所编"张竞生博士诞辰一百周年纪念专辑"

2018年潮州韩山师范学院举办纪念张竞生诞辰一百三十周年学术研讨会合影（摄于饶平张竞生文化园）

本卷说明

本卷所收内容主要是张竞生的同事、朋友、学生、论辩对手乃至新闻记者等对于张竞生的批评、论争、回忆以及新闻报道、采访等方面的文字，不仅为我们提供了另外一些认识和了解张竞生的角度，并且也具有一定的档案保存价值。

本卷的特点首先是内容时间跨度大。最早从1924年评价他作为北大讲义出版的《美的人生观》一书，到20世纪90年代章克标、唐舜卿等人所写回忆性的文字，前后历时将近八十余年。其次是文体样式多。为了尽可能多地保持历史的面貌，我们从陈旧的老报纸杂志、散文集、小品集以及当代人编纂的各类集子中，披沙拣金，搜索整理，也因而使本卷文体呈现出一种驳杂性，其中既有小品、评论，也有回忆录、新闻报道、采访，甚至还收录了几首诗歌。第三是当代研究性文字不录。为避免不必要的争议，不论其水平如何，当代人的学术论文、学术观点一概不予选入，这也是本卷编选时的一个原则。第四是尽量避免重复。批评性的文章此种情况较少，主要是回忆类文字。大家会关注到几篇较长的文章，其中部分故事确实有雷同情况，但鉴于出自不同人之手，其文章另有不可替代之价值，故只能保留。第五是选文时我们也尽可能注意到对张竞生不同时期材料的大体平衡，此外，还将一些论争性文字移入到了其他卷中，附在张竞生所写论辩文章之后，以便读者参照。最后，在编辑本卷过程中，我们还一直遭遇一种困惑，即相当数量的关于张竞生的史实讹误，甚至一些文章颇有道听途说之嫌，对此，编者尽可能在注释中予以说明。

本卷的内容，无疑受张竞生一生几段特殊经历的影响颇大。譬如其声名最盛时期是20世纪20年代在北京与上海，因此，关于这一时期的批评、论争乃至回忆性的文章也就最多。张竞生人生的其他阶段相对平静低调，其相关材料也就比较少。本卷中最有分量的文献当属彭兆良所写的回忆性文字《张竞生的传奇生活》，其40年代后期在上海的小报连载，不仅篇幅巨大，而且保存了不少珍贵的信息，是研究张竞生不可多得的第一手材料。

本卷体例方面大体按照文章的写作或发表时间为顺序，一些文字不能十分确定作者和日期的，只能大致排列，希读者知之谅之。

为尊重作者本人的写作风格和行文习惯，同时也最大程度的保留那一时期的文体风貌，本书编校时在字词、语句等方面尽量保持原貌，只对典型讹误进行了修改。特此说明。

目 录

张竞生的传奇生活　1

评张竞生先生《美的人生观》　135

沟沿通信之二　139

时运的说明　147

水先生张竞生博士　150

美的人生　152

评《美的人生观》　154

呜呼！张竞生的卵珠！——伪科学的张氏性智识　155

张竞生博士最近的工作　157

诲淫的《性史》　160

看《性史》的传染病　161

我也说说《性史》　162

看了《性史》的批评　164

批评《性史》者罪人也　166

反对《批评〈性史〉者罪人也》　168

关于性　170

张竞生可以休矣　171

《性史》与张竞生　172

性教育者的资格问题　175

第三种水？　178

张竞生丑态毕露　179

为下流小报的辩护——与上流的小报无关　181

"竞学"大纲　183

丹田？　185

性学博士　186

取缔淫书　187

告张竞生　188

"竞学"大纲　190

取缔性书　192

编辑者言　193

《"竞学"大纲》笺注　194

虫学讲义　197

与张竞生博士谈谈"新文化（？）"　200

张竞生之迁怒周作人　206

第三种"张竞生"　208

几位上海法科学生的来信　209

渺海女士的通讯　211

《新文化》断不是淫书　213

《新文化》与现代诸杂志刊物　220

《新文化》是为"救淫"非诲淫！　222

评张竞生的"性文化运动"　226

评张竞生博士的所谓《美的性欲》的前半部分
　　——即第三种水与卵珠……的关系　231

读《性史》后感　239

张竞生博士　242

　　　附录　张先生的来辩二件　245

对于杭当局逐张竞生的几句话　248

评张竞生著《美的社会组织法》　251

张竞生、刘仁航提倡的女性中心社会　264

书籍和财色　266

张竞生自叙传的轮廓及近日生活　268

为张竞生呼冤　269

张竞生近事和其发妻的自杀　270

张竞生的《性史》　273

我所见之张竞生　274

"性学博士"被控　276

张竞生印象　278

食色性也——从《性史》说到《食经》　281

张竞生底活跃　283

为张竞生鸣不平　286

赠张竞生　290

从《性史》谈到《食经》　291

烧性书　293

张竞生悄然抵沪：不忘性学问题，愿做社会工作　295

张竞生想著性学大全　297

性与银　300

张竞生　301

张竞生博士二三事　303

张竞生的性学　306

由金赛博士谈到张竞生　308

张竞生开风气之先　312

张竞生博士与金山中学　316

我所知的张竞生　322

张竞生老而不死　325

赠张竞生　334

张竞生访问记　335

张竞生未偿所愿　338

张竞生的旅欧译述社　340

《性史》面世六十年　342

张竞生与赛金花　345

《性史》与《性艺》　348

关于《小江平》　350

目 录

叛逆一生——张竞生这个人 352

张竞生自传 354

张竞生《性史》内幕 358

传奇人物张竞生博士 360

我谈张竞生 376

张竞生刚正 391

寄赠张竞生博士 392

悼张竞生博士 393

张竞生开美的书店 394

难忘的印象：怀念张竞生博士 397

张竞生博士二三事 402

我所知道的张竞生 404

张竞生的晚年及其遗作 422

孙中山和张竞生 427

张竞生的《民需论》 429

张竞生与《性史》 431

一本书与一个人的命运——《性史》及张竞生的悲歌 450

忆张竞生任校长时期的潮州金山中学 453

众人竞说张竞生 457

编后记 466

张竞生的传奇生活[1]

彭兆良[2]

张竞生博士为我国学术界一大奇才,于二十年前,高呼新文化运动,提倡美的生活,编著《性史》,在一般社会观念与人民生活思想方面掀起革新之巨潮。但古老之封建社会对彼,始终曲解误会,严正肃穆之学术思潮,被认为荒淫无耻;呕心沥血之著作,被认为洪水猛兽,终于声名狼藉,事业失败,使彼不能不自此无法改造之社会抱头鼠窜着而去,匿迹于南乡僻隅,与世隔绝。彭兆良先生与张先生相处多时,共事有年,对张先生之学术思想、事业抱负及平时生活,知之弥详,请作斯篇,以思其人。(编者注)

久别之忆

二十年前,我和张先生朝夕与共,一室相对,耳提面命,获益良多。实在说,他的从北京来沪,此后在这红尘十丈的上海,如花如锦、如火如荼的开书店、发行杂志,骇得一班卫道之士挢舌不能下,闹得市侩式出版界满城风雨,皆与我相始终。

---

[1] 本文载于上海《小日报》1947年10月25日至1948年2月20日,共116期,本书中间缺第3、106、107、108期。
[2] 彭兆良(1901—1963),翻译家和作家,曾任女性杂志《玲珑》编辑。受张竞生先生之托,牵头翻译霭理斯的性学著作。

提到张先生,当然离不了他的大著《性史》第一集,他的生活在一般人心目中、回忆中,也是与《性史》相经纬、相辉煌或遗臭。但《性史》,如果说是他的成名之作,毋宁说是使他失败的"扫帚星";如果说是使他成为青年的偶像,毋宁说是使他成为正人君子之流的洪水猛兽。他的为人极恳挚,很诚朴,而尤能济人之危,周人之急,虽牺牲生命在所不惜。他的思想,很博大,深探人生深沉玄妙的意思,别有妙悟,而不以现阶级的科学为可。他以为科学是片段的、呆板的,而目前的科学,对于人生的研究尤浅,当然不能据以窥天测海。然而这人生的学问,却是无穷的,他常恨国人懒惰,不读书,而思想界却沉闷得好像化石一样。他很想借着性书,以吹皱一池春水,引起中国读书界、思想界的一些波澜来,使莘莘学子于古旧的壁垒中,知道宇宙间尚有如此如此的一种知识学问,值得我们探索研究。然而至今,功耶罪耶,原可置而不论,而他由此所得的毁誉成败,当亦如烟云过眼而已。

二十年来,国事蜩螗,烽烟屡起,人事沧桑,不堪回首。我与张先生,亦各奔走衣食,劳燕分飞,久久无音问。偶从昔日友侣处,听得张先生于垂暮之年,精神犹为矍铄。而且奋其老兴,策杖远征,行脚印度,以揽取天下山川之奇,以成其思维学术之妙。前尘若梦,当然不堪回忆,且亦不必回忆。然而其间确有好多慷慨激昂之处,瑰奇磊落之行,所阅社会人事既多,现在回想起来,就不免如烟波鱼浪,汩汩而兴。秉笔直书,都是实话,当作我的忏悔也,当作山海经[1]看,亦未始不可。

《性史》之累

二十年前,张竞生博士以《性史》之累,一度流亡到上海来。

---

[1] 上海话,侃大山、摆龙门阵的意思。

其人奇,其言怪,曾骇得一班卫道之士挢舌不能下。而我却与他一室与共,朝夕相从,耳提面命,获益良多。时光荏苒,人事沧桑,与先生别久矣。烽火频起,鱼雁鲜通。比闻先生以皤然垂老之年,精神犹矍铄,游兴弥酣。策杖孤征,远游印度、北非之地。借山川、鸟兽、烟云之奇,以寄托其孤怀。漫游世界之后,定当有奇文奇书问世也。

唯当他在上海的时候,曾经开书店,发行杂志,与我相始终,给我的印象颇深。他的大著《性史》第一集,我信也早已绝版了,可是他的大名却还留在有些人的心上,恐怕还不免有些正人君子者流,在疾首蹙眉,大呼:"要不得,洪水猛兽!"但也有些人却想知道一些他的生活秘密,别些不说,就拿他的夫妇生活,有无奇特之处?

张竞生当然不是个怪物,廿年窗下钻研,留学过法国,跨上过北京大学的讲堂,骚动过"五四"以后的思想界,当然也不是无为而为,不值得追怀的。

很有些人评他的著作为荒谬绝伦,为思想落伍,而结果对他表示可惜。我也只能为他谨谢,我以为他那精微奥妙的人生哲学,实在还远在那群批评家之上。但《性史》之使社会受到恶影响,尤其造成下层阶级之淫风,即先生也并不曾否认,这可说是他对现实方面的失败。而其思想的是非,乃又为一事。

现在旧事重提,功欤罪欤,姑置不论。而人家对于毁誉门户之见,亦不在本文所论列。我只忠实地写出他些异闻逸事,为先前外界所不能知道的。

常人好怪,"见骆驼,言马驼背"。我现在就谈谈这驼背之马吧!

(本处缺第3期内容,编者)

一舸女士是谁

《性史》第一篇,也是集中仅有的一篇,是一位署名一舸女士作的。这作者的本人就是博士夫人褚松雪女士。那篇故事,只是轻描淡写的几句,然而这里边却藏去许多曲折奥妙,实在说来,博士一部分的性史就隐藏在这寥寥几句的字里行间。博士是聪明人,他这一篇大作,凡接近博士的人无不意料及之。不过略而不详,而博士性生活的秘密,凡能由其言语行动所显现出来者,皆可与此相互发明,容后再述。

性书与淫书

但无论如何,《性史》第一集总不失为一部熔冶科学与文学于一炉的创著。金圣叹辩《西厢记》不是淫书,纯以感情而言,而先生定性书与淫书,界限分明,不容混杂。彼以为性书为科学书,纯以生理为根据、艺术为方法,毫无神秘之可言。其态度犹医家之视病,头面私隐,不宜分畛域。而淫书则出以玩乐态度,游戏三昧,涉笔成趣,向壁虚构,毋论事实。故不论生理能力,如一夜御八十女以及采阳补阴之类,凡稍有科学头脑的,就知道不可能了。

《性史》第一集,根据实有的性生活,编者特别注意于性行为的病态。如"董二嫂"这篇,不过说明,怨妇足以诲淫。这种闺怨之祸水,在我国古诗词上,本来描写的很多,不过诗词流行不普通,不引人注意。及今用专书描写,用意不过在解除妇女此种性的烦闷,间接即所以杜渐防微,以供敦厚风化之道也。

不幸他没有看清读书的对象。性育好像火焰一般,未收其利,先受其弊。何况在我国凡事不科学的社会,任何好事情,搬演出来便有

"橘逾淮则变枳"之虞。先生的失败,其何足怪!

《性史》与冒牌《性史》

然而先生由此受累了。北大的纱帽掼了果不值得什么,就是个人的生活在他也还满不在乎。(按先生在北新出版的《美的人生观》与《美的社会组织法》两书版税收入,足与《呐喊》《彷徨》的版税相近——每年可得一千五百余元。)《性史》的遗累,全在偷印者多,冒牌者多。而他自己的得益,还不过三百元哩。(未出版预支一百元,充稿费。发行后,不胫而走,又续收二百元,后来就毁版了。)

偷印、冒牌出二集、三集……之外,其文字之恶,捏造事迹之离奇,尤足使博士啼笑皆非。有一次,据说党国元老张溥泉先生在江轮无聊中,买了几本冒牌《性史》看了,也大为博士可惜。他竟想不到在法同学的老友,竟会如此无聊。

于是张先生势不能再甘沉默了。他定下两项计划,期于短期内使得偷印、冒牌者绝迹。其一是出版定期刊物,以便与读者取得联络。其二是密布侦探,广事搜查。这两项计划,次第实现,都在两三个月内。

为交涉冒牌《性史》,还连带讲到《性艺》之史,这一事可说是海派文坛秘辛哩。

《性艺》依先生性书的定义,当然是一部道地的淫书,而文超知识,两无所当。它一面以张博士为"西门庆",一面又以张博士为"龙阳君",这位怪物"张博士",既然淫人,而又被人淫——"我爱尔貘猪,尔爱我貘豕",可谓尽诽谤调笑之能事!但就事实上,这两事绝不可能,雄飞者不甘雌伏,而雌伏者也绝不可再雄飞,这是人类生理所限止,大凡医学家类能知之……

这"张博士"是谁?当然不言而喻是影射张竞生的了,而如此肆意侮蔑，又当然不言而喻其中大有奥妙。

原来《性艺》的出版，全在报复张先生。作者现在还在上海执行律务，可怜"门前冷落鞍马稀"，挂羊头，卖狗肉，还在靠着笔杆儿糊口。那时尤其无聊，遂趁着一窝蜂的潮流，写著冒牌《性史》，其原稿，其纸版，都已捉在先生手里了。在私人调解的条件下，销毁纸版不计外，还拿出一部分的金钱，作为赔偿先生专事调查的损失，这数目是五百元。那位作家恨极了，听说用了一本日文书作为蓝本，就写成这本劣书来作为答复。但张先生是深有幽默趣味的，看了亦不过一笑置之罢了。

不愿被利用

与此事有行云断峰之妙的，是望平街一家书店，要出一部"性"杂志，特请张先生主编，设宴在杏花楼，并请滕固、黄申两君为之介。两君都在当时文坛有名，滕固是《迷宫》的作者，其作风有颓废派色彩，近于郁达夫，其文亦清腴可诵。他似乎很佩服郁达夫，见面开谈之后，就盛赞达夫在《创造月刊》上所发表的《过去》，我亦是郁迷，前曾寓居创造社隔壁，聆郁先生的妙论。黄君也是时留日派，与滕君形影相随，他常以中国象征派自命，不过成就似远在郁、滕之下。

张先生总算白跑了一趟，他说上海滑头的事太多，不愿随便的给人家利用。

焚《性史》二集稿

《性史》的动机，原为调查性风俗，上文早经说过了，不过调查得太专门而个别化了，以致产生这些流弊。第一集问世之后，第二集原稿早经编就,据张先生告诉我说,这里边的文章要比第一集中的确精彩得多,而且还有几篇是大学教授的,化名发表。第一集中,大概是肉的成分多,灵的成分少,而第二集则重于肉欲中灵的作用,至少是灵肉互相映射,从肉欲中以抒发灵感,从灵念中以净化肉欲——就是先生所提倡的"神交"的试习经验。一般人都对《美的人生观》中"神交"法,表示怀疑,而唯物论的科学家尤抨击之不遗余力,以为是玄学鬼欺世之谈。其实"神交"法就是古希腊"柏拉图式恋爱"的实行——柏拉图不主张肉欲而以精神为至上。《红楼梦》上情圣贾宝玉也有这些灵妙手腕,成日地混在脂粉队中以至以吃女的胭脂为甘香。他对于林妹妹、薛姐姐等人,也并不想把她们当作自己泄欲器,若讲泄欲,单是袭人已经够了。可见宝玉确能懂得神交的真谛的。但神交与恋爱又是不同,恋爱是肉欲的前奏曲,而神交乃是男女关系的全部过程。而比神交更上一层楼的,是性的升华法,即纯从工作、艺术、学业中以超脱其色欲,所谓"书中自有颜如玉"之说是也。凡此皆可从经验中体味得来,并无丝毫之神秘色彩。

据我所知道,《性史》第一集既被禁,先生在法庭中自承绝不再著作该书。所以就拟将第二集《性史》稿付诸丙丁,其中有过几家书局曾派人前来接洽,愿出一千元之重金收买,但先生皆表示不愿。原因也很简单:他既不愿化名出书,却又不愿将文稿落在不可靠的奸商手里,以后再发现冒牌印行,就无法对付了。

《性史》如能顺利进行,据他所说,将来还有知识阶层与劳动阶层比较性行为的编制,因为由教育程度的不同,劳工的生育常多于知识阶层,此即一大显著的特征。而此问题对于优种学上定有重大关连。

《性史》功罪平议

就表面说,《性史》当然是坏书,是含有毒素的。因为有正人君子者流，用近视者眼光去观察，使与《金瓶梅》《西厢记》等同一命运，乃是当然的结果。但用学术的眼光去观察，这完全不同了。

有人用爱因斯坦相对论的原理来解释人体生理的机能。譬如说，嘴是消化的器官，但也司接吻之用；乳是育婴的器官，但也作抚爱慰情之物；生殖器是排泄的器官，但负生育男女的重要机能。从理论上讲，所谓消化也，接吻也，所谓育婴也，抚爱慰情也，所谓排泄也，生育男女也，无不同此生理，同此神圣。然而偏偏在法赛利人，在道学家的眼光里，以消化、育婴、排泄为生理之常，无足怪者，而以接吻、抚爱慰情及生育男女为秽亵，为邪恶，为不便宜诸口，不屑形诸笔墨。试思这种划分自然的界限，是文明还是野蛮？

霭理斯在他的大著《人生的舞蹈》中说："把性官作一中点，而以半尺来作为半径去画成一个圈儿，在这圈儿里的事物，人们即加以讳忌。"你想，这种思想是怎样的可笑呵。

《性史》就是一部不作如此可笑的坦白的创著，一反世人不合理的习惯，无怪要被世人认为怪书、坏书，以及伤风败俗的淫书了。

原来，《性史》的成败，乃在其超时代的思想，如果时代知识能达到科学化的水准，那么《性史》将被看作性的教科书，当然不值得如此大惊小怪的了。

《性史》的蓝本

而且老实说，《性史》还确有所蓝本哩。这蓝本还是道地的来路货[1]。英国老牌性学博士霭理斯在其集古今性学之大成的六大卷《性心理研究》中，就有一项专载性史的。毕竟高鼻子要比国人高明得多，其中十之八九是有变态色彩的性行为的。而其爱力的强大、举动

---

[1] 方言，对进口货的代称。

的奇特也远非我们所能想象。拿平淡无奇的《性史》第一集和那些外国性史来一比较,真如小巫之见大巫了。

从性生活方面来看,高鼻子确比我们热烈得多,情绪善激动得多,所以他们在事业方面的成就与收获也确比我们伟大丰富得多。张先生常和我说:"中国人是实在太冷静了,冷静原为理知所必需的条件,毋奈理知也不发达呵!"

他以为要改造国人的生活,必须丰富其情感,而怎样使得热情如火焰般喷发,与恋爱,与肉欲是有着奇妙的关系的。

清初年羹尧,常以二十个体魄强健的村妇随营,每夜列队进御。年大将军从不知世界上有美貌女人,到了中年后才真正尝到女人的妙处。纪晓岚三日不亲女色便会目红如火,这事载在《阅微草堂笔记》中。光绪时有南皮张之洞,不择何时何地,不论茶壶便壶,想到就行,行过就罢!他那种行动无节制的变态性欲,可与目前政坛上以"菩萨"自命的某要人先后媲美。圣贤有强大的欲,升华为"成仁""取义""春秋之笔",他们是能完全克制的……英雄豪杰、文人学士,犹能彪炳乎事业,焕发乎文章,杜渐防微,以礼法自绳;至于侠客、狂士、奇才逸行,就凭着他们的龙马精神胡作妄为了。

唯有坦白公开性行为,才能导性欲于正规而扫除其变态畸形的性生活。所以,以功过论,《性史》从流俗的眼光里来看,似乎是伤风败俗的,从学理上正不妨说是为敦厚风化;从俗人的眼光里,似乎是助长淫风,从学理上正不妨说是扫除变态性行为。惜乎,曲高和寡,他终于成为学业的殉道者。

美化与情化

《性史》之外,他主要的学说,在提倡美化社会与情化社会。他所谓"美",是指"用力少而收效宏"的一切努力,这比艺术上狭义的"美",显然范围广大得多。怎样美化社会,在他的大著《美的社会组织法》上已有详细说明了,毋须再赘。关于提倡情化,还有几桩逸事可述,就是试验结婚、秘密裸体跳舞、大乳运动、女子中心社会、世界人运动。

试验结婚

博士自身经过三次结婚,这三次婚姻,都是失败的。不知是善用兵者,无赫赫之功,还是理想与实行往往不能谋合,总之,他那三次结婚干脆地失败了。犹当褚松雪出走之后,他独居无聊,回首前尘,乃提倡"试验结婚"。

一度,他以"爱情定则"初披露于北京《晨报副刊》上的时候,曾引起当时文坛上热烈争辩。周作人在《沟沿通讯》上,尝指出张竞生这种思想之准确,遂成为定论,现在每个人都承认爱情是有条件的了。但是条件虽合,真正造成夫妇结合之幸福,还有灵肉两方面的关系。许多配偶,初结合似乎还珠联璧合,但一经结婚后,旋告仳离,局外人每为之莫名其妙。这关系大都就在乎肉爱的不能调和。我们试以一读史都泼[1]女士《结婚的爱》,试一加实地测验,就知道这成分对于结婚方面是如何的重要了。

试验结婚尝盛行于欧美,即在正式结婚前,先经同居生活,两造认为完全满意时,再举行结婚典礼。这样,虽不能借以改进婚姻制度,至于尽善尽美,至少也能减少若干离婚的纠葛。

可惜博士的力量太少了,其法即有信徒能够奉行,在中国封建色彩浓厚的社会里,也仍是行不通的。美的思想终随丑的现实而幻灭。

---

[1] 又译为司托泼、玛丽·斯托泼司等,20世纪计划生育与女权运动先驱。

秘密裸体跳舞

上海盛行跳舞之风，约在民国十六七年间，那时张先生虽在上海与我合伙开书店，却未尝一次光顾舞厅，这原因不必细说，其一就由于博士那时候的行动大受小报界所注意，如果一到什么舞厅，就难免有谣言蜂起了。谣言何必介意，而他事实上亦未必有此闲情逸致。然而他在法国居住长久，对于跳舞这一事，确实是抱着虽不能至而心向往之的。他对于普通的跳舞不羡，很想得一下男女裸体跳舞的快乐。

他说，裸体运动在欧美本不算什么，如德、意、法都有秘密裸体集团之组织。这是出于个人之爱好，愿意者加入，果不必宣传，也不必强人加入。为了打破男女界限，如能在男女会员加入最好。但加入之会员，必须了解裸体是一种健身运动，参加之男女必须具有高尚的志趣，洁净之性观念，男女会员未尝不可结合，不过裸体集合场断非襄王神女云雨销魂之所。他在《美的人生观》中尝提倡裸睡，以为裸睡大有益于卫生。白天，我们为迫于社会环境，不能公开袒裼裸裎。如果一日之中得有一二小时的机会，得享受一下裸体的快乐，当是人生之极大快活。

裸体而加以裸舞二妙并，肉体美化，其快慰当更无穷。他尝征求几对朋友夫妇参加，作一秘密集团，可惜仅有一对参加，那就是他和他的尊夫人了。

大乳运动

现在的电影女明星、舞台女演员，以及交际花、货腰女郎[1]之类，大都用假乳，以弥补其天然之缺陷，总而言之，大乳无不公认为美了。

---

[1] 旧中国戏指舞女，意谓以扭动腰部来招引顾客。

但在二十年前，此风在上海还不曾盛行，非但假乳未行，就是胸前还大都有着一块抹胸的，所以虽有喜马拉雅山，胸前累累，也被夷为平地了。博士对于抹胸此举乃大肆攻击，认为这是一种野蛮举动，与缠足束胸同一有碍于女体天然发育。尝有人函讯，称女人缠足有助于女人阴部的发展，所以中国人古风看重缠足，实在也就是一种淫风所造成的恶习惯。博士认为此说荒诞无稽，欲求性欲发展唯先健身，而女人之健美，当先事解放束缚。缠足自民国来已予严禁，唯束胸至今尚存，恶风未尽扫除。关于此点，博士曾有一篇"提倡大乳运动"的文字，报载于《新文化》杂志，当时被人目为怪论，而今又当幼稚可笑了。

女子中心社会

张博士生平失败于女人，但犹崇拜女人，而所作所为为女子而尽力的很多。如在北伐军到了长江流域之时，在《新文化》杂志上提倡妇女承继权，主张女子独立运动，必须抓到实际的经济权力，而要抓到实际的经济权，妇女非有遗产承继不可。张先生为了提倡此意见，曾请吴敬恒、蔡元培、张继诸要人共同发表意见，不到一年，立法院中就有妇女承继权的规定了。在他的《美的社会组织法》，也有女子中心社会的提倡。其主意因为历来男性中心社会战争太猛烈了，杀人的魔术随文化的昂进而愈演愈烈，这是我们文化史上的大耻辱。我们若要求停止残暴的战争，非由秉性柔和的女子来主持不可。与先生此说无独有偶的，是一位姓刘的四川人，他是逊清的举人，年已老大，自称一辈子提倡女权，主张女性中心。他曾作了好些长诗和宣言，前来请张先生在《新文化》上发表。因那些诗太古了，虽未予发表，却给详细地做了一篇介绍，代为鼓吹[1]。可知主张女子中心者中国未尝无其人。

---

[1] 此处信息有误。《新文化》杂志上未见。

对小型报的意见

在新文学界中,张竞生实在是看得起小型报的第一人。当时有一张《晶报》,魔力最大,秘密消息最多,在上海各色各样社会阶层里,无孔不入,无远不届。因此士大夫虽然深恶而痛疾之,然亦不能不当作《福尔摩斯》般,谈虎色变。因为博士行动常为小报上的众矢之目,《晶报》老板余大雄常常坐着他那阔大的包车前来专诚访问。有时探访些消息去,有时也请张先生写些短文。在张先生的书桌上,每天都有几份小型报,如《晶报》《罗宾汉》之类,这足见他对于小型报确感有相当趣味。因为对小型报发生兴趣,所以也时时谈到小型报的特色。

他以为小型报的姿态,犹如上海的白相人[1],确为人感到头痛,却也使人感到无可奈何。他以嬉皮涎脸的态度,揭发人家的阴私和社会政治的黑暗面,如《晶报》之类,常有"福尔摩斯"般惊人手腕来揭穿人家隐秘的。你说它狠毒吧,它也就狠毒,你说它无赖吧,它也就无赖——它有稗史、野乘、小说般趣味,却无正人君子般绅士架子。人物得从王公大人直谈到贩夫走卒,皇帝不见尊崇,婢仆不见鄙夷。事情得从燕游床笫之私而谈到国家大事,但从兴趣上着眼,不分事态的重轻。所以小型报的生命线是在社会的内幕新闻,尤在各方面兼收并蓄,以读者的兴趣为兴趣!

大报也有所谓的报屁股之副刊,但是毕究有所限止,不能如小型报那么自由。譬如富家的奴婢吧,虽然态度不必如主人那么庄严,却也不能太失家范。一张副刊,必有其副刊的特色,也不能与其报的宗旨相违反。

所以,小型报不但为大型报所望尘莫及,而且也为一般副刊所勿逮!

---

[1] 旧上海俚语,"白相"意为玩耍,"白相人"特指游手好闲、不务正业者。

世界人运动

　　与女子中心社会类似的，他又尝提倡世界人。如果世界各国国籍都打破，那么天下自可一家。这自然凭他个人的空想，与所谓政治实际运动无关。同时，我们不过一班书呆子，空作纸上谈兵，既无组织党团的能力，根本也无此野心。这种提倡虽然无聊，但与目前美国杜鲁门主义实不谋而合。国界既打破，人与人之间不分界域，各取所需，各尽其才，则世界大同之理想，当不难达到。

　　以上几种提倡，我照实写在这里，不过为表明张先生思想的一斑。总之，他在思想方面可说绝对准确，绝对没有错误，然而结果，没有一桩事情不遭人攻击，不遭人嘲笑，几不免和《性史》同共命运。若说这是书生之见，在当时恐怕还是很肯原谅的呢。

不穿裤子之说

　　张先生此说，自然也深有所感的，他自己就往往成为小型报记者追逐的掠物，有些尚还准确，有些则完全造谣。他虽然憎恨，却也无可奈何，而且出于开玩笑的态度，所以虽欲声明也无从。有一次他在《福尔摩斯》小型报上忽登《张竞生不穿裤子》一则新闻。这新闻当然是谣传，但也并非全是空穴来风。张先生的穿衣习惯，在家不论冬夏，常御一件破旧皮袍，出外则改穿中山装。夏天当然是穿短裤的，在皮袍里边露出了肉大腿，无疑人家要怀疑不穿裤儿了。《福尔摩斯》的登载此文，自然用意在暗示他行为不检，放浪形骸，以投合《性史》读者的趣味。却开了一个不小的玩笑，有好些好奇的青年竟借故前来访问，尝有一个通讯者特别问到此事，跟后又说到许多赞美之词。

又与褚松雪女士闹着离婚事件，也尽先给小报上登出，许多朋友都看了小报消息而前来访问。其中有准确的，也有造谣的，有同情的，也有专门开玩笑的，使富有幽默的先生看了，也忍不住苦笑了。

潮州洋状元

在"夕贬潮阳路八千"的韩文公受贬的潮州，截至民国二十年之际，曾出过两个博士，都是赫赫有名。然而中国仿佛不是才人的培育所，他们虽然发出訇然的巨声，震动在太平洋西岸的寂静的大沙漠上，但这些巨吼，正像爆竹一般的一响就归沉寂了，不但沉寂，而其本身亦有遭破裂者。

这两个有名的博士，一个是以《取消心理学上本能》一篇论文在美国心理学界吹起极大波澜来的哲学博士郭任远。（郭先生因为不满意于哲学博士的头衔，曾否认接受其学位，但到了中国来，依然被人称为博士了。）一个就是哲学博士张竞生（但在我国一般人眼中，被改做"性学博士"了）。两博士都可说是学术界的叛徒，而张博士出世在先，在潮州人的眼光里也似更普遍。

潮州自唐以来，受韩文公的遗泽熏陶，向称文风鼎盛，同时封建观念亦似更浓厚。在张先生家乡人的眼光中，他不是什么"博士""哲学家"，却是潮州府第一个"洋状元"或"洋翰林"。

因了他这"洋状元"的虚荣衔头，曾害去了一条可怜女子的人命，其事且留待后述，这里不得不先提明一下了。

汪精卫资送出国

据张先生自己说，他的留学法国全仰仗汪精卫资送的。汪逆后来虽然变节，但此时还追随在总理之后，而且奖掖后进，不遗余力。张先生以良好机缘，得邀汪氏青睐，终借东风之力直吹到海外去了。以个人情谊讲，他自然是受赐于汪氏不少。但政见往往不同，因此博士于回国之后，即执教于北大，并未厕身于政界。他本人是一个老国民党员，但半生只守着国民党的固有壁垒，并未做新的活动。□□□似乎很为他所痛心疾首的，当在上海的时候，他曾几次与吴稚晖先生，在法国公园碰面，偶尔谈到政局。

吴先生笑说："□□□似乎太毒辣了，在中国实在不很合适。"张博士亦笑而点头。但那时汪精卫却正同吴老大开笔战，所以，他们话头便自然而然地落到这方面来的。吴先生的"毒辣"两字到了现时，总算实现出来了，但在当时还不能普遍地受人了解呢！张先生也似乎很不以汪精卫的左倾为然，他常说汪精卫是被骗的，他个性太弱最易被人捉弄。他为了这点，曾在《新文化》上，发表过一篇给汪精卫的公开函。信中备惜汪精卫之左倾为无聊，还不如他在穷途落魄中的上海研究"第三种水"更为利国利民。"第三种水"曾被人认为荒谬绝伦——这四字也可借某画家的妙解，"荒谬"是人家的看法，而"绝伦"则是他自己的看法——认为洪水猛兽的，而博士还以为较汪精卫的向左转为更有益。足见他对汪的不满意了。之后，汪精卫由左倾而右倾，由革命领袖而附逆卖国。其实，汪由于个性太弱、立志不坚的缘故，而张略不染指，富贵贫贱，各自分道扬镳。

初见的印象

一个五尺高的彪形大汉，精神饱满、体魄健壮的样子，年纪约莫四十来岁，面皮微黑，圆蛋脸儿，他不如一般学者教授的样子，两只小小微黄的眼睛上，并不架着眼镜。头上戴着一顶黑色海绒帽儿，身穿青灰哔叽中山装，脚踏乌漆皮鞋，口操潮州京话。和人谈话，老是含着一脸笑容、十分谦和的样子。

这个人就是《性史》作者、出版界的叛徒、学术界的奇才,他曾用一支奔放不群、海阔天空的笔疯狂了整个中国的青年男女,造成一个时期的狂潮猛浪——使一帮正人君子之流侧目而视,大声狂呼,岌岌焉视以为洪水猛兽。这个人曾用他的奇文贾祸,曾用他的"超时代"的奇思妙想、浪漫派的热情、暴虎冯河不顾一切的勇往气概,最受社会人士所误解所迫害,然而他好像历史上一切学术界叛徒所承受时代迫害的轻松态度似的,并不有所懊恼、后悔。

三杰之一

"语不惊人死不休!"无论是流芳也好,遗臭也好,使人狂欢大乐也好,痛心疾首也好,总之,他已得有些惊人语了。

在"五四"以后的文坛上,凭一支笔的力量,造成举国若狂的风气的,我得三个人。可是这三个人都一样的有战斗韧性,一样的使得正人君子们不舒服。这三个人就是继续写"杂感"的鲁迅、提倡幽默小品的林语堂和《性史》作者张竞生。鲁迅以笔战半生,林语堂以笔调天下,至今幽默余风未息,张竞生也有过他独特的世界,风靡全国的时代。而且从普遍性上说,他还似乎更能深入民间。

以上是我在大东旅社[1]初次会见他所得的印象和感想。

那时,我还初出校门,我们的学校——复大——里,曾由刘大白、徐蔚南、王世颖三教授创办了一种四开报纸的文艺周刊,叫做《黎明》,园地公开,我那时也常投些短文,因为刘大白、陈望道提倡新文艺,同学中盛行着一种买新书的风气——记得张资平的三角恋爱小

---

[1] 大东旅社是上海最大的旅馆之一,在南京路上,兴建于1918年,是著名的永安公司百货商场的附属产业。

说买的最多。校门前一爿小小的书店中，常常挤满了许多求知识欲的青年。此时书铺中掌柜突然忙碌起来了，一到下课时间，便挤满了人，仿佛抗战时期市民轧米轧油似的，这种盛况非但使得书店伙计觉得怪异，就是学校当局也大为注意了。

禁阅《性史》

不久布告栏中便有禁止购买《性史》的布告出来了。在这种场合里，我们最易看到群众心理，有些同学本来不大高兴买的，一看了反提示的禁看布告倒引起了好奇心了。已买的同学当然早已寓目，就禁也已不及，未买的同学因此反获有一种新刺激。据我所知，全校三百余人，就是平日最保守、最顽固的同学也都看过《性史》了，真是不胫而走，人手一编。

我看到底页上有征求翻译合作的广告，为了好奇心，就写了一篇应征的信发去，原不想有甚结果的，可是出乎意料之外，那张先生的回信竟来了。这真使我受宠若惊。这些心理，我想一个影迷、一个属员或者一个读者，在接到他所崇拜着的偶像寄来的亲笔签照和复信时，大致会体味到的。在初出茅庐的，我感到这种快慰之心，当然毫不足怪。

谦恭坦白

尤使我永远不忘的，是他信中的措辞，全然没有成名作家的矜持之意，倒是十分恭谦坦白的样子。他告诉我购书的地点、价格，以及试译的部分。

我正打点把霭理斯的《性心理学》买到手的时候，他的第二封信又来了。说他不久即将来沪，我们会面在即，临时可再商议移译的步骤。

事实上，他那时正为了《性史》之累，铩羽南下，此后当然要在上海的文坛上，开辟一个新天地，至少是求一个新的生活方法。那时，中国新文艺，尚萃集于北平，上海的新文艺书店除"光华"外，连北新、创造社尚在开创试办中。同时，新文艺在上海也渐渐活跃起来，所以一班新作家也都纷纷南下，各带着他们"笔诛口伐"的绝技，前来争取青年。彼时的张博士久守北大的贫窝中，得这机会翩然南下，其实塞翁失马，也未始非福。

貌不惊人

在二月里的春风料峭中[1]，我在大东旅社中便会晤到这位心契已久的作家了。我的心当不免跳着，在路上满怀些不寻常的幻梦，但见面之后，又不免使我失望的，他并不如我心中所怀想的那种出奇的人物。及后二年的朝夕会晤中，并知道人并不如其文。其言也狂，其人也恂恂有儒者气象，其文奔放不拘，海阔天空，目无余子，其人倒战战兢兢，如处子之守身如玉。他当然不是为了道德和法律之故，百分之百还是为了他生有洁癖不敢"佛头着粪"的缘故。这些自有好多故事，足资证明，且留待"博士的私生活"中再说吧。

恂恂一儒者，这是我初会面时所得的印象！

在上海的著作生活

持志大学的前身是什么艺术大学，辟于天通庵近郊，学生不多，设备亦简，暂作为博士南下的枝栖之所。后来有家新办的印书局，托我创办杂志，我因介绍张竞生主其事，于是遂由办《新文化》月刊，

---

[1] 此处信息有误。据考张氏此次南下上海当在夏秋之间。

而开美的书店，而翻译霭斯理的《性心理学》（改编为"性育小丛书"），这一迭连的事情就像连珠炮般地喷发出来。

讲到著作方针，他向来尚奇尚新，但赞成翻译而大许可著述的。他以为中国人旧文学已被拉倒了，新文艺还在创始中，自不免瑕疵之累和浅薄之讥，欲求补救，自非乞灵于翻译不可。博士此论，当然是文坛上一种公论，毋庸怀疑的，可是因此可想见他那本被人骇得如洪水猛兽般的《性史》，如与世界性心理学泰斗霭理斯的六大卷《性心理》相较，博士亦自知其浅薄，所以急欲翻译此书。此时，北新书局的李小峰也很想移译一部分，他终请夏斧心翻译过两小册了。但在张先生的威迫之下，竟至于销路未能畅旺，所以翻述一二册后，竟然自动停止。而博士乃于此时，大集同志，分门别类从事分头译述此书。我们曾招请了三五译员，至今有一成名的，就是于杜重远后曾任《新生》以及《星洲日报》主编的金仲华先生。那时金先生方新从之江大学毕业，应征投考来所，曾与我们同译过霭理斯六大卷的《性心理》，因为全译不下数百万字，经济才力，两难胜任。

性育小丛书

于是便变通办法，将此皇皇巨著作的译本，改为六十四开小本用"性育小丛书"的名义出版了。霭理斯此书，号称世界名著，汇集古今性学之大成，搜罗至广，在性学界中堪称"有美皆备，无奇不臻"。有关于世界性的奇风异俗、爱情心理之微妙的转变、肉爱的方式，以及摒弃肉欲而企求圣洁化之柏拉图式恋爱，从欢欣忭舞之求爱，以至荡防失检之露水恋爱，从男女正规之爱，以至于变态的同性爱，无不分门别类详细的加以讨论。其中又附外国性史，系霭理斯向世界通讯征求者，其趣味尤为洋溢。而材料的丰富、行为的怪诞，就以编《性史》的张先生看来，也当叹为观止。

我们分开移译，张先生则总其大成。他亲负校阅之责，每部分译稿成，他必按句校正，一丝不苟。我们移译的方法，自然是首重信与达。我曾译过六种，数遭兵劫火燹，至今半本不存在了，但当时努力工作的情形犹历历如昨。虽星期假日犹不稍中辍。而张先生的埋头苦干的精神，实在还远在我们以上。这是因为白天，他门庭若市，各色各种的人，纷至沓来，他不得不抛着笔杆儿去招待他们。但是一天校阅的工作至重且繁，于是他就不得不求之于晚上了。这样，他往往一个人静悄悄地独自工作到十二句[1]半之后。有些人说，文人喜晚间写作，因为明月半窗、风摇竹影的夜静之时，似乎更有助于文思。但张先生的晚上工作，却迫于白天的送往迎来，一班翩翩然莅止的佳宾，往往抱着一种好奇心来看望这位好奇的作家，却不知他们的欢声浪笑，无形中损失他许多宝贵的光阴、有用的精神。然而这在好客如命的张先生，却满不在乎，他似乎很以此为乐的。

初叫堂差

在上海的短短的二年中，下榻不到三个月，褚松雪女士就跟着情夫小叶跑了，抛下了三岁的一个小孩，要博士终日忙碌的去照拂。褚女士既如黄鹤般的一去不复返，而路旁的野草闲花、弄堂中的交际草，自然也是满坑满谷的都是，博士在久旱之际，未始不可一求性的温藉，但我在上边早经说过，他并非为着人言啧啧，也不是为了什么道德法律，他最大的顾虑还是为有洁癖怕"佛头着粪"，遗累终身，无论如何总不敢贸然轻去一试。记得有一次朋友请客，张先生也做了座中高朋，这位朋友是纨绔儿出身，跑惯书寓的。他自己既叫了条子，又给张先生叫了一个。可是张先生玩妓，这还是破天荒的第一

---

[1] 旧称一点钟为一句钟。

遭，他以为凡属妓女，总是"玉臂千人枕"的了，生张熟魏，当然是阅历众多。所以一见面就问她经阅的性史。他还不懂得上海书寓中的风俗，而这个雏妓却又自称是"清倌人"的。所以，不但那个雏妓面红耳赤不知所对，连在座的佳宾都要愕然了。但张先生却仍坚持着一本正经的学者态度，仿佛大学教授正在诘问学生功课似的，锵锵然必欲求其一答，终窘得那个雏妓怫然而跑了。

像这个样子，你想张先生的夜生活，怎么不书空咄咄只身独自呢？然而他果知道怎样求其慰藉的，并不以此为怨，那就是寄全副精神在著作之上，从写作中以求得其欲望的满足——这就是他所提倡的性欲升华法，而博士又大发其高论了。

合法出精

他以为壮健的男子，为应生理上的要求，自不免要合法地出精的，否则岂不辜负上天好生之德。但精，这个白色的恐怖物，这个洋溢乎中、涕泗滂沱的东西，也可从劳作中、从灵的方面求其出路的。"姜氏之妇不淫矣"，孔老先生早经喟叹过了，而从著作上以求其性的满足，却还有借于他再来提倡。原来，无论用心用力，都是一样耗费精神，精神既损，性欲也就不复引起冲动。不过男女两性，都有着性周律的。女子是依凭于月经而做起伏之波动，在史都泼女士的名著《结婚的爱》第四章上已有颇可深信的图表了。至于男子，就博士自己说，当四十岁左右，他往往是两星期感到一次。一到这时期，最好自然是求得合法的出精，以畅其所欲，但不能达此目的呢，便会感得生活无聊、厌倦、烦躁、郁闷，同时对于任何工作，也都提不起兴趣来，这就是所谓"青春的烦恼"吧。博士每逢这个时期，总自喊着"昨夜失眠，今日精神疲倦"，白天因此就要辍笔了。或观电影，或玩公园，饱看路旁春色，仿佛一个老饕过屠门而作大嚼的样子。这时期总有一二天,他声嘶音哑,大概晚上也不免要做阿Q的非法出精吧,可惜这点我们是无法考证的了。

女脐作肉杯

但内心的苦闷无论怎样,一过这所谓的性周律期,他便又专心致力于译述写作及校对的工作了。我说到这点连带的想到了另一位真实浪漫的著作家。那是大名鼎鼎的黎锦晖先生。黎先生与张截然不同,黎是人如其诗,他是拿着放浪形骸的诗人的姿态来写《桃花江》的桃花千万朵。那些娉娉婷婷、娇娇滴滴的美人影子是真实地从他的笔端跳进他的心底去的,这些美丽的梦影儿仿佛日夜地纠缠着他,苦苦不休,终使他逃出中华书局的铁幕,摇身一变而成为歌舞团的团长了,这样自能醉心于无边春色,颠倒于大腿酥胸。他从诗中以创造其生活,也从生活中以求其诗兴。所以,他的行为自是不凡的。有一次他告诉张先生说,他有一种奇异的欲望——很想把一个女人的脐充作肉杯来饮酒。他认为这个豪举是香艳之极、诗化之极,预料可以得张先生极口赞美的。但是他错了,这使得张先生愕然不知所对,但只有对他狂笑而已。

诗与哲学不同

这里就可以看到张、黎两人的根本不同处。黎是完全一副诗人气质,他的浪漫是富有诗趣的、幻想的,而且完全不切实际的。而张则全是学理式的,既合于哲学的理论,又契于科学的实际。譬如,他提倡性学,是促进一般人士对于性行为的改进,以资敦厚风化和有利人生。他不过把"性事"视作家常便饭来谈谈,至多是不适合于社会良善的习俗罢了,其言果可使每个人身亲实验的,所以,并不以黎的诗化行为为然，也不觉得其趣味所在。反之，在实际的性行为上，如一次一个日本性学家来访问，曾赠了他好些春宫图，其中有群星拱月的，一个裸体男子围绕于群雌粥粥中，每女都做不同的姿态；有一女多男的，连串如鱼贯式。这种荒唐淫污的姿态，博士却大为赞赏，只为了这些都可作为个人的风流孽镜看也，并无一点诗的成分在内。

从这些例子上，我们可见黎先生是诗人的浪漫气质，但骋美丽的想象的翼，胡天胡地的飞舞，并不顾事实真相，也不再想这是否合理。正像英国唯美派诗人王尔德所作的"莎乐曼抱着情人的头跳舞"，世间不必有其事，而诗人不过写来用以表示他那种奔放不可抑止的热情罢了。至于张先生却是一个美学家和哲学家，他常用哲学家的理论以推论其是非，以审判其优劣。又常用科学家的态度，以考究其结果，既倾注其全心全力，每每不能审辨其为清高或秽亵，正如医生的检验女体或施行手术，其工作与牧师的诵赞美诗是一样的神圣，在博士的眼中，"性"亦成为一种研究题材，实在是毫无神秘的色彩。

不过这个单讲到他对于性育著作方面的态度，至其个人，自然是人孰无情，有情怎能不求发泄——这就大部分实行，他所谓性欲升华的妙理也。

我们知道中古期欧洲许多佳妙的情作、遭禁的性书，有一大部分是出于僧侣修道士之手。在一般人看来，这些僧侣作家定然是荒淫无度的了，可是事实上大谬不然。这些僧侣全皈依着上帝的信条，过着身单影独的生活。但他们在讽诵《圣经》之余，却不惜变换心情，玩弄香词艳句，用我国漂亮的话的说法，自然是"目中有妓，心中无妓"吧，其实这最好还是用弗洛伊特[1]下意识和"情意综"[2]的说法来作为解释。他们因为性冲动被压抑得久了，必须求一正当的发泄，才不致陷于癫狂，于是不知不觉地就逞快于笔墨了。

---

[1] 今译弗洛伊德。
[2] 即情结。

懂得这种心理，就知道张博士的喜于性书的著作，实在是起于他现实性生活的不满足。同时又可用他那对于性书写作的热情以窥测他现实生活的一斑。

几次笔战

在编译"性育小丛书"之外，我们还首先发刊《新文化》月刊。《新文化》并不是一种性杂志，它在性育之外，还谈着许多别些东西。这分做四栏——社会建设栏、美育栏、性育通讯栏和批评辩论栏。这些内容自然都适合于张先生个人的需要的。除建设栏外，美育是他的专门学术，而末后两栏又可作为他个人向读者表明态度和鏖战笔斗的地盘。事实上他此时在新出《性史》第一集之后，外界误会疑忌滋多，不得不亟向外界表明态度。同时，他又想在美育和性育上有着性的进展。

张先生大概也很具生意眼的吧，据他说，性育通讯一栏可用以和读者联络，一本杂志倘能保持时与读者联络，其联络的关系愈密切，则杂志的销路可以愈好。尤其是关于性欲这些神秘的事件，面谈往往不易出诸口，用通讯方式乃最为合适。先生的理想，果然没有错误，自《新文化》出版之后，读者函件常常山一般的堆积在案头。有些自然是毫无意思的，有些却供献自己的性经验，批评博士的著作。对于后者这些通讯，博士常常用了最大的努力作答。其或涉义很深，行词秽亵，而不便做公开之发表的，先生常用私信去答复，他对于读者的信件，是很郑重其事的。

观战好胜的心理

博士又以为，批评辩论亦为杂志行销之秘密。我记得有一次张竞生在《新文化》上写上一篇《调笑〈一般〉之所谓主干也者》，此文是攻击开明书店出版的《一般》杂志编辑夏丏尊先生的。当《新文化》还没有出版的时候，不知哪个好事之徒把这消息传到夏先生耳中去了，夏先生竟等不及出版，亲自到印刷所索看样稿。可知任何人不想读杂志的，一听到有牵涉到他个人方面去的话言，他定然非看不可的。现在一般大小报纸，同偏重于本埠新闻以及集团消息，就是为了这个生意眼。旁人有观战的好奇心，当事者有好胜的心理。《新文化》出版之后，销路突出二万余份，一半自然振于博士在《性史》之后的大名，一半也为了先生在编辑方面确有独得之秘。

陶元庆画封面

《新文化》月刊初几期的封面，是请陶元庆先生作图的。那时陶先生寄寓在立达学院，以画驰名——好像他的画名还在丰子恺先生之上。陶是一个尖嘴猴脸、形体矮小的三十岁光景的男子。眼光炯炯，而服饰头发，都很随便。在我的印象中，他全是一副艺术家的态度，话音低低，而且低得几乎使你不大听得出来。他沉默寡言，老是在凝想着什么的样子。据立达同学说，他教授图画，为人很和气，对人仿佛老是怕羞的样子。他的杰作是给许钦文的小说集《故乡》的封面，画着一个古色古香的艺术形的女人在月光中延颈企望的样子。其美妙处全在色彩上面，所以每有什么作品，颜色必须由他自己校正的。他给《新文化》画上一个大鱼般的东西，而用着两三种颜色作为衬托，我与张竞生先生皆莫知其用意所在。更不幸的是，他画后便返北平去了，虽托孙福熙先生代校，但因为出版日期匆促，而孙先生又如浮萍般行踪无定。封面因都用很鲜艳的颜色印出，把陶先生的原意都失了。

但《新文化》问世之后，读者们看了封面，大都有"莫测高深"

之慨，反全神注意于内容。后来索性换了一张西洋黑白名画，不用此三色版了。

笔战热闹

《新文化》月刊的文字排列格式，却非常简陋。这因为以前上海的文化程度和排印技术还没有现在那么高，然而这里边却有着很热闹的笔战。"文人相轻"，自古为然，一种也因《新文化》一出，使得各大杂志都为失色，而青年学生以及写字间的洋行小鬼向来是不大买书的，此时大都抱着看《性史》第一集的那种好奇的心理来购买《新文化》月刊了。如此虽未至于人手一编，至少总在读界的海里引起一种巨大的波澜来。说来也确很可怜，上海和全国的报刊读者似乎也有一定的，既读了这一种，鱼与熊掌，就不得有所兼顾了。于是一半在"文人相轻"的习气上，一半在争取群众的生意眼上，那时的许多杂志就来围聚而攻。自然，态度也有多少不同，手段也有多少高劣。张先生的应付，对于那些不够程度的，都略不置理，抱着笑骂由他笑骂的宗旨，亦不加答辩，过了几时，黔驴之技也就穷了。至于来头较大的，就不得不应战一下。

现在就我所记忆的，试追述几种——我这里所写的仅就事理的本身方面，至于批评谁是谁非，则不在本文范围之内。

华林与周作人事件

上海以"华林"为名的，据我所知，共有三人。这里所谈的华林先生，乃是一个法国留学生，研究艺术的，他是张先生的老友，而处境也与张先生一般地可怜。他虽不谈性育，可是也是一个崇拜女人而偏不得女人欢心的可怜者。他甚至于一个床头人，都跟着小白脸儿跑了，落得书空咄咄，孤夜无眠，而且还惹起了半天星斗，几场笔战，牵连着同病相怜、有着寡人之癖的张竞生挺身而出，参加战斗。

失恋的故事

原来华林有一个情妇，同居已经年余，华先生相当力尽丈夫或情夫之职务的，不过好事多磨，内媚之力量不足，而外诱的原因有余，那个女人又跟着另一小白脸去了。两雄不便同穴，华林甚至于被挤出门外。不久，那个女人于反面之后，干脆地跑了，这个问题也就完了。不料她反在《语丝》上写上一篇文章，抹杀事实真相，大大地骂着华林蹂躏女性，而以出走的"娜拉"自居。更奇的，《语丝》的编者周作人又加以按语，大意说男女之爱应当绝对自由，华林君不但蹂躏了某女士的身体，且及其灵魂，则某女士的出走自属必然。言下，大有庇护偏袒之意。上海方面的华林看到了这条消息，便将事实真相写成一篇答文，寄到《语丝》上去，要求刊出，以求读者公判。不料《语丝》编者非但不予刊载，且重申前议，又骂了一次。这个引起华林的肝火来了。

华林因在《新文化》月刊上，发表他婚变的内幕情形，并大大的回骂周先生。周先生用"擒贼先擒王"的手段，又牵涉到张竞生方面来。因为褚松雪女士也正在此时与张大闹意见，突然出走，而张于心情不宁之际，乃在《新文化》月刊上写上一篇《美的情感——恨》的长文。此文又使重中庸之道的周作人大发议论了。

意存偏袒

周作人的毛病，在于没有弄清楚事实真相，而一味迎合读者心理。他仿佛以为男女争斗,旁观者必须同情女性,才能受读者拥护,同时又可拿着爱伦·凯自由恋爱、自由离婚以及日本与谢野晶子[1]"爱是不害于人的"等话头来盖罩一下,就可把全盘事实都抹杀了。他又是一个温情主义者、中庸主义者,主张凡事皆当以微笑的态度去处理,不宜趋于过激。而张竞生却是一个热情奔放者,平日所崇拜者为拜伦、卢骚一班人,爱就当爱到极点,恨就当恨到极点,这种奔腾激动的情感,就是他平日行事的方针,换句话,也就是唯情主义者。这样与周作人自相水火。周作人在《语丝》上批评华林的婚事,同时涉及张竞生《恨》的批评,于是引起双方的笔战。

大骂骑墙派

其实就表面看,似乎周作人列身事外,旁人说旁话,但实际上华林的情妇,与其小白脸,皆为周之门墙桃李,故周蓄意为之回护。至于褚女士之情夫小叶,亦常在周处走动,故周肯变脸说话也。张、华都知其然,所以对周之意存偏袒,表示十二分的不舒服。

周是鲁迅翁的介弟,但性情与文章却截然不同。张向来很佩服鲁迅,并不是为了他那些有名的小说和杂感,乃是佩服其人态度明朗,冷面热心,毫无油滑之状。至于周作人便不是如此的了,他是骑墙派雄者,油头之尤者。作文虽似冲淡闲散,却只能写些短短的杂感,较像样的作品就不能操觚,至于像乃兄作文那样深刻显明的姿态当然更非所属了。周作人文如其人,其为人也是这样的油滑无骨气。

这是张竞生在《新文化》月刊上著文批评周作人的大意。十余年前,周作人未曾从逆,曾执文坛之牛耳,同时周也成为青年心目

---

[1] 与谢野晶子(1878—1942),原名凤晶,笔名凤小舟、凤晶子等,日本女古典诗人、作家、教育家、和平主义者和社会改革家。

中的偶像。张的贸然下此批评，全以事实为根据，所以能够不顾一切。

周作人隐私

张在《新文化》上批评周作人，而周在《语丝》上加以讽刺，唇枪舌剑，各有地盘。但这次笔战，并未引起外界人的参加，而其戛然截止，却还有一桩趣事。这是文坛秘珍，很少的人是知道的。而这是否确实呢，是张竞生亲口告诉我的，我只能据直记录罢了。

大家知道周作人有一个日本老婆，日本女人是世界男子最欢迎的女人，为的她们能够柔顺，不但和西洋妇女作风截然不同，就是中国旧式三从四德的女子，对丈夫百事和顺，却也不能与之媲美，至于新女性当然更不必论。周作人在其随笔上，尝论到日本人的人情美，又尝说到护袒日本恐有"妻党"之嫌，可见他平日的对于尊阃确有自鸣得意之色。周作人究竟怎样娶此外国贤妻，张先生并没有讲到，不过她们却是一对姊妹花，而且在周留学日本时，那姊姊下嫁周作人，那妹妹是嫁与他的介弟周某（姑隐其名）[1]的。但姊姊结婚后，生男育女，琴瑟调和，大概也因为周先生常常谈谈性育（霭理斯的《性心理学》最先是周先生介绍出来的），懂得一些恋爱艺术吧。至于那个妹妹下嫁之后，却过度着不怡快的婚姻生活，伉俪之间既乏情感，床头人成为夜叉婆，柔顺女变作眼中钉了。不久，即下堂而去，同时并勒索周弟每月津贴一百元，作为赡养之资。这一笔赡养费有无年限，其期限规定若干年，笔者亦未能探悉。现在问题就系在这个下堂之妇。

---

[1] 指周建人。

鲁迅不满

　　这对姊妹花,也确可称得当世之大小乔,周弟既无此艳福享受此美貌佳人之小乔,可以说是五百年前未曾修得。及小乔脱辐之后,而逐猎者乃大有人在——更奇怪的,从这个时期始,鲁迅翁与知堂老人兄弟间似乎意见参商,日现决裂之状。这里边自然还杂有家庭中别种缘由——譬如他昆仲俩合资在北平筑有一所院落,鲁迅此时尚未有子,仅乎是夫妇两口儿,而周作人却有子女一大群,于是周作人遂以人多为借口,独自占据,却让鲁迅翁夫妇住在面前门房间一般的矮屋子里,但鲁迅先生在杂感上虽是那么倔强、韧性、富有战斗性,但实际上却是一个豁达大度、再和气都没有的人——一句话,他实在是个富有伟大作家幽默之趣味的,他决不屑以此琐屑之事而作阋墙之争。后来,实在感得不太舒服了,他索性斥资另赁一座房屋搬出去了,独让周作人一家占居其中。《呐喊》上有一篇《鸭的喜剧》中所写的"仲密的家",就指的是这所房屋。

　　鲁迅先生对周弟的下堂妇,似乎也有些意见,或幻想吧?然而这位艳丽的小乔终于长住在周作人的家里了。她以青年美貌之身,竟未闻再嫁,或作回国的企图,而周家对之亦安之若素,自然难免外人的种种议论。然而因为周作人毕究在文坛上振振有名,门墙桃李遍天下,而此系家庭私事,唯友好间略知其一二,当然也未便形诸笔墨。

　　以上是我据张先生所告诉我的写下来,张先生想还不至于空穴来风,至于我个人并不识周先生。姑志此,以待就正于熟悉文坛掌故者。

应验如响

　　周作人用着他那特别心眼儿,在《语丝》上对张竞生、华林两人,大肆攻击,而且措辞激烈,一反其平日行文温厚之气、冲淡之味——其所以如此,当然别有用心,否则绝不至此。就事论事,当时周作人在文坛上拥有广大的读众,黑白淆乱,很有左右读界意见的潜势力。所以,张、华两人,实不得急予置辩。然而周先生竟仗其威权势力,故意颠倒是非,所以张先生迫得非开刀不可了。

这一剂妙药,竟像太上老君的律令,应验如响,张先生用一支如刀的笔,暗示他上述的故事,这一阵无聊的笔战,就此结束。

敲破秋郎的饭碗

民国十五六年以前的《时事新报》,大家应该记得两大副刊是办得很有名的。其一是《学灯》,专门讨论新兴学术,对于中国的科学界与思想界颇有贡献。其二是《青光》,先后都经名人编辑,虽是些杂感短文,大都颇能找着些社会瘀疮。《青光》由秋郎主编的时候,尤受青年学生所欢迎。

秋郎就是梁实秋的笔名,他曾以写《骂人的艺术》一书而著名,别的不说,单就此书名而言,已知其人是怎么恶毒尖刻的了。

然而他骂了国民党,骂了国父,骂了国民政府,骂了社会上大小事情的一切,仿佛荣国府中焦大的样子,并没有谁加以理论,最后,他却以骂而碰着了钉子,那就是因骂了张竞生的淫书,而敲破《时事新报》报馆里的饭碗。

读者且不必怀疑张先生有着什么特别恶势力,张先生只是一半用着开玩笑的态度,一半用着批着《时事新报》基本的严肃态度,不但受指摘的梁实秋自甘铩羽,就是整个《时事新报》报馆中都为之悚然了。

原来那时的《时事新报》,是富有研究系色彩的,研究系正是反国民党的,换句话说也就是从康梁保皇党脱胎而来。可是中国毕究是到了民国时期,公开拥护复辟,当然势所不能。于是遂以势利为皈依的宗旨,以升官发财为研究的对象。所以北洋派得势,则依附北洋骥尾,国民党得势,则凭附国民党以进取,其宗旨并无固定,而论见前后每自相矛盾。所以一般人往往称研究系为姨太太系。而秋郎编辑之《青光》,则为道地的研究系尾巴。

空言无味,拿出证据来——张竞生试就一个月的《时事新报》及其副刊《青光》上所发表的宏词高见——加以科学的比较与批评的指摘——这问题似乎涉及国策及党政方面,问题的确太大了。《新文化》的批评问世后不及三日,该报即行改组了。

淫书藏诸金柜

秋郎用幽默的画儿,画着一个马儿,上置着一部《性史》,题目《世之所谓〈性史〉者》。在秋郎的意思,当然暗示《性史》第一集是一部诲淫之作,足以遗臭万年。所可惜,他并非证明《性史》第一集是一部淫书。在科学的辩证法上,自是一大缺点。所以张竞生轻轻地强调《性史》第一集依照《性书与淫书》之解释,并不能称为淫书,人家目为淫书者,乃系俗人之见,开通如研究系的尾巴秋郎辈不应亦作俗调。如果性书放在马儿上,那么,真正的淫书,难免不藏诸金柜了,秋郎岂非做淫虫也欤。

我回忆这个辩论虽属无聊,不过因此以见张先生诡辩的一种技巧罢了。

关于"性部呼吸"之论战

在出版物上,张先生既有性书与淫书的分别了,而在实际的行为方面,他也区别着性行与淫行。性行是有节制的、健全的性行为;而淫行则不但指不合乎礼法的劣行，尤其是指漫无节制的性行为。桑间濮上露水夫妇，可以称为淫行，也可称为性行为——而普通一对夫妇在黑暗中偷偷摸摸的干一回，抱着"铺糟啜醨，皆可以醉"的态度，即使是丈夫行为其权利，妻子确守其义务，依张先生说起来也当是种淫行。

依此标准看起来，性行为的先决问题，必须强健其性欲，倘使性欲臻于发达，则床笫之事自不寻常。

发展性欲的方法，果有多种。但粗别为治标与治本两种。服春药"生殖灵"，借刺激提神的药力以资补救助于一时，这是治标方法。而且愈治愈坏，所谓舍本逐末也。至于治本当求诸强健身体，而张竞生的提倡性部呼吸运动，即为其一。

道家有"丹田"之说，修养童真白日飞升，这是神秘的说法，至于此种神秘之说，不便为俗人所知，至于张先生的性部呼吸，实际就是一种反呼吸运动的练习。

大凡我国习内气功的武术家，皆知之，其最普通者则为神八段锦及近世之能传布精之灵子于病人以求疗治疾病理催眠术者，类皆能之，其得似乎难明，而其事则人所在见，毫无鬼怪神秘之色彩。据说，性部呼吸运动，即自由将气运诸"丹田"——这丹田即在小腹、阴部之间，中医书上所谓气海也。

一个人能自由运气于丹田者，其小腹可以坚实如瓠，击之则柔如棉，或硬如铁，率可由其人自由操纵。善此功者，性部一呼一吸间，能吸饮高粱酒一瓶，足见其魔力之大，故能供人采战，百战不疲，滴精不泄。

我常听得父老传言，敝邑先前来有一个卖拳山东佬，身魁力壮，无人能敌。然其人尤有奇术，能摩其"小佬儿"，强硬如锤柄，悬百余斤之石狮不垂。相传此佬能采战，房中无敌手也。

张先生提倡之性部呼吸，即系上述之事实。惜读者中很少能柔气功者，大致对之一笑置之，以为博士吹牛。而向自诩为懂得生理学之周建人，乃借此造成一次笔战。

周建人一得之见

周建人为文坛耆老鲁迅翁及周作人先生之介弟。二周以文鸣，卓有成就，而小周则以文才远不及乃兄，乃专攻生物及生理学，所以，他亦喜谈谈性学，唯卑无高论。及见张博士种种新奇论调，尤其是提倡性部呼吸乃认为是"道教思想"，绝对不科学的。周先生此论当然是根据普通生理常识，譬如呼吸是属于呼吸系统，而性部则属于排泄系，以性部而言呼吸，是正类于耳食，不言而知其错误。他却不知人体机能尚有无穷玄妙之处，其较普通者如吸鼻烟、输血、移植生殖器具等。

周建人先生，根据他一得之见，对张竞生的性部呼吸说大加抨击。不但有道貌岸然的态度，而大带有孟韩之力排异端而有"余非好辩也，余不得已也"之概。

考证详本

其实，性部确乎不是属于呼吸系统者，而性部确有运气功之可能，此犹皮肤非呼吸系统之物，而皮肤确乎是不可截去空气一样。而况性部呼吸在演习气功的人早经身亲，灵验有素，并非凭于妖术者可比。

张竞生为要辩白此点，乃用详本解剖学，就其呼吸一章，细加引证，则见该书明言肺部为许多纤微孔细胞所组织而成，如加以抑压，其所吸之气则可由肺叶尖渗出于小腹，而使之膨胀。据此，则我国古传之运气功，在晚近碧眼儿之科学书上，果亦未尝无根据也。换句话，就是一般生理学者未免见疏识陋，而真实之生理学家，果亦断断乎不至于与事实相违反。这样口口声声，声斥张竞生为不科学的，却不知张先生正拿"科学"之矛，以御"不科学"之盾，而周建人先生乃不得不语塞。

斩不尽上海的怪头

张先生为了与上海文人开战，拿着科学的法宝把"不科学"罪名洗清了，周建人先生在这次论战中，不甘自己失败，乃利用党同伐异的车轮大战，以图混乱读者的视听。这好像希腊的怪人，给人斩了一头，乃又生出了一头，然而上海这样的怪头却是斩不完的。此时潘光旦先生，便有卢斯福先生等群起而攻，声势浩大，似乎有必得之势。但张先生毕究不凡，他却好整以暇，用一支笔四处应战，并无恐慌，在这里，他又获得上海一种新经验了。

这经验，就是发现上海的文人是有党的，而且每每利用围攻的利益，不惜化名发表一种新文章以支持自己的论点。在群众方面看来，以为执笔者围攻，好像人多理足了，其实学术全与普通开会表决法有所不同，学理当贵乎真实而不贵人多也。

第三种水之秘密

第三种水之说，在二十年前张竞生的性学上，亦曾喧腾过一时，而在一班道学家的心目中，其毒害青年，虽"洪水猛兽"不为过。因为张竞生的性学结晶在"性交"一项，而"第三种水"又为性交中之精髓也。在我追述此故事之先，试述第三种水是什么。

这"第三种水"并非什么神秘之物，男精女水，其说由来古矣。

但有程度上之不同，并非如浊流排空般一齐而下。必待女子兴酣淋漓时，才能丢下。这第一种水据张博士说，是大小阴唇之水，第二种水是阴道之水，而第三种水则是子宫黏液也。女子兴酣淋漓时，其子宫颈常常会坠落下来，同时到了电感摩擦热烈时，第三种水也就下如洪潮，就是所谓"大泄"也。

第三种水与色欲亢进

据博士研究，一般淫虫——就是童山濯濯、旦旦而伐之者以及其性不酣、其情不畅的人——大都一辈子都不曾梦想到真正的享乐。女人这第三种水，必在色欲亢进的时候，方能排泄，普通须待二十分钟后。

这自然有借于恋爱的艺术方法了。我国人常喻夫妇为"琴瑟调和"——这琴瑟二字，真是再妙不过的一种譬喻。原来女人可被视作一个提琴，必须给懂的人玩着，在熟谙音律的艺术家手中可以发出高低抑扬的声调、锵然中节的音律，如果入到一个俗人伧夫之手，至多不过发出一种咿咿呜呜的哀诉声罢了。这并非乐器不佳，倒是玩乐器不懂得乐理之过。

在性行为中，男女"融融泄泄"的时期有长短，男子一战而疲，体力方面已告不支，而女子则正春情乍动，犹如大火熊熊之不可骤灭——女子如果常年受此磨折，将与禁欲者发生同样恶劣之结果——就是面黄肌瘦、神色不舒、性情乖张、易变多怒、凶残险鸷等等。

我们每从妇人日常行为上，可以测知其性事如何。一个性欲满足的女人必能和颜悦色，坦白欢娱；恭敬其丈夫，仿佛如小鸟般依依于丈夫，即出声发话亦多娇声妙语。反之，便见其人阴鸷险狠——往往出乎人情事理之外。老尼因为禁欲之故，往往性极凶狠。寡妇亦然。凡此种种就由于第三种水久不得发泄所致也。故第三种水，非但是一种学术创见,实大有裨于夫妇之道。

色欲亢进者其种必优良

一般结婚的目的,不过两种,一是生理的目的——就是求性欲的满足。我人有口,就要喜尝甘脂,有手,就要施展身手,有性器官就要求发泄,这些都是自然天赋之机能。另一种则是生物学的——就是所谓传种——新陈代谢以延长种族的生命于永久。

而色欲亢进者,对于这两大目的都大有供献。关于生理方面,女人之出第三种水,其利益已略在上节表过。其关于生物学方面的,则必有优良之种子。原来当色欲亢进时,精子的竞争必更烈,而于其争入关亦见更活跃。竞争者众,则竞胜的精子必最强健,一旦与卵子化合,怀育成孕,其胎儿将来亦必显得更聪明活跃。这种微妙的理论,可拿许多习见的事实来证明的:

高鼻大眼,聪明之征,其人之性欲亦强。而此必系色欲亢进中的产儿,否则必不得也。故性欲之事,亦必用孔老夫子"听思聪,视必明"之态度,以全神奔赴之,方可获得佳儿。

醉酒荒淫、多妻老弱者,所诞之子女,往往夭折,即可视为反证。

第三种水出乎

《第三种水与卵子及优生之关系》一书,简称《第三种水》,是张竞生继《性史》之后的第二杰作。所谓第三种水'The Third Water',其出典系在霭理斯《性心理学》上,并非由于博士杜撰,但中国的所谓学者,固守教科书的孤陋旧壁垒,亦视为博士新谈,而苦苦地加以"口诛笔伐",讵不可笑?

张博士在编辑《性史》第一集，仅于每篇故事后，按加一些性学理论的解释，而此解释又大都以科学为根据，以示与金圣叹之注解"六才子"有所不同。至于"第三种水"，则全从性心理的科学着手，而于其著作中，亦全为科学的文字，一变其平日文艺的笔法。

《第三种水》这书，不问其内容如何，一经预告登出，即见预约者纷纷不绝。那时张竞生和我还在福州路开有一爿"美的书店"，当柜者是四位女职员。上海商店之雇用女职员亦从美的书店始，自美的书店，雇用女职员昌而营业鼎盛，于是先施、永安[1]亦次第雇用。张竞生之提倡女子职业，在《美的社会组织法》中早有先声，所以当组织书店时，他就坚决选用女职员。不想到了出版《第三种水》时，乃造成一大笑话。

《第三种水》虽是一本薄薄的小书，全文约计二万余字，但出版依照预告日期一再延期，所以，美的书店的顾主纷纷到店催问。有一班浮滑少年，喜吃豆腐者，尤其是那些"洋行小鬼"，平日常于写字间下来之际，辄到美的书店买些书籍，问长问短，一半含有吃豆腐性质。此时看到《第三种水》的出版消息，认为吃豆腐的最好机会了，于是便向女职员问：

"请问您，第三种水出了吗？"

女职员自然只知《第三种水》是一本新出版的性书，而且因大多数是情窦初开的妙龄女子，言情说爱，事或有之，根本不知道性欲这回事情。"第三种水"伊等又压根儿不知道是什么，所以大概都是恭而敬之的回答：

"第三种水还没有出……明日可有了。"

于是顾客们讨着便宜，嘻嘻哈哈地似乎感到满足地走了。

此事曾经鲁迅翁口诛笔伐地写在他那些有名的杂感上，一时传为美谈。但张竞生在编辑室中还只是埋头工作并不知有这么回事情。

---

[1] 先施、永安为民国时期上海南京路上最著名的两大百货公司。

然而外界却以此为声讨张竞生的很好借口了。我亲听得一个形如道学家的老教师说："什么第三种水，美的书店中的女职员都是张竞生这家伙搅出来的！"

这连珠似的妙语，在一个旁观者听来，真不免要耸起好奇的耳朵来，以为张竞生把美的书店女职员搅出什么第三种水来了。这岂非荒天下之大唐，滑中外之大稽？

在被猜疑中生活

不错，张竞生先生因此常常在一班人捕风捉影的猜疑中而成为一个传奇人物了。普通人想来，凡是一个文学者，总是写着自己的故事。郁达夫先生就往往会受到此种嫌疑。而一班假道学家常常用着俨乎其道貌来写述文章，读者遂幻想着他们方正到连男女私欲的事情都不会有的了。这种极端的例子，可以直推到孔老夫子。《论语》上记"子见南子，子路不悦"。南子原来是当时一位艳风四布的娇艳之女，孔子前去见她，在子路的心目中，以为夫子也是色星高照的了，有损于圣德，所以便坦白地表示不满意。他却不知孔子之真意，并不在色，在色之外还有其他更重大的任务，却不是暴虎冯河的子路所能知道的了。

张竞生因为思想的好奇、生活的浪漫，不惜用大学教授及哲学博士的身份来提倡世人所不屑出诸口的神秘的性欲事情，而其著作如《性史》第一集与《第三种水》等等，又大足令造成道学家心目中的"洪水猛兽"，引起浪漫青年界举国若狂的性知欲，因而请他担任些莫须有的风流罪过，从而设想其人是如何荒唐淫恶，甚而把些事实上所不可能的风流罪恶一股脑儿都加到他的身上，乃是很自然的事。

在一般人的幻想中，他身为性学大师，至少也是朝朝笙歌，暮暮管弦，左拥娇妻右抱美女的淫乐者。却不知事实上，他从褚女士出走之后，一向潜居海上，孤衾空帷，三年不知肉味！

一个常熟女子的浪漫史

我现在忆写张先生的故事,向本着"有闻必录"的态度。而且我早经抱定此宗旨,以为浪漫果无损乎张先生的毫发,而方正亦于彼无加焉。所以,写来力摒主观色彩,这里一桩趣事,足证上述之言。

我在一所小学校中碰到了一位甫从中学校毕业出来的施小姐,她是常熟人,原来是介绍到校中来执教的。但因为她性情浪漫,每喜搔首弄姿,校中觉得她当教师不大适合,可又格于介绍人的情面,无可推诿,姑由她在校食宿,无所事事。后来与我认识了,一闻我与《性史》作者张竞生常相往返,便大喜过望,要求我务请为她介绍,似乎大有欲过屠门大嚼之概。

张博士向来号称好客,挂着美的书店编辑室牌号的萨坡赛路九十二号的他的居室中,确然是"谈笑有鸿儒,往来无白丁"的,但往来亦大都限于男宾,至于莺莺燕燕者流,则绝无仅有。理由自明,无须说得。

施小姐既然破格请我介绍,我自然是义不容辞。

施小姐到了会见张博士时,怎样打扮我却记不清楚了,只记得我颇惊异于她太浓妆艳抹了。介绍之后,我因事出去了,恰恰有四五天没有到张先生那里去。

要当面向性学博士叨教

等我再去的时候,张先生一见面便大笑,接着告诉我施小姐的美妙事情。原来施小姐要我介绍性学博士,是抱着一种微妙之感想的。她当天在那里七搭八搭的直谈到夜晚,听得张竞生中馈尚虚,正患着寡人之癖,便很坦白的吃着夜饭了。夜膳之后,张先生便问她贵寓在哪里，隔日再请过来，言下大有逐客之意。但施小姐却赖着不肯出门，似乎在张寓有乐不思蜀之概。

这使得张先生大感困难了，又因为是熟人介绍，当然不便严厉对付，同时对于那些温情俏语、媚眼浪态，却也难乎其为鲁男子。[1]

然而他毕竟做了鲁男子了，我在上面早经说过，他未尝不想一饱饥渴之欲望，唯恐"公共汽车"式的女子，其身体决乎不能清洁，同流合污，未免有"佛头着粪"之惧。所以不得不掏着自己的钱袋，令娘姨送诸门外了。

我初听这故事，自然觉得怀疑，但至今想来，不禁恍然。原来她不曾看清理论与事实的分别耳。在她的心目中，性学博士当然能大发挥其性艺的，但只恨银样镴枪头的张竞生博士太煞风景耳。

心目中的好女人

再进一步，从理论上探究张博士对于这位常熟浪漫女朋友所以有投梭之拒者，就可从那第三种水理论上加以推求。

原来博士的女人观是基于性学的，所以与时俗人的见解迥乎不同。二十年以前，上海的女人观念不如现在那么开明，原来我国承逊清风气闭塞之后，那时新学初兴，旧思想犹盛。时髦女子大都还是抹胸窄衣的，这抹胸使得胸前平坦，不仅缺少苗条袅娜之姿，而且有害于女人自然健美的发展。其次是提倡肥臀运动，女子臀部肥大者，其阴部骨盘亦必阔大——骨盘阔大，是有利于生育的。此外，女人身体又必健美，女人健美才能鼓舞得兴酣淋漓，到了第三种水洪涛泛滥时，就可胎育得优秀子女了。

那个时候，林黛玉式的病态美颇风行于世，甚至于还迷恋于古色

---

〔1〕 典出《诗经》毛传，后世称不好色者为鲁男子。

古香，有人在狂捧小脚哩。西子捧心，世人亦为大可剧怜，这些病理美观，都为张竞生大为反对的，他的一贯主张是提倡健美女人。

上述那个常熟女子，虽然美俏，但移樽就教早已使张倒去胃口，满怀叨教之心，恳切入山求宝之念，自然又使张生有戒心，而况在"公共汽车""佛头着粪"顾虑之外，乃又有并不健美，美中不足之嫌哩。

弄堂艳史

但你们若以为性博士着眼甚高，必乎品优才高健美佳人才能博得博士垂青，那倒也未必为然。道德学问是出诸人力的，并非占据张竞生性育中重要地位，更足居奇的却是未雕饰的璞玉——就是本质的优美。

在张博士久旷的性生活中，一般女人早经避嫌而绝迹于门，大鱼不来小鱼来，张博士于是不得不降格而垂青于婢妾女佣了。张寓中的老妈子，是一个中年以上的老婆子，他在孤凉的生活中仅用她作为照料"小博士"之用，不存他想，而弄堂中其他女人亦难于接合。可是其间却有一个年方及笄的洗衣大姑娘，因为是劳动阶层，身体各部分都能平均发展。但她是一个粗女人，既不会谈情说爱，又不知抹胸平乳，其面目亦颇娇美，有一般劳动女子天然之丰姿，这在博士的性育理论上，自很适合于理想的了。

博士每常顾其女而语曰："此女不错，很可娶以为妻。"然而博士此愿，也终托虚牝，则因为博士一举一动，皆受人注意，人言啧啧，未免可畏耳。

其他著作

博士之办理杂志，尝把读者分做两等人，一是为知识欲而读杂志，一是为寻求趣味而读杂志。换句话说，杂志之能倾销，全凭新奇知识以及新奇趣味。博士主编之《新文化》月刊，风行全国，不胫而走，亦全在抓住读者某种心理。《新文化》月刊是偏重于趣味化的，一切取材，皆以趣味为主题。那时上海发行的杂志，虽不如现在那么繁盛，但商务、中华、世界、北新诸书局皆有巨型杂志发行，然大都俨乎其容，岸然其貌，而且文辞深涩，每为初读者所苦。是时鸳鸯蝴蝶派早经受人鄙弃，而一般新文艺刊物又都格格不入，至于轻松游戏之文，雅俗共赏之作，确乎不多。《新文化》月刊就因抓住了"雅俗共赏""趣味浓郁"这点而倾销于市面。

综览博士半生所有之著作，皆本乎这个宗旨。

"博士论文，是颇注重于新奇""情感"的。因为喜"新奇"，所以对于小说的看法，颇重情节与结构；因为重"情感"，所以，他颇蜚议时贤如郁达夫、徐志摩、周作人等的缺乏真实的情感而用文艺之笔勉强构造出来。他认为这些文艺，纵然写得工致，也都是假装派，没有文学家真实的情感，算不得美文。他论文，是崇尚浪漫派——他一生所津津乐道的是卢骚的《忏悔录》，他认为卢骚除其自然放浪的哲学外，即就其文而论，也是一部了不得的大作。他曾请金满成先生移译哥德《少年维特之烦恼》一书，我以为此书早经郭沫若译过，而且早已享受盛名，金先生再译唯恐劳而无功，因此此议遂寝。乃改请译卢骚《忏悔录》。但试译一部分，却以词欠洁净而未用，于是不得不仰仗自己的大笔了。

《忏悔录》失败

博士译笔十分简净，力求不失卢文浪漫热情磅礴之本来面目。但因为用笔太简净了，也许文学非博士之长，其所译的《忏悔录》一书，我总以为失败，仿佛早失去其原书文辞之美趣。此书博士曾计划分集译出，一者译文已告失败，二者又因传记一类的书籍，只投合中年以上的胃口，对于初学的青年不能含有强烈的趣味。有如《儒林外史》之曲尽人情世故之作，对于"初出茅庐者"犹如乡巴佬之吃橄榄，与猪八戒之吞人参果一样也。必乎中年以上世味艰苦备尝者，才能激赏其苦乐。

然而博士于移译《忏悔录》之后，尝立志自己要写一部忏悔录，叙述自己一生的种种奇思畸行以及传奇生活。他当然并不以提倡性学为满足，在性学新奇的理论之外，他深想要浪游世界，借名山大川、世界风物之胜，以添助自己的文思及其新奇材料，果然在美的书店结束以后，上海生活告一段落，他就渡海前往法国，在巴黎附近住下来，度其流浪生活了。在抗战之后，他回到国内，复又遨游印度西南之地，在我的料想之中，他无非为寻求自传的材料。回来之后，他定然埋首整理自传之稿，预料书成，定然轰动，必在《性史》第一集与《美的人生观》之上的。

打倒文艺小说而重情节小说

博士在美的书店编辑室时期中，常常原璧退还好些所谓文艺名家的精心之作，这些书籍后来都在别家书店出版了，虽然销路未佳，但亦颇能维持成本。

博士对之，便老老实实地不加许可。他认为这些大都是新的无病呻吟之作，毫无实际。他选中过两部在文艺价值上并不很高的小说，足以代表他的文学看法。一部是黎锦晖介弟锦明先生的《留欧外史》——内中叙述重情节，虽没有不肖生《留东外史》那么奇险荒唐传奇的趣味，却也足多事实之趣味。一部是一个不见经传新作家石江所著《爱吗》一书，这叙述一段同姓结婚的浪漫史，其事迹虽颇奇诡可喜，但文笔写来实在恶劣之至。博士只取其事之情迹，一部分由我润词，后半部又请金满成续貂，这样就成一部四不像的小说。当然不是什么文艺作品，最多不过是一部言情的故事罢了。

然而出乎意料之外，这部书的销路，一出版就倾销五千部——突出在市面上一般书的销数上，这或许就是博士别有投合读者们的眼光。此书寥寥三万字，而全书收买费为一百元，在当时的稿费要算出得颇大，但结果居然赚了不少的钱。

小江平新作

在《性史》第一集中以写董二嫂性史一篇而著名的小江平，其真名金满成，确是峨眉山下边的小才子。那时他在沪颇为落拓，无所事事，常常到张寓来闲谈。他终于拿了一部小说来，题名曰《丑恶臭透》——此文是金先生一部透底的忏悔之作，望文生义就知道金先生并不满意男女色欲的诱引，一反鸳鸯蝴蝶派之香艳标题，而以"丑恶臭透"为贬词了，金先生的字迹极劣，写得大如小儿之拳，歪歪斜斜的，几不成书。这书也是写着与"董二嫂"一类偷情的故事，然而张先生很不以为可。幸而当时排印并不昂，美的书店于版税的条件下，承印之后，其销路果远逊于《爱吗》一书。这原因由我现在想来，大概一者书的作者署名金满成，而未署"江平"，二者则因此书书名不能投合时宜——"丑恶臭透"之名，有类于泼妇骂街，既为正人君子所不齿，又为《性史》读者所莫名其妙也。

写《食经》未竟其作

张竞生在美的书店时代主要的工作是编辑月刊，校译霭理斯《性心理学》，共分二十小册出版，分辑为"性育小丛书"，博士自己又著《性书与淫书》《性部呼吸》《第三种水》，皆系风行一时之作。销路既大,而反对者亦日见其众,因此张博士时时为了风化问题受捕房控诉,而影响到《新文化》月刊的继续发行。

张博士因为喜谈性育,那时造成一种狂大的性潮,足以糜烂一班不学无术的青年学子,这是无可否认的。又因了其他的几种关系,美的书店亦被迫歇业了。

自美的书店解散之后,张博士即束装赴法,在法侨居二年;我们重晤于上海。博士风霜满面,而言论依然。因为旧时朋侣,大都星散,博士寄宿于北京公寓,日就罗宋[1]菜馆,买票取食罗宋大菜以为常。此时博士的趣味,似乎已由"色"的研究而转向"食"的方面了。

在沪大感饮食之艰

原来在美的书店时,博士家常常食客满座的,他家中虽备蔬菜淡酒,却也治得颇精,所以博士在沪,并不感饮食之艰。此次重游旧地,寄居公寓,三餐就外,他告诉我上海的饮食困难极了。他曾走进许多菜社,不得不急急走出,或由于食盘样子不洁净,或由于菜味太恶劣,或由于代价太昂,非寄食的人所能负担。他终于发见了罗宋大菜,对于菜料、烧法和价值可以适合,遂暂以罗宋菜为满足了。

他于百无聊赖之际,乃潜心研究食经。及美的书店解散后,我已就职他处,张先生虽图复兴旧业,但人事瓦解,亦徒感心有余而力不足。我则于每星期之暇,照例到公寓去访问张先生,借以话旧。有一次,他告诉我,国人对于饮食太无讲究了,山珍海味,果无补于身,徒资耗消,而最坏的事,乃为佐治不洁。他说:"我巡游数十食铺,竟无可下箸,最后,迫得食罗宋大菜,岂不可痛心?"

最近,欧美的学者研究食物对于身体的补益,大都以每人每日

---

[1] 罗宋是英语 Russian(俄国)的音译,是旧时上海人对俄国的称呼。

三千的卡洛里[1]热量为度,而于其间则配合相当比例的脂肪与维生素。在二十年前,博士虽游欧回来,此说尚未普遍于世,故博士虽研究食经,但对于人体的营养方面,尚未能以热卡与维生素为衡量也。

博士对于食经,并未著作成文[2],故其具体学说,我不敢妄加蠡测,其大端则为:主张节食,提倡清饿之法。他以为国人饮食太多了,要比世界任何国人平均为多。但多食非但无益于卫生且足以戕生。原来多量的饮食,尤其是漫无休止的零食,其肠胃时时蠕动不息,所以每会引起肠胃病及伤食而死诸症。

我们常见期颐之年的寿翁,多属贫寒老人,而富家封翁,则为少数。就可见富翁多食少寿,而贫人则能少食长寿也。

他因此提倡清饿法——据他说,他那时已在身亲试验,每晨只喝咖啡或清茶一壶,至十二句钟,则进罗宋大餐,尽饱一餐,罗宋大菜,价值不昂,普通低于西菜三分之二,而食盘亦只备一汤一菜及黑面包三四样而已。然于简陋之中,其色其味其菜,且代价相配,差能满意,而远胜于中菜。其尤胜于西菜处,则为以前罗宋大菜可以自由添加面包而不加限止。博士于午餐时,因为早上废食,宿食尽消,早感饥肠辘辘,如狼如虎矣。此时大食,正古人"晚餐当肉"之意也。到了夜晚,仅以面包与咖啡果腹而已。

崇拜赛金花

博士二度来沪,因为提倡性学之故,其发表文章唯一之地盘,则为《时事新报》之《青光》。因为那时的《青光》编者是博士同乡又

---

[1] 今译卡路里,热量单位。
[2] 此处信息有误。张竞生所著《食经》1934年连载于《时事新报》。

为其高足也。此时,每隔二三日,《青光》便有博士的大作一篇,杂谈一切奇思妙想,而博士此时之杂文,亦极婉妙奔放之奇趣,在文坛上堪称独树一帜。有一篇至今使我不能忘怀的,是一篇为名妓赛金花劝募的短文。

此文博士于开首处,即援引"自古美人如名将,不许人间见白头"句,盖非独为赛金花喟叹,亦为自己身世飘零之感也。

赛金花为逊清出使大臣洪状元之妾,于庚子之乱八国联军攻打北京时,赛二爷曾以昔日驻德公使夫人之故姿,与德统帅瓦德西折冲于金銮殿上,北京难民赖以保全身首者不下数十万。这样赛金花堪称为历史上的人物了。其事迹具载在曾孟朴所著风靡一时的《孽海花》小说中。民国代兴,赛金花亦以人老珠黄,寄寓故都。曾遭一件命案,家资耗尽,是时早已潦倒不堪。

著文为赛金花劝募

赛金花穷苦不幸的消息仅在北平一家小型报上,偶然漏了出来,张竞生看了乃大感动。他因触动崇拜英雄美人的心情,立即握管在《时事新报》的《青光》上,写了一篇为赛金花劝募的短文。

这文章印出了之后,社会上反应颇佳!献捐者源源不绝,在《青光》编辑部代收部分中,计有三百余元,而博士自己亦捐助二十元。连文及捐款一并汇寄至北京某胡同赛之寄寓处。跟着就得了赛金花的一封鸣谢的回信,字迹和文句颇劣,张先生认为是赛金花的亲笔。赛自署名是魏什么,因为这是她最后一个丈夫的姓氏,张先生很为珍宝,也许将来会在他的自传中把真迹印录出来罢。

张在思想上,颇多矛盾,有时极新颖远超出时代思潮之前,有时却落伍,尚带着些封建色彩。如膜拜历史美人,崇拜赛金花,都是他那种"发思古之幽情"的表现。大概他自己以洋状元自居,所以对于洪状元之妾赛金花大起共鸣作用吧。但就此一事而言，亦足见博士之义侠豪气，此时《孽海花》作者曾孟朴先生尚未逝世，如果此文由曾先生撰募，其捐募成绩或则会更佳了罢。

赞美奇女子

赛金花无论为美人，为妖姬，虽然人老珠黄，潦倒困厄在北京胡同中，总还不失为一历史女人，博士的代为捐募，备致景仰，犹不失为义侠心肠。但张先生骛奇好怪，凡事最重新奇，其为人一如其文，所以他所赞美的女子，亦往往出乎常人意料之外。

他在爱情方面，崇尚情感极端，故爱则爱到极点，恨则恨到极点——周作人所提倡的"爱是不加害于人的"中庸之论，他是大为反对的。

他除极端的情感外，又重视情死，以为一个人失恋，如果能把性欲升华，寄情于著作，如哥德失恋而写《少年维特之烦恼》一书，果为佳事，如果不能，则情死尤佳。他并非在提倡情死，总以为能情死的人才有真实的爱，才谈得到热情磅礴的真爱情。

那时，有一个浪漫怪女人，叫做余美颜的，她在大街上能够裸体游行，毫无羞态，又能到处结识露水之爱，但求情意适合，不论新旧贵贱——不愿意，任凭高官厚禄，金银珠宝，余氏亦不屑一顾。有一个时期，风闻余美颜为情蹈海而死，张博士于抑郁愤慨中，乃著文大为赞美余美颜，称为奇女子。大概也是他在婚姻破裂后的愤激之谈罢。

别女子贞淫之法

国人娶妇，重视初夜权，盖犹有野蛮人之习俗。就性趣而言，初夜权对于新郎并非是一桩怡快的事情。就一般生理，女子于阴道口，小阴唇之内蒙有一层薄膜，中开小孔，以便处女经血之潮下，此即所谓处女膜也。"花径未曾缘客扫，蓬门今始为君开"之处女，其膜未曾枘凿，当为完璧，少奶奶便成花残月缺了。但处女膜之组织，也有奇特不同的，有些膜皱襞特甚，而性特坚韧，虽经诸披坚执锐之士，深入不毛，犹未能破其壁垒者，故女子终身不能成孕。又有特别脆薄者，未婚女子常有于剧烈运动中、洗浴中、手淫中、堕跌中而破损其完璧，以至当婚之夕，虽属初夜，以至于不能落花，而引起新郎之怀疑者。故处女膜并不能别女子之贞淫，换句话，新娘于初婚之夜未能留丹浃红者，事实上亦未能即据以判为不贞之妇也。

相传广东风俗，新娘回娘家携带烧猪头以为礼。如为全猪头，其母家即视为光荣，盖欣贺其出阁女为白璧无瑕也。如将猪头割去一耳，母家即视为大不幸，而新夫妇之婚姻问题，亦由此显示复杂了。

医师检验容未妥善

普遍检验女子贞淫，总由医师检验其处女膜。然处女膜的破裂，既不足确其为非完璧之征，则医师检验的是否精确，当亦成为问题。

博士对此乃别有会心，此时适有一位广东女子马振华因烧猪头被夫家割掉耳朵，暗示马女士为不贞，马以含冤莫白，愤而自尽。此事既经社会人士指摘，贞淫问题乃引起学术界的辩论。张竞生因根据生理常识，确定一个女子的贞淫的辨认方法。此法足以补助检验处女膜之不足，共为七项，试述如下。

辨别处女七法

凡处女之未经破苞者，其面部含腻毛，常欠皎洁之光彩。按妇女经异性抚摩之后，其血液即有变改，血液中因受男精之渗入而发生一种抵抗素，以抵御男精之毒素，如吸食鸦片者体中发生抗毒素然——烟瘾即为抗毒素之潜居体内活动所致。此种应男精而生之抵抗素，混在血液中，能使女人体肉发胖，皮肤光滑皎美。而处女则不然，此为一。处女之不贞者，乳部软垂而欠坚硬。此为二。贞洁之新娘当新婚之夜，试以红线一条围于颈上，假设为一尺一分五厘，及破苞后，则此线之长即不足围及新娘之颈，盖非一尺二分不可矣。贞女为然，如已破苞者，于交接前后两次红线之围长即不变也。此为三。凡已破苞者，其眉毛分散，而处女则紧聚。此为四。凡久战惯征之女，阴毛结如塌饼，此种现象可就娼妓证之，而偶一偷情之女子则不然也。此为五。凡处女小便，因尿孔部分未受牵动，出尿细急，而奶奶则尿散声洪。此为六。未经开苞者，花心嫩弱，不胜狂风暴雨之摧残，既经破璧之后，早显满足快乐之状，而并无畏葸恐怯之情，此为七也。

　　凡此七种，大都可以外表体征知之，果不必由医师检验之也。单独一二种容有例外，不可武断，唯以此七种联合观之，其辨别处女贞淫之特点，乃为信而有征。读者诸君，如不信张博士之言，可以身亲试验也。

美的书店之始末

　　以上为叙述博士思想与学术之大概，今后，我将转述其上海所经营之事业与私生活了。

　　开明书店之发创，是由于在商务编辑《妇女杂志》，以论妇女新性道德语涉"偏激"而辞出的章锡琛先生。章先生一出商务，即试办《新女性》妇女月刊，及《新女性》基础立定后，乃筹事开明书店。美的书店未办时，其受孕之胚胎则为《新文化》月刊。

为什么要办书店

但《新文化》月刊的诞生，也是几经挫折的。其初是由我介绍在新亚印刷所出版，张先生原要求每期编辑费五百元，几经磋商，终决定为三百元。新亚主人原是我的朋友糜惠焕君，老糜先生是维昌洋行里的买办，小糜爱好文艺，办了印刷所后，更想办书局。所以，由我聘请张竞生编辑《新文化》月刊的，在出版者方面，乃为推广印刷营业，而在博士方面，却为得一发言地盘。这样宾主间旨趣不同，有如同床异梦。其初感情尚融洽，继而因《新文化》月刊多少杂有性史成分，为社会人士所侧目，同时又因老糜毕究是商人，以社会的耳朵为眼睛，这样《新文化》出版到第三期就转移到联泰书局出版了。

但联泰主人罗君，却是纨绔子弟，更不懂得书业的经营方法。《新文化》销路纵然突出万数，仍不能赚钱，而编辑费项反多多拖欠。这样张先生于一怒之下，便计划自办书店了。

书生纸上谈兵

商人永远是狡猾的，白面书生只合纸上谈兵。从来的书生，扪虱长谈，转乾移坤，易如反掌，而一谈及实地经济之学，往往跬步难移。张先生有计划，有幻想，他的作品也未始不可卖钱，然而为恐失落在市侩手里，就不得不由自办了。我们为了要实现自己这个小小的愿望，连日在萨坡赛路他的家里会议。问题就在于两个人同是两袖清风，自己的经济能力既然有所不及，于是迫得努力拉股，终以五百元为一股，我们合五股成立书店基金了。

以张博士的大名，拉些许股金，原并不困难，问题似乎在有些人欲求加进，而博士不以为可，有些人无资力加入，而我们却勉强着他们。有好些学生，听说张先生要开书店，纷纷前来接洽，但言谈之后，总以立交股款为难。张博士上面说过是潮州的洋状元，潮州人在上海发财的很多，当然很容易的拉进若干来。然而这些人不但有唯利是视、市侩的色彩，而且也许会干涉到编辑部计划的。如果如此，那是张博士最所痛恨的了。

在张竞生的计划中，赚钱算不得一回事，但出书计划与言论自由，却更占重要。原来他是早有成竹在胸的——在《性史》第一集出版之后，他的文名很盛，但毁誉参半，他一方面想利用《性史》的作风，以维持原来的读众，一方面却又想稍稍有所改变，使不至于犯法令。要实行这个计划，他所想出版的东西，仍维持着原来"性学"的路线，然而却要稍加转变，在这个筹度下，便不得不计划翻译霭理斯的《性心理研究》了。

一战成功

以区区二千五百元的资本，在软尘十丈的上海福州路热闹的地方，开上一爿还像样的书店，谁都知是不可能的。然而我们竟然成功了。因为"美的人生观"这题名，字体都是仿宋的，所以"美的书店"这四字市招，亦不烦什么于右任、唐驼等大笔，老老实实就采用笔致清秀的仿宋体了。

自己的出版物仅有几期《新文化》月刊，而张博士的《美的人生观》等书，亦从北新书局中批来。因此书店虽筹备开张，但待价而沽的货品，却付阙如。但长袖善舞的张博士另有招徕之法。他从商务、中华、世界、北新、光华诸家出版物中，选择著名好书，在美的书店中代售。所以美的书店中所售出的，大概经过张博士自己的选择，虽不能尽善尽美，至少还不至于受骗。

读书界的苦楚，往往会拿出了钱而读不到好书。有些书是卖野人头[1]的,作者之名虽然如雷贯耳,但读了往往索然无味。有些原书甚佳,而译作殊拙,把原有风味全失了。有些作家本是不出名的,然而货真价实,本质的美要胜过虚名……这些既经张竞生亲自选择,当然不致再受欺骗。

女店员招徕有术

现在店铺中之用女职员的,到处都是。然大都异常倨傲,令人可望而不可即。有些老实的雇主,本为购物而来,原不问店员的是男是女,但一见她们那些傲然之态,十之八九难免发生反感的。

张博士的计划,一者创用女职员为提倡女子职业之道,一者也因女子赋性常比较男子为温柔,适合于沽售之用。所以,这些女职员先经严格的选择,继又经过相当训练——而她们的职薪又高出于一般店伙之上。

美的书店终在读众的热望中开张了——开张之日,门前拥挤不开,仰羡《性史》而来的人,大都求购《性史》,他们虽不能满其所欲,但不得已而求其次,于是书肆中所有的书报杂志,转瞬间销售一空。这样继续数十日,我们很赚起一笔款子。

纷纷请求加入

美的书店开张之后,营业突出各书店之上,一般先前抱观望态度,迟迟不肯加入股款的,乃纷纷求以现款加入。

博士对于这些人,老实予以谢绝。一者因为营业收入,既足应付

---

[1] 上海话,一般指商业上的弄虚作假或日常生活中的故弄玄虚。

发行部及编辑部之费用，一者又厌恨他们趋炎附势，在情在理都不容加进。

实在这就是博士失败的要点。原来一种事业的成败，不论单就表面和现状去看。祸福常相倚伏，成功可招失败，美的书店成功既如此其容易，所以其失败倚伏的危险性亦大。表面的滋荣，可从敲诈、交际、舞弊种种莫名其妙的开支上摧毁的，而商人的经营手法，绝与白面书生的理想不同。

招股是赚钱的秘密

上海有一家书店，由小发大，几经挫折，至今成为沪地有名的出版所，就全凭那个经理长袖善舞，他不在书业上成功，而全在招股上成功，他不在营业上赚钱，而全在招股上赚钱。书业未有不亏，而招股时却大加夸张——外界人真明内幕情形的确实不多，门外汉纷纷加以新股，于是经理又从而侵蚀浩大的股息，其家亦随之而丰了。

我并非艳羡或赞成这样滑头经理，以欺世骗术来损人利己。但我很以为一种事业的成功，不可太看得乐观，经商对于钱的需求是永无穷尽的。总之，营业不可尽如愿望，在这次小小的试验后，我们已得到了宝贵的经验。

三　迁

美的书店失败的原因，当然很多，有一二种得而言者，就是地址的迁移和捕房的继续麻烦，这两种对于书店的营业确为致命伤。发祥地是在福州路画锦里，那里正是书铺最热闹的地段。我们曾出了五百元的挖费，在一家酒店楼下顶下了一开间的门面，经之营之，造成书店的格式。但营业不过四五个月，工部局方面就饬令拆造了。

那时福州路书业林立，我们既失去了地方，找不到适当地段，不得已乃迁到棋盘街广东路口。古语"生意不过街"，此话大可为商家注意。张竞生当时的决定，他曾独自站在广东路口约一个钟头，计点人数，似乎并不少于福州路上。所以，张博士于当时选择地点之后，大为得意，以为失诸东隅，大可收诸桑榆，而美的书店前途仍然胜券可操的。但于迁移重开之后，方才明白"生意不过街"这句话的意义重要。广东路行人虽多，无如其与买书无关何。

到了"门前冷落鞍马稀"，博士暗中徘徊苦笑，已自叹不及了。

其实呢，性潮也不过是一时的吗啡针，也许福州路的营业太好了（当然门市二百元，超出在世界、大东之上，至于北新、光华，平均每日不过三十余元），两相对较起来，博士总以为广东路口的营业可为而不可为。

美的书店这地点，终以很廉的价格出让与《孽海花》著作人曾孟朴贤乔梓[1]所创办的真美善书店了。但真美善书店在那里也仅维持几个月的生命，而就关门大吉。从这个情形看来，地段与生涯，确有密切之关系，虽以《孽海花》主人与《性史》作者之魔力，犹未可转乾旋坤，遑云他人？

最后就迁至福州路浙江路口了，那里行人虽胜过山阴道上，但扰扰攘攘，无非是忙于衣食之人，根本不是鱼蠹，博士仍难免书空咄咄了。

风化大成问题

当张博士到了上海之后，大小报上就不绝地披载他的消息，因而

---

[1] 古人称人之父子曰"贤乔梓"，对人自称曰"愚父子"。

妇人孺子，无不震其大名，以求一见为满足。及《新文化》出，本埠就实销万份，每一写字间，每所大中学校，每一小商店，几乎人手一本，而治人阶级乃恐恐焉，视为天翻地覆，防范唯恐不周。然而禁之愈严而销行愈广。因引起上海一班风化家联名请求工部局予以禁止，此后博士遂大受麻烦了。

"到门传票如黄叶，过手店财成白云"，一次、二次以至于十数次的传票，纷至沓来，美的书店果不免因此而销空一部分，而博士亦不得不以此寒心。美的书店之在上海，从头至尾不过一载有余，真有昙花一现之感。

附设药房

附设药房也是美的书店特色之一，这并非单由于两家合做门面，却由于书店与药房根本有着联合的关系。换句话，书店是张氏性育式的书店，而药房亦连带着附有性的色彩。

实在说来，上海西药业未有不利市十倍，所难者在于招牌不出名，所制药无销路。"百龄机""生殖灵"之类的东西，其灵不灵，好不好，乃在其次，得力于广告，却是铁一般的事实。俗称"只要广告多，不愁清水销不完"，即指此类药物了。

张竞生因著作《性史》的大名，在上海总算得一个妇孺皆知的有名的人物，于是善于投机的西药商遂很想利用这点以图谋其利益。当时有一家什么西药房，想利用张竞生的大名，制造什么"避孕弹""快阴散"之类，以资牟利。

因为条件上磋商为难，而鸡肋似乎食之无味，弃之有余，终于决定一个两便的方法，就是药房增加一笔股款于书店，而在书店中则附设一爿药房。之后，药房中所出的药名，只要不带上"张竞生监制"字样，绝不再收版费。我们可借所加之股款，暂作挹注，而药房则借书店之名，以获其利，这样正可说两受其便，收相辅相成之效。

"避孕弹"风行一时

药房中所出售的，当然应有尽有，至少几种热门药是不曾缺少的。自制的药则以"避孕弹"及"快阴散"为最。因为这两种药品，正是一班时髦型的妇女所喜用的东西。

避孕弹是一种节育避孕坐药。其发明的历史很早。在十八世纪时代的法国，曾一度受盎格罗赛克逊[1]所侵入。英兵到处奸淫法国妇女，法国妇女为怕混乱种族血统，因用脂油垫塞子宫，以防受孕，这是避孕坐药发明的滥觞。现经科学试验，精虫不能生活于酸液太多的水分中，亦不能透过脂肪质。所以现今根据此原理以造避孕坐药者，大都不外以消毒药（如水柳酸）及脂肪物（如凡士林之类）两种。普通、不易成孕的女子，如果在交接前后，都用冲淡酸醋之类的水液冲洗，也可以防止受孕的。但在成孕容易的女子却不行。这安全方法，即采用避孕弹。避孕弹是一种溶化性的坐药，在发动攻势之前，妇人预以塞入子宫门，那么一药当关，就有千万精子莫入之概。已而坐药得热溶化，子宫内仍然空无所有，它默默无声地把些生育的危险分子消弭于无有。

博士虽然并不赞成一般妇女都使用这样的避孕弹，因为坐药的制造无论怎样妥善，其药性无论怎样柔和，多少是给予用者以不舒适的感觉，或许微有损碍于康健的（药物能减少快感和伤碍女阴对于精液的吸引）。但因为节育在夫妇幸福生活上的重要，避孕弹却认为很是比较可靠的方法。

避孕弹自一经发行之后，大为风行，使药房中很赚了一笔款子。

---

[1] 今译盎格鲁-撒克逊。

"快阴散"是什么药

张博士自著作《性史》第一集，早被社会人士所认为"性交专家"。性的知识确是一切知识中最新奇与最幼稚者。中国人虽少读科学书，但对于正确的性知识，乃尤为茫然。一般淫书，虽充斥市上，但淫书并非性书之谓。张博士为解除男女烦恼，增加情海快乐，对于此道曾经之注意焉。前有所谓"第三种水""性部呼吸"大都合于优生健康之道，而"快阴散"亦系随此研究而来者。

×宽债紧

吴稚老有习用的口头语"×宽债紧"。吴老先生自然不免还有方巾气，要把女阴那个毛骨凛凛的字眼，在笔下避免。至于性育博士张竞生就老实不客气了。他在北大当教授时，有一次，钱玄同先生读了他的《美的人生观》——看见"神交法"一章中居然写着"性交"两字，便面问张竞生，"性交"这字是怎么样写出来的。在我们现在看来，张竞生的大胆写着"性交"，而不加忌讳，士大夫阶级而没有士大夫之风，果觉可怪，然钱先生的满怀着鬼胎面加询问，实在尤觉可怪也。

"×宽"两字，既出诸党国元老之口，足见此中实在深有奥妙。女人是普遍的，而"×宽"也是普遍的，性育博士欲作慈航普度，救苦救难，乃不得不有所发明矣。

"快阴散"即所以紧收阴道增加紧张之力者也。其构造成分不外为两种原素，一为使筋肉起收缩之力的，如明矾之类，一为使皮肤起滑润之功者，如滑石粉之类，稍加香料，制成粉。妇人以之洗阴，即可克除"×宽"之弊。

凡此诸药，并非博士发明，皆由西药师为之配合。又此等药品，并不含壮阳兴奋剂，故与市上所出售"海狗肾片"之壮阳剂功效绝异，而利弊悬殊。按《素女经》亦有壮阳健肾及疗治女阴诸病之方，但大都杂有兴奋剂。而普通西洋之壮阳剂中，类皆掺有鸦片精及吗啡精，足以健战乏肾，博士皆不予赞成。盖博士本欲以性药济世，并不欲以性药戕害青年也。

诲淫之物绝对禁止

普通西药房中，大都有诲淫之物，秘密出售。其最普通者，则为女子淫具，即俗称"角先生"者。至于防毒用具如如意袋等等，更不必论矣。"角先生"为橡皮制之物，在上海西药房中所售者，大都仅适合于罗宋女子及西洋女子，其物硕大无朋，足以骇倒国货。然而在地下卖买，其营业实相当兴盛，足见国人胃口之佳，亦殊不下于碧眼黄发女郎也。美的书店所附设之药房中，因连续收沽客的询问（大都为男人，女子则绝无仅有），药房店员因秘密以之出售。其价奇昂，每具高至五六元之巨。

有一次，忽被张博士所风闻了，即时向药房主人大兴问罪之师。直至该主人负责绝对不再售诲淫之具，方才平息。

女职员之条件

美的书店为提倡妇女职业，在上海创例选用女职员。就理而论，男女职员不过为了服务，自应以职论事，以事论职，原无分乎男女。但在普通人的眼光里，尤其是第一次创格选用女职员，不得不选择适合条件的女子充任，以资获得良好的成绩。张博士对于所选用的女子，曾经下过一番研究。

就事而言，书店中的女职员不过求略谙书算、口才伶俐、性情温和的女子就是了，但实际上对于衣饰容貌略也有关涉。譬如衣饰太华丽的、容貌太妖艳的，一望而知不能刻苦耐劳，当然不便取录，但衣饰太随便、容貌太丑陋的，当然也有所不合。

美的书店中开始用招考女职员的广告，招考妇女，应征者颇不乏人。因为那时识字女子除当教师外尚无其他出路，而就工厂做工，大都因酬报太差，多有所不屑。在百数人中，选择四位小姐，当可满意。这选择的工作，全凭博士一个人的眼光。所以，这四个被选择的人，对于博士的妇女美观实在是颇有关系的。换句话说，如果博士在可能范围内，选择其情妇或妻子，他一定也依照那些路线而选择着的。

博士的美的哲学是偏重于自然之美。他盛赞西洋女子的健康之美。而美又含有适合机能的意义。女子天然的机能是离不了生育的，所以妇女之美无论随时代观念之如何变化，一定也离不了大乳与肥臀的。观者的论见虽各有不同，正如许多人以为大乳肥臀细腰，足以增加女子的曲线美，这在美学理论上果然不错，但更重要的一点，便是因为大乳是便于婴孩吮吸，而肥臀则附有巨大的骨盘，利于生产之用。在二十年前，上海女子大都用着抹胸，所以胸前大都平坦，无高耸挺突之姿，这些女子戕生伤体与西洋女子的细腰初无二致，无疑她们是太趋时了，博士老实不客气地予以摒弃。口才伶俐者，在上海当然也不难其选，唯大都口操沪语，粤音沪语，欲求能操北平语音者，竟然不见。

一个伟大的出书计划

美的书店中四个女职员，就是由上述的标准选择来的。服务以来，证明博士的眼光并无错误。一般人以为张博士是性学大家，其书店也就是张博士的性学大本营，推而至于女职员，也大都蒙上一种神秘的色彩。事实上，美的书店中所选用女职员，大都为家计贫穷的诚笃的女子，绝无滑头女人存在其间，理由很显明，凡稍擅交际的女人，早知张竞生的大名而趋避若蛇蝎，绝不会前来应召了。唯诚笃的女子才真实为着求事而来，但为做事，不知其他。所以，美的书店的女职员，并未有浪漫史的传闻。这在当时的许多小型报上可以查考的。但对于一班以耳朵作为眼睛的幻想者，却不必多说了。

张竞生于美的书店将歇之际，深感美的书店的失败，并非由于天之亡我，也非由于战争之罪，乃由于资本不足和财政经济周转不灵所致。同时又深感到平日出书之偏重于性学，为致命之伤。若以张竞生之声望，收罗国内有名译作人才，编译成百库丛书，其销路当然浩大，而其价值亦将垂诸久远。他曾计划分文艺、科学、哲学、史地等二十余科，每科请由专家推选世界名著，分头译述。并略计算译述印刷与卖价之差值。他把这个伟大的计划，写印出来。曾与中华书局舒新城、世界书局沈知方先生商量，终以无结果而罢。书局业无敢接受，门外汉当然更不敢尝试了。

但在此计划出来一年之后，商务印书馆便有"万有文库"的编著。其编辑方式全与张的计划颇似，未久而中华与世界亦有小型万有文库之类的编纂。商务、中华等等，当然未必看了张竞生的计划而来，唯张竞生终以受《性史》之累的恶名而阻碍其前途发展，我至今都觉得是可惜的。

张并非文艺作家，其文虽美却不能称为文学。但其思想的精密、笔墨之超脱，在国内文坛上独树一帜，是值得称许的。

上海家居的私生活

张竞生的来上海，就我所知有过三次。第一次就是编辑杂志书籍，开张美的书店，约自民国十六年春初以迄十七年之秋。第二次是从欧洲旅行回来，萧然一身，孤独无侣，仅寄寓在北京公寓，其时甚暂，其情形亦至凄凉，然当时就《时事新报·青光》上，发表"奇论之篇"，卖文以自活。此时发表许多惊世的妙论，而且颇多闲情逸致，曾为名妓赛金花募捐，又高倡"饿的哲学"，研究食经。他此时已从性的研究转移其目标以研究饮食之事了。但提倡情化，已失锋芒，而今复降而研究食经，早已至强弩之末，一蹶不振。并不能掀起社会上如《性史》那样的巨浪之潮，其情形颇为萧飒之至。大约只一二个月后，终于悄然而去了。第三次，是他得意地携着新妇同来，筑燕第于西爱咸斯路的一所小洋房中，重买家具，生活似颇富丽堂皇。然而旧侣星散，除了三五个熟识的朋友外，很少的人得悉其仙居，大概摒除尘嚣，为过度其新婚的生活罢。此时博士并无鸿文发表，抑且无所事事。旧时豪情，消磨殆尽，一变而为清静高雅的生活了。

我今后打算把他三次沪居的私生活详细地描述出来，可分做夫妇生活、独居生活、梦想生活、家庭生活和朋友生活等等，以作为这篇短文的结束。

博士夫人——一舸女士

据我所知，张竞生的太太，共有三位——第一位是元配夫人，这在张博士的眼光中，是并不承认其为太太的，然而乡愚老实的她，却隐然以洋状元夫人自居，而且甘守贞节，以冀洋贵人的一旦回心转意，而得其垂青。博士生长在潮州，僻陋之乡，其家世务农。虽有英物如博士，却亦未能免俗。早有父母之命，媒妁之言，三茶六礼，订下一头亲事了。博士自然是极端反对的，听说结婚之夕，博士私自逃婚出外，结果遂得汪精卫的赏识，资送赴法留学，终获得哲学博士的荣衔。消息传到故乡，使得那英烈守节的空闺夫人，不知做了怎样凄凉的美梦。

同婚异梦

　　博士的初婚中，实含有时代牺牲的意义，新旧两种思想的冲突，两种道德观念的不同，而且都达到极端的境地。博士一味洋状元派头，其思想和道德观念乃超过时代若干年，是新之尤焉者。而博士第一夫人——乡下的礼教习俗下的女人，却还做着"三从四德""凤冠霞帔"等封建美梦。夫婿虽薄幸，但女人嫁鸡随鸡，不可不从一而终。因为有此不同的观念，男女两人乃完全背道而驰，然而就责任上，只可说付诸天意，两方各不能负其责的。在张博士维新的道德观上，并不承认父母之命、媒妁之言的婚姻为有效，所以，他并不承认她是他的夫人。反之，在那个女人方面看来，她固守着旧道德的壁垒，以为女人既嫁，便当从一而终，义无背叛或改嫁之理，所以，她甘守孤帏之梦，以待夫婿之终能回心转意。

　　博士既不承认她是妻子，而女人却坚持已嫁有良人；结果，便由那个女人守节在张家，博士理喻之不可，也只能听其自然了。

　　然而这个局面，终也不可维持久远的。当博士从美的书店失败，于欧铩羽回来之后，飘然而归故乡，此时与褚松雪女士早经离异了，十年游子，一旦飘然而归，其家族当然异常欢喜，尤其是那个喜而失眠的故乡夫人，认为这是她的千载一时之机会，逃婚十年阔别，一旦飘然归来，不难可完团圆之梦了。但事实并非如此。从此，发生一个惨剧。

　　有一个时期，上海报纸上喧登一则新闻，说张竞生的元配夫人缢死了。这就是这位可怜的女子结局——时代的牺牲者，但谁也不能负其责任。

　　据说，张博士于飘然回到故乡之后，开精舍一所，对故乡的山光水色，欣赏之余，仍从事学术的研究，以继续其胜业。

　　那个糟糠之"妻"，认为好梦可圆，乃极意进奉冀得张的垂青。

一个是落花有意,一个是流水无情;一个认为良人终身之托,一个认为既未承认结婚,当无夫妇名义。张对于女人的侍奉,认为是一种服役,并无别种意义在。所以,对于那个女人每一举动,都以普通的眼光视之,而并不了解其特别用意。一次,那个女人分花拂柳地踏进他的书室,自作多情的莺莺,谁知张生竟拒其入室,以为室中一片清净所在,不宜受伊尘扰,蒙留不洁。

在这个猛浪的逐客令下,那女子认为失望之至了,红颜薄命,羞恨之余,立即悬梁自尽。

可惜那是一个文盲乡下女子,如果效时下女子写成一篇长长的绝笔,一定要比吞毒自尽的阮玲玉和筱丹桂[1]两人的遗书,要含着更悲痛的历史呀。

登报征婚

我现在继而可以叙述一舸女士了,就是第二夫人褚松雪女士。博士因为不承认父母之命、媒妁之言的旧式婚姻,虽然荣膺哲学博士头衔,而且一旦返国,就执教于北京大学,充任哲学教授,可是只身独处,未免望月空叹。故乡虽有此一番波折,当然不便再提亲事了。他此时乃妙想天开,遽尔登报征起婚来。[2]

爱情定则之论战

博士的征婚启事,是登在北京《晨报副刊》上的,那时博士已出

---

[1] 筱丹桂(1920—1947),原名钱春韵,又名钱春凤,浙江嵊县人,越剧名旦,被人诬蔑与导演冷山关系不正常而服毒自杀。
[2] 此处信息有误。张氏并未在北京登报征婚。

版过《美的人生观》一书，既属文坛上知名之士，而博士又偏好舞文弄墨，其启事如何措其妙词，姑且勿论，唯有一种特点可述的，就是他别开生面写下应征女子的六个条件，因而引起当时文坛上一阵骚动。这六个条件，第一是学历，第二是容貌，第三是健康，第四是习性，第五是职业，第六是家世。[1]

博士对于这六个条件，当然逐条有所规定，譬如学历只定中等学校毕业之类；而容貌亦不求其王嫱、西施之流的美人，但求不为嫫母，聊解风情罢了。至于健康，博士为校正中国林黛玉式的美人观念，主张非健不美的理论的，当然也在所必须。此三个条件，似乎最为重要——那个名义上的元配夫人，就因为未受教育而遭受摒弃的，那么才情美貌风度习惯等等，怎么可不重视呢。

可是当时承"五四"新思潮之后，一切以革新主义为号召。关于恋爱与婚姻一项，一般青年又大多标榜恋爱至上主义——以为旧时卖买式婚姻的对峙。博士的征婚条件，类乎旧时的门第之见，显然与新思潮有所冲突了。自此征婚启事在副刊上揭载之后，立即引起舆论界的批评，以为博士既以新学自命，不宜尚不脱此旧俗。同时又大事声张恋爱的至理名言，以为结婚当以恋爱为中心，而恋爱乃是至上的，既经一见钟情，万种问题皆可缘此而解，不该再拘拘列此煞风景之条件。

博士老老实实予以答辩了。他承认没有爱情的婚姻是一种罪恶，但有爱情的婚姻，其爱情的构成也是有条件的，否则就将成为盲目的爱，其结果也许会更糟。如上的这简单的原理，在现在的我们看来，当然毫不足奇，谁都会默认了的。譬如一个大皇帝可垂青于一小饭店中侍女（如平剧中的《游龙戏凤》那样），如果无特别用意，那只是一时的冲动，并不能称为爱的。真实的恋爱构成，双方皆须有着适合的条件，必乎两方考察详尽，完全满意，然后才能确切配合，至少理论上可以获得较悠久的婚姻。

---

[1] 此处信息有误，可参看张竞生美的书店出版的《爱情定则》讨论集。

然而当时的青年界，似乎并不以为然，双方笔墨愈斗愈烈了。直到周作人在《沟沿通讯》上加以批评——认为张竞生的思想确实精微，远胜一般青年，至此方才结束了这场论战。

安排丝钩钓巨鳌

博士的登启事用意，原来为了解除寡人之癖的寂寞，不想半山坳里杀出个程咬金来，而且一个二个的绵绵不绝，这真称得是好事多磨的了。一班时髦的女学生，对于大学教授的征婚，芳心未尝不怦然动，然而博士的学识言论——就是那几个爱情条件——既经人家如此批评，当然不免受有影响，纵有见月思春的多情小姐也不敢贸然前来问津了。

张竞生以学者的态度，那时心中究竟是喜是悲，是怨是恼，我可不敢妄加猜度，不过以他平日对于论战高兴而认真的态度看来，他定然握管伸纸大事辩论而不暇再想到征婚的本来目的了。青年们的认恋爱至上主义为人生唯一的真理，乃全凭空想、情感，以及唯识论等观念而来，而张竞生的认爱情的结合是有条件的，并非全然盲目的，乃由于自身的经历与夫唯物观而来的，所以，其发言乃更确实，其理论乃更透彻，而且行词之奥妙，对于理论与情感皆兼而有之。这些舌枪笔刀的论战，博士后在美的书店中曾集为专书，题名为《爱情定则》，即综集其论辩的全部也。

博士此论，在舆论方面，毁誉参半，在青年们尤其是年轻的妇女们，大都表示反对。然而也有突出其例外的，那就是一舸女士褚松雪了。

有缘千里来相会

博士既安排丝钩钓巨鳌，总算皇天有眼不负有心人，终于惊动一个奇女子，杳杳千里看了博士的征婚启事，又读了博士答辩诸同文为着责难而写著的许多辩诘之词，以及博士答辩的许多奇词妙理，乃遥对这位遗世独立、奇思妙想的博士，寄以同情。她认为博士的议论是精辟之至的，他的理论是值得佩服的——纵然全世界都予以反对，然而他的奇妙的见解仍有共鸣支持的人，她虽然不识博士为何如人，但单就此标奇立异的论词而言，已足深寄以同情了。

大凡有过恋爱经验，或和什么情妇之类用笔墨代喉舌通过一些衷情款曲的人，总会想象到博士那时候接得上面这样一封应征书，不远千里遥从山西寄来，所有的得意之状是怎样的了。

这定然是一个奇女子！能在风尘中巨眼识英雄的今世的红拂女士！

法国是一个偏重情感的国度，法国留学生也大都染有此习气，尤其是那些文哲学派。博士平日为人，也大都崇重情感，他的许多朋友也多此辈中人。例如张溥泉、李石曾两老，也是留法派，也是崇重情感胜过理智的人物，张继尝自述凭一己刚毅之气，路见不平帮助一个素昧平生的陌生人，致自己吃了几次大亏，而毫无悔恨之意。情感派的短处，往往但凭盲目的情感冲动，而不凭理智，所以，讲到治事上十之九是要失败的。

博士接得一舸女士的来信，认为是良缘千里来相会，立即写着回信去了。

这样鱼雁往返了几番之后，博士认为此女大奇，是值得引为终身伴侣的。

是怎样的一个女人

一舸女士是怎样一个女人呢？大凡读过博士所编《性史》第一集的人，总知道一舸女士是嫁过两个丈夫的——而下嫁博士却为再醮。

不错，她是山西省某县[1]一个大家族中的女孩子，其母族业已式微了，叔伯兄弟大都耗败家产，她所嫁的前夫呢，也从事吸食鸦片，萎靡不振，败坏家产。中国因为古来就是一个男性中心社会的，只有男子有承继权而女孩子是无权过问的，因为她在母家既得不到丰富的妆奁，而在夫家却又无法管束丈夫，坐视家业耗空，而无所为计。她很想出外，独自寻求生计，不再受家中闲气，恰在此时看到博士的征婚启事又读到他的许多玄词妙论，因此便与前夫脱辐，愿意别抱琵琶，重创新天地重觅新光明了。

一句话，她是礼教社会中的叛徒，是旧式家庭中的革命者！她否认中国旧文化，她想独创新天地，所以张博士认为奇女子，足引为终身之伴侣。

须眉巾帼

在博士心目中所悬想为奇女子的褚松雪女士，究竟是怎样一副人才呢？如她的跳出旧礼教社会，反抗有嗜好的丈夫，毅然走出那个黑暗的大家庭，凭只身来与社会奋斗，寻求她的新天地，大可称得"巾帼须眉"——就是女性而很有男儿气概。至于她的状貌呢，我们很可用"须眉巾帼"这四字来作赞词——换句话，其容貌就是女性而男性化的。

据张先生自己在《美的情感——恨》上所说，大概褚松雪女士是有同性恋之癖的。而在这同性恋中，褚松雪却是充着假男的，她喜欢玩女子，也喜欢玩娼妓。这当然出乎张博士意料之外的，在张博士的梦想中，以为这位奇女子，纵然没有花容月貌、沉鱼落雁之姿，至少也不会是个雄女子的。然而事实往往与理想不同，博士竟在这个地方

---

[1] 此处信息有误，褚松雪为浙江嘉兴人。

吃了大亏了。

一个高谈性史、熟悉女性的性学博士，不想在平常人所视为极平常的讨老婆这类事情上，也感到了尴尬的局面，真是从哪里说起！

完全男性雄姿

此赳赳的七尺昂藏身躯，她的体高差不多与雄伟的张竞生一般高大。拿这样的女人，若论其健壮，当然可以高占鳌头，莫说中国式、日本式的女子所莫逮，就是西洋女子也不能争胜。一个圆大而黝黑的脸——在旧小说上，大可描状为面如锅底，也大有杏眼圆睁、蛾眉倒竖的样子，当她在情急发怒的时候。鼻子是那么的高，得与长圆而男性化的脸蛋相得益彰。口是大大的，她并不喜搔首弄姿，也不喜搽脂抹粉，如果也如摩登女子那样，喜欢染着口红的话，那么，这搽上了口红的嘴唇，一定要成为旧小说中所描写的"血盆大口"了。

健康壮硕的男子譬如旧小说中所描写的什么好汉英雄之类，应当是虎头燕颔，熊背彪躯，腰大十围，肩阔三停——这意思就是体格魁梧，上下一般粗细——换句话，这全具有男性的雄健之姿的。然而天地造人，男女似乎相对，男性所认以为美的，在女性则以为忌，反之，在女性所视以为美的，在男性亦忌。

刚健有余婀娜不足

就我的眼中看来，张竞生心目中所认为的奇女子，即使是美貌佳人，也是刚健有余婀娜不足的。然而张竞生因为心目中另有用意，早凭一纸空函而遥遥地定情了。他写着回信，希望她早来北京，营着他们共同生活，做着他们甜蜜的美梦。张竞生的本意，以为天南地北从此可以获得一个终身伴侣，至少对于故乡的弃妇亦稍足示威。

男性化的女人

这个所称为奇女子的褚松雪女士，实在是一个男性化的美人，从她那面貌上，满面都是雄健的男性姿态，也许穿着女人衣服，张博士不会误认为男子。

她抱着满腔新希望，遥远地从山西来寻求新天地、新光明，而博士也用着满腔热望，来欢迎他的意中人、新女人。她的芳姿艳态，虽不足使张博士动心，但满怀的柔情蜜意，一肚子的惊才奇识，已足够博士为之颠倒了。

北京破书斋暂充洞房

外界人都以为《性史》作者张竞生是一个极端的浪漫人物，其实他是一个再拘谨都没有的人。第一点，他凡事皆重法律。他把法律似乎看得十分重要，当他在美的书店的时期，我常听到他津津地谈着法律，同时，他个人又常与律师多周旋。"拍官司"——潮州音，常常从他口中讲来，这种拘谨的态度，我以为与他向日的浪漫作风大相枘凿。尤其他平日在论到诗文、艺术，辄尚情感，而平日的行事，也偏重情感，饶有法国人习气，我总以为这样一个人物，不宜太重视法律的。大概张先生介于新旧思潮之间，新的方面，似乎过于趋新骛奇，而旧的方面又往往不能脱离着封建意识。新旧两种思想，往往可从他的行事上，很矛盾地表现出来，这确是他的短处。

初婚之夜

在北京张寓中即举行结婚。"久旱逢甘雨，他乡遇故知。洞房花烛夜，金榜挂名时。"在唐诗上所称为人生得意的四种遭际，博士一旦遇之于初婚之夕，久旱、知己、洞房、金榜（洋状元），桩桩件件，无不适合着这些条件。闺房的秘密，当然不是局外人所能知悉，但读了新娘一舸女士所自传的性史，以及博士当与褚松雪女士决裂的时候所作《美的情感——恨》一文中所表示出来的艳屑香事，也不难想象于万一。

记得博士在上海主编《新文化》月刊之时，曾在东亚旅馆为一友人证婚，博士在证婚席上曾大讲新郎在初婚之夜的性艺——事后，著为宏文，题名为《如何鉴赏新娘以及发展性欲》即登载在创刊号上。他以为知情识趣的新郎，应当充分知道怎样爱护新娘，切勿做猛浪从事的伧夫。他所持以谆谆告诫的就是须"一分分，一厘厘的挨进"，而"凡士林"实有妙用，贺婚者大可作为实用的礼物赠送。想博士身亲试验，此夕博士正该"一分分，一厘厘"的输送，而又大大敷用其凡士林也。

处女地抑久战之沙场

然而凭我们现在想来，博士在给友人证婚时的那种谨慎态度，恐怕还是欺人之谈，至少在他那一次与褚松雪女士的新婚之夕是无须乎这些点缀品的。理由很明白，就是褚女士并非是处女地，虽有崇山峻岭，流觞曲水，却也无须披荆斩棘，猛勇前进的了。何况博士还是惯家、性学家、法国留学生，早该驾轻就熟，得其所哉的了。

并不看重处女膜

但博士对于此点,倒并无歉然。我说过博士是个天才横逸的人,同时在新旧两种思想上也确有着许多矛盾的人。譬如他自视是博士,是洋状元,而领袖欲也颇狂炽,不甘屈居人下。重视法律,拘拘然引法律为护符,这些都是他的短处,思想不彻底处。但另一方面,他却有好些超越时代的至少是普通人所梦想不到或从来所不敢存想一想的奇思妙想,即就性爱方面,如神交说、性欲升华论、第三种水等等,都是博士的新谈,尤其崇尚实际上,是他向来并不看重处女膜——这个在全中国封建意识浓厚的男子们所视为处女之宝,仿佛把结婚全部快乐都放在那上面似的东西,他早一脚踢开的了。我常常听得张先生说到"处女膜""落红"等问题,便莞尔而笑其愚昧,"初夜权"在中西的性风俗史上虽占着怎样重要的地位,但对于新郎实际上却毫无裨益的。

所以博士终与褚松雪结缡三数年而便告破裂者,实在并不缘此一角久已广开的茅塞之地。

"锡杖点开地狱门"

结婚的快乐的钟声在敲着了。"锡杖点开地狱门!"——这用着博士写在《美的情感——恨》一文中的原句,这象征着一种悔恨交并的初婚之夜的浪漫事情,是多么活泼、生动和有趣呀!"地狱",不能为怡快的结婚的天堂,却演成私奔、弃家而走的惨剧!"地狱",不能为有情人的白首偕老,乃至中途不顾而去,留去了长恨绵绵,这在张博士方面确可说得是一种地狱!

然而张竞生此时竟冒这大不韪了。从结婚的喜钟响了之后,从洞房花烛之夜,小博士破题儿第一遭去尝新,磨砺以须的做着披袈裟的目莲僧之后,他就亲冒此大不韪了。

我写上这些话言,果然大不敬,不过这妙句既出诸博士大笔,所以也老实不客气的把这含义表白出来了。

结婚、离婚,常属事理之常,而且在开化如博士者,亦当以绝对的自由许之,大可不必如此耿耿于心。不过其中尚有不可告人之秘密在。

大失所望

这样的秘密,也是博士在《美的情感——恨》上,自己披露出来的,说初婚之夜,博士本来打起精神,膏车以待,可惜新娘辜负豪兴,口如松江之鲈,但巨口而无重腮,则尤愧乎大同女子十三重门户之美焉。不宁唯是,清去浊来,如膏如汁,淋漓如秋霖之脉脉,恐犹非"大中将汤""救苦丸"之所能为力也。

吴稚老所津津乐道的口头禅"×宽债紧"一语,博士盖身尝其苦矣。北大为有名欠薪之学府,当时曾组织索薪会,鲁迅在其杂文《记发薪》中曾备致其感慨。博士亦常借卖文以为活,后到沪时常语朋友们,如果北大欠薪可发,他在上海的生活也大可以豪华一下了。

无如欠薪终不惠以宽债,而"×宽"乃如蜗壳之不可去,博士其命也夫。

一索得子,聊以自慰

但张褚婚姻,其初尚堪称美满。原来张先生不失为一个学者,终日在鱼蠹中讨生活，他朋友虽多，但都是人家前来访他，他很少去移樽就教的。而男女的社交生活，乃绝无仅有。他纯然是一个书呆子态度，虽为广东人，却饶有北方人一种爽直的气概，而对于妇人女子，口无遮拦，出言每不为女子所堪。譬如他看见书寓中人，便津津地问伊性交的兴趣，知道的姿势多少种，一般男子的淫态怎样……见面之后，即提这些含有研究意味的问题，虽下等娼妓，亦当面红耳赤，"谨谢不敏"，若系交际花、交际草诸名件，不免要涉讼公庭，索偿名誉损失了。

所以，博士虽负性学盛名，其实在性经验上，实无异乎《西厢记》中被嘲笑为"银样镴枪头"之张生。他们结合之后不久，便诞生了一个麟儿。张博士得此收获，亦可聊以自慰了。

夫妇间爱的艺术

然而博士毕竟是一个艺术家，也可说是一个性艺术家，他的由征婚而来的这位"雄狮"，在我们旁人眼里看来，似乎并非佳偶，至少不值得博士引为终身良伴，在学业上，内助上都无多大利益，然而博士却思以女娲氏炼石补天的手腕以补情天之缺，于是夫妇间居然琴瑟调和了。

这样的画眉之乐，当然值得称羡的。艺术是重制造的，所以爱的艺术亦不外乎日日创造。"日日新，苟日新，又日新。"这古拙的汤盘，大可应用于这结婚之爱。

在日日生活中，尤其是秘密微妙的夫妇生活，虽谈吐之间，任何事都可随兴，唯于此闺房之秘，无不讳莫如深，作金人之三缄其口。但一个慧心人，何必出奇制胜如福尔摩斯者，方能探其秘密。在阅读其著作，聆听其言论，而考察其事实，则虽愚稚之人，亦不难窥测想象于万一。而我总以为谈言微中，虽不中，亦不远矣了。

亲亲热热叫哥妹

张博士家里，常是高朋满座，樽酒不空的。博士总是坐在他太师椅中，东拉西扯的和来宾高谈阔论，大有恣意自得之概。而博士夫人有时出门去了（她是妇女会中的干事吧），有时却高卧楼上，不大出来的。然而有时"莲"步跚跚地来了，他们立会"竞哥""松妹"一片亲热的叫声，使得来宾们亦不得不耸目以听，暗暗地在嫉妒、羡慕，以为这些充满情感化的颤动的呼声，毕究不同凡响，至少与一般上海夫妇的文化相距五十年！

在宾客们乍一听来，虽觉刺耳，其实这倒是博士创造之爱的艺术之一。它表明一种坦白、热烈、情感丰富的冲动，大有碧眼儿高鼻子高喊"大令！我爱你"的作风，而在大庭广众间普通国产配偶演来，至少还不免有些羞人答答的忸怩态度。

鲁迅号称"中国思想界的先驱者"，他在《呐喊·端午节》一篇小说中，把旧式夫妇的称呼明白地写出来了。

互为儿女，方能够味

"喂！"面对着她就算向她发话了。把头转向别一方面去，这就宣告辩论中止了。夫妇之间，既不呼什么雅号，自然更不会喊着什么"哥哥""妹妹"，就是他的恋爱供状上的《两地书》上，也只称自己的小情人为"兄"，一个用于朋友间最普通的称呼，不能用于较亲密的朋友，何况是所爱的情妇？至于像郭沫若写在《落叶》上如一个日本女子称她情人的那些"我挚爱的挚爱的哥哥"式颤抖音波化的称呼，当然是蛮足之音。

然而就爱的艺术说，这不失为一种表情方法。夫妇情之极端，应互为儿女，唯互为儿女，才能发生爱娇和昵狎之趣，若相敬如宾，道貌岸然，纵然举案齐眉，也只是一种奴隶式之爱。再什么"画眉"或"水晶帘下看梳头"，都无非隔靴搔痒，丝毫搔不着痒处的。

古人用着"内子""外子""儿婿"等称呼，这"子"啦，"儿婿"啦，倘作子女讲似更佳妙。张褚间的哥妹之称，确还不很够味。

实行分床制

张在《美的人生观》上，屡倡夫妇分床的制度。就博士平日的言论看来，此制度的优点，可免"旦旦伐之，童山濯濯"之弊。老子讲"不见所欲，而心不乱"，以老子之圣，大概总以为坐怀不乱的柳下惠，世上毕究不多。男女授受不亲，古有明训。后人师承其说，乃在男女大防上加上一层"坚壁清野"的大封锁，遂成为中国所谓"吃人的礼教"。张博士以性学自命，当然洞悉夫妇个中之秘密。他想以最少的精神耗损，获得最高的快乐成效。（依照博士美学的定义是以最少的劳力，获取最高的成效。）

养精蓄锐之道

这方法自然首在夫妇平日分床而卧，因为分床而卧，就能实行夫妇风流节约了。张先生虽不主张采阴补阳，或采阳补阴之说，但保存精力，以磨砺以须以待，以达其最高快乐之成效，却为生理上所必需的准备。

行乐当备"资本"，而"资本"之来，不外开源与节流两项。所谓开源者，通常采用春药，如海狗肾片之类，大都利少弊多，张博士所积极反对者。此外，则为生理救济法，如锻炼身体，讲究食物，经常厉行冷水局部摩擦，强健神经，以及习练性部呼吸。博士虽盛加赞赏，而其自身对于以上诸法，则病未能也。

孙子言"善用兵者，无赫赫之功"，故孙武子仅有十三篇超古轶今之兵法，而无吴起斩将拿旗赫赫之战功。博士虽编著《性史》，而其自身本领，或亦孙武子之流亚欤。

所谓节流者，即实行节约是也。数日养精蓄锐，当胜于旦旦而伐。张竞生家中，确设有两张铺床，太太睡在楼上，博士睡在楼下，平日非但不同衾共枕，而且亦不同房的。

合法不出精

但与此相反者，在《美的人生观》上，他又提倡一种夫妇多摩擦、少出精之法。就是夫妇交颈而睡，于睡酣梦回之际，春情勃发，雄心陡起，然而酣战淋漓之后，未免大感心有余而力不足之憾。此时有一种补救之法，就是多加抚摩接吻，而少加肉体接触，试用其神交之法。多多肉体交接，未达最高程度而即试行中止，以免一泻千里而免枯竭之弊。这种方法，自然可以偶一试之，而不可常试，因此中止出精，系强制作用，足以造成英雄之病的，于身体有害，聪明的读者幸勿效颦也。

保精健身之道

从来夫妇房事应依照年龄增高而递减，在经典中，就有明确之规定，普通健康之夫妇，即使精强力壮，每周亦不可超过三四次，而立以后，身多烦忧，劳心劳形，每周只可一二次而已。在这些地方博士倡夫妇分床制，实在是保精健体的最佳方法，但顾虑到一般夫妇饱暖思淫，每周三四次或一二次，不足以畅其所欲，唯恐夫妇某一方感到性欲饥荒之苦，那么实行博士"合法不出精"之法，亦聊胜于画饼充饥。

求爱工作

在文明婚媾中，结婚前自有一道求婚手续，必乎男女相悦，而后婚事始能成立。但夫妇的关系一经成立，男女就把自己的配偶作为"瓮中之鳖"看待，甚或予取予求而置之不理了。所以，普通有"结婚是爱情的坟墓"之说。

倘照创造的艺术而言，每次交合前都当经过一种求爱的工作，这就是博士所提倡的夫妇情人制——依照法律上，夫有与妻同睡之权利，而妻则有其义务，但实行这种权义工作，只是一种机械活动，是毫无情趣可言的，久而久之，就往往会造成离婚之惨剧。情人制却把夫妇关系化为生动、活泼、紧张之情人关系，两方面中每方面都有要求或否认交合之权利，以别于一般夫妇关系中丈夫独裁的错误。

关于博士如何求爱，这是闺房秘密，局外人当无从窥测。唯有一事，可得而述者，就是当美的书店方始开幕而张褚情感未曾破裂时，张博士于每周星期六之晚，必大宴宾客一次。席筵虽未必丰盛，但有酒有鸡，并有咖啡水果等物，我亦常充座上客。其间张博士于劝客之余，又常与夫人调笑，宾客应和以为乐。及杯盘狼藉，笑声始阑，而宾客渐作鸟兽散。

是时也，博士酒酣耳热，精神兴奋异常，似乎乐不可极。迨至次日，余注视博士神色，若不胜其疲敝者，此中消息，当不难窥测一二，但每周仅一次宴客，则又未可以胶剑刻舟论也。

浴室的设备

观察博士之家,而可作为博士性事之侧面新闻者,则在其一上一下之居室中,不论冬夏四季,常有一设备周到的浴室。浴室不过为一洗濯之所,原毋庸局外人妄加猜度,尤其因为张生有洁癖,长日不断与水为缘。

然而此中未始无秘密之春光。盖博士于提倡及改良性事意见中,尝注意于碧眼夫妇之实行性事,每以幕天席地园林旷野为适合地点,其时间尤以白昼为美。据闻,法国公园假山花木阴翳中,每有情人拥抱而吻,当夕阳西下,华灯初上,夜色迷漫之际,辄有痴情之野鸳鸯,潜藏花木片石之间,以度其销魂之乐事者。犯者非为罗宋瘪三,即为染有西洋风味之仆欧派,或浪漫学生之流,此类掌故试诘之法国公园之园工,当能历历如数家珍。故该公园当局为避免藏污纳垢计,尝每日于黄昏日落前,必举行其扫除夜客工作,而于花间石隙中,尤三注意焉。此即为沾濡西国风气。博士尝留学巴黎大学,对于浪漫之花都韵事逸闻目击耳闻尤多。据博士言,法京人士情感至丰,男女相逢,例亦拥吻为礼,而情人居然于大庭广众间,咂舌腾响,旁人不以为怪。至于秘戏,当然不可公开,然方正之夫妇,亦大都乐行其"桑间濮上"之举,不专喜于锦帐中度其风流。

张博士深羡此中野合之情趣,而津津乐道,不吝宣诸笔墨之间,如其于《新文化》"性育通讯栏"中,屡有述之者。窥其兴趣之浓厚,当不在吴稚老喜"撒野屎"兴趣之下矣。

炉火熊熊之春

然而博士虽然浪漫成性,有此浪漫思想,固未必能有此浪漫行动。不得已而求其次，其唯求之于家庭中乎，则浴室未始不可作为断云残雨之巫山看待。而且家庭氛围至为静寂，其中春光当亦无泄露之虞。

张竞生于浴室设备，足称富丽堂皇。而秋末冬初，夹衣方行更换之际，博士即于浴室中大烧其炉火熊熊，和融春暖，不下于市上之浴室。如仅为洗濯目的，则市上未始不足供其濯缨濯足之乐，且用费亦以就浴为省，则博士又为何劳而不惮其烦耶？

盖性之秘密，为指对外人而言，若夫当事者，两造则身亲觉察，唯恐行之不极乐之为憾，极乐之不目击耳聆之为憾，则明灯自当胜于黑漆，而白昼当强于黑夜。古人论春宵一刻值千金，此春宵一刻之千金价值，当远逊于良辰美景之春旦也。

情波突起

以上云云，虽不足窥博士夫妇生活之全豹，聪明的读者，当亦不难想象于万一。倘若再读着一舸女士的性史，早已思过半矣。就普通情形说，博士之在家中，处处唯谨，奉之唯恭，虽未必把夫人捧作"玉皇大帝"，但也不失为一个温良忠实的丈夫了。

听说拿破仑在军中，不废读书写字，诗酒玩情，所以他上马是将军，风云变色，威慑四方，下马却仍不失其名士本色，虽床笫之私，游燕之微，亦不惜萦绕梦寐。但此唯英雄为然，博士案牍劳形，事不兼顾，就难免突受内顾之忧了。

那一夕，我记得博士从一个朋友宴会中回来，二月的春寒料峭中，在街灯闪烁的霞飞路上慢慢地走着，张先生忽突如其来的问："这里附近有水果店吗？"此时夜色已阑，各街铺都已打烊，于是只得跑了好些路回去买着，是一大包的美橘，讨价奇昂。我惊异地问他为什么要买这些，即是要买，为什么不等到明天呢？

博士不禁叹了一口气，终于说出他的尊阃现在常常玩气，就是出来时，也是不大开心的。他知道夫人爱橘，所以不惜重价……

橘中之秘

我深愧自己蠢愚，时出入先生之门，竟未能察觉他夫妇间的情感变动，然而从此之后，我就蓄意窥探其秘密了。

果然，有一次，我探身入门，即见博士与褚女士气愤愤地坐在客堂间里，小孩则在楼上，由一个阿妈照顾着。我进去，博士当即起身招呼，褚女士只略一点头，就静默了。

我深悔猛浪，致冲破他们间的隐私，但是丈二和尚摸不着头脑，开口果然无从，默观也太无聊，正思托故告辞时，忽见褚女士挣着要出门，厥状至凶，猛如怒狮，这是我初次看见褚松雪女士的真面目了。

但男的急加阻拦，仿佛这一出一阻，都有着重大用意似的。两人扭了一回，褚女士终于出门去了，从此一连两日，我数次往张寓访问，都未见褚女士回来。

褚女士挣扎出门，博士只气得满面通红，浑身的肉发抖。张先生体质坚强，平日喜笑虽形于色，盎于面，但并不至于手足颤动的。这次足见他实在气愤之极了，出于意所不能自禁。但一回之后，开始意识到我的存在了，于是改换笑容，并致歉意，并为我叙述他们情变的大概原因。

交际有小白脸

原来当博士南下之时，其初仅寄身在上海艺术学院，此校草创伊始，范围狭小，浅水中按鱼龙已难，遑云其夫人小孩。及博士在上海部署有所了，褚女士方携带小孩跚跚追随而来。在博士之意，原为图谋一家团圆，夫唱妇随之乐，不料其间另有秘密。

褚女士虎躯熊腰，庞然硕大，有赳赳之状，亦有同性爱癖，拈花惹草，风流自喜。然而毕究是女性，似乎天赋缺陷，虽有女娲氏炼石补天之能，亦难得转乾回坤之术。她终于玩弄女性而自己受男性玩弄了。

当在北平的时候，她认识了北大一学生叶某，风姿翩翩，十足小白脸型，他们叫他做小叶。小叶与她秘密往来，褚松雪女士借口妇女会工作的烟幕弹，每日抛下小孩给张先生只身出外，出与小叶去谈情说爱。张先生是提倡妇女运动的人，其初当然不予注意，同时亦似乎不便加以阻拦的。及褚女士来沪，小叶不久亦追踪而至——这在张先生当然是一些都不知道的。

一封信泄露秘密

褚女士在萨坡赛路富余里的张寓中，每日频频出外，甚而清早出去，深晚归来，这使得博士不能不予怀疑了。因此夫妇间每起口角，但褚女士总推着妇女会工作，累得张先生一壁写作，一壁照料小孩。母出外干事，父迫着放下笔来照顾小孩。美的家庭，新的家庭呵！

张既注意到褚松雪的行动，似乎有特异之处，于是暗中加以侦察——这因为是夫妇秘密，既不便嘱托友人伺察，而他自己又以行动受人注意，不便密跟夫人之后，做着暗探的动作。天网恢恢，疏而不漏——他终于发现一封寄给褚女士的密函了，这原来就是小叶给她来沪通知的函件。

张见此信可疑，趁夫人不在之际，私自开拆，得尽其中一切秘密，恍然悟到一个月褚女士行动所以失常秘密的缘故。

这一晚，夫妇间就起了口角。同时，博士就警告夫人不许出外，这一来，就掀起着离婚的波浪来了。

褚女士的脑海里，一心一意地惦念着小叶——正像潘巧云的恋恋于法海，哪里还顾虑到杨雄的家法？经过了几次争闹，终于突然出走了。

爱与恨

褚女士吵了几次，终于不客气地走了，他俩婚姻的美满之梦终于幻灭了。离婚的提议似乎由褚女士所发动的，当然以摆脱、自由为主要目的，并不含有任何赡养条件。张先生所斤斤注意的，就是关于小孩的留养——而褚女士亦似乎同意以抚养小孩的责任界诸父亲，而让自己飘然地走出家去。

然而张先生此时乃倍加愤然了。其一，当然是深受失恋的痛苦，他是深服膺于卢骚极端热情主义的——平日主张爱就爱到极端，恨就恨到极端。此种唯情主义，在欧洲还有一个大哲学家尼采。尼采曾以憎恨女性著名，他一生不得女人之爱，因而也发表了许多嫌恨女性的名论，张博士此时也变成了东方的尼采了，至少对于薄情的褚女士为然。其二，则因小博士年方三岁，一旦失去慈母，日间犹可，夜里却啼哭不止，累得博士亲自照拂，劬劳不堪。为了这两种原因，他的满腔热情变成了愤火燃烧了。

从著作中消释余恨

他那《美的情感——恨》一文，就专写他与褚的婚姻史的。自初缔交，以至结婚与离婚的一出喜悲剧——可惜，仅写了一二段就中止了。

他此后在宾客往来不绝中，在小孩啼哭声中，写上了许多短文，译成了卢骚《忏悔录》第一集，从著作中以消释余恨，以冲淡一己悲哀的心影。他的丈夫的爱与恨是逐渐地消灭了，而父亲的爱却更强烈了。

由张褚问题引起的感想

由我现在想来，张褚问题确实值得研究，因为因此我们可以讨论到妇女问题中的核心问题，妇女应否回到厨房去以及有夫之妇应否交际男朋友。张博士不但是一位赞成妇女运动的人，而且很想提倡"妇女中心社会"主义者，但既赞成妇女社会活动，便不能严禁妻子社交，同时也不便限止其活动在厨房里边了。如果是一个小家庭的话——夫妇之外，仅有一个周岁的孩子，那么，做丈夫势必被牺牲于家务的料理了。

小孩当然可以付诸托儿所，开化的父母很可以摆脱其职务，但小孩在托儿所中抚养起来，能否获得如在家庭中双亲的爱，这实在是一个严重的问题。张褚两人似乎就在这方面失其调和，以致引起这个不幸的结果。

直到褚女士为了办理妇女会事情而至于分裂，张对于妇女运动也颇抱怀疑之感了。

覆水之收

褚松雪女士虽然凭一气之悻悻，毅然出走，在以其新妇女的见解论，大概要把自己看作中国的娜拉吧。然以现社会的环境，情夫的美梦快就幻灭的时候，她又翩然地回来了。

这事大概在出走的两月之后，有一天下午，我从闸北遥远的跑到法租界张寓去，忽发见了褚松雪女士，表面上虽然庆祝他俩破镜重圆，但心中自不免有一番疑度。同时，又见褚女士神态自然，对于故居有倦鸟知返之意,而张先生亦怡然其色,若释重负而深乐其乐。

据张先生后来的表示,宽恕是人生美德。褚女士其初追求小叶,走出家庭,果然是失于检点。但现在翩然归来,足证其本人已有悔意,而且每经一度挫折,即当增进一番经验。真实的情花,不妨从荆棘中培养而出,只要这爱之花是真实的……他说着笑了。

但这些话,只从张先生方面说出来的,至于褚松雪女士,对于此事早已讳莫如深,当然不便探问事实之真相。

褚女士的翩然归来,出在凡事受人注意的"性博士"家内,当然不能逃开诸小型报的竞载。其最先发表此消息者,厥为余大雄所办之《晶报》,兹后各报纷载,视为异事。

然而其中实情,尚为当时诸报所未能详悉。诸小型报仅刊载张博士的故剑情深,不惜覆水之收之消息,尚未得悉"落花重返故楼"之原委。

褚女士其初受小叶诱引,毅然与张斩断香火之情,以为从此天角地涯,得偿素愿。不谓未久而小叶受政党嫌疑,被当局所逮。于是褚立失其依赖之枝。此时大有英雄末路托足无门之悲,徘徊彷徨之际,竟赴前夫之寓,以看望孩子为掩避手段。褚既碰壁,张在孤独失恋之后,不念旧恶,于是夫妇和好如初。

唯有新学识的人,才有这样宽恕之美德;唯张博士才能做此覆水之收。我以为今日之张博士,要贤于汉之朱买臣远矣,庶几亦与谢野晶子所提倡"爱不加害于人"之作风乎。

欺骗与忠实

出乎意料之外,褚松雪女士的回来,只是为了暂时的歇马,以看望小孩为借词,心中另有打算。张博士在这方面似乎终见老实一点,他以为褚女士回心转意了,不料不到半个月后,她又悄然告别了。

但是当她回来的时候,果未曾把这主意给张知道,张的请她捐弃前嫌,恢复旧好,她亦从未有过什么确切的答复。他们就这样地糊里糊涂地和好了,正所谓"同床异梦"。

及到褚松雪女士再度出走,他才恍然悟到褚松雪女士的奸诈,有意前来欺骗,而他自己却嫌太忠实了。因此,我想到与此有关的一桩故事。

张先生似乎长于理想,而拙于弄情——这点正与他的高足"小江平"金满成大相径庭。金先生倜傥风流,为人一如其文,他有很多女朋友。而且玩了这个又弃了那个,看见了姐姐,就忘去了妹妹,与贾宝玉有着同病的。大概他恋爱的经验丰富,只顾自己快意,并不把情人放在眼里。

有一次,在博士所编继《新文化》月刊之后的第二种定期刊《情化》杂志上,写了一篇《爱情中的欺骗手段》。他的主旨是赞成情人们为了增进甜蜜,不妨运用小小的欺骗。如果一味老实,实事求是的去做去说,那就要显得索然无味了。

惠而无害的艺术

他曾在文中列举出许多例子,譬如倩影给她的情人针结了一件马甲,她实在无暇亲自去结,或因自己的针工远不能如意,所以,改托一个朋友结着。但结成了,拿去交给爱友的时候,她附条上必用谎话写着:"我用爱和快乐,竭两日夜的心力把这件工作完成了,穿在你身上,足为我对你精神的拥抱……"除非是天字第一号的大傻子,他的男朋友没有不知道这些都是谎话,然而他却意外感到得意了。

如果他是一个弄情老手,他一定也用加倍的殷勤、加倍的感念,来感谢着倩影女士,这样双方的爱情就无形中增加了不少。

袒裼裸裎不为非礼

据金先生的高见,男女玩情必须懂得这套惠而无害的艺术。极言之,就是平日应酬话中:"达令,我爱死你了,我要为你跳江了,做人亲不到你那甜蜜的吻,死后也要变了一只大毒蚊来叮你一口儿,才教你领受我的利害……"其实,也无非是一大篇谎话——天知,地知,人知,我知。然而弄情的人们似乎老就喜欢这一套玩意儿,仿佛不这样,就不足表示对方之深情似的。

孟老夫子(轲)曾入私室见自己的床头人,袒裼裸裎而认以为放浪无礼。然而他那流芳百世的贤母不以为然,她并不怪媳妇之袒裼裸裎为无礼,而反申斥孟子失礼。她的理由是:"将上堂,声必扬。"其实就我们现代的眼光看来,孟先生的所以被孟母责备,并非简单的为了失礼的问题,倒是为了孟先生不懂得恋爱之道,不懂得惠而无害的恋爱艺术罢了。他以男女之私看得和"舍身取义"的事一般郑重,从头至尾非一本正经不可,那夫妇之道就不胜其苦恼了。

今世论情者,果未必有孟夫子那样的迂执,然而玩欺骗之爱术者,已过于惠而无害的程度,假欺骗变为真欺骗,则未免成为油滑了,如褚女士者之苍黄反复,当非仅以爱情中欺骗的手段论之。

惊弓之鸟

然而这篇短文写成了后,张先生乃大不以为然。他深以爱情中的欺骗手段为甚,而且视为严重的事情,爱情中的刁宄之风绝不可长,曾再三请求金先生删改其文。但经过了长长的几次辩论之后,博士无可奈何在尾后加上了一段按语,即力诋爱之欺骗,而极力崇尚忠实。他大概酷受褚女士欺骗之苦,不免作此惊弓之鸟的表现吧。

皇天终负老实人

张博士虽然以"忠实之名"来标榜其恋爱政策，但"忠"既不能感动其玉皇大帝，而"诚"又不足开衡山之云，至少，他在恋爱技术上是证明失败了。褚女士的去而复返，如是者凡经三次。其初博士尚以为英勇奋斗之心，足以挽回美人已去之志，但褚松雪只含着一面冷笑，若有意若无意的与"弃夫"相周旋。自然，她的翩然莅止，并非为着前来忏悔谢过，为着前来重圆旧梦，无论她的一个芳心，那时是怎样一种状态，她尽可借着看望小孩的名义而重履张寓。只可惜我终是一个局外人，在那些夜晚回来之后，有没有梦着小白脸型的张三郎而作拒宋公明于千里之外的"惜姣"，我却无从知悉的了。但是即使能够重拾旧欢，在博士方面也不免要感到"今夜乍相会，明朝又别离"的痛苦吧。

皇天不负有心人，然而皇天竟负这样一个忠实人。

女难之叹

张先生自然多遐思的，在婚变之后的褚女士，当然也不足占其全心灵。但"文章憎命达，魑魅喜人过"，他却因编了《性史》第一集而受人崇拜，也因编了《性史》第一集而受女子恐惧，受女子所拒绝——这或许也是褚女士要求下堂的一部分原因——总之他因此而有"女难"之叹了。时髦的女学生交际花也不敢饱看"张竞生"，一般太太小姐们更有闻风而避之概。果不敢纵谈"张竞生"——仿佛这三个字儿有什么特殊魔力似的。在这种情形之下，张博士终有难乎其为情郎之概，虽然书空咄咄，怨天尤人，却也无能为力了。

其实，这在张博士著作方面说来，却也未始不是一幸事。他静室独居，可以多努力于工作——创造的灵感，必须从欲望的不满足而来。人痛苦无告，而始哀号父母，他既于性的实生活方面，不得趁其所欲，自从写作欲中一求其发泄，结果遂产生了轰动社会的《性史》第一集。用张先生自己的话说：这叫做"性欲的升华"。

试评张褚婚姻

我关于张褚两人的婚史，叙述颇详，因为这种事实，足借以窥探张博士性生活之真相。现在是该略作一些批评的文字了。

第一点：我以为张褚缔婚尚未免于仓促。依照博士择偶的理论，他曾冒青年界之大不韪，在振聩发声地大肆提倡"爱情定则"，就是主张男女择偶是有条件的，绝不可任情任性的去作盲目的恋爱，这样的恋爱非但不合理论，而且绝不能生良好之结果。但他自己与褚松雪女士的爱，却充分地显出他自己言行的不一致。褚女士在许多方面，虽并不算辱没张博士，但脾气与时下恶习（即以滥事交际一点为例吧），总不能适合于张博士所标榜的条件吧。如果褚女士尽能适合于张的恋爱条件，则张博士的婚姻定则，显然含有不可补救之大缺陷，不能福庇自己，安足行世垂久。如果褚女士于张的爱情理论上未能适合，则张褚的结合，显然有大开特别快车之弊。

第二点：我以为夫妇结合，更宜着重于个性的强弱研究。譬如两人各具刚强不屈的个性，则同居生活中各执己见，争雄不相退让，即难免有发生冲突之虞了。这显足发生恶果。反之，两人个性皆弱，则势必随俗浮沉，毫无建树，当然亦非家庭之福。理想的配合，是须强以济弱，一主一辅就可收事业辅佐之效，有益无弊。张褚两人，皆富有坚强之个性，而且因修养不同，意见歧异，终胎仳离之兆。

第三点：则为博士虽为性学大家，其在理论方面所提倡之优生理论（如主张南人北娶、北人南娶，尤坚持异种族之间的婚媾，可大裨于胎儿的优良性），以及性部呼吸与女子出第三种水，皆具有其相当价值。无如孙子虽善言兵，其自身未尝有赫赫之功也。若一舸女士果如其在《性史》第一集中所云，以张博士小大由之，远较前任丈夫为足封如意君之佳号，则拆白[1]类的小叶，当亦不能乘虚而入矣。

从上述三点而言，足见博士婚姻之失败，皆由于其本身未能符合其理想。谓博士为性学界之吹牛博士固不可，但谓非博士不能慎重其事有以致之，亦不可也。

独身生活中一插曲

张博士自第一任夫人褚松雪女士出走之后，而第二任新夫人尚在杳杳茫茫中的时候，其间自有好多年的独身生活。在红尘十丈的上海软红地上，衣香鬓影的女人频频的接触到眼前，纵然日从笔端上寄写其抑郁胸怀的情思，研究所谓性的学殖，但实生活上却萧然冷落如野僧，也确然是种极难堪的事。

这时候，他已雇下一个半老乳母，用以照顾三岁大小的一个孩子，而自己却迁到楼下后房中来住，让前楼做育婴室，那个半老的乳母呢，就伴着这小孩居住在楼上。诚然，他此时把全心全力寄托在小孩身上，男女的情欲之私，都变做父爱般发出来了。

一个性饥荒者，和一个有太太的人，如能细心地从他们的行动上观察一切，常常可以发现许多微妙的不同来。譬如说，从目逆而送之的颜色上，从丧魂落魄的谈话的音调中，都可借以比较出来。患恋爱饥荒病者，其眼中常显出一种贪婪之光辉，好如一匹饿狼的样子。有太太者自然也常多登徒子之流，也有许多人喜看小孩和女人的。但其眼光并不显得那样贪恶……讲到谈话，性饥荒者一谈到女人来，其音

---

[1] 旧上海人称流氓用引诱手段诈取财物为拆白。

调便不自知地改变了一种异样的调子，仿佛不胜其醉情的样子。可怜张博士此时完全变成一个性饥荒的男子了。

法国公园看女人

张博士因为住在法国公园附近的地方，每日午餐后，我们常赴公园中小游，借以调剂工作之疲劳。这是我们一天固定之课程，除风雨之外，几乎每日无间。法国公园常被视为爱人情侣们游憩之所，同时又有不少英法妇女丰姿美艳者。在独居生活中的张博士，此时大以饱看园中春色为乐。他常常看了园中游女，而发出许多玄妙的理论。

看女人玉腿

在法国公园中，尤其使得张博士心醉神迷的，是看那些女人们的玉腿。看女人美丽的玉腿，乃是"性博士"的独得之秘。原来一个女人的美色，得分做头面、躯干和肢体这三个部分，而各具特色。注意头面部之美者，大多的人都能知道，毋庸这里赘言。注意躯干之美者，似乎巴尔扎克在《幽谷百合》中有过一些很风趣的讨论。他把女人身材分做扁平的与圆短的两种，而偏爱着扁平的身材。他说："圆短的身材是力的表征，然而这样结构的女人是高傲的、有毅力的，富于肉欲而少温柔的。反之，扁平身材的女人是忠实的、细腻的、容易伤感的。扁平的身材是柔软的，圆短的身材是僵硬的、富于嫉妒的、欢喜哓舌的。"但注意于下肢之美的，亦非鲜少，其最普通的，即为一般人所津津乐道的裸足美，美丽的大腿。上海女人尚还不到裸腿赤足的时期，而好莱坞电影虽常以玉腿之美来号召，可是还在默片时代，尚未能吸引普遍的广大众群之趣味，可是张博士此时已经很感其趣味了。

张博士在公园中一见游女，便灼灼耽视她们裙下的两条腿儿，他运用审美的眼光，判评中外女人体魄的强弱，可从她们的大腿和不同的步趋上见之。即从其构造上，西洋女人常有细的踝骨、袋形的腿肚，所以其全部线条都显得曲线之美。至于中国女郎，大都腿细则失诸瘦，结果常显得硬直而乏肉感；臃肿则失诸肥，松软而少劲力，此等腿股显然不足言美矣。他研究中国女郎大腿欠健美的原因，大端归结到中国人不注意于运动，所以女人于体肉方面，都不得其平均的与充分的发展。女人欲得健全之美，非从事于运动不可。

拜足狂倾向

张先生不但喜谈女人大腿，从大腿上等而下之，乃又有拜足狂之倾向。原来他对于女人，不但运用其审美的眼光，而且还用"庖丁解牛未见其全牛者"之精神来剖析女人下肢之美。他曾沉浸于性学，而于女人之生理学亦尝三折其肱，颜面之姣且美者，果然值得目逆而送之，然贪看女人之面目，犹不及贪看其下肢更饶有震魂动魄之乐趣也。贪看面目，纵然姣美，感到心神怡快，犹不及观赏其玉腿，为更直接的诉诸形而下感觉。由大腿而上溯，可大得其非非之想。博士尝有一宏愿，彼似乎欲一探阴奇，尝阅《香园》[1]载有女人之阴部二十余种，每种各有优劣之点。而下部佳者，尝有"浅、干、暖、小、香"五字诀，博士皆知之而未见之，空作望洋之叹。但博士亦知道这夺天地之秘，果未易探见，徒感心有余而力不足，无可奈何也。自大腿而下，则为六寸圆肤之足趺。这个集下肢趣味之终点，曾经在文学史上引起许多文人之注意。唐诗上就有咏白足之美者。而拜足狂之诗人，又不一而足。

―――――――
〔1〕 阿拉伯性学秘籍，由一位虚拟人物奈夫扎伟教主于16世纪早期完成，描述了当时阿拉伯人民性生活状况及其与之相适应的性学水平。

李笠翁大概是玩女人的圣手，他大有缠小足的逐臭之癖，如论缠足之美说："三寸莲跌，袅袅娜娜，此用之在日者也。纤不盈握，夜以抚摩，此用之在夜者也。"到现在看来，这种奇怪的爱癖，似乎不值一笑的了，但在当时人确有此嗜痂心理——而缠足的恶俗，自后唐以迄清季千余年间，大都就受着此种古怪心理的支配。

盛赞天足之美

张竞生也就大谈其天足之美趣。他的美学理论，根本倾向于自然主义，所以在女人美的观念上，一切的一切，都主张自然健全的发展，而不以矫揉造作的装饰美为满足。天足，是对抗缠足的，赞颂天足，当然就是反对缠足。有人以为缠足使性欲畸形之发展，博士亦力辟此说。

博士一壁看着女人之美丽腿足，一壁大谈其女人经，那种兴高采烈的态度，是值得回忆的。

对一女店员的憧憬

闲言少表，现在言归正传吧。张博士之所以在公园中有此闲情逸趣的，无非是有着寡人之癖。褚女士的来归之梦终于幻灭了，春花秋月之夜，他常常受到失眠之苦，他此时大概虽要实行柏拉图式的精神恋爱法，也已找不到被爱的对象。过屠门而大嚼，画饼充饥，终属乏味；而笔下的种种玄妙理论，也似乎益见空虚了。

一句话，他此时似乎已失去了生活的活力，写作中的"烟士披里纯"[1]，也不能从空虚的生活发见出来了。他想非由此转变一下生活不可。

---

[1] 梁启超把英文 inspiration 音译为"烟士披里纯"，今译"灵感"。

此时美的书店早经结束。他也已从旅欧回来，大概在民国二十年的左右吧。我在南京路一家公司中服务的时候，他第二次到上海来了。我每于星期日前往拜望，借话旧事。他此时并无职业，只在《时事新报》的《青光》上，常常写着"奇论之篇"，借些微的稿费以资糊口，生活不消说，是十分凄惨的。

有一天，他忽然和我谈起美的书店时代的一个女店员小江，而且托我访觅彼姝，言外似乎对她有着重大的期望。这个意思，我早懂得的了。我知道张先生是孑然一身，正想求一佳偶，但为了《性史》的大名，使得"炎炎者灭，隆隆者绝"，没有女人敢来领教了。在他的故乡中，虽还有一个以洋状元元配夫人自居的乡下女人，但他终未肯降格以求，他仍愿过度着独身生活。在百无聊赖之际，于是忽想起了江女士。小江名爱珠，前经我介绍到美的书店来服务，其人忠实勤俭，三年如一日，从美的书店开幕直到结束止。其间因为生活费不足，她于晚上并伴舞于爵禄舞厅。但第二天，则仍来书店服务，风雨无间。

愧作月老之谋

原来这位江爱珠女士，出身寒微，而体貌尚佳，堪称小家碧玉。她那性情、体裁和丰姿，正与高头大马赳赳雄武的褚松雪女士成为尖锐化的对照。江女士是典型的职业女子，她早年曾在一所中学校里读书，后来因为父亲死亡了，母女二人，相依为命，别无兄弟姊妹。她早年曾在一家印刷所当校对，就是负责校对《新文化》月刊的。及新文化社扩大为美的书店了，此时张博士在报纸上大登聘请女店员的广告。江女士因请我介绍过来。那时女店员的薪给每月三十元，较诸普通男职员要高得多——这是张博士一种特别意见，他老以为女子职薪，应当比男职员提高些，以示倡导女子职业。同时又规定月假三日,不扣薪,这原因就是女子受生理之累,信潮来时,下体衬垫多有不便之处,所以索性由她们自由去告假了。江女士除循例三日例假外,从来是风雨无阻的。这一点似乎也为张博士所首先发现,他曾几次提议书店应对江女士特别优待,因此江女士于年赏时可获得奖金若干。

张博士每大驾光临美的书店的时候,辄对江女士特别注意。常操其潮州官话,向江女士殷殷讯问买卖情形,而且不惜加以慰问。可惜,一则为了他董事长兼编辑主任的身份,似乎地位悬殊,一则又因潮州官话终难听懂,而性博士的行动则易受人注意,她始终是唯唯诺诺,敬而畏之的。张博士在外表上,亦不过随意搭谈,并无特别表示,所以这个秘密之衷,我并不曾留心到。在现在想来,倒似乎有负博士的雅意了。

由江想到另一女店员

说到小江,我可还忆起另一位女店员,此君旗人,而且是生下来早预备进献到溥仪宫中去当宫妃的,芳名何立束。她当襁褓期间,清社屋废了,于是在旗下女孩长大循例献进皇宫去的那种风俗随着取消,她的一家人也顿然失去了冰山之依靠,流寓出来,正合"树倒猢狲散"的那句俗话。何女士长大来,丰姿楚楚,面型尚不恶,唯上下两片厚嘴唇,不能不谓美中不足。何女士虽不算美人儿,却也算得"红颜薄命"。幼时读过了几年书,年未及笄,就下嫁一个公司职员。婚后一二年,那人就一命呜呼了,身后萧条,只留下一个小女孩。何女士在生活无办法之中,辗转而入美的书店充当女店员。她的任职时期,要较后于江爱珠女士,但两人却一般勤恳:在女职员中俱不失为佼佼之表。

从形体上看去,江女士是娇小玲珑,而且还是云英未嫁身。据我知道，她虽然利用晚上余暇，在爵禄伴舞，但行为尚属方正，所以伴舞生意也似乎并不很好。当她白天在美的书店中服务仍然是一本正经的样子，就可以明白一切了。至于何女士，却是文君新寡，而且身格较为壮大，她完全是一种少妇型了。

张博士对此二人，似乎很存遐思，不过并无显明的表示罢了。

设席宴双娇

我因此而更回想起一桩事情来了，那犹在美的书店时代，暂充编辑室的张寓中，忽然约着两位女职员前来晚餐。在张寓中吃饭，原来并不足异，张先生确是慷慨为怀的，我们编辑部同人经常三四人差不多日日在张寓中用饭的，一旦习惯之后，就仿佛美的书店特在张寓中对编辑部同人供膳的了，其实这完全与书店无关。其全部经费皆由张先生私人负担的。除编辑部同人之外，他还常留外客，而这些也大都是"谈笑有鸿儒，往来无白丁"的。

至于普通店员，张博士对之都极严厉，当然不会例外赏宴了。女店员虽被垂青，但亦从无私邀吃饭等事情。

这桩事情，我记得是由华林先生提议的，而正投合着张博士的高兴。原来华、张两君同病相怜，都活生生把爱妻跑了，他们虽然大大的咆哮了一阵，但待写过几篇热辣辣的文字痛骂几场之后，也就淡忘了下来。华林先生偶然高兴也常往书店里走走，无意中，忽显得眼睛明亮起来，他在厌倦的生活中忽抓得一线生机了。他于是精神立见发皇起来，仿佛在卧病疲乏之后，忽打上一支吗啡针。原来他满怀着哥伦布发见新大陆那般高兴的神情来看着江爱珠与何立束小姐了。

可怜的华林先生，虽然满怀着卢骚那种浪漫的热情，他在外表上却还是一个老孩子，既不知怎样去向女人搭讪头，却还害羞不敢向女人启口哩。

依照性学的经验,这样怀鬼胎多害羞的男子,往往是一个多情而拙于弄情的人。如果他有妻室,十之八九还不免是一个"怕老婆"家伙哩。

张博士就不是这样的作风了,他大可以用着潮州官腔和女人开玩笑,所可惜的,就是一班娟娟者犮,都不起反应。

在"双美""两难"的这样场合下,他们就决定选在八月中秋之夜,约着江女士与何女士来小酌了。

娇客佳宾叙首一堂

因为我在书店中也兼有一部分职务,每日必往书店去办公,时时与店员们相接触,张博士便将这邀请江、何二女士的宴饮雅意向我说了,而且中秋之日,下午照例休假半日,趁机邀同二位女士来到博士家中宴叙一次,在行事上皆不会感到突兀,以引起人们的疑影。

我并不直接向此二女邀请,因为我深知道女人的脾气的。如果直接邀请,她们必多方推托,以为有所求于彼了。实际上,张、华二人不过为联络情谊,作风果不与洋场恶少相同的。我虽不屑以红娘的责任自负,但如果双方于谈笑饮宴之中,万或因此发生一些趣味,则造成现代一两桩相如文君佳话,也未始不足一快。所以,我改换方法,用木然不动情的态度,冷然地向她们说:"今天下午请二位到张寓去一次,商量二位职务上的事情,届时,经理先生和我都在那儿。"

我预料这么说着,定可避免对付女人通常所遇到的那些困难了。果然,是日在斜阳灿烂一室中的时候,当茶烟正在弥漫,烹待娇客佳宾莅临的时候,二位小姐早经翩然到来了。此时张博士与华林先生早经神候已久,这个原来就是人间的良辰美景,何必更须谈着唐明皇游月宫的故事。众多宾客,早已济济一堂,他们原来都是一班常来知己朋友,各擅千秋,曾为《新文化》月刊经常执笔。但各有自己的美梦，除了张博士、华林先生和我之外，竟谁都不会知道此宴真意的。自然，有些自鸣不凡的人，还以为博士此宴，在中秋之夕，自当酬谢他们平日为月刊执笔之劳！可怜的文丐！盈千累万的文士呕心沥血之作，哪里及得女人们半颦一笑呢？

然而江、何二小姐，处此大庭广众中，竟如身临大敌，觉得如坐针毡，刺刺不安了。尤其因为文士浪漫，酒醉耳热，引吭狂呼，大都是目无余子的。而二位小姐却还是阅世未深的职业女郎，并不擅于应酬，所以始终感到势单力薄，羞于开口。这一场龙凤宴竟此毫无结果地散开了。

与尼采同命运

这一场龙凤宴，非但主人用意不曾明朗化，而食客们也大都注意于肥鸡大鱼的攫去，根本让鼎釜外的游鱼逍遥自在，而漫不介意。至于江、何二小姐呢，也只视为书店董事长颁赐意外之恩赏，压根儿不曾想到尚有多情如华林、张博士其人。

江、何二小姐，来时要比众人迟，而去时要比众人早，这一场龙凤宴，遂此无结果而烟消。

在此时，张、华二人的心理情形，我当然是充分明白的，他们的谈笑戏谑，我平日在编辑室中，也完全可说刮耳。但恋爱的事情，完全是一种神秘的结合，我对张、华二人实在是爱莫能助。

张之朋友中，华林先生与小江平金满成先生可说是一个极妙对照了。华林君高高的个儿，个性倔强之至，但浪漫多情，他一生最拜服者是德国的尼采。尼采虽以憎恨女人著名，但实际却是羡慕女人却偏不得女人欢心的男子。所以，他的咒骂女人，却抱着猴子吃不到梅子而说梅子酸的那种心理的。现在我们这位失恋大家华林先生，他最喜的是女人，但最不能得志的，却在情场。他看到任何女人，总是发出饿狼似的那种贪婪的凶光,但因为女人们所喜的却是洋场恶少们的西装革履,并不是什么"艺术理论"与"尼采主义"。而且他还有一个缺点,就是看见女人而不知怎样同女人去谈情,所以,看见女人总是望望然而去之,一般女人,做梦也不曾发见此老在内心的火山中,实埋有无限热焰也。

他这种缺陷,与出了《性史》后有"女难"之叹的张博士,确有异途同归之概。因此,这场龙凤宴美梦的归于幻灭,殊不怪了。

若在倜傥风流的金满成先生,往往佳丽成云,予取予求,在华、张两人看去,不禁要羡金郎此福,真是几生修到矣。

桃源何处去问津

张博士与华林两人,在"落花有意,流水无情"的情形下,至把心中一溺爱的嫩芽摧折了,从此行云流水,两属渺茫,当然无人更提此事,而张、华两人也讳莫如深了。

美的书店歇闭之后,张博士一度悬帆西渡,到了法国巴黎,拟作久居之计。张博士去国的半年前,华林先生早经出国了。在他离国之前,曾写一宏文《敬谢中国女子的颦笑》,在文中大张其词,讥笑中国女人不解爱情,从头发到脚趾,满是假心假意,假颦假笑,一片儿都是假,以为他对离婚妻的报复。张博士也未尝不切切于此,不过并无显明的表示。

三四年后,他突然又返沪来了,此次为他继开书店之后,第二次来沪,从一个朋友处查问了我的居处,即来函约我去会见。

我们在旧事重提中,当然不胜今昔之感,尤其是旧人星散,几乎消息两茫。张先生对于此事,亦唯作苦笑,有无可奈何之概。于是,抽了一口纸烟(张先生在编辑部时代,是不大抽烟的,但抽时,必须上品),喷出梦似的青气来,忽然问起我还记得美的书店有一位品行很好的江小姐吗?他问起这话的时候,如果有一具测量心跳与血压的仪器在此,我知道这仪器下所表示的曲线一定会狂跳的了。我见他尚是只身独自,形影相吊,自然早嗅出这问话中的意味了。我便说,小江确是很好的,而且全是一种忠实的职业女子型,当美的书店被迫歇业时,我对于她也特别关注找着的。"那么,你现在能不能找到她?或者,知道她一些近况吗?"张博士的面上照例又浮出一种凄苦的笑影来——这种笑影在一个失意人的面上,很容易浮出来的。

"哦!我长久不曾碰到她了,大概一年之前,我仿佛在一家舞榭中碰见了她的背影,但不及招呼,她便消失在人丛中了。"

这个报告,自然使得博士不高兴的,但我立即又改转话头了,暂作安慰道:"我且去问访她一下去,因为我记得她五六年来曾同母亲一向同居在闸北×路×的桃源坊的。"

这样,我又作冯妇肩上这个青鸟使的使命了。不料情随景迁,桃源坊依然,而玉人已不知何处了。

男女的事情,单就外表上看,似乎是一件绝轻微不足道的事情,却不知其影响于当事人的精神生活,重如泰山。"人面不知何处去,桃花依旧笑春风。"先生得了我的报告,当然外表上一笑置之,然而我嗅到他内心失望的苦闷了。

美人终归沙吒利[1]

小江的踪迹,不知何所去,而何女士的芳踪更无从去觅,一时有"女难"之叹的张博士,唯有一笑置之了。这笑当然是种苦

---

[1] 唐代许尧佐《章台柳》传奇,故事讲诗人韩翃供职在外,妾柳氏为番将沙吒利所劫,并宠之专房,后人以之为典言佳人已有所属。

笑——包括自前任夫人褚松雪女士出走之后，许多年的凄凉苦味，包括他自破镜重圆而又鸳梦离碎以来，从灵魂底所喊出来的一种深切的凄凉之音。

实在说来，张博士的对于褚松雪女士，是由征婚而来，也可说由于文字姻缘，因为褚女士是遥对张所倡论的爱情定则表示同情，而张则对于褚女士的娜拉精神表示敬意，这两人一唱一随，全是同调。所以论张褚两人之爱，也可说是由志同道合而结成孽缘的。不料一见倾心，相见恨晚，遽胎不健全的婚姻之兆。据最近西方婚姻专家所研究，以为订婚是婚姻良好的保障，据该作者就一百八十宗婚姻所考察，凡订婚期在三月之下而即匆促结婚者，其离婚率高至百分之六十，六个月之下者，则为百分之四十，若至一年以下者，则破裂的婚姻，不过为百分之二十而已。这就美国的婚姻情形而论，若在中国却还未有此种统计。但张褚婚姻美梦的幻灭，恐多少也与匆促结婚有着关系。张博士其实既有褚女士的前车之鉴，小江如果能有色彩，正恐亦未必结果佳也。

何妨张博士实未必深恋于小江，而小江的一瓣芳心中，却根本未留下一些张的影子，这个我却可必定的。张的偶忆起小江，不过是由于"情急乱投医"耳。

这一段事实，本当割爱，不应如此鲁莽地表白出来，但相信我对于张博士苦闷的孤独心理的观察是绝不会错误的。

大概在我赴桃源坊去找寻的数月之后吧，此时张先生已买棹南归了，而他去时却又不曾留下通讯处（也许留下，而我失掉了），有一天下午，我在南京路上，忽然碰到小江了。她的打扮仍和先前一样，面容也未见苍老，仍如那么丰姿楚楚，那么娇鬟浅笑，但看样子她似乎已不是独身者了。我们略寒暄几句，即行告别。我根本不曾向她提起张先生的事情，因为这非但无补于事而且徒生枝节的。但在我离别的当儿，不禁低念着"美人终归沙吒利，而今恨无古押衙"之句了。

后任夫人

张博士的独身生活,我曾写上了好些他的恋爱的美梦和幻灭,这些美梦原像影一般微妙着的,只从偶然的光明中捉了出来,一忽儿早就消灭于无踪了。而且因为纯属精神的分析片缕,并无具体的事迹可证,也每易滋读者之疑义。

可是张博士的孤独生活终于终止了,他的心理上应该经过另一度大变化——从空虚的生活而回到甜蜜的夫妇的生活,更充实,更泼辣有趣了。

这就在他继开书店之后,第三次回到上海,突然地显得富丽堂皇丽影双双地携着他的后任新夫人来了。

如果说春末夏初,桃李花谢片片飞之时,而墙边的蔷薇独身自凝鲜吐艳,这样的花朵虽不能争奇斗艳在三春,但在万花寥落之后,亦未始不足一解园主之渴念。我于见面之后,忽见到一位少艾,由张博士得意地给我介绍,说是"黄——女士",我就不禁向他申贺。

世界上自有许多幸灾乐祸的人,也自有好些趋炎附势的人,我在事业失败心绪无聊之际,忽向一位多年沦落的朋友庆贺他的新婚,那种惊奇、高兴、欢乐的情状,当然也非语言所可形容。

频年漂泊的张博士,数年未见,虽然故态依然,未许刮目相看,但颜面显得更苍老了,而且在新寓中午然息马,一切家具,尚然是一片杂乱,未曾整理清楚,我们遽尔聚首,有不胜今昔之感。

静默了一会之后——这个时间,大概三方面都在作惊奇而急遽的考察吧!我饱看了黄女士的丽容,她那美妙可意的身材、新婚艳丽的服装以及她面上的缺憾——有如白圭之玷的那种缺憾美,而且得暂时一谈她面上的表情的诗,便禁不住我一种狂飙突起的好奇心,想一探问这位新夫人的究竟——在可能范围中明白她的一些历史与恋爱的故事。

借问新人貌如何

"下山问故夫,借问新人貌如何?"有"女难"之叹的张博士,怎样于四十以后,获得他的新夫人——一个年方及笄的少夫人,而此女的历史以及他们的恋爱故事和她的面容如何,当然都是读者们所渴欲知道的。

拿后任比前任,我曾描述褚松雪女士是一个高头大马,非但其容貌有赳赳之状,而其赋性抑且刚烈,一旦情感破裂之后,无论如何总不能破镜重圆。现在这位黄女士呢,一切,都恰恰和褚女士显出一个尖锐化的对照。

新夫人自然也不能说十全十美,单从外貌上说,在一个美丽的蛋形脸的左颊上,就有一个半掌大的蓝痕,仿佛一个白圭之玷似的。这个女人因此可以分出两个妙容,一半是美的,而且娇小玲珑,姿容曼妙,另一半却是丑的,仿佛一个白璧上有了黑玷,价值就不免要大打其折扣了。

然而女人的面部种种缺点,如单眼睑、塌鼻、斜眼之类,皆可就美容院去疗治。如果黄女士面颊上的蓝痕能用美容手术移去了,那么,黄女士之妙容,决然不在江爱珠女士之下,张博士也似乎很有此意,而黄女士尤其跃跃欲试。但以一来,上海尚无信实可靠的美容院,而再者美容院试用电疗术是否有此偷天换日之功能,此在凡事迟疑的张博士,终未携新夫人贸然去加一试。

除此缺点之外,黄女士的丰腴、面貌以及普通举止,皆能落落大方,无愧贤内助的风范。

我们在闲谈之间,我偶尔一瞥先生的写字桌上,确见陈列着他们一个双影的镜框,又有黄女士的一个半身头戴学士方帽的丽影,下题张竞生的手笔"民国××年夏际,黄××女士毕业于中山大学之影",我因知道黄女士的学历不凡,因而更加要探悉他们一些秘史。

在半日的相伴中，张先生常以"×妹"的亲昵声口呼着黄女士，后来探悉其底蕴，原来黄女士还是张博士的姨妹呢。

他们的浪漫史

我们现在急欲知道的，是这位新娘黄女士与我们性博士的浪漫史，在一般妇女都投以疑忌之光的中间，而这位黄女士居然巨眼识英雄，独钟情于风尘之外，这不能不说是一桩奇事。

据我所知，张先生此次来沪，行踪颇为诡秘，非但不曾宣诸笔墨，有如先前两次来沪卖文的样子，而且对于新闻记者还讳莫如深。他的用意是充分明了的，原来避免新闻记者访问和发表恋爱史的麻烦。偶然与熟人会面，也不过招呼一下，却不如以前两次那样似的告诉他们下榻的地址。所以在这种情形下，我实在并不曾从张、黄二人的口里，探得他们浪漫故事的梗概。

然而，他们结合的经过，我虽不足以知详，从下述几种事实上，也就不难窥测其大概情形。至于详细节目，则可信托你自己的想象去随意补充罢了。

这几种事实：一、是黄女士身世——她是一位受过大学教育的有时代新知识的女子，但以脸有白璧之玷，那块半掌大的左颊上蓝痕把她终身更大的希望断送了。诚莫泊三[1]所说，女人的美貌，就是她的门第、才智、妆奁和一切——既自知不能连着病态在情场中占得上风，所以就不能不降格屈就了。这是她所以能接受博士之爱的主因。二、从偶尔的谈吐中，得悉黄为张的姨妹，那么张、黄二人在恋爱之前早就有着一重内亲，也许成为他们结合的有力媒介。三、到沪之后，黄首先就提议要找一位律师证婚，而关于结婚的仪式则不妨简

---

〔1〕 今译莫泊桑。

化。可知他们来沪前，尚未经过合法的结婚手续。而且也许"半"树梨花压海棠，又在性博士的盛誉之下，深为女方家长所反对。则女的坚持恋爱自由，结婚自由主义，逃出家庭的铁笼，以寻觅其新希望，固亦富有娜拉精神者。

凭着上述三点，至今在我的脑海中犹活泼地浮动着他们怎样因热恋而来沪同居的快乐的梦影。

律师证婚补具婚礼

实在说来，张先生那时早经瞧不起任何仪式了，他在男女结合的关系上，其思想似乎更为急进，甚至有把陈旧的礼俗摒而弃之之概。他向来是提倡情人制的，以为结婚夫妇一旦到了爱情厌倦的时际，双双的爱情便死了，于是为了法律问题，在形式上强自牵合在一起，弄得不死不活、不热不冷的这样拖延下去，还远不如爽爽快快的各走头路为妙。至于情人制，不尚形式，但重情感。在热情关不住的时候，不论露水也好，结婚也好，总是卿卿我我的在一起。如果一旦爱弛情衰，纵然结婚也不妨各自纷飞。这是张博士鉴于褚女士的前车早就热烈地提倡着的。

但以法律学系毕业的黄素馨女士，却不以为然，她用着法学的眼光来看待着终身大事，纵然千万通融把结婚仪式十分简化了，也许更宽宏大量地于举行结婚仪式之前，忍不住热情的奔放，早把色相先牺牲了，但无论如何，退一千步，也不能终把一纸结婚证书也通融抛却，使自己的婚事在法律上毫无根据。

他们为了这桩事，似乎继续着讨论和争吵，直到我去拜望他俩的时候。这关键，就是由我介绍了一位律师而解决的了。

我得声明，张博士之在上海，交际是远比我广阔，而所认识的挂牌律师，当然亦不无其人。但为了行踪须保守秘密，而且在酬劳方面，尽着义务性质，为了这两种条件，不免有所踌躇。我因提议一位所熟识的律师——施镇昌——充当这个任务，因使张黄俩都感到满意。

一度曾与施律师磋商，施律师乃指出结婚法律之根据点，一是结婚地点与年月日，二是证婚人，三是介绍人与举行相当的仪式。最后的决定，乃由施律师充任证婚职务就在证婚书上填以年月日时及结婚地点。于是便在张寓中薄陈酒浆，这简单的结婚盛典是算做完了。

择吉开张的一幕

一方面，张博士在延请施律师证婚，同时又在临时租下一上一下的洋式公寓，寓中薄陈酒浆，作为新婚之筵。一方面在补行这个手续时，他俩早经"一床锦被盖鸳鸯"了。他们是所谓"先行交易，择吉开张"的。

张竞生曾经提倡"试验结婚"的。这试验结婚原是较爱情定则更进一步的考察婚姻缔合的方法。爱情定则的提出，足以打破恋爱至上主义的美梦，使两造得到些客观的条件，以免完全主观性的失败。但是婚姻是含有两性生理方面的秘密的，而这秘密又不能单从两造的外表上观察得来，往往郎才女貌，门第相当，珠联璧合，似乎是天生伉俪，但一旦结婚之后，爱情日趋冷淡，有岌岌不可终日之势。这就有着生理方面的缺憾，双方同感不可告人之痛苦。试验结婚者，即所以解除此种困难痛苦情形也。

博士这次婚事中虽不能达到打倒婚姻制而实行情人制的目的，但他俩先事同居，锦帐春浓，鸳梦情深，一试"试验结婚"的妙趣，总算是聊以自慰的了。

没有"硬蹦蹦"的广东音

我在西爱咸斯路的张寓中用着福尔摩斯侦探的眼光,在察探秘密。看那举止稳健落落大方的新夫人,似乎大有贤内助的风味。她一壁含笑招待着来宾用着流利的普通话来作寒暄。那些话音似乎要比张博士好多了,至少在我们听去,不大觉到"硬蹦蹦"的广东音,而且一到发言的时候,也很能够娓娓而谈,并不如一般新娘的羞怯状态。一壁又能自入厨下,洗手做着美味可口的羹汤。

这个使我想起几年前的褚女士来了。褚女士曾当着上海市妇女会会长,终日奔忙不息地出外去办事。因使家务留下给张博士自己去照料着。博士常一壁照管孩子,一壁握着笔杆儿的,有时因为小博士闹得慌,博士的文思就完全给搅乱了,至于全天不能写得半个字儿,而至于怨恨痛骂不止。女人虽然也须自由发展,不能埋没在厨房下,但如有这样一个甘心老于厨房下的老婆,主持家务,不使创作的丈夫操心于无聊的事情,则在丈夫方面,亦未始非一桩更为怡快的事情。

一件绣花浴衣的秘密

我用着猎狗般灵敏的感觉,在燕尔新婚的张寓中搜寻"奇迹",终于给我嗅出一种值得特别一记的东西来了。

这东西并非是褚松雪的"三十六宫图",也不是张博士在证婚演讲中所提议"敬赠新郎佳礼之一"的凡士林,自然更不是什么海狗肾片、生殖灵、睾丸素等淫药。然而这一卷东西,却是"包罗万象",也可说是"春色无边"的,是一种说平淡也很平淡,说传奇也饶有传奇意味的东西。

说明白点,这是一件绿花绯底的软缎绣花浴衣呵。

据说，巴黎的时髦女人大都喜服中国刺绣软缎衣，西洋女人毕竟聪明，对于卷舒如意的软宽展的中装女服，似乎有着特别的爱好。而在我们中国，一班时髦型女人却大都效法西洋女人的装饰，至于爱绣花浴衣却是绝无仅有的了。

但张博士的新夫人却常常身着那件绣花衣，飘飘然有乘风欲飞之概。黄女士既自以为得意，而张博士也大有怡然满足之意。

但使我怪异的，当黄女士身穿绿花绯锦浴衣的时候，我们的张博士也同样地扣着一件普通绒布浴衣。难道他俩早上就入浴，或另有"鸳鸯戏水"的秘密？

其实，读过张著《美的人生观》的，只要稍一凝想，就不难对于这桩"玄妙的事情"加以一种强有力的理论了。

新婚期内一夜七

关于新婚生活，有一句打朋[1]话说得好："新婚期内一夜七，新婚之后七夜一；既知如此不平均，何不当初一夜一？"我们如果对于这种"新婚的火焰"略一体味，再一读《美的人生观》，就不难揣测出其中玄妙来了。

张博士以年满半老，重谐花烛，纵欲奋其写《性史》的老兴，"抛开半条老命，拼着一醉"，恐也挡不住"一夜七"的情调了。不过"奇葩盛放"的黄女士，却正当虎狼之年，未必便能轻易放过了。

此外，就性博士素日的主张，"一夜七"这"夜"字也大成问题的，黑漆一团，苟且了事，是张博士所不高兴的。而欲行之于山明水秀风景明媚之区，却也不得适合的地点。由此种种方面说来，古人所深戒的"白昼宣淫"，在张博士方面就成为一桩风流韵事了。

---

[1] 上海话，开玩笑、寻开心的意思。

一次居然撞破秘密

我说张博士夫妇俩白昼圆其鸳梦，贤明如张博士者，当然不以我为造谣亦不至笑我为神经过敏的。就说性博士"白昼宣淫"，根本也不成其为"扬恶隐善"呀。

但我为避免"神经过敏"的责难起见，我还可举出一个例证来，以示张博士虽对于微妙如男女之事，亦不失为"光明正大""无愧此白日光明"呀。

当张先生偕其新夫人第三次旅沪的时候，我就职于一家出版社的编辑部，仍司理笔墨的勾当。古人说的"煮字不足撑肠"，而"贫穷也，奔走于衣食"的时际，所以，非到日曜日，照例是不能抽暇到张寓去的。而一到了星期日下午，先前我常在娱乐场中混过半日，自张先生来后，我便改变方向，必到张寓去闲谈。一者借以畅话旧事，一者希图张君夫妇能作一种新的发展。诚然，张先生在上海常引我为同志，凡他所认为可以实行的新计划，无不向我详谈。这些闲谈，原不异于乌托邦之类的美梦，但就是明知其"梦想"也好，因为我们借此可以聊图一快了。

我于涉世以来，在我的朋友中，我就可以把他们区为两种人来。一种是实行家——他们往往不尚空谈，非但不空谈而且头脑根本是硬化着的，其个性尤强，所以常用他们铁一般的手腕抓住了现实去做。这样的人性是吝啬的，言语是讷讷不出口的，有些地方在待人接物之中还老会感到他们的讨厌、可怕，然而无论他们做着书店老板、学店老板或创办些别种事业无不抓到"灿烂的成功点"。

另一类，便是长于设计而拙于实行的，他们大都富于幻想，长于理论，丰于学识，而且往往自视甚高，有睥睨一切之概。张博士就是此类人物了。他长于设法而短于实行，所以，一生事业，常是多败少成。

但我也是一个游泳白日之梦中而不自知其所止者，所以每喜谛听张博士海阔天空的妙论，更不须顾虑其有无实行的可能与成功。

但我这个逐臭之癖，原出于自己的好奇心，不料因此一来，居然撞破他们新婚生活中的一次秘密了。

只闻门内应，不见开门人

我是依照惯例，每逢星期之暇，辄于午餐之后，往访张博士及其新夫人。张先生这次携美来沪，正当八月中秋之后，西风飘落满地黄叶，而秋晴佳日，却还是"已凉天气未寒时"。他租临时公馆在西爱咸斯路，虽然地近荒僻，可是空气清新，远绝市廛，正是燕尔新婚，"金屋藏娇"的最好地点。那时法租界独有林荫路上的几株外国梧桐早经黄叶飘飞了，偶见人家的庭园中，各花都已凋零，唯剩数本霜菊，却正在迎风傲寒，含苞吐艳的开放着，不禁令我发生遐思了。我想这样的黄花，自值得高洁之爱的了……

我边走边想，不觉已到了张寓门前了。我梦也似的站在门首，想按电铃，但一想惯例是从后门进去的，我既是熟客，何必去惊动他们，不若突从后门进去，出其不意，一窥他们新夫妇的行径，唬了他们一下，或者倒更为有趣。

这样主意已定，就转向后门进入。所幸路是走熟了的，到了后门，一推就是。入门去，那个半老娘姨，正在厨下洗涤锅碗，表示中饭已经开过了。那个娘姨是认识我的，我便问："张先生和太太在家吗？"（那时上海习惯，对用人是应称张老爷的，可是张博士向来不许用人们称老爷的），娘姨却诡谲地向我一笑，把嘴一努，意思是说："你自己进去便了。"

我自认是一个俗客、粗汉，我还以为这是娘姨一种普通躲懒的法儿，又自以为是一个熟人，固毋庸借手用人，便直自闯进去了。通过了灶间，经过扶梯下边，就是前客堂博士和夫人的起坐室。他们此时来宾不多，客堂亦设有一张卧榻，偶作午睡之用。我却见客堂门儿紧紧的闭上，照例是剥落的叩了一下，便满以为博士前来开门的，跟后又见黄女士热情地前来招待着，三个人杂乱地聊天……

云鬟斜乱　倦眼犹眍

我深愧自己鲁莽了，访问朋友而值此不适合的时候，然后进既不佳，退又为难，只能装痴作聋的敷衍了事。忆在学校的时候，常见一对有情人间，介着一个局外人，在中间打诨说笑，既为当事两造所嫌，而自己也莫名其妙。学校中称这种人为"萝卜条"。又读小说时一般人心理，也常恨着这种煞风景者。如《西厢记》里边冲散鸳鸯好梦的欢郎，《水浒传》中勘破潘巧云与法海僧奸情的石秀，都深为读者所恶者。天地都钟情于才子佳人，每值良辰美景有所发泄而好事多磨，偏多闲人前来撞破风流秘事，这真从哪里说起。

我直达张博士的内室，哗剥地敲了两下，不闻门内有何声响。我踌躇了一下，立刻想退出去了，但回到厨房间，那个鬼娘姨却大声地嚷了出来。

"张先生，彭先生来了。"

这一声虽然出于妇人女子之口，其效力却好像燕人张翼德高喝灞陵桥[1]一般了。真个雷鸣似的，把两个午梦春浓、锦帐风流的痴情迷醉的灵魂儿惊醒了，立时便听得："好的，请彭先生等一下儿，我就来了。"那声音自然是张博士的，硬蹦蹦的潮州话是一听便知道的。我回去不便，只得尴尬地仍鹄候在那里，有一搭没一搭的跟着娘姨谈："什么时候吃饭的……难道天天午睡了吗……不到外边去玩吗？"

---

〔1〕　据《三国演义》故事此处应为当阳桥。

娘姨告诉他们不大午睡的，但午睡却往往很长的，因为两个人一起睡着，所以常把门儿关上了。她说着笑了。他们每天晚饭之前，是到外边去走了一回的……

我虽然和娘姨闲话，但用心听着隔壁有何声响。真的等了好一会，好一会，才听得里边拖鞋声。自然，他以为我是熟人，绝不以此而怨怪他们，亦断断乎不至于以此而认为无礼，致将绝迹于张门的。

春色无边

我正在这样踌躇时，却听得门里的声音又来了。"我来了，来了！"说这话的，仍然是口音那么熟的博士声音。跟着，固然呀的一声门儿开开了。"对不起，劳你久等，我偶尔午睡！"

我正用了一个捕猎人的心理在门外等候着，本来两三声叩门之后，早想回去的了，不料给猛浪的娘姨高喊了出来，退出来反着痕迹，此外，每逢星期之暇，我照例要来此张寓一走，以便探探张先生一周来的近况。而且既尝闭门羹，值彼新婚期间，自然又多了一层探觅秘密的好奇心，为了这几层理由，我便高兴装聋作哑了。

造化之至，我这个秘密的私愿并不曾虚负。当张先生披着睡衣开门的时候，当我跨进去的时候，一眼便见黄女士云鬟斜乱，倦眼微眍，那种娇怯不胜的情态，虽然从床上坐起，兀兀披着一袭绿花绯红绣衣，懒懒地拥坐在床上——谁都知道这应当是"春到人间花弄色"，熏着点儿麻上来，露滴牡丹开情景中的莺莺的娇态——而那个半榻，即使不是刘阮的天台，也应当是朝朝行云夜夜行雨的十二巫峰了吧。

我正这样思忖的时候，却见黄女士也笑着招呼了。

呵，那两件浴衣，果真包罗万象，春色无边呀。尤其使我看到有趣的，是黄女士在床上还是云鬟斜乱，倦眼微眍呢。根据这几点，够我发生绮想了。我照例是和张博士谈着，黄女士早分花拂柳地走到楼上去了。

名花与美人

花是美人的影子，美人是花的后身，身影交错，魂飞梦杳，这是张博士那时坐拥在名花娇妻中的佳趣。黄女士披着春色无边的绯红浴衣楼上去了，她也许为了午睡未足，碰到恶客打扰，不得不退处静室去续余梦。也许在白昼作"妖精打架"之后，四肢无力，满身慵懒，而不得不暂去休息。但张博士却还神态自若，而且向我作秋睡午梦香的解释，以示有"妻"万事足，无官一身轻的得意之状。

我看了潘金莲的葡萄架、杨贵妃的白玉床，又是那一床风流锦被，一个长大的白布大枕，心里充满了好奇快乐的梦想……博士见我无聊，即指门外小庭园中几枝花葩，引我去观赏。并告诉我这花的历史和养花的趣味。

我随着博士所指，移转了视线向门外一望，只见庭园中有着腊梅三五盆，一枝枝都很高大，花枝斜影，差不多惜及半肩。在腊梅一旁，尤其灿烂锦绣的，吐艳争奇的，却是四五盆秋菊。两盆黄瓣紫蕊的，三盆却是黄蕊白花，大都吐苞盛放了。此外又有几盆水仙，掩映在黄白之间，虽然青苍可爱，却便显得憔悴可怜。我猛记这是老气横秋的时候呀，除了梅菊之外任何花卉都是凋零着的。

真的，我在张寓的小庭园中，看了那几枝傲骨峥嵘的菊花，再想到"人如菊花瘦"的才子佳人贤伉俪们，却有着无穷之感慨。

但张先生似乎并没觉察到我的心中所想念的，他仍然像平日般跟我谈着，谈着这些花是怎样由一个朋友的盛情所赠送，他得到了怎样以灌溉赏花，引为一天最大的乐趣。

我忽思及几年前的张博士，原是我们书店中一个忙人，他既劳于写作，却又忙于送迎。一室之中，白天宾客往来络绎不绝，真有"到门宾刺如红叶，过手家财是白云"之概。曾几何时，而门庭冷落，居然以昂首白云、养花灌园为乐，这真非始料所及的了。

闲看白云，笑傲风月

从这些事情上，我可以看到张博士闲情的乐趣了。他现在以闲散之身，拥有新婚之妻，一方面是到上海来过度蜜月，一方面是到上海来寻找发展的新机会。以他的大才，本来大学校里，书铺子里，皆可以一安鱼龙。可惜自从编著了《性史》第一集之后，大名早已轰传宇宙，国内一般人对之敬而远之，有些卫道者流，却还视如洪水猛兽。我深知道确有几家书局有意同他接洽，编辑一些新奇书籍，以打破出版界一些沉闷空气，从文化上着想，可给吹进一些鲜活的新空气，从书局方面着想，它可以借此上了一票钱。但是他们都无此魄力，无此能耐，初经磋商，早就告吹了。

因此张博士不再想从笔墨上去搞生活了。他虽然野心勃勃，可是力想从别方面去发展。实在说来，他确是一个思想界的怪杰，他时时可以发生无数幻梦，无数计划，尤其注意于新中国的建设。一度曾与故张溥泉先生拟创办《建设日报》，终以资本不足而未能实现。他每次谈了起来，都很为惋惜的。《建设日报》的重心，在开创筹策中国的建设事宜，虽然托诸空言，也无实现的可能，何况是所想建设的实际呢。于是，他只能暂时以看云赏花为满足的了。

我观察世事，每以"相对论"的眼光来批评一切。对于张博士，当然也非例外。譬如，以前张先生的写著《第三种水》《性部呼吸》等文，大都是在"色荒女难"期间，肉欲冲动猛烈，岸高风急浪摧，唯一发泄之途，是出诸写作，用他自己的话说，就是所谓"求性欲的升华"，也可以说"趁笔墨之快意"。其第二次旅沪时，所著"奇论之篇"，其文兴尤高，也可以用这同一的解说。但这一次，因为一方面正在燕尔新婚，生理上早得到饱和点或以上的调剂，一方面却又在生计窘迫中，忽免意兴萧瑟，所以在沪数月间，未尝有只字发表，但以仰观白云、俯视园花为闲情逸致。

对名花，把酒持螯

真的，仰望白云，感人世之变幻多奇，坐对名花，寓一己之赏心乐事，在一个中年过后的失败者，如梦的前尘虽不堪回首，而对目前可怜的环境中所仅可找到的一点安慰，当然是全心属望的了。我一看张竞生博士那种由趾高气扬、不可一世之概的心情，一变而为笑傲风月、恬静闲雅的心情，不禁暗自感叹而兴趣起来。在"画眉"的工作之下，在"水晶帘下看梳头"的情趣之下，丽影双双地同涉足于小园，花乎，爱人乎，人花不分明。姑不论其是否雅人深致，即在其娱乐这点上，也不足终老是乡了。

我因想起张博士这人，是很会玩的，虽算不得"今朝有酒今朝醉"一类的颓废派人，但因为留法既久，凡百举动都带上一些法国人多情善感活动的气质。他在《美的社会组织法》上，常说中国人民因为社会娱乐太少，大都流于赌博狎邪一途，同时民族性也结果于散乱，自私而至于不可收拾的地步。所以，他主张将一年中的四时佳节，都改为社会娱乐节，以资民族的心理新建设之一种。这个论调是否准确，姑且不具论，但他对于群众娱乐倾向的意兴确为很高兴的了。他对于此种群众娱乐，既无登高一呼之能力，于是不得已而思其次。常于公寓中，尽自己的经济能力所及，招呼几个朋友低斟浅酌，聊趁一快。而现在适当秋尽冬初之时，园亭中所培养的盆花早经绽苞盛开了，如雪如锦、如火如荼的灿烂在前，所以正是博士宴客赏名花的最佳时节。

蟹与龙虎斗

张博士自经此次小小的风流棒打鸳鸯之后,即对于我在星期日造访这桩事情具有戒心了。但因为星期日是张所提议的,而且也是一种必有的政策,因为他借以可以和我谈谈旧事,发抒些新怀抱,看有无再在上海一展身手之可能。在游手好闲的时候,大都不甚注意于春花秋月之时季改变的,如果一不小心,再在星期日午饭之后,夫妇双双拥卧,犯宰予之昼寝之过,就不免要遗殆于我了。因此,他约我自下星期起,务期于午饭前驾临,即在张寓便饭。这个提议,我原无可无不可的,鉴于张先生素日豪爽慷慨的习气,当然要遵行恭敬不如从命这句老话儿。

我记得有一次,张先生处预先有了两位不速之客,及我到却有三人了。这天,他们本备有四只洋湖大蟹佐餐,不想临时多客,黄女士不及享用,只能让客了。

张博士认为淡水蟹是一种美味,他们广东人只知道龙虎斗[1],以江浙所不屑食而认为食品中所禁忌的猫与蛇为快朵颐,却不知江浙之蟹,其味之鲜美,实远在蛇龙猫虎之上。客有谈及江浙食物中之醇味,除无肠公子[2]外,尚有其他诸品,惜我辈舞文弄墨之穷措大所不能一尝其美味耳。这句话虽是老生常谈,却触起了先生无限心事。原来张博士为人热心,居常很可怜文人,其平日赋性慷慨,每以小数金钱,救济苦学生,因此昔日美的书店时代,他虽然瓶亏余粮,而告贷者犹不绝于门,先生常笑面承迎,悉索敝赋勉强应付,而不忍加以严拒也。这一点,他也很自负其人格伟大,非时下一般市侩作家所及。

可是现在的张竞生,已非养客的时期了,各人大都捉襟见肘,窘

---

[1] 广东名菜,它以蛇为"龙",以猫为"虎",以鸡为"凤",经过精心烹制,置于盘中,其形状如龙蟠、虎跃、凤舞,好似一件珍贵的艺术佳品。
[2] 葛洪《抱朴子》云"无肠公子者,蟹也",后世遂称螃蟹为无肠公子。

态毕现。即使是蟹这样的常品,也不大能动箸,讲到救济穷苦学生以及落魄文人当然更谈不到了。

然而张博士是一个哲学家,并非一个诗家,他的感慨并不系之以悲伤情调的。

蟹与柿——食物忌食之解释

张博士虽然屡逢着些不很快意称心的时候,但从来不发牢骚,也不表示抑郁怨愤的,他却常于失望无聊之中而独抒其玄妙深沉之宏论,这些言论待我到了有机会时当写述些出来,我认为是给我们青年人很好的教训。譬如我自己,就是曾得益于此种教益的,所以我现在能在十分拂逆的环境中,仍过着自以为乐的生活,用句旧话来说,就是患忧莫逆于心的。

张博士常以此种"素贫贱行乎贫贱"的志气以自勉,而又以勉我后学。据我现在想来,他每于拂逆的环境中而仍能不改其乐,至今仍旧过着那种乐天知命的生活,不怨天,不尤人,未始非此种哲理的修养有以致之。

在这次小酌中,因为张的习惯,于食后必以果类飨客,而这次食蟹之后,值红柿上市,夫人因以大柿分食我辈。但我加以拒绝,并劝博士与客均勿食柿。博士惊问所以。我坦白地告诉他,据我们乡间习惯,人家以为蟹与柿同食,能痞积,甚至在腹中会生出小玉蟹来——这"小玉蟹",虽然于学理上未有根据,但以冷性食物遇着冷性食物足以痞积于腹,是完全合理的。张博士亦认此说有理了,因此就于这次饭后独取消果食,命新夫人同把红柿收去了。

张之为人,个性至强,但优于学理,能屈于理而不能屈于势。因其早年留学法国,留法之日多,深染法国人之习气,对于国人心理颇多格格不相入之处,所以,看来其人似乎异常乖僻,实在全由于不相了解之故。如有优长之理论，足以使其心折，则其为人，可说是从善如流的。

编著《性史》第一集，不能不说是他的一桩大错误，但此种错误，乃在不能明白中国习风所致。譬如英国霭理斯就有性心理与性史之辑，而英国大文豪萧伯讷[1]亦有大作点缀其间，可知这种著作并非有害无益的了。但在霭理斯可成为名著，而在中国效颦则适足造成不良的习风，此未始非是"橘逾淮则变枳"的老例，其根本则在乎博士有较多的外国脾气而较少对于国人了解也。

当局者迷，旁观者清

张博士于垂老之年，坐拥娇艳，且对名花而看白云，足见其寓公生活兴趣之一斑了。诚然，先生是好乐的，何况在蜜月期间，然于失意无聊之际，又难免时有幽忧之感袭击在心头。在这个当儿，张博士就用棋子来聊图消遣之乐了。

张博士原是长于文思而拙于棋艺的，优于学业而短于游技的。我记得潮州会馆中有张先生的一位贵同乡，此公齿尊德劭，使张先生备致敬崇。但他有两奇：一为脚奇，有脚而不良于行，早已瘫痪有年。一为棋奇，在全国象棋比赛中，曾经荣膺第三奖。其棋术之高明，可以想见。张博士的对象棋初感兴趣，就由于访问此公而起。自然，他临阵须败北，然而所败既在一个中国名棋手之下，当然是虽败犹荣的。

跛公与张君对垒，似乎是半战半教，那战实是一种光荣的名词，而教倒是一种实际。因为他除了自己行兵外，大半来指擘张先生应付之方的。可惜张先生也是以此为作临时消遣之计，仿佛一个聪明而

---

[1] 今译萧伯纳。

不努力的学生一样,当然虽似乎心领神会,有机谋巧智、莫测高深之叹,及乎茶烟歇,棋盘散,早又毫无印象于心了。

所以,张博士对于棋艺,那时确乎未许高明。或许,他不过用棋以浇块垒,本无心于棋事,即使成为棋国手,在他也是毫无所得吧。

一个文人在终日忙碌的编辑室里,我决知其不能写成巨著。一部杰作的酝酿成功,常在悠闲的生活中而焦心苦虑以成。行棋虽无助于文思,但足可借以训练思想的精密,而且又可运用着好胜之心,以趁其快思。总之博弈是有赌博竞进之益,而无赌博金钱得失之弊——这也就是博士欣赏象棋的一种高见吧。

如今,博士与我饭后对弈,用新夫人作为参谋,如虎生翼。即偶有误子,也是"当局者迷,旁观者清"!

权充压寨夫人

每当饱餐之下,张的待客之礼,是对枰一局。而在行兵走炮之间,他那尊阃黄女士是充当然的行营参谋。主帅原不是怎样了不得的能手,而弱将下也不能有着强兵。原来黄女士以莺啼燕笑之姿,在棋艺上也不过略能领悟,独当一面且不能,又安有运筹决胜之胜谋。

所以,夫人的参谋,如说其相夫有术,毋宁是与客以可攻之隙——自然,我们对弈,不过为聊解饭后积食,并非斤斤于胜负之道的。无论是博士胜也罢,博士败也罢,结果总不过一笑,行子布局之后,我们再无一顾之余味了。

但其间,我却耳听莺啼燕语,目送秀色红粉,我毋宁酩酊于张博士这位压寨夫人的娇态艳姿,深羡博士的举案齐眉之乐。

张的棋艺虽很平淡,但他却深知棋家的恶习,是不胜不息,而愈败愈负气不已。这种好胜心理把行棋的闲乐情调完全破坏了。张深以为戒,所以他每于对垒之前,辄先声明,不论胜负,总以一局为足,贪棋果为不可，而恋战也为不能。

我们在平剧《珠帘寨》一剧中，以两个妙容娇娃，来越俎代谋，压迫白发覆额的老夫去搴旗斩将，幸而这位老当益壮的主将是勇不可当，同时又是一位怕老婆同志，甘心屈于雌威而敛其雄风的。在当时的李克用本身的感想何如，作者当知道，唯从剧台上看来，不但那两位娇艳的压寨夫人，突然以喧宾夺主之姿态，显出无限娇媚，就是那个憨老头儿也自有一种特别娇媚之态。我边着边看夫人热心的指导，老会想起了这个脍炙人口的古老故事。

张先生往往有着一着很妙的着子，夫人却常常迫令其改变战略——我隐窥张先生虽明知夫人之谋足以造成"失足"之恨，但为了不忍过拂其意，也时因徇私而遭惨败这种妙事，是尤其使我感到趣味的。

惧内倾向

从着棋上，我又发现博士一种秘密了，那就是一般人所津津乐道的怕老婆倾向。怕老婆之后而加以倾向二字，是说张博士仅具有此种意向，并非是一个真正季常同志。

原来犯季常癖的同志，也并非如世人所说的那样可笑。爱极生惧，似乎是一种颠扑不破的真理。世之季常公皆多于情而深于爱者也。张竞生原以多情自命，他以性博士的姿态折冲于夫人的樽俎之间，其爱术当然又是十足道地的来路货——然而因为他太深于情爱了，那种热情狂爱正如燎原之火焰，所恨太平洋西岸的大荒漠上，竟是浩浩漠漠的一片大冰场，中国女儿往往没有碧眼金发女郎那么热情，而张的前后二任夫人确也未能突破此种界限。反之，她们除以诚恳来作报答外，却还时施以女人弄情中的狡猾伎俩，如褚松雪女士的三数次打破张博士的心，那是一个显例。

现在这位后任夫人黄女士，果非褚女士"雌老虎"的作风可比，但女儿自有其女儿的本能、娇媚、胜技，她发动着她那弩箭般的蛾眉，展开着蜂虿般的甜言蜜语、巧笑憨姿，在行弈之道上不能不使顽铁一般的张博士为之恪从屈听，同时在共同生活上亦不免使得他渐渐地为之敛范慑服。

我以为在这弈之小道上，不过略启其端倪罢了。

我们果然不很赞同河东之狮，那些"鸡啄者"确是中外人士所痛心疾首者。但我们确很同情于那些季常同志，他们虽然屈居须眉巾帼，其实病根不过在一"情"字。张博士之饶有惧内倾向，正缘其爱妻心切耳。

想挂律师牌

但黄女士是道地的中山大学法科毕业生，不但她的毕业小照道貌岸然地戴着学士方帽儿，就是其出言吐语也颇饶有法赛利人的作风。虽然于上海社会涉足未深，而应酬功夫也大欠广阔。得张博士的赞助，这位黄女士却想跃跃一试去挂一挂律师牌子。

在上海地方，张挂律师牌子，原不是怎么一回难事。而黄女士既有其律师的资历，而地点说在张寓，当然更不成问题了。

如果此计划能够实行，其枢纽不系在办理挂牌的本身手续上，却系在博士在上海能否获得相当职业以及其经济情况可否持久应付。那时，上海办理律师登记手续，似颇简单，因此沪上挂牌律师却也多似过江之鲫。但要求受大众人士所注意，门前若市，车马不绝，却也非容易事。

张先生为了他的新夫人在上海悬牌的事，曾经和我及一位当律师的朋友从长计议过。我以为凭黄女士的资历，张博士的大名，悬牌之后当不难使人都能通晓，但通晓自通晓，而求教乃是另一回事。我们可以相信黄女士法学深邃，不过却难相信她就可从此一飞冲天——除非她得有表现的良好机会。

就讲到张博士这个背景——一般性书的出版家、制药家以及卷烟厂之类，似都很喜利用性博士的大名，来作为他们行销推广的方法，至于律师却非书籍、春药、卷烟之比。涉诉公庭者，需求一个价廉物美、诚实可靠、经验富丰的律师，并不需要负有丈夫名闻全国而自己默默无声如黄女士这样初出茅庐的女法律家呀……

其实，这些浅薄之谈，早在世故深远的张博士料察中了。黄女士的未曾以女律师的姿态横行春江，实在还为了张在上海谋事未遂的缘故。

前后任两夫人的比较观

我曾费却无数笔墨在描状张博士前后任两夫人的事迹，现在该来一个比较观了，依照我旁观者的眼光中。

张博士似乎结过了三次婚，其间两次是博士所自主的，而且是运用他大智慧的眼光从人海中所拣选来的，然而这两次都不能称为得意。前任曾闹了意见，无条件而宣告解散，中经几次言归于好，而终未能重圆旧梦——这事似乎很使得张博士为之悲伤的。后任的归宿，作者虽未明究竟，但这个婚姻，一者由于年龄相差太大，二者由于学业研究的趣味不同，也未可说完全合乎理论。

但从我旁观者的眼中看来，我始终对于褚松雪女士不曾存有良好的印象，总以为她为人太凶狠了，她住在家里，很仿佛一头河东狮一般。张博士虽然个性也强，而且有着广东人"硬碰碰"的习气，无论在言语行事间，俱不愿屈居人下。但对于他这长袖善舞的夫人，却不敢不退避三舍。当他们离散之前，夫人的凶焰日见其强烈了，但那时褚夫人充任上海妇女会会长的职务，不但高倡妇女走出厨房运动，成日地不顾自己的小孩，留待自己的丈夫去照拂，而且在思想上也标新立异,每诋张的学说思想为腐化,不革命。因而在思想上,乃成巨大的裂痕,势不可同床以合梦。

张博士的初在《晨报副刊》征婚,原为看上褚女士思想新奇,曾以"奇女子"目之,不谓其结果乃以奇而造破坏婚姻之门。天下事之不可测度,往往有如此者。从这点上,可知张博士的择偶,在思想上(就是所谓爱情定则)纵无错误,而在行事上却不能得行思合一之美。我们除以张博士自身所经历的痛苦来弥补其不足的经验,再也没有其他的看法。

猫与雌虎之比

至于后任黄女士,我的观感便完全不同了。我倘许用一种譬喻来说,那么褚松雪女士之在张寓,仿佛一只"雌老虎",大有狮吼之风味。至于黄素馨女士却像一匹娇媚温柔的猫——她也许可以展爪伤人,然而我只见其娇媚之态、温柔之状,却并未看到她那些伤人的利爪。好奇的读者也许要问我:"你为什么知其有着猫爪呢?"我的最坦白的答复即是:"她是一个研究法律的女士,一切依照法理解决,换句话,就是外圆内方的。"

实在说来,黄女士确是一位温柔可爱的女子,据我观察所及,她既能自己做菜,不惜降尊纡贵地亲下厨房这一事在褚问鹃女士是决乎办不到的,而且能一徇夫子之意向,从不自造主意违抗。我以为张先生既是一个刚愎自用的人,他的尊阃自以柔和如黄女士这类的妇人为是。大凡黄女士是一个初出校门的女学生,对于世事涉历未深,自不能不有所依附以成名。而她的藁砧,也正是她的冰山之托。她的对于张先生,不但将寄托其终身,而且还寄托自己前途的奋斗与事业的希望的。可惜事与愿违,黄女士在沪昙花一现的短促期间,并未得有机会一展其良好的抱负——这与褚女士的独来独往的精神,又是不同的。

黄女士之在上海,还有一桩逸事可记的就是她那尊容上有一半掌大小的蓝痕。夫妇俩很想赴美容院去试行电疗,以去此白璧之玷。张先生曾屡与我谈起此事。此时上海的美容院确有数所,如斜眼、塌鼻之类,皆能施行手术,至于稍繁重的手术则尚属疑问。我曾听说,上海有一塌鼻美人曾赴美容院去疗治塌下之病,不料经美容医师注射某些脂肪,鼻子暂时果然隆高起来,但待过了二个月后,那只被改造着的鼻子却又塌了下去。其初一度,那女子脸上似乎有隆然之准,但不久又恢复本来面目,正像一个无乳的女人用着乳罩而忽然失落掉的样子。我说这故事,张君夫妇相对怃然。结果,又限于经济力量,终未及到美容院一疗其玷。

(此处缺第106、107、108期内容,编者)

悄然去沪,神龙之叹

张偕其新夫人来沪,行踪似颇秘密的,这点我在上文中早经说明过了。至于行踪秘密的原因,我们当然有理由揣测其为"淫奔",因为当事人既为一个饱受大学教育者,又已达结婚自主之年龄,他们的婚姻,在情自无受人干涉之理,不过他们却不曾举行过结婚仪式,到沪来一者为补行法律的手续,一者为过度蜜月,并想在沪上希图各人事业上有所发展,但消息不肯泄露于人者,则唯怕树大招风也。

张先生个人不治生产,自沪开书店失败以后,他并不曾图有别项生计,这次虽然携美卷土重来,因为既在新婚蜜月之中,一切动止自不免稍加豪阔,而在沪上销金之窟中,不久早就感到经济窘迫了,他曾留夫人于海上,自己孤独买棹南返,去筹措经济,等到先生再回沪之后，带了一笔微薄的川资，即忙在上海整理房事，出顶召盘，料理债务，而悄然去沪了。

他的回南，约经三周之久，回南的计划既未经公布，我亦不便强问，而其来沪又极其突兀之至。第一次发信到来通知我暂想回南，我适因事未克前去送行——当然想不到会如此其匆促的。等到我下一星期正拟照例前去拜访他的时候，而他的辞别的信已由邮局寄来了。我读了淡淡的几句告别的话儿，不禁怃然久之。这次张先生的来沪，我实在不很了解，在表面虽然似颇富丽堂皇，其别墅的租赁也颇豪阔，似乎过于以前两次。实在，他在内心上，却含有无限之凄凉意味。他们贤伉俪，虽然幽闲悠悠，未致兴柴米之吃，但"贫贱夫妻百事哀"这一句唐诗，早已写尽他们萧瑟的情味了。

自在沪匆匆一别后，至今消息茫茫，真有神龙见首不见尾之叹！

旧皮袍与素食清饿

我写了许多关于张先生的私生活与夫妇生活，现在是要写一点关于家庭方面的事情了。

张的家庭，当有着娇妻的期间，这可说是种女性中心式的家庭。因为家中一切布置，都以迎合女性的趣味为宗旨，及在他太太出走，张先生独自过着鳏孤的生活期间，这家庭又成为儿童中心的家庭了。

张个人的生活，也可说自奉甚俭。他半生没有华贵的衣服，除了出门时几套旧式的衣服外，闲常在家总是御一件印花哗叽的旧羊皮袍儿，不论夏天开着电扇，冬天燃着火炉，夏冬无间的总是披着这件羊皮袍儿。他穿这样一件衣服，不知是心之所喜还是衣解轻便，似乎特别爱好，自己且不去说，但由旁人去看，确乎很有些特别，因此颇有人批评他行为乖僻了。讲到他的饮食，也大都菲薄之至，有一个时期，他甚至于想吃素食，以为鱼肉等美味完全无益于卫生的。又有一个时期，他实行节食法，每天仅中午一餐，早上废食，而晚上则仅以咖啡和水果果腹。他认为中国人平日饮食太多，与其说努力加餐有益于卫生，毋宁说多食足以伤碍脾胃。人死肠胃往往先败，即由于膏粱肥脂之足以腐烂肠胃也。他说，我人处于尘世扰攘之中，纵不能享受道家之所谓仙福，亦当享受饥饿之清福。尤其如中国式的筵席，往往更食前方丈，清浓鲜肥，淆混一起，须有彻底改良的必要。他于饮食方面，首先提倡灭食，人人须节制食量，其次则当注意烹调洁净。

初创共食分羹制

张先生有洁癖，平居深愧窗明几净因整理无人，往往积尘满案，破书半屋。先生每恨之，而苦无办法，至对于饮食之清洁，则尝三注意焉。张寓于法国公园附近的萨坡赛路时，虽非豪商大贾、阔客要人，但也颇具孟尝君养士之风——不过这"士"并非鸡鸣狗盗之辈，也非高人雅客之流，乃是一班落魄卖文的寒儒耳。先生对于读书人，似乎有着特别好感，在努力鼓励之下，时时加以周济，因而张寓中，真不愧"谈笑有鸿儒，往来无白丁"呢。

先生的贵同乡——潮州贫寒子弟尤多，往往成群结队出入于张门，除索取新出版的图书新杂志外，有时亦常在张寓取食。因此张先生每日自不乏食客盈桌。

食菜自然不能丰盛，往常是白菜鱼虾，三四事而已，但佐治极精，而先生尤重整洁，不惜纡尊降格亲赴厨房中前去查察。

但因为食客既多而杂，也许客人中是有不洁之病的，足以贻害无穷。博士因创共食分羹制。其法各人多加一碗，筷两双，匙一把。食时，各人可用不入口之筷，夹取食菜于空碗中，然而再换筷送口。至于羹汤，亦先注碗然后送口——这样就可避免细菌了。

此法后来曾经人在日报上大加提倡，据我所知，现在一般公司中，多人叙餐，重视卫生者，大都采取此种食制。看去虽是麻烦，而于卫生的原理，却极适宜。惜乎博士提倡之时，尚未经社会人士所注意也。

但博士的发明此种食制，实迫于需要。他对于西菜，似乎有心力不及之叹，不得已常常采用俄国大菜。罗宋大菜，佐治既合乎理想，而价格又与家常便饭不相上下。他每想废去中菜，而改治罗宋大餐，可是不能找到治庖之夫——在无法之中，他遂采取分羹制了。

女性中心说的试行

张自奉固极菲薄之至，对于衣食二字，若无求精求美之意。而对于住宿一项，亦与衣食同样随便。他的家庭，自以女性或儿童为中心的。在他太太在的时候，非到"需要"的时候，夫妇不同榻。一上一下之房屋，其配置方法，以太太之卧室独踞前楼，房中铁床、梳妆台、衣橱、衣镜之物皆应有尽有。有时其地板上曾铺有罗宋绣花地毯，颇有富丽精洁之感。以亭子间，装有火炉或电风扇，则专用为浴室，以备夫妇时时入浴，不作别用。客堂则用为起坐室、写字间以及招待宾客游谈宴食之用，而灶批当然专充厨房。博士自己既无专室，因退处于客堂后扶梯之下，其室光线暗浅，而门窗不谨。博士却怡然独处，不以为非。

一般人都以这样的配置，由于博士脾气乖张所致。其实他为维持"女性中心式的家庭"所不得不然，所以，博士的退处后房，可以说为主义而牺牲，为理想而牺牲，他自己正是一个伟大的行道主义者。他的主义为何，理想为何？曰女性中心也。

博士半生为性学而享大名，为女人而效大劳，又为女人与性而致一蹶不振。他一生犯有"女难""女祸""性狂""色香"之叹。但推厥原因，皆由于这个女性崇拜、女性中心主义之遗累。

张喜读《红楼梦》和《西厢记》。于《西厢记》中，尝为莺莺着迷至于废寝忘餐，形于梦寐。于《红楼梦》中则甚赞叹贾宝玉"男泥女水，男浊女清"之说。先前曾有一位四川举人，于垂老之年，来沪访张，述其一生提倡女性中心之旨。他把历来政治上的残虐、军界的酷杀，以及历古以来，人类的横遭屠杀，皆归咎于男子当权。欲整肃此项残杀之风，自非改为女性中心制不可。张深韪此说。"刑于寡妻"，张对于女性中心社会之美梦，不能促其实现，于是遂实行其女性中心的家庭制，以聊趁一快。

尾大不掉贻有余憾

然而张博士的试行女性中心，以改良一般家庭制度，无疑是失败的。褚松雪女士固然不甘雌伏，其身任上海妇女会会长，雌名显赫，目中早无温良恭顺的外子张博士其人。所以，在实行上，张的对于床头人，唯唯惟命，只是造成其跋扈骄扬之势。非但不能造成其理想的家庭幸福，而且往往会破坏家庭幸福，尤其当夫妇两造思想发生冲突时，在女性中心的情态下，男子自非退避三舍不可。

张为了主义，不惜将自己降格为雄媳妇，每朝伺候太太出门之后，迫得放下笔管儿去照料吵闹不休的爱儿。这些，在张似乎视为当然，毫无悔意。但对于褚女士的越规行动——招致小白脸，发生新恋爱，盲目地受煽动若醉人之盲目蹈海……这些行动，固然情动乎中，而有不能释然之慨……

总之，他这时仿佛一个庸弱之主，平日放任骄兵悍将，一旦至于事变起于仓促，不克收拾之势，虽抱无穷之戚，但徒呼奈何了。他又像一个放任的导师，到了学生们学业完全失败的时候，开始警觉，早有不及之叹了。

有一次，他曾和我谈到女人走出厨房的问题，他似乎大为中国的娜拉们可惜——这可惜不是在她们走出的精神，而是在她们学说不足，大半不免有流入歧途之叹。我深味其言外之音，也不禁寄以深厚之同惜。

小博士情深舐犊

张博士在女性中心的制度下，不但是一位贤夫，而且还确是一个良父——因为"有妻从妻，无妻从子"，当他的尊夫人褚松雪出走之后，博士独自冷枕独眠，这家庭就改为儿童中心制了。

昂藏七尺之躯的张博士，其气未尝不冲斗牛，其心未尝不雄万夫，唯既抱定女性中心主义，势不得不降格以拥其内子。在这点上，我们似乎很怀疑知识万能、文化第一贤明如张博士，并不能违忤太太万岁的阃令也。

"有妻从妻，无妻从子"，这当然也是文化人的作风。我们应当为绵连种族着想，应当为下一代着想。在这点上，博士确无愧乎良父之风的。

原来凡到过张寓的，每一位高宾都会注意到一个几乎终年戴着圣诞老人的帽儿、穿着一件红绒线衫的二三岁的可爱的男孩——这孩子有一头微黄的细发、仿佛碧光似的一对明净的眼睛、一个苹果般脸儿。这孩子似乎伶俐得很，却又乖得很，他父亲视似拱璧，除写作之外，几乎没一刻不念念在兹。因此呼之为"安琪儿"，足以表见一个父亲是怎样挚爱的了。

张先生对于他的少君，完全是用科学的育婴法培养着的。他是周岁而离母的，虽然无母，在父亲科学的育婴法下，这孩子的幼年期，确曾享受着无限幸福。他的这抚养法，确尽着很大的劬劳。第一是食。自离奶之后即专食牛乳、面包、香蕉或苹果。这常在酒精灯上煮熟，日饲三次。此外，这小孩不准吃任何糖果及零食的。他也不准吃成人的菜或鱼汤之类。其实这种饲儿法，到了我们现时看来，似乎很不适宜的了。儿童在襁褓期间，应多摄取维太命[1]，而最至要的A、B、C、D、E这五种维太命，全从食物中吸取而来。所之，食物不得不杂，其最要的如鸡子、牛肉之类，绝不可少。

小博士确然也乖，不得父亲允许，客人们即私以糖果、香蕉相赠，小博士亦绝不肯承受，而这些零食乃是张先生所极力反对的。

儿童中心制

第二是住宿。萨坡赛路单幢楼房，是普通的弄堂房子，空气较流通，光线较充足者，仅前楼一间耳。张乃辟为褚的藏娇之所，有时鸳梦春浓，双飞双宿，有时独帐空帏，婵娟独卧，这因为张向来是维持夫妇分床制也。及人去楼空，锦褥依然，博士于悲叹之余，遂萌舐犊之心。这一度夫妇喁喁哝哝、两情绻缱之所，一变而为养培张氏宗族所赖，博士毕生希望所系的育婴室了。

母亲出走之后，小博士顿失慈母爱了，其时方及周岁有半，襁褓之中，犹未能邯郸学步，固不能无亲切之保姆，作为维护。张乃招请一中年妇人管司其事。同时，又教授小博士北平语，博士用意勿使小博士学习沪语，故选用平籍保姆也。博士自己仍退处楼下，而将前楼让给保姆。小博士自有童床，保姆则独占大床。不知者犹以为其细君[2]也。

小博士俨为一家最重要之人，每当午睡时，作一小时半之午睡。其间如有贵客来寓，博士亦请客勿高声，免扰小博士之午梦，而一班

---

[1] 今译维他命。
[2] 古称诸侯之妻，后为妻的通称。

熟客无不深戒之也。

　　游玩亦为儿童生活中所必需，而沪地之尘嚣十丈，房屋栉比如鳞。博士深受卢骚《爱弥儿》一书影响，以回返自然为发达儿童最佳之教育。故于北来选择地点之时，即决定于公园之旁。其时法国公园尚未普遍开放，门上曾有"华人与狗不准入内"之布告，但对于西服的高等华人则在例外。而儿童尤非禁止，因该园尝成为无数保姆与洋孩之游玩处也。

　　小博士于清晨，即被驱入公园，昼午饭后高睡之余，亦入公园游玩。其间张博士因得写作工作之余裕。

海内存知己，天涯若比邻

　　我拉杂写张竞生博士三次寓沪之生活——主旨在表扬和剖析这位名震一时的作家的思想学术，以见他在《性史》之外，尚有其他学艺也。世人好怪，而事实多平淡，所以夸张变幻，捕风捉影，一犬吠日，百犬吠声者，古今中外，实所在都是。"诲淫""放浪""洪水猛兽"之申斥，固不足为张君毁，即敬崇如神明，爱戴如国父，亦不足为博士誉也。博士个人当有其伟大人格，自有其深邃之学殖。《性史》第一集之编著，不过小试其锋，然而已冒天下之大不韪，至少掘成其著作事业的坟墓，或为其光明灿烂之学灯上蒙上一层云翳。

　　最近消息传来，我们的性博士早已放下屠刀，从事于农村事务的研究了。他在饶平县办理农校，兼辟农场。亲躬农务，实事求是，而远离政坛，韬光养晦，与世无争，亦足见先生心志高洁之一斑。小博士亦已长成，现闻执教于中大[1]，家学渊源，克绳祖武，此大足为博

---

〔1〕　此处信息有误。张竞生长子名张应杰（又名黄嘉），中央大学农学院毕业后去了台湾糖厂工作。

士贺,唯其家况如何,则尚待访问耳。

别后十余年,闻博士白发斑然,当垂垂老矣。当其在沪时尝欲仿卢骚《忏悔录》一书之例,写其一生之自传。其传中尝备述自己之言行思想,与夫对中国社会之种种改良计划,以补《美的社会组织法》之不及。盖《美的社会组织法》一书,不过为寄其美的乌托邦理想,而其自传中乃根据其实际观察也。想以先生意志之强、笔墨之健,绝不放弃此一大计划。我人当拭目俟之。

随兴捉笔,文字之间,容有不敬之处,则深望博士读之,有以教致。现在完尽了,试以下诗以为结:

不见先生久,前尘事可哀。
世人皆欲杀,学界重奇才。
《性史》惊千里,襄王梦几回。
春江旧游地,头白好归来。

(全文完)

评张竞生先生《美的人生观》[1]

李溶[2]

有一天我上完了教育行政一科，跑回西斋来，路经中老胡同，会了一位朋友程某，他叫我到他的公寓里去坐坐，我就跟他到他那里坐了一会。说了几句闲话后，我便问他道："今年张竞生先生的行为论，我没有选习，你选了没有？"他回答我说："我选了。"我说："张先生所著的这部《美的人生观》的内容怎样？"他说："好极了。"说完了话，他就把《美的人生观》讲义给我看，我接过来看了数页，觉得很怀疑。然而他却不以我为然。登时我也不来同他多辩，马上跑回西斋来，把张先生的讲义拿来仔仔细细的看了一遍，觉得该书中所说的话实在是太神秘、太支离，根本上已经错误，毫无科学的根据。现在我不妨举几点出来供大家看看。张先生说：

"孔子说'发愤忘食'，昔苏格拉底尝因深思凝想的缘故鹄立于广场上至一日一夜之久。孔德做他的唯实派系统时，继续思维至三昼夜而不辍。这些不过举一二证例罢了。这样的'内食法'，虽不免使身体瘦弱，但他的精神则甚矍铄清爽，而无丝毫的疾病，并且能益寿延年。"（《美的人生观》二〇页，以后简称原书。）

我们当做有兴趣的事情的时候，如看新奇书籍之类，注意多能集中，注意集中，那对于其他外来的刺激就不发生反应，身体也不觉疲

---

[1] 原刊1924年7月5日《晨报副刊》。
[2] 李溶，浙江杭州人，北京大学教育系学生。

倦，甚至连吃饭都忘怀了，这是很平常的事，并没有神秘作用在其中。孔子所说的"发愤忘食"……就是注意集中这么一回事。张先生乃以此谓为"内食法"，未免说得太牵强附会了。且吾人之身心，须借食物来营养，没有食物，身心康健当然不能维持，张先生说此法是能益寿延年，究竟根据什么？在原书一九页上张先生说：

"现先就内食法第一步说，他叫做吸味与吸气法。这个固然不是普通所谓的'食'。但他与食物的关系，在使食物能消化，又能使物消化后在身内得到最高的热力。"

这话更为荒谬，因为：（1）味觉（taste）和嗅觉（smell）有密切之关系，嗅觉之重要功用在于辨别气味和帮助味觉（舌）辨别各种食物，味觉自身的辨别力是很薄弱的，全靠嗅觉去帮助它，这是用实验可以证明的。例如，被实验者紧执鼻孔并闭其眼，实验者取葱片和苹果片先后刺激被实验者的舌尖令其辨别；被实验者不能辨别出二味的分别。（2）味觉和呼吸也有密切的关系。这也可用实验证明。例如，被实验者停止其呼吸，吞饮牛奶一口，这时候的味觉不能辨出牛乳之气味。再被实验者在自由呼吸时饮牛奶一口，其气味与停止呼吸所饮的绝对不同。（可参看北京大学樊际昌先生《心理学实验讲义》第四页。）张先生说："他与食物的关系，在使食物能消化，又能使物消化后在身内得到最高的热力。"请问根据什么实验？

张先生又说："人的本性是喜欢极端的。……发挥了这个极端的本性，便能得到英雄的本色、名士的襟怀、豪杰的心胸与伟大的人格。"（原书七七——七八页。）

这种说法毫无心理学与遗传学上的根据。人类中之贤愚不肖，乃先天之所赋予，父母之所遗传，教育的力量只能发展人固有的才能，使达于圆满的限度罢了。据皮奈-西门智慧测量法[1]看来，人之智力可分为以下这几个等级：

---

[1] 即智商测验，"五四"时期由美国人麦柯尔在中国实验推广。

智力商数　　　所在等级

高于 140——轶材（genies or near genies）

120—140——高材（very superior）

110—120——聪颖（superior）

90—110——中材（normal or average）

80—90——钝驽（dull or backward）

70—80——庸劣（borderline deficiency）

50—70——椎鲁（moron）

25—50——白痴（imbecile）

下于 25——下愚（idiot）

张先生，你有法子使椎鲁等人发挥了极端本性能变为轶材高材等人吗？张先生说：

"智慧是情感的物不是理智的物了。这个理由是智慧全靠于领悟，领悟不是从外来，乃从中心出的。"（原书八二页）

这是唯神主义（spiritualism）的说法，以实在世界中的东西，都是灵的作用。其实不然，吾人的智慧是思想与经验连合而成的生产品。换言之，智慧是合先天的因子（理性规律）和后天的因子（经验）圃成的。张先生说"智慧是从心中出的"，我实不敢赞同。至于说"智慧是情感的物"，尤为不确。在下面张先生又接着说：

"由此可知无情感的人，对事物都是中心'空空如也'，自然不能领悟了。"

这样说来，法庭上的审判官之审理案件，破除一切情面，唯知按理法以从事的，你张先生也将说他们的中心空空如也自然不能领悟了吗？但审判官之审理案件，万不能舍理法而用情感，若以情感用事，则爱之欲其生，恶之欲其死，必难免无辜受戮有罪不诛之弊。

张先生说：

"我看情感为知识及志愿的根源，无情感则无知与行，有情感自然能知与行。知与行的程度大小，全视情感的程度大小为标准。故愈

有极端的情感，愈能得到极端的知与行。"（原书八四页）

这话毫无心理学上的根据。讵不知情感有时和知行互相冲突。我们当求知行事时，有了情感冲动的刺激，那必手足无措，一事无成。例如，在讲台上演说时，你若发生骇怕和含羞的情感冲动，你的话就说不上来，愈怕而话愈说不出，终至抱头鼠窜而退。又如社会上一般杀人放火、强奸窃盗等扰乱安宁的行为，均是感情冲动的刺激所致成。在事前果有理知作用来刺激，那此等行为可免于实现（可参看 Thorndike, *Educational Psychology*, chap. X）。去年十月间国会中一班猪仔议员之受五千元支票，是上了他们贪得情感的当，那时他们若能应用他们的理知，何至受之而勿却呢？所以"舍生取义""杀身成仁"等行为，非有高超之知识，绝难做到；因为我们人类生而就有贪生怕死之情感的（可参看 Watson, *Psychology*, p. 193）。张先生之言，未免太武断了。

以上几点，不过举其要者言之。其他谬点远多得很呢。我因为当时不遑和我的朋友程君细辩，因此乘课暇之后，列举几点以评之，不妥之处，还望读者指教。

十三年，六，二五，于北大西斋

沟沿通信之二[1]

周作人

前几天从友人处借来一册张竞生教授著《美的人生观》，下半卷讲深微的学理，我们门外汉不很懂得，上半卷具体的叙说美的生活，看了却觉得很有趣味。张先生的著作上所最可佩服的是他的大胆，在中国这病理的道学社会里高揭美的衣食住以至娱乐等的旗帜，大声叱咤，这是何等痛快的事。但是有些地方未免太玄学的，如"内食法"已有李溶君批评过，可以不说，我所觉得古怪的是"美的性育"项下的"神交法"，张先生说，"性育的真义不在其泄精而在其发泄人身内无穷的情愫"。这是他所以提倡神交的理由，其实这种思想"古已有之"。《素女经》述彭祖之言曰："夫精出则身体怠倦，耳苦嘈嘈，目苦欲眠，喉咽干枯，骨节解堕，虽复暂快，终于不乐也。"《楼炭经》云"夜摩天上，喜相抱持，或但执手，而为究竟"，进至他化自在天则"但闻语声，或闻香气，即为究竟"，把这两段话连起来，就可以作张先生的主张的注解。神交法中的"意通"是他化天的办法，"情玩"是夜摩天的，即使降而为形交也当为忉利天的，再其次才是人的。这是张先生所定的两性关系的等级，在我看来那"天"的办法总是太玄虚一点了。"意通"倒还有实行的可能。但也要以"人"的关系为基本，而多求精神上的愉快，"忉利天"法可以制育助成之，唯独"情玩"一种，终不免是悠谬的方法。张先生的意思是要使男女不及于乱而能得到性欲的满足。这或者有两种好处：在执持

---

[1] 1924年8月27日《晨报副刊》。

"奴要嫁"的贞操观的顽愚的社会,只以为"乱"才是性行为的社会看去,这倒是一个保存"清白身"的妙法,大可采用;在如张先生明白亲吻抱腰也是性行为的表现的人们,则可借此以得满足,而免于"耳苦嘈嘈"之无聊。然而其实也有坏处,决不可以轻易看过。这种"情玩"在性的病理学上称作"触觉色情"(tactile eroticism)与异性狎戏,使性的器官长久兴奋而不能得究竟的满足,其结果养成种种疾病。据医学博士达耳美著《恋爱》(B. S. Talmey, *Lore*, 1916)中病理篇第十六章"无感觉"所说,有许多炎症悉自此起,而性神经衰弱尤为主要的结果。美的生活当然又应当是健全的,所以关于这种"神交法"觉得大有可以商量的余地,比"内食法"虽未必更玄学的,却也是同样的非科学的了。

张先生主张制育专用doucho,也不很妥当。斯妥布思女士在《贤明的母父》(M. Stopes, *Wise Parenthood*, 1918)中竭力反对这个方法,以为不但于生理上有害,于美感上尤有损害(详见四八至四九页),这也是讲美的生活的人所不可轻忽的。我不想在这里来讨论制育当用什么方法,只因见得张先生所主张的方法与他的尚美精神相反,须便说及罢了。

总之张先生这部书很值得一读。里面含有不少很好的意思,文章上又时时看出著者的诗人的天分,使我们读了觉得痛快,但因此也不免生出小毛病来,如上面所说的那几点大约就因此而起。……今天又随口乱讲,多罪多罪。

八月二十五日,于沟沿苦雨斋

关于南开中学的性教育[1]

岂明先生:

我是爱读《语丝》的读者中的一个,我所爱读的缘故,是它能够

---

[1] 1926年9月25日《语丝》第98期。

明目张胆的对于社会上的一切旧的势力的蠢动,时时加以严厉的攻击。但是最近在《大家的闲话》里边,有好几节是对南开与性教育方面发议论,我认为这些议论中的事实方面与意思方面,大半是错误的——这也许是我的主观——那绝不能说是先生的错误,因为先生并没曾在南开学校住过一年半载。

我爱《语丝》,正为着我爱《语丝》,我对于这错误的攻击,不能不来说几句闲话,这完全出于我良心上的不安,并非有意想替南开学校辩护。

上半年的某月某日内的一个下午,初级学生正在上自修班,按南开学校的老规例,学生在自修班上,是不准看关于课内以外的书籍的。在这一天的下午,训育课课员在正上自修班的学生当中,发现了几本《性史》,当天训育课把这几本书呈到校务会议审查。结果,学校出了两张布告:一张是禁止学生看淫书,一张是把发现的这几位看《性史》的人记了大过。

这事过去的几天内,事务课确曾乘学生上课时将学生在书架上摆着的关于性的书籍拿去,但未到两天就"完璧归赵",仍旧给学生摆在书架上,并没有像鉴芳君那样说的"把学生的带有'爱'字的书收没了"。以上是最真确的事实。

打开窗子说句亮话罢,我对于这种方法是表示赞成的,虽然我也曾买一本《性史》来看。我所赞成的,并非是对于学生的性知识"一味禁止",可是我以为在中学时代的学生是不应看《性史》这一类书籍的。

在中学时代求学的青年,差不多以十一至十九岁的居大多数,在他们这样年纪,给他们以专讲正式的交媾……偷情……如何能舒服……的书籍来看,即使这书在另一方面具有相当的价值,但加于这种年纪的青年的身上,它所收到的结果是与看《肉蒲团》一样的。

我想编这一部书的张竞生先生,也绝不会情愿把这本书给他的一个十一岁上下的小孩子看的。

正当的性的知识，对于中学时代的学生是应当给他灌输的，但假若有人以为在中学时代的学生看《性史》，就是对学生正当的性的知识的输入的一种，那可就大错特错了！

我以上所说的话，完全以我自己的经验作立脚点，我是一个十九岁的青年，我想在别的与我年岁相仿的青年里边与我的经验相同的，一定不少。

至于厕所里的笑话，已经成了中国中等学校里边的共同的毛病，又何止南开学校？这种共同的毛病，也不过是表白表白我们中国人对于公德心的缺陷而已！

岂明先生！我写的总算不少了罢？可是我还要告诉你一件你已经以为事实的谣言：就是"南开学校禁止看《语丝》"，这完全是谣言，因为自《语丝》出世以来，我在南开学校压根儿就没有听见过一点点关于南开学校禁止看《语丝》的风声。嗳！我真不明了谣言在我们中国会这样多，造谣言者他们到底存着一种什么心理。

9月18日，吴鸿举敬上

鸿举先生：

承你告诉我们南开中学性教育的实况，那是我所最喜欢听的。不过我也有一件新闻报告给先生，恐怕像先生那样长久住在南开里边的人所不曾知道的。南开中学办公文给京津警察厅，要求禁止《性史》《情书一束》等五种"淫书"。现在天津的一位书店老板已被请进拘留所，京津的该"淫书"均由警察没收了。这件事是绝没有"错误"，请先生可以相信，但不知先生"对于这种方法是表示赞成的"不是？我没有到过南开，当然不好乱说，但据上边的事实看来，似乎南开中学对于学生的性知识这一个重大问题上，除了"一切禁止"别无什么办法。禁止学生看或者是不得已，叫警察禁止发卖，没收书籍，这是怎么的呢？一个中学（无论是怎样特别的中学），哪里来的这样威权，可以检阅禁止各种刊行物？我并非该项"淫书"的著作或编订者，用不着来替他们疏解，我只觉得这种用一张名片送入到知县衙门去打屁股的办法，总不是教育界所应有的。如果出版应当监督，该管衙门岂不多得是？他们的检阅课自会来行使职权，何劳管训育的来代庖？但在中国，这个年头儿哪里讲得到这个呢！至于《语丝》，的确承南开当局的情还没有禁，因为这还未被传到地区里去问话，要办我登载《大家的闲话》之罪，实在感激匪浅。承称赞《语丝》的对于旧势力能加以攻击，这个又是惶恐异常。我们在这个年头儿哪里好说话，要谈政治则有邵、林前车鉴，讲什么教育方面呢，以前略谈章士钊、陈源，便得罪了"正人君子"，有"《现代评论》主角"唐有壬指我们为某党，几乎拿名片送往知县衙门，真是危险百分。倘若登载关于学校的闲话也有危险，那么这也只好不说了。这一点是要请《语丝》的爱读者预先原谅的。

9月19日　岂明

南开与淫书[1]

岂明先生：

　　附上的这段新闻，是登在本日的《京津泰晤士报》本埠新闻栏内。为恐怕北京的报纸上没有，而先生再不看天津的报，所以就特别剪下来寄上，反正现在是星期六下午，没有课。

　　南开校长的垄断专制的手段，和陈腐不堪的思想，我们领略了已不止一次了，举个例：在南开大学中办理最好的矿科，不是为了他的专断而至于停办吗？南开学校里的学生，不是受了他的压迫，而不能自由读书、集会和谈话吗？校长把学校视为私产，从而施之以专制和压迫，也正如从前的皇帝视天下为私产从而施之以专制和

---

[1] 1926年10月9日《语丝》第100期。

压迫一样。入了张伯苓的南开，就好似入了始皇帝的秦国：教你怎样你就得怎样。你觉着外国人欺侮中国人的可恨，同胞们的喊声很利害，可是你可不敢响应。否则，便给你个"开除学籍"。面子点儿，令你自行退学。不用说你在学校里提倡开会，就是你在学校外任何会中出席过几次，给他知道了，也是要借上个"吃饭不擦嘴"的过失，而请你出校的。

本来是男女合校，那你可不准和异性的同学说话、通信和散步。要不然也照样的请你卷铺盖。G君不是因为和一位女同学同船到跑马场游了一趟而被开除了吗？

不过他的专制的手段和无理的取闹从前还仅是施之于他所有产的南开学校，而现在已被之于全天津了；从前我们只为南开的学生鸣呼，而现在竟要给我们自己鸣呼了。

你看，南开校长多利害，随便草上一封信，而全天津的人便不能再看《浑如篇》《性史》等书，全天津的书店便不能再作《浑如篇》等书的买卖（自然在租界里住的人，和在租界里开的书店例外）。你看南开校长的魔力多么大！小小的荣懋书店竟敢不听"劝告"，给你个查封大吉！看你怕不怕？

九月二十五日，王华甫

警察厅查禁淫书

　　警察厅训令各区署文略云，案准天津南开学校函开，近今印刷便利，坊间出版书籍，种类甚多，而诲淫导邪之书，亦层出不穷，青年学子，血气未定，情窦初开，一经引诱，受害甚大，敝校职司教育，责任所在，对于此不能不加意防闲。查敝校左近卖书小铺，不下四五家，因贩售不正当书籍，曾经敝校劝告，免致贻误青年，不意贪利之徒，不顾误人，但图利己，若荣懋字号，坐落南开天兴里旁，竟敢公然售卖《性史》《情书一束》等小说，诲淫之书，以此为最，青年阅此，为害之烈，不啻洪水猛兽，此而不去，于敝校校风前途大有关系，不得已唯有恳请贵厅，即日将该铺查封，以清诲淫之源，俾多数青年不致触目，受无形引诱，则感惠匪浅。附呈荣懋字号出售之书五种，敬请审查。专此，不胜盼祷。附书五种，《性史》《情书一束》《女性美》《夫妇之性的生活》《浑如篇》。等因准此，除已电令该管区署遵照前往，将函开各书，扫数没收解厅，并传该铺掌来案讯办外，查淫书为害青年，甚于洪水猛兽，倘任流传，祸患伊于胡底。本厅于此项印刷物，曾经三令五申，取缔甚严，乃竟死灰复燃，发现坊间，未免日久玩生，究有奉行不力之处，合亟令仰该区署一体遵照，严密查察，如有售卖，送案究惩，勿稍姑息，以维风化，是为至要。

这五种"淫书"除《夫妇之性的生活》外，我大抵都曾经看过，觉得并没有什么；据"他们"说，我已经"老"了，头脑呢我自己也觉得很有点旧而顽固，但是我不觉得这些书的害甚于洪水猛兽。老实说，我并不因为认识张竞生、章衣萍诸君而想替他们辩解，我不说这些书于科学上或文学上有怎么大的价值，我也不想拿去给自家的或友人家的子女读，然而我也不觉得怎么可怕，自然更没有"查封"之必要。假如我的子女在看这些书，我恐怕也要干涉，不过我只想替他们指出这些书中的缺点与错谬，引导他们去读更精确的关于性知识的书籍，未必失色发抖，一把夺去"淫书"，再加上几个栗暴在头上。"不啻洪水猛兽"的祸害天下尽有，但男女之性的恶癖以至过失，还不能算在里边。天下最可怕者只是发疯，这里有文呆与武呆之分，武呆是杀掠强奸之类，文呆是礼教吃人。章士钊柄政的时候，贡谀说诳，大言整顿学风，北京的五私大[1]以及天津的某大都响应他，恭维他，这虽然够不上说是洪水猛兽，也就堕落得够

---

[1] 指朝阳、中国、平民、民国、华北五所在北京的私立大学，他们成立有一个联合会。

了，在"职司教育，责任所在"的南开学校见了这种情形，本来就应该"不得已唯有……即日将该铺查封，以清诲淫之源，俾多数青年不致触目，受无形引诱"才是，只可惜那时该校似乎不曾有这样仗义执言的举动。关于南开学校里边的事情我不能说什么，因为我不知道。

十五年九月三十日，岂明

时运的说明[1]

周作人

张友鸾先生日前在副刊上引用我的话,说张竞生时髦的行运到十五年底为止,一交十六年的元旦恐怕运气就要坏了。我确是这样说的,只是说得太晦涩一点了,恐怕有人要看作在谈流年八字,仿佛是"问心处"的口气。所以现在想说明几句,何以张竞生博士的性学会在民国十六年元旦就要倒霉起头了。

这个原因实在很是简单。因为张博士的《新文化》第一期是十六年一月一日出版的,而这里边充满着乌烟瘴气的思想,所以这个日子是张博士的性学运动上的一个关门,划分他作两个时期。第一个时期——民国十六年以前,他的运动是多少有破坏性的,这就是他的价值之所在。张博士的神交与情玩的学说,我也不敢赞成,但这只是浪漫一点罢了,还不至于荒谬,而其反礼教的大胆则是很可佩服的。《美的人生观》不能说是怎么好书,但是这一点反礼教的精神,打破古来对于性的禁忌——这两个字我是想拿来译"达步"(Tabu)这术语的——于性道德的解放上不无影响。就是《性史》我也以为不可厚非,它使人觉得性的事实也可以公然写出,并不是如前人所想的那样污秽东西,不能收入正经书的里边去的,虽然《性史》的那种小说的写法容易杂入虚构,并缺少必要的庄重,实在是个大缺点,也会有许多流弊。总之这第一时期的工作是颇有意义的,即使有些毛病,也还

---

[1] 1927年2月26日《世界日报副刊》第8卷第18号,署名岂明。

是瑕不掩瑜，社会上的非难并不十分重要，因为除了几个根据学术加以纠正者外，大都是神经质的禁忌家之抗议，不足挂齿。可是到了民国十六年，从一月一日起，张竞生博士自己也变了禁忌家、道教的采补家了。他在《新文化》的第一期上大提倡什么性部呼吸，引道士的静坐、丹田，以及其友某君能用阳具喝烧酒为证。喔，喔，张博士难道真是由性学家改业为术士了么？我真不懂某君倒喝烧酒有什么意思。照我们的常识来说，烧酒入了尿道，去路不外两端：不是走岔道进了输精管，到了睾丸，结果把精子都做了酒精渍了事（这条路实在是像田维勤攻怀来，大约不容易走通的，现在不过姑且如此说罢了），那便是到膀胱里去，与小便混合。这是个什么玩意儿？还有丹田，到底是什么东西？这岂不是什么生理解剖书上都不见，只在黄帝、素女、彭祖、蒋维乔的秘诀里才有的么？如不炼丹，有什么田？我猜想张博士不久也会称女子为"鼎器"罢。张博士虽声明不是科学家，但哲学家、艺术家、常识家也总还未必就是与道教的术士同一罢？

道教有什么不好？或者要问。老庄一派的道家思想当然是很好的，但这并不是道教。我所深恶的是通俗道教，即是萨满教的迷信。萨满教的特色之一是对于种种事物的禁忌。据说禁忌的起源并不单由于精魂信仰，却是由于心里的爱与惧的冲突；大抵这东西太好了，各人喜欢去惹它，同时却又受着一种制止，"又霸又怕"，遂造成禁忌的那种神圣与污秽混合的性质，而两性的事情又常是大家所最以为好的，所以在这上面禁忌特别繁重，正是极当然的。中国的风化说全以萨满教的禁忌为基调，即幽玄的佛教所有厌女的论调亦未能脱去这个色彩，所以中国历来可以说是充满着道教的邪说，直到民国以后这才发生一点改革运动。但是这已经根深蒂固的迷信要想拔除，实在不是容易的事，须得先有健全的智识，加上高尚的趣味，养成纯净的思想，才能改变过来，不过这也只限于少数的人，至于大多数的老百姓我还不敢怎么说。在这少数的人里面，张竞生博士我们当然算他一个，因为他在过去两三年中的确发了不少的大胆的言论。现在，他却忽然摇身一变,成了一个道士,这实在变得太奇了。我们不能说他这回的变化是否由于科学思想之缺乏,但他的变化总是确实的了。变了之后或者更行时运亦未可知,可是那也是别一种时运,与看相算命的差不多,已是另一问题了。

二月二十三日

水先生张竞生博士[1]

周作人

北大教员中有一个人,我们总不宜忽略不提的,那便是张竞生博士。他在社会上批评现在不管是如何,总之在北大讲"美的生活"的时候,他的态度是诚实的,所主张的话也多合理,虽然不免有好些浪漫的地方。他的《性史》第一集,在出版以前曾经同我谈及,印成后送给我一册,这是原版初印的真本,以后在上海续出的各集真假如何,不曾研究,也没有见到,所以无从说起,大概更是每况愈下了。《性史》第一集不能说写得好,只是当初本意原是不坏的,英国人的《性心理研究》七册中,常常附有调查来的各人性史,男女都有,长短详略不同,却都是诚实的报告,也是一种很有价值的研究资料,张君自己谈的原意即是想照样的来一下,所以我说这本不坏。不过写的人太不高明了,这里边有没有张君的大作我不知道,总之如看过《性心理研究》上的记录的人总不应当那么乱写,特别是小江平么的描写,平白地把《性史》的名字糟蹋了,实在是可惜的事。张君自己的文章,到了上海以后也就随之而下落,所广告的《第三种水》不知真出版了没有,单就他所说的话看来,就够荒唐无稽了,只要查考英霭理斯,以及意大利勃劳厄耳、荷兰凡特威耳台诸人的书,并无所谓第三种水那么样的东西,这真可以算是张君独自的发明,却未免有卖野

---

[1] 出自 1945 年《红楼内外》,收《知堂乙酉文编》。后发表于 1948 年《子曰丛刊》第四辑,署名王寿遐。

人头[1]的嫌疑,一时满天下(说得夸大一点,实在只是说全国而已)读者上了他的当,被他暗笑为阿木林,可以说是很大的一个恶作剧。它的影响至今还普遍存在,《子曰》[2]上讲西北的文章里说起,还使得姓水的"水先生"很受其窘,真是池鱼之殃,张君原来也是预料不到的吧。人们对于性生活感到好感,也是人情之常,要想知道,不难从正当书籍上去觅取,多少年前有北新出版的一本朗医生的书,说得好,书名及译者姓名都已忘却,现在事隔二十余年,也不知道绝版了没有。

末了本来还有一段,是关于李守常[3]之死及其后,但是稿子已经够长了,已经可以缴卷,所以就此止住了。

---

[1] 上海方言,指以虚张声势、夸大事实来骗人或蒙蔽人。
[2] 指《子曰丛刊》,1948年由黄萍荪在上海创刊,共出版六期。
[3] 即李大钊。

美的人生[1]

华林[2]

北京城简直可说是一座数千年的古墓,做了中国一个小小的缩影,遇见的人们,多半是弯腰屈膝,暮气沉沉,好像与鬼为邻的样子。可见人要没有伟大的愿望,和极端的情感,绝不会感到人生的趣味。张竞生在他的著作《美的人生观》上说"工作即娱乐,娱乐即工作",他提倡人生要用"艺术方法"去开发去,去创造去,这种思想,实在可以指导懦弱死去的民族,教他去领略人生的乐趣。要知道生命里,有无穷的储力,要人尽兴的去发展,有音调,有节韵,有色彩,有曲线。一个人的全生命,也像一张画、一首诗、一曲琴、一塑像的一样,随各人何性,可以尽量的创造去,这可以说是"人生的美术"。所以道德不过是一种人生术,并没有什么强制和压迫的威权,可以我把他作"行为的美术"看了。

凡人能有他的目标,能有他的秩序,能有他的内生命,他就能尽量地发展他的个性,因为他的新生命,是他自己创造的,是有意识的,是有力量的。他且能将他一己的小我,混合在群体的大我中,奏成他个性上,一样的音调,结成他个性上,一样的彩色。他由"情爱"上,已将他个人和宇宙合成一个全生命,因为他生命里,就有宇

---

[1] 1925年6月7日《晨报副刊》。原题如此。
[2] 华林(1889—1981),现代散文家,浙江长兴人。曾留学法国,回国后历任杭州艺专、新华艺专、武昌艺专教授。有《枯叶集》《求索》等作品,笔名有华林一、林一、林声等。1924年发表《情波记》自述与崔肇华的恋爱结局,被周作人等人撰文批评。

宙中的吸引力和发展性。他能在群体意识的最高度，好像群山的最高峰，传来世外之雅乐，而有仙凤来仪的妙趣。所以有真情的人，则世界上无处没有我的生命，生命里，无处没有世界，所谓有情感的任务，总能做成大事业，这是一点不错的。

关于此种问题，我今介绍几本书，可以互相参考：（一）朱谦之之《唯情哲学》，上海泰东图书局，（二）张竞生之《美的人生观》，北大出版部，和（三）拙著之《新英雄主义》，晨报出版部不久出版，及《艺术思潮》上海出版合作社。我希望大家对于以上四书，用公道的批评，去纠正和指教，我此次来京一行，文字因缘上，也算留点纪念。往事成尘，不堪回首，我要觅我的爱去！我要创造我的新生命去！我盼望有志的青年们，努力造就自己，小仇待之三年，大仇期之十年之后，这种虚伪的世界，欧洲文明，已经破产，我们唯有凭自己的创造力，去改造世界罢！

评《美的人生观》[1]

孙伏园

《美的人生观》一部分曾载本刊,全书又是北京大学哲学系的讲义,出版后又极受青年读者的注意,不到一个月便卖完了,这样的著作难道是用得着我这样的外行人再来插嘴吗?然而著者张竞生先生却督促着我,非让我写出我对于本书的感谢不可。

凡读过张先生著作的,我想不但是我,即使平时无论如何消极的人,也会一变而为兴致勃勃的罢。这个缘故是极容易明了的:现在论坛上大抵是盛气的批评、冷酷的指摘、不追求原因但激于目前罪恶所迸发出来的谩骂;如果有人骂,把批评、指摘、谩骂这些工作让与别人去做,自己却省下功夫来,从事于十年以后,百年以后,乃至千年以后的大计划,所说的话都是建设的、积极的、引导的;这个人所应受的报酬如果不是盛大的欢迎,试问该是什么呢?

混在酲酲的现在中而不愿自拔的人不用说了;不满足于现在而愿有所作为的,大抵只有三条路可走:第一是迷恋往古,第二是毁坏现状,第三是建设方来。迷恋往古的或者不是全无好心,但是这种极少数的人,这样少数又转辗被摧残损害,所余的真是有限得很了。张先生是代表这三派的人。对于他的《美的人生观》,我只有一句批评,就是代表这三派的工作的开始。

---

[1] 1925年9月24日《京报副刊》,署名伏园。

呜呼！张竞生的卵珠！[1]
——伪科学的张氏性智识

周建人

以科学解决事实，是我们所崇拜的，以非科学推想事实，我们也不一定反对的，至于以似是而非的伪科学来附会，解释一切事实，最足以迷惑世人，这是我们所绝端反对的。这可用神话做个譬喻，若说《西游记》孙行者具有七十二变化的能力，要变什么是什么的，我们也不过当作茶余酒后的谈话资料罢了；若硬说孙行者的变化是依据科学的细胞分子变化而在顷刻之间能使他身上的细胞萎缩或肥大或变形或消灭，这岂非是用伪科学来附会解释这种事实吗？你们想可否讲得过去。张竞生的解释人类性的生活，正和用细胞萎缩和扩大来解释孙行者的七十二变化一样，他所解释的自以为合乎科学的，实则都是拉扯不相干的耳闻的科学学理来附会罢了。他还以为多读外国书籍，口气之间，似乎中国竟没有一个人懂得性知识的。不知道他所读的书是否是现代的科学，我们实在有些可疑。要知道懂性知识最透彻、懂得男女生殖器的构造——肉眼的或显微的——最精细的要算我们新医界人了，我们新医界现在也有几位驳斥他的荒谬可笑处，早在《反〈性史〉》一书见过，我现在也不必重复的去再驳。可是我偶然在友人处翻到一册某杂志第一卷第二号——因我久知这种定期刊物是张先生的大著；可是我别人的著作都要去买来看看，独有他的著作实在不敢领教，所以要省耗大洋二角五分（见书后封里）了——无意中翻第

---

[1] 1927年《性杂志》第1期。

四十四页有一段引证《红楼梦》林黛玉袖中发出一股幽香，就认为和他老先生所发明女子阴核排泄的香气是老本家。那么我要问你，林黛玉这个人是什么朝代的人，是你的令亲吗？你亲自跟在贾宝玉的背后吗？不要说这种荒谬了，就事实而论，我现在要请你搜集些这种香液寄来化验分析是不是和麝鹿所分泌的麝香一样，可以装到法国去造些化妆品再来骗中国人的金钱呢？其中最荒谬绝伦的要算男女生殖器的电气了。他老先生说，当交媾的时候女子生殖器，能发生阴电，男子生殖器能发生阳电。哈哈，亏他想得出，附会得上。我想他很深切的中了中国旧时男为阳女为阴的谬说，就硬把电气上加以阴阳等冠词了。可惜张先生书读得太多了，连最简单的发电原理都没有明白呀，你交媾时既然知道有水分排出的——而且有阿大、阿二、阿三、阿四等兄弟般的名称——那么试问电气在物体潮湿时候可以摩擦出来吗？除非你老先生的阳具像琥珀棒一样，你家夫人的腔像干猫皮一样才得发生电气，才得使金箔验电器来证明。果能照你这样讲，现在大家正愁电器厂罢工的时候，请你和你的夫人到电气公司代替代那模和透平机[1]，他们正欢迎着你呢。还有一谬点，足证张老先生是简直一些都不懂什么的，在该杂志二十七页中，有一段说"格辣夫滤胞"在卵巢内每个都有可能性成的卵珠。我现在来劝你好好的再多读几年书，然后出来做教授或发表著作，免得这样出丑了。卵珠是不是从格辣夫滤胞变成的，要知道卵珠是包藏于成熟之格辣夫滤胞中的呀，照你这样杜撰，除非把这卵珠（连格辣夫氏滤胞一股脑儿的卵珠）改名为张竞生卵珠才行，所以我无以名之，名曰伪科学的张氏性知识。

---

[1] 今译涡轮机，turbine。

张竞生博士最近的工作[1]

周建人

张竞生博士最近在《新文化》上做下三种重要的工作：

（一）是攻击他的爱人褚女士：

"可怜无耻的妇人，他有何种思想，不过剽窃一二新名词以眩人耳。"（《新文化》第二期169页）

"又此妇从发到骨，从头到足皆是假的，可说她'无假不成话。'……"（同上170页）

这是张博士对于"情人制"结合的爱人所下的总攻击！

（二）是声明他的主张：

"也有说我与孙传芳合作以拿共产党者……种种捕风捉影本来不值一辩。但因这些事关系太大，故不得不特行声明。""……在怜悯一班无知与无食的少年受人利用，我对此等人唯有指导劝诱使其觉悟以遵循正道……"（同上177页）

这是张博士"不值一辩"的"特别声明"。

（三）是对我提出抗议，说丹田呼吸不应反对的：

"丹田为人人所有，他为我人身体的一部……岂可因其为道士所呼吸过，我人遂而不管。这好比道士有足能行，我人遂而不用足行，道士有肛门可放屁，我人遂而不用肛门放屁一样。周君无乃'因噎废食'与……"

---

[1] 1927年3月5日《一般》第2卷第3号。

这是张博士主张丹田呼吸的理由。

此外，张博士又以"郑重用功"的结果，说明"第三种水"即"巴多淋液"，和固执他的卵珠与第三种水齐下的主张。我们对于这种"郑重用功"所得的可悲的结果，这里可以不必再说。我闻知张博士的这种主张，早已有卢斯福先生等在《反〈性史〉》上一一驳正。我们应当把这些让专门研究医学及人身生理的人来说话，所以这可以不再详说。

不过张博士说"丹田为人人所有"，我却要指正：丹田并不是人人所有，只是道士的观念中有之。只有道家相信人身的脐下有一处地方是"修炼内丹之地"，故名之曰丹田。但这种话能使我们相信吗？我相信只要稍知解剖学的人，便知道人的全体中没有一种器官或组织是"修炼内丹之地"，没有一个组织或器官和"丹田"相当。故丹田之为物，只存在道士的观念中，在我们是完全没有的。今张博士竟说"丹田为人人所有"，是真痴抑是假呆？是自己无知还是有意欺骗？张博士如要证明"丹田为人人所有"只有一个方法：便是拿证据来！请指出它的部位在哪里，是怎样一个组织或器官，和修炼内丹时的生理机能是怎样的，方能证明"丹田为人人所有"的话不是瞎说。我以为我们和道士虽然都用足行，同用肛门放屁，但丹田呼吸却没有仿行的必要。譬如我们用足行，狗也用足行，那么狗会吃屎，岂博士亦将提倡吃屎么？

至于张博士说："那我知道精液何等宝贵，安可使阳具去吸收，最好是周君一班人有口者所吸引。"（《新文化》第二期159页）这一段话，我却不大明了张博士的命意之所在。我只闻堕落的人生里有认精液为宝贵而吸食之者，这种人便是最无知的方士一类东西。今张博士说出这种话来，是真相信精液为宝贵的东西而可"吸引"的呢？还是有意在糟蹋别人？如果属于前者，那倒还不失方士本来面目，如果其用意属于后者，则除却表示自己的生性下流之外还有别的意义么？

张博士既自称是洋翰林、哲学博士等等，即使不顾外人说中国人常患"Moral Parallax"这种精神病也应当爱护你的留学国的面子。今却竭力的鼓吹性部呼吸、丹田呼吸这种退化的思想；一方面却口口声声的说"以教导青年使之循正道"为己任！还要说别人什么"无耻"呀，什么"大言不惭"么？我觉得一个人就苦于不自知，哲学家云："知道你自己。"说得粗俗点，俗话说："向清水茅坑去照照。"然而人往往不能这样做，否则自己将感到怎样的羞惭呵——除却羞耻感极端的麻痹。

张博士经过一番"郑重用功"之后所提出的论文我本来不预备再来批评了，今因便利上就在这里再说几句。我以为只要略懂性知识的人，大概都知道卵珠是从滤胞里排出来的罢，今张博士说卵珠为滤胞所变，岂非咄咄怪事？第三种水据博士自己的说明，既然就是巴多淋腺的液体，那么巴多淋腺的位置是在阴道口的而卵珠的出来是从卵巢来的，路径相差有多少？卵珠出滤胞入子宫，又约须若干日子？张博士知道么？读书"有积量"的博士，据理是应该知道的吧？然而竟"大言不惭"的说"卵珠和第三种水齐下"！呵！下到什么地方去？——因为巴多淋腺的位置在腔口已如前言——莫非卵珠即刻和巴多淋液出腔外去么？博士说什么巴多淋腺呀，什么滤胞呀，说得天花乱坠，自己压根儿莫名其妙！俗语说"天下无难事，只怕厚脸皮"，此之谓也。

诲淫的《性史》[1]

怪

近来广州市内学生有一种看书（？）的流行病，无论大学生小学生，无论何时何地，手均不释卷，你道他们所看的是什么书呢？他们所看的是北京鼎鼎大名教授张竞生先生所著的《性史》。

《性史》内所载以一舸女士那篇及江平那篇为最卓绝，故近日学生界中说起董二嫂的故事，无有不晓，秽亵违教之语，和盘托出，竟值得他们谈得津津有味。

现在广州市内的《性史》，统计已有五千余本（国光售出二千本、光东一千本、丁卜一千五百本、民智五百本）。现闻昌兴街丁卜书店更由上海订购五千本，每本定价四角，不日书到，决定每本以八角为代价，书尚未到，已为各校学生订尽。计此项《性史》订购者以城北及城东某两女校学生为最多，统共为若辈订去者已达三千本。此后正可实地研究性的问题呢！

某报何如先生，谓照这样说，天地间无所谓禁书，亦无所谓淫书了！《肉蒲团》《金瓶梅》，不幸竟登于禁书，而《性史》则公然的卖买，何其有幸与不幸耶。

上海方面，已为孙传芳目为诲淫，下令警厅严禁，本市提倡解放，想不至于如上海一样禁绝吧？

---

[1] 1926年8月3日《广州民国日报》。

看《性史》的传染病[1]

草

自从性欲博士所编的《性史》来到广州之后,一班青年男女,弄得好像饮了狂药一般,说一句真实的话,确是"耳有听、听《性史》,目有视、视《性史》,口有道、道《性史》"了。呵呵,《性史》的魔力,真是大得很哩。但是看过的人,有甚么好处没有,我却不用冬烘头脑去批评了。

城北的某女校,在市内是数一数二的学校,有一位密司 A,在那里肄业,她有一位妹妹,才得十二岁。这天,伊在人家那里,拿了一本书回来,伊本来还没有看书的程度,但是伊看见封面那一双裸体人儿,却喜欢异常,就中一个,多了一件像钩的物什,尤觉奇怪,所以就带回家去,想请教姐姐密司 A。密司 A 得看了,欢喜得如同猪八戒吃了人参果一般,立刻精神上就觉有些异感,没半个钟头,就全本看完了。到了第二天,密司 A 来了几个同学,看见案头有这样宝贝的书,就你攘我夺的争着来看。后来经密司 A 的调停,还是以拈阄来判决,结果是三年级时常占首座的那位密司拈着第一了,自然很欢喜,落选的就很懊丧。可是今天永汉路一带书坊里的《性史》,竟为之一空。这《性史》的魔力,你看,好不厉害哩。

---

[1] 1926 年 8 月 13 日《广州民国日报》。

我也说说《性史》[1]

杨荫

自从这册《性史》出世以后，因为惹起许多批评家的热烈的赞扬和剧烈的诋斥，于是这种很平常的出版物就随着赞扬与诋斥的声浪而形成了一种可崇拜、可恐怖的奇怪的东西似的。我也受着好奇心的冲动，走去书店买一册来看看。

当看我去书店买这一册《性史》时，一经开口，就引起了店伙的微笑，于是我那好奇的心理突然地表现一种诧异的神色，跟着他就给我一本小小的纸面装的册子——《性史》，索价四角。我嫌他的太贵，他倒说："先生，现在因为大批初到，算是很便宜了，前几天还要卖五角以上咧。"我受了这些价值上的话的鼓动，终于买了一册。

回到旅店后，就开始把这闷葫芦似的《性史》细心看去。果然，《性史》的编者"张竞生"博士的序言内将《性史》的研究如何重要，这册《性史》的价值如何高贵，如流水般的一一揭示出来，最后还再三慎重的告诉读者要有对于此书——《性史》不是淫书的信仰。我读到此处，真令我赞美不置了，殊不知一看到了正篇事实便使我狂叫起来。

原来这册《性史》的材料是由几个青年男女将他们性欲中的经过事实，"现身说法"地写出来的。其中最重要的如一舸女士的《我的性经历》、江平君的《初次的性交》两篇，内将各种交媾的方式、交

---

[1] 1926年8月20日《广州民国日报》。

媾的方法以及交媾时的兴趣等五花八门,尽情的,肉麻的,描写备至。我今来是一个未婚的青年,可是看到了这些地方,如中了什么魔氛似的使精神上发生一种不可思议的刺激,遂至身不自主的心火熊熊以至于不能自已。啊,《性史》的魔力啊。

尤其可怪的,就是一舸女士因为她丈夫的生殖器稍大一点——但也没有妨碍——认为不合要求而经离异。董二嫂因为她丈夫不会各种交媾的方式,并且也因生殖器大了一点,遂至"陈仓暗度"而爱上了小江平,这样一来,就是男女间只要求得性欲上的满足就一概不管。也可以说,凡是为性欲满足的障碍的就要设法排去,那么,引导男女们天天从事的性欲上的满足,这册《性史》简直就是淫史的代价了。然而张博士还在他们每个自述的篇尾加以褒扬的按语,真不解其何心了。

亲爱的青年男女们,男女两者间的性研究我们固然不能反对的,但是这种狎亵的海淫的出版物万不可拿它来作正当的研究。如果不然,在一班血气未定的,尤其是未婚的青年男女,受着这种电力似的撼触,便会"心旌摇摇"的轻于一试——至少也会使生活上、精神上感受不安的。

海淫的"春宫",已经禁止出售了,我希望把这《性史》一类的禁止出售吧。

看了《性史》的批评[1]

俞雄飞

迩者《性史》公然发售，禁者自禁，而销流者自销流。据所知的，广州市内已销行数千本以上，其订购者尚源源不绝。十八甫某书庄且书明有《性史》出售，未闻有若何干涉。上海虽亦有同样的禁令，于招徕前途，仍未受若何影响。予以为性本有研究的价值，苟出之纯正，亦足创古今的奇论，发圣人所不言、为新潮流所不可少的生理常识。予于《性史》有无穷的奢疑，孰料阅竟，掷书三叹曰，是无价值的出版也。江平就食于董二哥，是一饭之恩，古人不忘。董二哥外出，对于其妻，应负照料之责，不然，或避嫌他徙。天下多美妇人，奚必好有夫之妇。物各有主，苟非吾之所有，虽一毫而莫取，况攘人之妻，而纵一己之淫乐，良心之谓何。董二哥如发其隐，董二嫂必无生存之理，我虽不杀伯仁，伯仁实由我而死。奸人之妻，律有奇刑。将父母的遗体，轻于尝试，辱莫甚矣。幸董二哥不我责。拜人之恩，而令人以难堪，清夜抚躬，心将何安。大盗有时放下屠刀，良心之受裁判也。禽兽尚无滥交，闻有雌死，而雄亦无生存，岂人而不如畜乎？人类羞耻与良心，本有生以俱来，江平干此勾当，公然作为资料，尚复侪于衣冠之列，真羞与为伍也！

他如一舸女士，既与夫的志趣不同，应提出正式离婚，乃暗私他

---

[1] 1926年8月25日《广州民国日报》。

人，而屈于两可之间，此不过为新异的好胜。所交不久，断无纯正的真爱情。一夫不满我所欲，则十夫可也，于人类性的真面目，已失诸千里矣。吾敢大声疾呼曰：该《性史》实含鼓吹公夫公妻的意味，行于国中，将沦于禽兽之邦。政府岂徒出一纸的禁令，必也如农夫之去草焉，则庶几其不蔓延矣。

批评《性史》者罪人也[1]

北冽

据许多批评家（？）说，《性史》是一本淫书，不应给年青的人们看。这本来爱护青年的一点好意思，但我以为人们总带点好奇性，这么一来，不啻给他们一个暗示说："青年们呵，你们想满足你们的好奇心，快快买本《性史》看看罢。"可不是"爱之反足以害之吗"！记得从前某报登过一篇什么"男女学生的参考书"里面罗列了许多淫书。当时的读者，对于那位作者也不宽恕，可知在报上说某书宜禁，不如介绍某一种书宜读哩。

如果承认因这次报纸批评《性史》宜禁方才禁，那么，警察方面也逃不去失察的地方。且在既宣布之后，未禁卖以前，不啻予书贾以一发财之机会，未禁卖以前数千册之《性史》早已散布全市了。换言之，推销《性史》者可说是反对《性史》的批评家，因为有《性史》的批评，人们方才知道《性史》是一本禁书。尤其是前天杨荫君《我也说说〈性史〉》一文的轻描淡写，像这样的推波助澜，其罪更浮于原作者之上呵。

如果《性史》有性教育上的价值，就"禁"中也有限制。如医生、心理学教授与性教育的训育者，不当一概禁买。如果的确是一本淫秽的书，非但要以后完全断绝，即以前所卖的数千册，也要一一追回销毁。

---

[1] 1926年8月29日《广州民国日报》。

末了，我知道发表了这篇，一定得罪好多批评（？）过《性史》的外卖记者。须知在下所说的话，本"春秋责备贤者"底意思罢了，本来不敢挑什么笔战，如果得读者诚意的指教，是十二分欢迎的。

反对《批评〈性史〉者罪人也》[1]

杨荫

也许我不是从事于什么笔战的穷兵黩武者吧,实在北洌君对于批评《性史》的人们——尤其是对于批评《性史》是淫书的我而加以天字第一号的"罪人"的头衔,使我看了,觉得北洌君的见解上处处都显着荒谬的痕迹,所以特地将我的理由向北洌君反驳一下。

第一,我们凡是批评一件事理,一定要将实际的事实与内容详细考究做个批评的根据。如果空空泛泛地作那"人云亦云"的附和,总之"判处死刑而未将其罪状宣布",结果,只是演成长时期的悬案与纠纷。这是我鉴于一般的批评家的过于笼统而特意将我实际的见闻写将出来做个"一针见血"的评判的原因与理由。

第二,这种戴着《性史》的假面具的海淫的出版物,对于性欲已动或初动的青年男女,当然是十分迎合的;而书贾方面,有这种投机事业摆在面前,自然也不能坐视放弃。当《性史》初到广州的时候,有几间书店的门口不是标着"张竞生博士著的《性史》到了"的招牌吗?青年的男女不是"风起云涌"的争相购买吗?如果没有这些反对的人们的批评,恐怕至少也要流行几万部了,还能引起当局的注意而禁止买卖吗?还能若现在的各书店"销声敛迹"而不敢出售吗?况且报纸是舆论的代表。怎么会反对批评呢?

第三,假使真正有性教育上的价值的出版物。就非医生、心理学

---

[1] 1926年9月8—9日《广州民国日报》。

教授与性教育的训育者以外的一切人们，都可以买来看看。如果承认这册《性史》是有性教育上的价值的，那么，其他诲淫的书籍都可以加上"性史"的美名词了——讲出几句肉麻的秽亵淫词，演出几种不堪的交媾方式，就算有性教育上的价值吗？若然，下流的娼妓，直可以作"性学博士"了。并且这部《性史》所介绍的人物，不是奸夫淫娃，便是奸婢宿娼，甚或至于同性相侵，像这般人格丧尽的人们，如果拿来作性教育的标本，我只好替性教育叫屈啊。

在北冽君的《批评〈性史〉者罪人也》的全篇语意之中，觉得北冽君还是没有看过《性史》似的。可是没有看过，就不应妄事责斥已经看过《性史》的人们的批评。因为我相信只要是稍具有智识而富于道德性的人们，看了这部《性史》以后，一定会有鄙夷《性史》的批评的（或系口头批评），所以我的结论是"反对批评《性史》者罪人也"。

关于性[1]

高长虹

目前关于性一方面好说话的人，大概要数张竞生、章锡琛、周建人了。张竞生是最飞黄腾达的一个，而性的知识也最浅薄。章锡琛便诚恳一些了，可惜还很好名，常以权威者自居，如能再诚恳一些时，则实际上也还会再好一些。最近科学的还是周建人的文字，他可以给人一些关于性的科学的常识，这在目前是很难得到的。

张竞生最欢喜的，而且也是最受人欢迎的，除关于性的夸张的述说外，便是节外生枝，又谈哲学，又谈社会学，又谈艺术，又借用了这些来谈性。实则哲学从来便是说谎，何况并不高明的哲学。社会学也是根本没有那么回事，连本身的地位都占不住，又何能用以帮忙别的科学。艺术呢，不是从事艺术工作的人很难明白它是什么东西，更不能够把不明白的东西来引申到别处去。张竞生所最得意的"艺术的"，"艺术的"那一个用语，我们实在不知道那是什么意义。我们知道"艺术的"是没有像他那样用法的。做学问，总要自己有一些把握才好去宣说，即使办不到这一步，那也要说什么便严守着本题。张竞生如想谈及艺术时，最好对于近代的艺术再下一番功夫，否则，不但于性是无助，而且连艺术也拉下水里去了。

---

[1] 1926年10月17日《狂飙》周刊（上海）第2期。

张竞生可以休矣[1]

高长虹

科学是为人类而工作的,是为真理而工作的。所谓趣味者,乃迎合少数人心理的法术,非科学家所宜顾及者也。科学蔑视人们的趣味!

《性史》是淫书,真而又真的淫书,与科学无涉。张竞生如不欲辩护淫书吗,则回头另起去做点科学的工作好了。如欲辩护淫书吗,则张竞生休矣。沉默也是表示之一,我们要等候张先生的表示。

我更希望周建人先生更勇敢地为科学作战!

一九二六,一一,七

---

[1] 1926年11月28日《狂飙》周刊(上海)第8期。

《性史》与张竞生[1]

张友鸾

自从所谓张竞生博士发明了《性史》以来，青年人思想界上，可以说有一部分是起了变化。因为从来没有人敢这么谈过，张竞生独敢这么去谈它，于是便时髦到一百二十四分。虽然此书被禁止发行，而街市间仍然不断它的踪迹。他们一版再版三版，黑封面绿封面真是出风头，经理的人，大约也赚了三五千块钱到上海逛四马路去了。所可怜的，只是许多看过《性史》的未婚青年，躺在床上喊几声"哎哟"！

第一集《性史》出版以后，更有人冒牌出第二集，据说第二集全抄的旧书，张博士恐怕为盛名之玷，所以还登过广告，说要和出版人相见于法庭，此外还有外集等等。至于"准性史"一类的书，如什么生活，什么方法，坊间尤其层出不穷。因为著作者赶个时髦，出版者赶个赚钱，哼！

据张竞生老早在《美的人生观》上宣言过，无论什么事，第一要美，第二要科学。大概他见中国人出世就不科学，又不美，于是灵机一动，登上一个启事，找到三五篇文章，编了这么一本《性史的科学方法论》。不过据我瞧，他所主张的科学，他自己是否已实行，即是一个疑问。譬如他曾说，女人不着裤，他夫人可相信他的话呢？如果这一点都办不到，张竞生也只是臭美而已！

再说到关于他书中科学的根据，不过我们没有深深研究过生理学

---

[1] 1927年2月17日《世界日报副刊》。

的人，是不应当多说话，以后正打算请周建人先生，替我们做两篇镜子似的文章，来照张竞生的原形，但我们此刻拿出最浅薄的眼光，看看他的《性史》，在他认为是科学，我们却有些觉得那太不人道了。如果说他编《性史》，等于做阴骘文，请大家说出过去的罪恶，使读者生出"红粉骷髅，自家姊妹"之感，那他所取的这种方式，也太觉恶劣了。如果他敢宣言，说《性史》中这些作者们的行为都是对的，只恨社会旧势力压迫太甚，所以在不自由之下，应当有这一种极端的解放。那我们便得请他指示我们一种解放的方法，可是他自己先得行于我们看。

我们应当知道，在礼教紧压之下，这种反应，自然不可说是事实之必无。然而这终于是一种罪恶。纵或口气不必这么严重，我们不要把性交的事情看得太尊贵了，但是，性欲的冲动，总归是一种下意识作用。要听张竞生这样提倡法，成天立在街头，看见来往的男女，便向他们说："快去性交呀！"那么，不上一年，国民虽未必丧亡殆尽，至少，有一半国民须得虚弱的症候。本来人身的构造，虽有男女不同，但男的总和男的一般，女的总和女的一样，这其间，本没什么值得大惊小怪的。我们所要说的打破礼教，是劝他们不要把此事看得太古怪，却并不能像张竞生这副模样，把此事看得这样的要紧！

中国教育太不普及，大部分的人不知道身体构造是怎么一回事，这应当当做一种学术，讲与他们听。

关于性交，历史上是认为猥亵神奇，这个不对，也应当当做一种学术讲与他们听。我们要讲与他们听的，是在解释不猥亵不神奇的道理，并不是去教他们怎么云翻，怎么雨覆也。最低的限度，我们思想，不能落在张采（金圣叹）以下，张采所谓，试思此一事，何时无之，何地无之，所以不必大惊小怪。在张采的意思是说，人人都会有此事，不有此事业不足为奇，而张竞生的意思，却讲人人都应有此事，没有此事，那是大不敬了。这一点，无论如何，张竞生是错了，他要是不认错，那便是他还在那里做"时髦""赚钱"的梦。

可是岂明先生,日前说起一句话,张竞生"时髦"的行运,到十五年底为止,一交十六年的元旦,恐怕运气就要坏了。

我这篇文章,提起笔又放下了好几次,本来不打算做了。做这一类的文章,常常会带一点广告性质,譬如本来人家不知有《性史》,瞧见文章却偏去找一本来看,指诘他比恭维他还要受用。后来我一转想,这篇文章是用得做的,《性史》出版后,只见有青年人买它,没见有青年人骂它,这是何等的危险?官府禁止发行,他们眼光是和禁止赤化旧籍一般,我们很难说那种行为是对或不对。我最后决定做这一篇文章,我是期望青年们从枕头旁搜出这本书来烧掉,或者你们去买一两册生理学的书来读一读,我敢以性命担保,比这书有益得多。

性教育者的资格问题[1]

潘光旦

近来以介绍性知识自命的定期刊物,雨后春笋似的,忽然增加了好几种,如《新文化》《性杂志》《性育周报》《性三日刊》《性报》,多的不及半年,少的是最近一二月或一二星期内才出现的。

这种种刊物,名为介绍正确的性观念,他们自己的动机和态度便很有问题。名为介绍精当的性知识,他们所叙述的事实常有错误,有的更是半出臆造。要辩驳起来,真是辩不胜辩,驳不胜驳。见了这种情形,令人不能不怀疑到介绍者的资格上去。请就理论上谈谈性教育家之资格问题。

第一条资格是精神生活的健全。精神生活的健全与否,和性观念的正确与否,有极密切的关系。一个人要是性的教育不完全,或是性欲生活有欠缺,或是性经验中受过什么重大的打击,此人的精神生活一定是不健全的。唯其有以上各种缺憾或其中之一,这种人却极喜欢谈关于性的事实,或发表关于性的意见。他的意见与事实的可靠程度就和他性生活不健全的程度成正比例。社会容许这种人来谈性教育,结果可以使性的问题愈加复杂,愈加难以解决。不正确的性的刊物,虽不能直接目为淫秽,但是它引人入歧途的力量,和淫书差不多,前者在感情方面诱惑读者,后者在事理方面欺罔读者。

第二是教育的训练。最合于这一条资格的是生物学家与医生,生

---

[1] 1926年6月24日《时事新报·学灯》。

物学家尤相宜。普通医生常有两个缺点。其一，他的性的知识虽多，但是偏在变态或病理方面的居大半；因为时时刻刻与病态的性生理或性心理接触，他的见解难免有褊狭的地方；他的力量可以对付病人而有余的，对付常人便觉不足。其二，医生是一种职业；在今日的中国社会里，要寻业医而兼有学问家资格的人，即是，能利用其职业而作医理或生理的研究的人，恐怕不容易。如此，便难免有利欲熏心的医生们借题发挥，而罔市利。至于他种的专家或是"马浪荡"[1]式的博学家出来以提倡"性学"自居，真可以说是牛头不对马嘴了。

第三须有社会道德的动机。发表关于性的文字绝不外两个动机或目的。一是真欲提倡性教育，解决性问题。二是借此沽名牟利。要在性的题目上沽名钓誉，势不得不发为矜奇炫异的议论；这是精神生活不健全之表示，可以归纳在第一条资格之下。好名的动机虽不如好利的动机普遍，但是也很真实的。好名与好利，出乎人性之自然，也是社会进步的一种动力，无待申说。但是所由得名所由得利的方法和工具，则大有选择的必要。性育这个题目，为少数个人的利益计，真是再好没有的工具；但为社会的安全计，却万万用不得。从这方面看去，性的刊物，不论是淫书，是春画，是各种西洋来的许多译著品，是日常的"社会新闻"，都是一丘之貉，健全的社会生活里，是没有它们的地位的。

有了这三个资格或条件，一个人不妨谈一些性的教育或性的问题了。然而同时还须兼顾社会的需要，社会消化力的强弱，才不至于殃祸贻患。今日中国侈言性教育的人，果有几个合乎上列的资格的？

今日谈性教育性研究的人动辄引英人霭理士（Havelock Elis），奉霭理士为圭臬。霭氏是医学家，是文艺批评家，是性心理研究的集成家；美国批评家孟更（H. L. Mencken）[2]称他为最开明的英国人，的

---

[1] 上海方言，指好闲或游手好闲者。
[2] 今译门肯。

确不错。奉霭氏为圭臬，当然是很好的事。霭氏的资格确是绝对没有问题的。不过但知标榜别人，于自己的资格并不因此提高分毫。霭氏也搜集过性史一类的材料，并且曾发表过；他的六大册《性心理研究》里，有好几本后面附有这种史料。可是要注意的：霭氏性研究的文字，是以学理之探讨为主体，中间穿插着这种史料，以示例证；至于征求到的个人自叙的历史，则择尤用小字在书尾附印，聊备参考。今日中国坊间流行的"性研究"的文字，则体例适与此相反。作者的居心，果在提倡性知识与否，观此，便可以推想而知了。

性教育实在是家庭教育的一部分。在生物学与心理学教育发达的社会里，父母是最相宜的性教育的导师。一个人性的发育的常态或变态，据精神分析派的理论，在襁褓时期与孩提时期内即已十九命定。近来以介绍性知识自命的人，开口性教育如何要紧，闭口性教育如何要紧；的确要紧，但是要等他们来提倡，已经是计之下了。

第三种水？[1]

梁实秋

张博士竞生是科学家是哲学家又是艺术家，其言论则每介乎三家之间。学问浅隘只通科学的读者，往往觉得博士言谈玄妙离奇，专习哲学的读者又觉得他平庸浅泛，独嗜艺术者又觉得他俗鄙不堪，这全由于博士的学问深邃宏博，融会贯通，东摭西拾，头头是道，一般学士，不能窥其项背。不过博士之所以能大受欢迎，处处引人入胜，津津有味，则完全在其"第三种水"。

据博士自己说："我近来所宣传的女子'第三种水'，其关系不是更为重大吗？"实际是，这"第三种水"是关系重大，非常重大。因为博士自己说："愿于三年内把'审美丛书'出到六册。希望得其版税足以为我及妻儿住欧生活费。"张博士一家大小到欧洲后，嗷嗷待哺，就靠这"第三种水"了。却说这"第三种水"是张博士所"发明"的，所以难得可贵，现在风行一时，只要按照博士所开的方案，照方行事，包管你如愿以偿。不过听说这"第三种水"已成过去，张博士近来加功研究，又发明了一种"第四种水"。我想张博士把发明"第四种水"的经过情形，再大吹大擂的发表一下，那么张博士、博士夫人、博士小姐、博士少爷、赴欧的旅费也就有了着落，今夏大可成行了。哈哈。

---

[1] 1927年5月3日《时事新报·青光》，署名秋郎。

张竞生丑态毕露[1]

梁实秋

编辑先生：

五月三日本栏载有秋郎君的一篇批评，批评张竞生的"第三种水"，我早就想对于这种海淫渔利的假科学家着实教训一番，秋郎君可谓先获我心，可惜秋郎君骂得深刻有余，痛快不足！

张竞生的第三期《新文化》，在卷首用四号字排起一封张竞生致汪精卫信，真是令人恶心。汪精卫先生接近共产也好，不接近共产也好，与你专喝"第三种水"的张竞生有何相干？他以为必要如此，才能表示他的地位的重要，才显得他能与当今要人相提并论，才足以炫露他也懂得政治经济之博学。这真无聊极了！

性欲问题，不是谈不得的。要研究性欲就研究，要作淫书就作，不必戴上什么科学艺术的假面具。科学艺术，他哪里懂？张竞生处处是以轻薄的态度描写性交，宣扬女人方面的亵秽。我觉得奇怪，褚某对于他是不算什么了，而张竞生的妈妈，当初生他养他的时候想必也受了许多的苦，何以他不看他妈的面子，给女人稍微留点地步？

编辑先生，听说有一部分人很受张竞生的愚弄，希望你在《青光》上痛痛快快地申斥他一回才好呢！

丹甫自闸北寄

---

[1] 1927年5月6日《时事新报·青光》，署名丹甫。

记者曰：我们不能十分痛快地骂张竞生，因为我们不能十分的降低我们的人格。最有效而最省事的教训张竞生的方法，就是以后不再看他的文，不再提他的名字。否则无论骂他恭维他，总是替他登广告。这种人绝不以挨骂为不舒服。而在国家将亡的时候也绝不可以有这种人。

为下流小报的辩护[1]
——与上流的小报无关

梁实秋

听说有人在骂下流的小报，我心里老大地不快活。我虽然是靠小报吃饭的，却是把小报当饭吃的。我时常告诉我的孩子，四书五经，可以不读，而下流小报，不可不看。我现在能在上海安居乐业，往来于四马路之间，如鱼之得水，茶余酒后，甚而至于在更衣的时候，都不愁寂寞，这就几乎是完全得力于下流的小报。所以我的造孽钱不用在别处，而偏偏喜欢用在下流小报上。每次买一大堆的下流小报，总是什袭珍藏，比爱护我的孩子还要加好几倍小心。现在有人攻击下流小报，我如何能不心痛。我尽了数昼夜的工夫，挖心掏肝地思索，居然想起好几个还很说得过去的理由。然则，可以大大地辩护矣。

第一，有人说下流的小报喜欢造谣。余曰：是不然。譬如说：我向张先生说，你该请我吃酒了，而张先生竟不请我，我于是就在我办的下流小报上给他登一段，说张先生如何堕落，如何有姨太太腔，诸位，你们能说这是造谣吗？也许与事实稍有不符，然而绝非造谣，说句漂亮话，这正是创造力的表现，很合艺术原理的。现在的下流小报，是写实派的作品，如有写得不实的地方，那便是由于想象力太充足的缘故。如其只是在贬损方面写得过实，那是春秋责备贤者的意思。造谣云乎哉！

---

[1] 1927年5月28日《时事新报·青光》，署名徐丹甫。

第二，有人说下流的小报喜欢诲淫。余曰：是又不然。真正诲淫的是四马路上卖春宫的朋友。在天黑的时候，弄堂口里，掀开衣襟向你递眼色，令你一见心动，再走近一看心跳，再细细一看非买不可。买了春宫以后，你必要想着法子利用。此之谓诲淫。至于下流小报，在马路上公然叫卖，并无偷偷摸摸的举动。诸君，你想诲淫的东西能在光天化日之下叫卖吗？下流小报之身价，由这一点看来，居然是在春宫之上了。如何可说诲淫？即或有涉及男女私情的地方，那是环境的关系，下流小报的记者浸渍在淫荡的环境里已非一朝一夕，恐怕在先天已受了这样的影响，不知不觉地兴趣偏向这方面一点，我们应当原谅的。有人说下流小报是专靠生殖器吃饭，其实这也不能成为罪状。有号称性学博士者，靠"第三种水"吃饭，国立北京大学还曾请他去当教授。上海还有许多妓寮暗娼，咸肉野鸡，不也是吃这一行的吗？为什么下流小报不可以认为同业？

造谣诲淫，两大罪状，完全不能成立。攻击下流小报的人们听着！你们不可辜负下流小报的好意，下流小报的记者都是很谦恭的奉承你们读书的意旨。你们喜欢什么，他们便供给什么。试问你们的孝子贤孙有这样的惹人疼爱没有？物不能其平，则叫唤，下流小报正是表现那一般人的人格的所在，你看他们的取材遣词，无往而不是暴露他们的人格。我相信下流小报的记者，已尽其德行才智，努力使之趋向上流。你们如其还不满意，下流小报势非停刊不可，但是这一般人的人格，终究要表现出来的。讲究平等的人说，人格是平等的，那么圣贤可以著书立说，难道上海的下流小报记者便不该编小报吗？

丹甫曰：我的辩护终了，是非曲直请读者公判，有一事愿在此声明：我所辩护者是下流的小报；至于上流的小报，我因为看过的不多，毫无意见。

"竞学"大纲[1]

梁实秋

张竞生在第四期《新文化》上,劝人研究"竞学"。假如"竞学"就是张竞生所发明的学说,那么就十分深奥了,后生小子,很难穷其究竟。兹谨就第四期《新文化》详加研究,拟为大纲,以便学者。

(一)呼吸的真意义——"呼吸乃是一种'气的交换',其交换地方不是必要在肺部……至人类始在肺……实则我人全身细胞皆能呼吸……简单说,每次的肺部一呼,则全身细胞同时一呼……及肺部一吸,则全身细胞也同时一吸。……严格说来:所谓呼吸的真义,不在肺部的伸缩……"

(二)性部与呼吸系确有相关系的证明——"我国许多'淫书'……也是同样意义的解释"。

(三)"海绵质的伸缩力"就是呼吸力。

(四)"……上海的怪头极多,但你留心我的斩妖剑吧!"丹甫谨注:所谓"怪头"者,即是不与张竞生表同情的人的别名。

(五)"光旦在《时事新报》发表了一篇《〈新文化〉与假科学》……可见他们骂人者有一致的组织了。"丹甫谨案:此"一致的组织"之内容,张竞生尚未宣布,无从知悉。

(六)戈氏的优生是玄学的,我们的才是科学。

(七)"你须知你是什么人格,我是什么人格。但我对你辈一班上

---

[1] 1927年6月11日《时事新报·青光》,署名徐丹甫。

海文氓,除非万不得已时,我终不要学你辈的破口便骂。"

(八)"裸体是为经济的节俭!裸体是为精神的活泼!"

(九)"本刊投稿酬资从丰……并有一成之抽红办法,以资奖励。"

(十)"美的书店现已开幕,欢迎参观。""所用女店员……招待周到自不必说。"

(十一)"我主张丹田呼吸。"丹甫谨案:遍寻解剖学书,不知丹田究在何地,待查。

(十二)"我爱我国女子是出于本性的。""我的苦心我的诚意我的伟大热烈的爱终有一日见白于我国的女子!"

丹甫写到此地,打了一个嚏喷,写不下去了——未完,但是决定不续完。

丹田？[1]

梁实秋

常常听人说，人身上有一块丹田，为一身精髓所寄，其用甚大，其妙无穷。在下的贱躯自命是没有残疾的，所以也不敢不承认我身上也是有一块丹田。我对于生理学，总算是研究得不大得法，同时我又耻于下问，所以说来惭愧，到如今，虚度若干春秋，连自家身上的丹田，都不曾认识过。

身通道学的人告诉我："人身脐下三寸曰丹田，言为修炼内丹之地也。"这说得多么明显！由脐量下三寸，便得。《抱朴子》说："丹田有三，在脐下者为下丹田，在心下者为中丹田，在两眉间者为上丹田。"这来得更详尽了。

在现今科学昌明的时代，随便什么东西都可以发明，随便什么东西都可以被发明。听说如今"第三种水"已经过时了，最新上市的口号是"丹田呼吸"。我们对于这层出不绝的发明，不能不叹为是一个洋洋大观。但是我们愿意，从事于发明的人们，暂时以他的自己的身体为限，似乎可以不必在旁人的身上发明出新东西来。万一不得已，发明者迫于真理，一定要说"凡是人就有丹田"，我们总劝他先声明一句，他是没有丹田的。

---

[1] 1927年6月12日《时事新报·青光》，署名秋郎。

性学博士[1]

梁实秋

从前的人，如"肯"读书，读书如"能"得法，至少可以得到一个"秀才"的头衔。得了这个头衔以后，阖乡的人对他都要有三分怕意。现代的人，如"能"读书，读书如"肯"得法，至多可以得到一个"博士"的招牌。得了这个招牌以后，他对他自己都要有三分的钦仰。

真正潜心学问的人，有时候顺手牵羊的带回一个博士的学位，当然是视如敝屣，不致因此而神经错乱。但是命小福薄志高皮厚的朋友，得了博士之后，思想行为上，就许反常。有一位法律博士，在美国的时候，人家偶然称他一声"先生"，他觉得这比什么侮辱都来得厉害。

现在的"博士"，行市落了许多，但是以"博士"为业的人，一天比一天的增加。张三称博士，李四称博士，甚而至于作淫书的文氓也称博士。这种博士，既不博，又非士。投机媚世，骇俗诈财，如何是士？说来说去，不能离开男女的方寸之地，焉得称博？

博士本来比较得算是一个体面的称呼，但是有一天在我们中国，顶厉害的骂人的话将要是："你是一个博士！"

---

[1] 1927年6月14日《时事新报·青光》，署名秋郎。

取缔淫书[1]

梁实秋

大凡越是臭的东西,越足以招引苍蝇;越是坏的东西,也越受人欢迎。所以淫书淫杂志在上海可以公然出卖,淫书店也可以公然开张,而一般人士也居然趋之如鹜。

外国人说:"我们不管,这是你们自家的事。你们家的人没出息,将来你们家的孩子学坏了,与我们何干?"有了这样的合适的环境,所以制卖淫书的人便得其所哉。

其实开办书店,制贩淫书,也不过是卖淫事业的一种。例如妓女野鸡等等,何尝不是在"美"的旗帜之下做点买卖?不过我们总觉得,人穷志短,未尝不可体谅,而天下的职业不止一种,为什么一定要干这行不干不净的生意?

论淫的小报,是已经检查过了,不定哪一天就要实行取缔。一事不烦二主,甚愿将淫书淫杂志也一齐的肃清一下。

---

[1] 1927年6月29日《时事新报·青光》,署名秋郎。

告张竞生[1]

梁实秋

因"猥亵"被法庭处罚之《新文化》月刊，出到第五期了，里面载有一篇文字，攻击反对猥亵之《青光》，并且牵涉到说我，我略有几句话要声明：

（一）张竞生说："他们不知我与汪精卫的历史则就罢了。"汪精卫勾结卖国，这是我知道的，并且痛恶的。张竞生因为撰作猥亵文字，被官厅取缔也是我所知道的，并且称快的。至于张竞生与汪精卫的中间的"历史"，则我实在不知道。甚愿张竞生早早自首，在如今厉行清党的时候，恐怕不止我一个人愿意知道。

（二）张某又说："徐丹甫看了'美的书店'广告上写'女店员招待周到自不必说'，就不免见猎心喜，这更可见他们见了女子便生淫心的淫虫也。"这"不免"两个字，多么活动，我若真是"心喜"真是"生淫心"而张竞生居然首先感觉到了，这实在是意外的事，其实"美的书店"我还不曾去过，"女店员"也不曾见过，但是我很自信，即使"博士"亲自来做店员，招待无论怎样周到，我也不会生出什么非礼的念头。至于你说我是"淫虫"，这就如同我说张竞生是一条不淫的虫一样的使笑了。

（三）张某又说："若徐丹甫者开口'他妈的'，闭口'他妈的'，又不知是何种家源了。"我已细细检阅过我的文字，我从来没有用过

---

[1] 1927年7月22日《时事新报·青光》，署名徐丹甫。

"他妈的"这一个名词。即在如今教训人的时候，也不想用这个名词。因为一个母亲，生了不肖的儿子，犯罪受罚，已经是玷辱祖先的事，何必再口口声声的惹她老人家伤心呢？至于张竞生不知我是"何种家源"，这又怪了。你既说我是"淫虫"，那么彼此都是一家人，怎么还不知道自家的"家源"？

"竞学"大纲[1]

梁实秋

前因"猥亵"被法庭处罚之《新文化》,又出了一本第五号,谨钞其重要之点,拟为大纲,以为关心风化者之参考。

(一)提倡大奶的理由:(1)"礼教已经死好久了";(2)"束奶女子食饭仅能一碗";(3)"奶的表现使女子加上一层之美……引起社会——尤其是男子——的兴趣……使男子见之不但有性念,而且有种种的美趣了";(4)"使世人随意可以鉴赏"。

(二)"耻骨缝最高点即丹田"。(是故丹田呼吸即耻骨缝最高点之呼吸。注意:一个"点"也可呼吸的!)

(三)"……"(记者注:上文系李君钞自《新文化》者,因风化所关,只得删去。)

(四)"性育通讯本……为最有趣味的文字,但因当局方面……不能公开讨论,但私下仍继续进行。"

(五)"复辟也可研究,共产也可研究""某推事也知我全系研究态度"。

(六)"他们不知我与汪君精卫的历史。"敬远曰:从实招来!

(七)"恕我这遭不自己创起,只会剽窃。"

(八)"新郎……应穿一种童子军装束。""新郎新娘与来宾且舞且歌。"

---

[1] 1927年7月24日《时事新报·青光》,署名李敬远。

（九）"究竟《新文化》淫不淫？连作者也不能明白了。"

（十）"努力于译述文学、美术及科学等名著，以增高我们美的书店的位置！"敬远曰：在来努力之前，美的书店的位置如何，不高！不高！十分的不高！

取缔性书[1]

梁实秋

昨日新闻报载，第四中山大学校长兼中央教育行政委员会委员张乃燕，拟具通令各省市组织戏剧审查会及书报审查会一案，内有"沪上流行之小报，种类极多，考其内容，率皆有伤风之词。至如《性史》等书，则附会或杜撰似是而非之生理知识，解释性欲，实则皆属导邪之文字，贻害青年，莫此为甚。非一复严加审查，加以取缔，不足以裨益社会"等语。吾人对于张校长之注重社会教育，当具无上之敬意。

取缔性书，比较的还是容易事。即使撰作淫书的人顶着什么"科学""新文化"的招牌，也很难混过世人的耳目。不过以撰作淫书为业的人，和妓娼差不多，只求赚几块钱，什么都可以牺牲，法庭罚他一百块钱，他依然可以私下里继续进行。

性书的销场，以租界里为最盛。小报摊上公开的卖《性艺》，闹市中也可以设立性的书店。撰作性书的人在租界里逍遥自在，口里谈着什么"新文化"，而家里没有主妇，却买用几个十八九岁的丫头，真可说是言行一致。这样的人一日不除，导邪的性书一日不能绝迹。

---

[1] 1927年7月26日《时事新报·青光》，署名秋郎。

编辑者言[1]

梁实秋

在这流汗不息的当儿,七月就算过了。照例我每月初要任性一下子,说几句话,这一回却只得敷衍,少说几句,因为天气不容许我多说。

…………

第三件事,就是近来上海有一种"猥亵"的《新文化》月刊对于《青光》信口雌黄,承许多位读者来函仗义执言,并要求将其"痛加训斥"。记者以为一个十分没出息的人,什么管教也是无用,倒不如由他去闹,将来自有觉悟的一天。并且天下有一种人我们绝不可与他计较,这种人就是打着"美的"招牌而专门在粪桶里过他的生活,他的满身都沾着一层厚厚的臭东西,我们若是打他一拳,在他不一定痛,在我们便已沾了一手的臭东西,多不值得。

…………

---

[1] 1927年8月1日《时事新报·青光》,署名秋郎。其中部分无关内容从略。

《"竞学"大纲》笺注[1]

钱絜庐

博士张竞生在第四期《新文化》上，劝人研究"竞学"；徐丹甫恐怕后生小子，莫测高深，谨就第四期《新文化》，详加研究，拟为大纲，以便初学，计大纲十二，间加按语，登在《青光》。记者便是后生小子之一，得此大纲，如获拱璧，与张博士之《新文化》，参考研究，茅塞顿开，获益匪浅。昔者曹雪芹撰《红楼梦》，允为说部绝作；若蔡子民之著《石头记索隐》、王梦生之著《红楼梦索隐》，诸暨蒋瑞藻亦有《红楼考证》之作，旁征博引，聚讼纷纷。好事之徒，遂有"红学"研究会之发起。不图今日张竞生竟自倡"竞学"之说，将来"肉蒲团学""杏花天学""灯草和尚学"，自必有人发起。徐丹甫既仿胡博士《中国哲学史大纲》之例，而作《"竞学"大纲》；记者焉得不继郑康成、朱熹之后，而作此《"竞学"大纲之笺注》乎？后学钱絜庐敬识。

（经）呼吸的真义，不在肺部的伸缩。

【笺注】水栖动物之呼吸在腮，陆上动物之呼吸在肺；稍有动物学知识者，固无不知也。国人素多肺结核病，肺脏萎靡；呼吸短促；神经衰弱，百病丛生，此所以有"东亚病夫"之佳谥也。今张博士发明呼吸不在肺部，则人类大敌之痨瘵，其或从此而不能作祟乎？盖呼吸之器，既由肺部而移入性部，张博士之贡献，岂唯为性

---

[1] 1927年6月15日《时事新报·青光》，署名絜。

学上之大功臣，抑亦医学上之一大伟人也。后生小子，安得不研究"竞学"？

（经）性部与呼吸系确有密切的关系。

【笺注】善哉！张博士之说也。夫天地交接而覆载均；男女交接而阴阳顺。故仲尼称婚姻之大；诗人著《冬斯》之篇；考本寻根，不离性部也。张博士服膺唐人白行简之说，知"性部万能"。故生理学家以鼻、咽、喉、气管、肺叶为呼吸系；博士则倡"性部呼吸"之说，固可由实验而证明者也。呜呼！昔之道家，仅知吐纳导引，在于丹田，岂知在于性部？然则欲求长生不老之术者，固在此不在彼也。

（经）海绵质的伸缩力，就是呼吸力。

【笺注】曩昔吕后、杨太真、武则天诸人，乱秽宫闱，遗臭后世，在博士言之，不过诸人善"性部呼吸"，能丢"第三种水"之性学家耳。而若嫪毐之辈，亦善深呼吸者；固海绵质之伸缩力特强也。今之服生殖灵、育亨宾等药者，往往不知锻炼其性部呼吸力，如清晨练习深呼吸者然，今得博士发明斯理，其功洵不可没！

（经）光旦在《时事新报》发表一篇《〈新文化〉与假科学》，可见他们骂人者，有一致的组织。

【笺注】徐君丹甫提纲挈领，撰《"竞学"大纲》，不让盲左、公羊、穀梁三传。鄙人著《"竞学"大纲笺注》亦自诩为郑玄以后之一人。然则捧博士者，大有人在，非有一致的组织乎？

（经）美的书店，现已开幕，欢迎参观。所用女店员，招待周到。

【笺注】有人见博士营业"美的书店"，脸色黧黑，形容憔悴，颇与"美的"一词不合。不知博士之呼吸，不重肺部，自然脸色黧黑，形容憔悴矣。至于女店员，若千代洋行等之女店员、P世界女招待等等；其"美的招牌"，必不及亲炙博士者之周到也无疑。

（经）我主张丹田呼吸。

【笺注】丹田之说，道书论之甚详。何物丹甫！不知丹田究在何处。甚矣见识之浅也！前江苏教育厅长蒋竹庄，著《因是子静坐法》一书；谓呼吸之道，能离肺部，而入丹田，便是"胎息"。养成胎息，便是延年益寿之道。愚按龟之所以长生不死，非善"丹田呼吸"之道乎？丹甫不知"丹田"，当知"心地"。须知"丹田"在膀胱之上，脐之下；张博士必以为然。然愚不知张博士能以"心地"语我否？不禁拭目待之！

虫学讲义[1]

钱絜庐

楔　子

性学博士道："女性丢第三种水的时候，男性晓得性部呼吸；那么，所放射的精虫，一定活泼而强健，便是'优种学'的主要目的达到了。"这样说来，虫和"优种学"是有密切的关系。动物学家道：全体须分头、胸、腹三部，胸部具六足四翅，腹部具卵巢、输精管、阴茎、阴道，每环节具气门、空气管；这种节足动物，统称之曰昆虫类。在广义上说起来，这个虫字，不单是属于卵、湿、化的动物，也属于虫类。一个人前生造了孽，死后在阎罗殿转轮里，不能够再投生做人，便投入畜生道中，甚至堕入卵、湿、化三道中去了。可见虫类之范围广大了。

要编辑一种讲义，可以溥及海内，流毒社会，必须具三种哲学：（A）必须胡乱的引证科学；（B）必须外国人所放的屁，来做讲义中的教材；（C）要有"新文化"的价值。三大要素，缺一便不能流芳百世了。现在且举一个例子来谈谈，譬如巴多淋液，应该改称做"第三种水"；壮阳的方法，应该改称做"性部呼吸"；"淫学"应该改称做"性学"；《痴婆子》诲淫小说应该改称做"性史"。这部虫学讲义，自

---

[1] 1927年7月24—27日连载于《时事新报·青光》，署名絜。这里略去部分关系不大的文字。

然不能够专谈臭虫、白公、苍蝇、粪蛆等等的普通虫类了。

（一）虫的种类

因为《青光》上刊了一帧插画，底下为一本书，写的是美的书；书上有粪桶，桶外有许多苍蝇。一只一只的堕入粪桶里来。性学博士张竞生——他原名张同甫[1]，倒和陈仲甫改名陈独秀一般的善改名者——一见恼羞成怒，在第五号《新文化》上，大骂秋郎就是此中"淫虫"之一。编讲义的，因为新听得一种虫名，喜心翻倒，便在登厕的时候，拿本《新文化》去研究，可是终究不大明白"淫虫"的状态，虽然张博士举了两个证明，我还是不明白天地间有怎样的逻辑，便叫做"淫虫"！哦！有了。"淫虫"大概就是"精虫"的别名，张博士硬派秋郎是条"淫虫"，或者就是张博士日夜所研究的精虫，也就是构成张博士的老祖宗啊。所以精虫、淫虫，是关于人们的虫类，来痛痛快快研究一下子吧！

昆虫学家分虫类为八大目

…………

⑤直翅类，朝生暮死的蜉蝣，因为雌的丢过了第三种水，雄的也发明了性部呼吸，性交的工作既完毕，自然可以死了。

…………

（二）虫之性知识

大凡一种动物，天然具性知识的，何必要有性学博士来著书立

---

[1] 此处信息有误，张竞生并无别名"张同甫"。

说，方才得着性知识呢！就是幺魔小虫，像苍蝇、蚊子之类，花间壁上，亲亲密密地实行"同居之爱"，我们常常可以见到，难道蚊蝇里也出了一个性学博士来热心提倡性交么？只有人们是最不中用的东西，所以要出一个性学博士，方才得到性的知识。不过话要说转来了，性博士的性知识，一半属于国粹的，一半属于欧化的；什么丹田呼吸、性史，不是偷自道家书的么？不是脱胎于《金瓶梅》《肉蒲团》的么？什么叫做可白氏腺、尻盘膜，这是属于贩卖式的名词。况且性博士的大作，大概拾了前人的唾余，伪造了一个新名词，便镠辘曼衍，不知所云的做成功一篇东西的。

虽然有许多人骂他是"伪科学"，是"人妖"；不过他面皮没有感觉罢了。性博士在他的大作上，刊了两幅男女的生殖器图，这是坊间常常可以见得到的，也没有多大的稀罕，然而也足以见性博士性的知识的高明了。在下是位虫学博士，不妨来谈谈虫的性知识，去开开性博士胸中的茅塞，不是应尽的责任么？

虫的性知识，要比人们来高明，蝶儿穿了美丽的旗袍，虽然是"拟态"的作用，也为的找些伴侣呀。蟋蟀幽默地弹琴，也是两性间的神秘作用呀。蚂蚁在一定时候，生了翅膀飞出来；蜻蜓咬着尾儿，在空间游行，不是性的冲动么？唯虫之繁殖极速，据云一头苍蝇产了一颗卵，卵化为蛆，蛆变为蝇，子子孙孙，大家性交起来，一月之中，使这一头生下来的无数子孙苍蝇，头尾相接的，排起队来，可绕地球数万匝呢。虫的生殖率这样大，不是雌虫善丢第三种水，雄虫善性部呼吸的铁证么？不过有句话要声明，虫的研究丢第三种水和性部呼吸，至少不过数小时，最多的也不过四五个月，过此便要死了。不能够像人们这样的长久，可以一本一本的来作性的研究；所以成虫以后，别的都不知道，只知道性交是天地间最重要的工作，这是虫之所以为虫啊。

…………

与张竞生博士谈谈"新文化（？）"[1]

潘汉年

张竞生先生主编之《新文化》月刊——"中国最有新思想的月刊"——在报纸上广告的宣传已久，到今天那本"中国最有新思想的月刊"才到我手，大有"新文化"姗姗来迟之感！夫张竞生博士者，专谈"性交"一事，尚不失博士本色；强欲以宣传"新文化"的使命自负，真是文化史上之怪物也！张博士著作印为单行本的，我看过的有三：第一本《美的人生观》，第二本《美的社会组织法》，第三本《性史》，就这三大著作看来，我们对于张博士只希望他能真实努力研究"性"的问题，将来尚有一部分希望，偏要来谈什么"人生观""社会问题""新文化"，未免"博士荒唐"了！他的思想是落后的资产阶级思想，他的哲学是金圣叹式的哲学，他的常识是"野鸡化"的女学生的常识，具此三副资格而自负宣传"中国最有新思想"的"新文化"，我们却不能不说话了！

山风大郎[2]说"骂人要有证据"，好吧，且把"中国最有新思想"的《新文化》第一期上张博士的大作来谈谈，不过先得声明：我的文章是不入流，说话有流氓气，倒不是张博士调笑《一般》主干的态度，未知我们这位自称常识家、艺术家、哲学家的博士愿领教否？博士，请了！

---

[1] 1927年1月1日《幻洲》半月刊第1卷第7期。
[2] 罗皑岚（1906—1983）的笔名。

与张竞生博士谈谈"新文化（？）"

打开第一期《新文化》，先看见的是所谓"社会建设栏"里的大问题："妇女承继权"，赞成妇女有承继财产的权，于妇女本身利益，只是消极的补助而已；诚如蔡元培先生的意见："遗产制未取消以前，当然男女平等。"绝对讲不上："然后才免有资本家扰乱社会的安宁，而又免有个人怠于工作及创造的流弊。"张博士要晓得现代社会之所以有资本家扰乱社会的安宁，及个人怠于工作，完全是现代的社会经济制度的不良，个个人民希望要私有无限制的财产的关系，你张博士不过主张"以五十万元为度"，而资本家是主张无限制的！有了五十万元的遗产，在贫穷的中国已经是小资本家了，你要他不扰乱社会安宁，及怠于工作创造是绝对不能够！

要打倒资本家，要免除个人的怠于工作，只有从根本打破现在的私有社会经济制度；绝不是"主张有限制的遗产制（以五十万元为度）"而赞成妇女有承继权能了事的。何况不求现在处于奴隶的、附属的、失去本能的阶级中的妇女解放起来，单是希望她们有承继财产权，还不是依然故她，或者更增加她们奴隶的、依赖的惰性而已！

所以我们只认为赞成妇女要有承继财产权，是在打破财产私有制及废除遗产制，改进到财产公有制的过渡期内，为妇女谋利益的一种消极的救济办法而已。不料张博士不懂得社会科学，不赞成蔡元培及华林二先生的废除遗产制而"主张有限制的遗产（以五十万元为度）"之外，拉了许多牛儿狗儿猫儿（那是大大小小之谓也，幸名人勿误认！）式的名人亲笔签名赞成妇女承继权，听说还要请其他赞成的，"将其芳名陆续登出于《新文化》月刊上"，好像要读者相信"中国最有新思想的月刊"《新文化》中的"社会建设栏"里的主张是确实可信，并非滑头假冒；等于江逢治的肺痨药水、韦廉士的红色补丸[1]、德国花柳科毕业的包医梅毒痔疮，有被治者的来信为证！

嘻嘻！不懂社会科学兼以小资产阶级思想（主张要有五十万元的

---

[1] 英国进口西药，有补血功效，曾在20世纪二三十年代的各大报刊有铺天盖地的广告。

遗产的博士），而谈"社会建设"岂不"大糟其新文化之糕"乎？

张博士虽以哲学而得博士，专谈"性欲"还好，而他偏要讲什么社会问题、哲学与艺术，是太不量力，何况在谈"性欲"问题中，常说出没有常识的话来呢！虽然他自负为"常识家"。

他在《怎样使性欲最发展——与其利益》一文中，说"使性欲发展而且把身体与精神皆得好处"，第一"尤当多食奈消化的滋养料"（张先生文中的奈字想与难字通用，校对先生及手民先生注意，不准加注"原文"二字，或自行改动，以免侮辱著作者或劳驾新文化社法律顾问何世桢、何世枚两大律师之法律起诉也！），多吃难消化的滋养料是有碍卫生，谁都知道的；大概为了要发展性欲的关系，"尤当多食"也不碍事吧？但我唯恐性欲尚未发展，因多食难于消化的滋养料的关系，其他毛病倒先行发展了；那时除非张博士能证明性欲发展可取消百病。——张博士文章之妙尚不在此，在"……尤当多食奈消化的滋养料如上海的豆芽菜与粗饭，兼些肥肉类的东西"一段之后，马上接着下文："但切不可多食肉类，多食则全身变为脂肪质的胖子。"刚刚说"尤当多食……肥肉类的东西"，马上就打自己一个嘴巴说："切不可多食肉类，多食则全身变为脂肪质的胖子。"大概张博士为了性欲发展，先说"尤当多食……肥肉类的东西"，继而想到"身体太胖的人，身体不好而且房事极不济，他们如猪一样……"的关系，所以马上打住自己的嘴巴吧！

他又发明"性部呼吸"，可是噜苏了半天，读者还不知道把性部如何去呼吸！这个大概非当面传习是不会懂得的了！或者有机会看到"熊先生者能把他的阳具吸入若干高粱酒"和"安南的确实报告""男人阳具甚小全靠女阴吸力缓缓将阳具吸入作事"能豁然大悟也未可知。然而此二例只是"吸"——"呼"到哪里去看呢？

他又说"利用性欲最好办法""唯有使情人制与交媾制并行不悖"。妙哉，所谓"情人制"与"交媾制"也！他的"并行不悖"的方法如下："这是说一面使情人愈多愈好，多而至于无穷数更好。但情人不是为交媾，乃专为情玩与神交的作用，而使他对情人垂涎三尺，但不能一点得到交媾机会，由此性器官充分兴奋。……于此无数情人之中，只有一个可以交媾。……这样既可以发泄其性欲，而又有相当的限制。"此种哲学玄妙乎，科学乎，丁文江与张君劢也无从辨别了！既容"无穷数"的情人，为甚只好"情玩"而"神交"不准其交媾呢？所谓"限制性欲"是如此的限制吗？真是金圣叹都不如的哲学了！张博士口中的"神交如亲吻摩奶，相抱互谑"，既然承认是性欲的发展，干吗又要勉强节制，"唯有一个可以交媾"呢？如此而谓限制性欲，实在还未懂得性欲二字之真义也！要限制性欲，倒不在乎"唯有一个可以性交"，只要经过性欲的艺术化（所谓爱情的成熟），保持性欲之常态，不损害健康，得双方之同意，自由而行之。张博士之"唯有一个可以交媾"的口号，实在是由一夫一妻制的传统思想，而养成他自称的"新淫主义"的新兴道学家也！

他在《如何得到新娘美妙的鉴赏与其欢心》一文中，曾讲到为免除新娘触破处女膜感受苦痛，应当用"凡士林油""先敷满女阴与自己龟头"，这是"常识家"的提倡吗？凡士林油之不卫生早经中西"常识家"反对，愿博士勿再冒"常识家"之名随处提倡！

新娘在前与人有染，新郎之不宜追究，为的是性交有绝对的自由与自主，不容他人之干涉，贞操是跟着爱的自由发展同时并进的，所以男子对于女子以前有染与否，绝对不能怀有不满意和诘责的观念。然而张博士不从这方面说起，单就"交媾的快乐，不在处女，而在女子的'老练'"上着眼，拿"你们于肉体上应当庆幸有人为你们打破难关，使你们坐享便宜"的理由来说明，未免浅薄，而使青年对于贞操观念容易混淆！这种态度，算不得"中国最有新思想的"！

在通讯栏里，有位林乔甘先生问他："在妇人经水后四天里交媾的，必受女胎，四天以上八天以内必得男胎；有的说：男射精在女子受精器右边则胎男，左边则胎女；有的说：女子受胎应该在经水，或经水后十五日，究竟孰是孰非，请博士指教一切。"博士的答复是：

"所举诸例，一无是处！……但就多数统计上说，倒有一定的结果可期者：大概富裕之家多生女，贫穷之家多生男。文明夫妇多生女，野蛮伴侣多生男。住城者多生女，乡居者多生男。丰年升平时候多生女，饥馑战争时代多生男。平阳水居的人多生女，高原山居者多生男。总其原因，大概男女之生产与父母之食料及其身体之锻炼，大有关系。即安居足食与柔弱者生女较多，而饥寒与强健者生男较多，这些较近有科学的价值。"

我们看了他的答复，不禁要替科学叫冤了！开端一个"大概"，收梢一个"大概"，并且"就多数的统计上说"的，单是"大概"的统计而强谓"较近有科学的价值"，未免与林乔甘"所举诸例，无一是处"一样了！一个"大概"的统计，加上一个"大概"原因，就说它有科学的价值是多么滑稽的事啊！自己不会按统计用科学去究其成因，不当以"大概"来连带科学两字跟你跑，做你"常识家"的幌子！

他在《新淫义与真科学》一文里，极力标榜自己"我是一个常识家，有时又是哲学家，有时更是艺术家"；极力骂周建人为"中国式的科学家"，未免令人头昏而肉麻，呕心而生气！我不是袒护周先生，我和他无一面之缘也，无翰墨因缘，与张博士倒见过两面，并且曾讨论过代印关于专门研究性欲问题书籍的事，毫不带感情的说，把张、周二人所有的著作来看，谁都承认周的常识程度比张博士要高明。如张博士在厦门某处演讲，大大的袒护"小马甲"，说什么小马甲虽于肺部有碍，不过穿了成为习惯后，肺部也会适应小马甲的束缚等语，才是"中国式的科学家"！关于"小马甲"的"常识"问题本刊下期有专门与张博士讨论的文字。这里恕不多说废话。[1]

讲到张博士，是有一点可以佩服的，关于性欲问题，肯率直公开研究讨论，引起我们青年自身之注意；惜他还缺少常识——自然的、

---

〔1〕张竞生演讲"小马甲"话题，后证实是当时有人造谣，纯属子虚乌有。

社会的常识，爱乱诌哲学，妄称艺术，未免令人失望。所以今天我在极诚的批评以后，还要进几句新流氓主义的忠告：

张博士没有能力担负"中国最有新思想的""新文化"宣传！还是到大学图书馆里或西洋各国，去努力学一点"常识"，再切切实实发阐"新淫义"，将来真的成为一个"淫欲博士"，而不要现在所有那个浅薄无聊的"哲学博士"荣衔。非特个人精神愉快，于社会，于中国也有一点好处！

如再执迷不醒，强要假借"最有新思想"的幌子而自负"新文化"运动，谈什么社会经济问题、哲学与艺术问题，真是"大舞台对过——天晓得"！

一五，一二，二二，夜三时半于楼梯之下，短榻之前

张竞生之迁怒周作人[1]

潘汉年

自张博士与褚女士脱离夫妇关系以来，我们常常看见博士痛骂褚女士的文章。在这一点，使得我们对于张博士之博士根本起了怀疑。张博士既然主张性爱自由，结婚离婚绝对自由，那么褚女士不爱你的时候，或你不爱她的时候，实行离婚就完事了，可是张博士自从褚女士离开以后，好比小狗晚上找不到母狗似的狂躁，居然把她过去的行性，及事后历史如数家珍一般的再三陈述，加以痛诋，诚不知博士之用意安在？在《新文化》第六期上《怀华林》那篇名作里，居然又如村妇吃醋地大发酸味，而且酸得下作，他说：

"让屈凌汉与褚松雪一公一母在武昌大开秘密之门！我们闭耳不听，闭眼不视，让他们叫得连天响，交尾到满街走……"

这是什么话？博士效法金圣叹之笔法，把屈凌汉与褚女士的关系描写得"如闻其声""如见其行"，固然是痛快了，但是请问一句：已经和你脱离夫妇关系的褚女士，即使真的去和人家"交尾到满街走"，正是你平素主张的"性的自由"，你博士有什么权能可以任意诋毁和干涉？——难道博士主张女子要从你而终，为你一人试验"第三种水"吗？哈哈，混蛋！

同时怀恨褚女士之离开还不满足，居然又迁怒到周作人，更是妙极！他说：

---

[1] 1928年12月《幻洲》半月刊第2卷第5期下。

"中国虽有如崔氏及褚松雪等不情，假面孔，奸诈阴险，双面刀，一面甜过蜜，而一面涂满了毒药。但望你不要太骂我国的女子吧。她们的坏处都定被那班奸险的男子所教的，周作人辈即是最能教坏一班女子变成不情，假面孔，奸诈阴险的人！"

呜呼，博士！褚女士陪你到曾经养了一个儿子，居然"被"周作人辈教坏，而终究和你离婚，周作人的能力岂不是比较做了褚女士七八年丈夫还大了吗？你整天价提倡第三种水可以增进夫妇之爱情，怎么连自己的老婆还能被人家教坏而无第三种水之成效呢？

苦矣博士！他自供：

"自与褚离后，长长岁月我尚未曾与人交媾过一次，皇天后土，实鉴此心。"

原来博士之屡次痛诋褚女士及迁怒周作人，有由来也！你们想：他是"长长岁月我尚未曾与人……"在此试验无对手的情况之下，怎么不要肝火上升，下意识起了作用，痛骂褚女士而过瘾呢？

哈哈，狗屁，高唱性爱自由的博士！

十一月二十晨

第三种"张竞生"[1]

刘云若

凡事全是愈出愈奇,愈玩愈妙。事固如此,人亦同然。好人日见其好,坏人日增其坏。且又有时坏人由坏变好,好人由好变坏。故人之一生,自少至老,不定变成几种人。譬如除三害的周处,前后截然是两种人。唐朝的玄宗,也是前后两样,第一种是明君,第二种是淫昏之主。

话说到张竞生,提起当年,未始非规规矩矩的博士大教授,此第一种之张竞生也。不想以后越玩越新鲜,作了《性史》成了性学专家,鼎鼎大名,凡世之知什么水者,殆无不知张竞生矣。此又第二种之张竞生也。但是以张竞生之大才,必不肯故步自封,定还任性猛进,以求天下之性皆归焉。可是近者张竞生在上海讲演"性欲的升华",仿佛不脱《性史》的老套,依然还保持第二种张竞生的模样,真是令人烦腻。我们只盼他一军挺进,赶快把"第三种张竞生"弄出来。那才该喊"乌吗衣"(日本话)咧。嘻嘻(而不哈哈)。

---

[1] 1928年5月19日《北洋画报》第189期。

几位上海法科学生的来信[1]

竞生先生：

我们渴望已久底《新文化》月刊，现在居然应了我们理想的要求而产生了，这是多么可以庆幸的一件事！

我们知道一般中国的社会，布满了妖魔似的腐败的空气，数千年遗留下来的鸟道德，和现今所提倡的洋八股，都把我们一班可爱的勇敢的青年，拘束得和铁桶一般，使我们思想得不到一点自由发展的机会，使我们只在一天到晚的横冲直撞，不能求得一条比较的我们所应该走的路！唉！这在我们生活的过程，觉得多么枯燥而乏味！

在过去虽有少数比较聪明的文学家，出了像《洪水》和《创造月刊》等等的几部书，然而一方面受了社会的环境的支配，一方面几个作者还脱不了传统的观念，因此很少能够使我们很满意的地方！然而这万恶的社会，已经加以诬蔑和攻击！而我们可怜的青年，也从无书可读的当中，已经欢迎得不得了！

在先生去年也做过了一部《性史》，我们确实可以说：还没有臻于至善至美的地步，然而也已经使洛阳纸贵了！

好了，现在先生居然和一班体恤青年的志士，出版了这本《新文化》月刊，在里面有关于社会问题的讨论，在里面有关于性的问题的讨论，在里面更有关于一切的我们青年早晚所不能解决的各种问题的

---

[1] 1927年2月《新文化》第2期。题目为编者所加。

讨论，这是我们青年的福音！这也是社会革命的一支生力军，这就是人类解放运动的急先锋！我们当大声直呼，馨香以祝《新文化》月刊万岁！《新文化》月刊万岁！

最后我们一个小小的要求，就是在创刊号里有一篇关于第一次赞成妇女承继权之签名，蒙先生将我们几个人的姓名，也登载在内，这是多么荣幸的一回事，而在这签名介绍的当中，将上海法科弄错了中华法科，这是要请先生更正的，其实呢这种错不错，有什么要紧，不过随便说说罢了，哈哈！

郑观松、杨秋心、吴雨声、韦圣闻、潘敦徽、杨骥

渺海女士的通讯[1]

竞生博士：

今天本拟走候，恐怕耽误你照顾小博士的时间，因又住了脚，但是为了读你的《恨》好像给什么东西噎着似的，总想向你吐出来看看，加上闲得无聊的我，不知不觉的顺手写下去，写好或许送给你或许掷到字纸篓。

在《新文化》上似乎你替几千年地下层的女性翻石头呢，对于女性的性的问题、财产问题，给了女性一个霹雳似的惊醒，无论宗法宗教的信徒怎样对你反响，我以为头脑清醒些的人们总承认你是妇女们的救主，因为女性地位的陷落，第一是性的束缚，第二是经济的不平，你既呼喊着性的解放、经济的平衡，正好像给她们吃了一个清醒果。但是我相信读了你的《恨》的人们总患了与我同样的咽病，虽然各人噎的东西不同，大概总是《恨》里面也有果或许连果核也吞下去了，所以才会噎着，哪里知道你是在人们喉头上去淘清醒果呢！你看那班市侩正借了你的呼声，大唱他的反二簧，什么性杂志……呀，你这一《恨》反叫穿衣服的禽兽乐借此唱他们的老调，我以为你因失了一个爱人而发《恨》，孰不知这一《恨》里而又失去了几千万个爱人呢？这又何苦来！

你不但是个革命的先锋，还是一个超革命的创造者，这是我十分

---

[1] 1927年5月《新文化》第4期。

崇敬你的，更是和你表十二分同情的。创造超凡的时期当然免不了有些毛病，因为凡是创造一事件必定经过继续力的改进才能完美的。《新文化》是负的创造超凡的责任，是个新出世的刊物，她的毛病正等于头痛病，头痛病是人们常有的毛病，因为她是毛病，不是大病的缘故，在患者本身常忽略她，但是她常常无聊的喊着头痛，别人就以为她是个病夫了，正因为她常喊头痛，又不告诉人起病的原因，或许是痛得神经昏沉了自己更顾不到吃药了！

　　竞生谨复：我想爱一物最要是把它的好处及坏处通通知道，然后对它好处则加赞誉，对它坏处则加针砭，这样才能真切的爱才能爱的坚固。我爱我国女子是出于本性的，因为爱之切，故不能不期之高与望之奢，故我之恨正所以爱之也。若如来信所说孰知这一"恨"里而又失去了几千万个爱人呢？不错。诚然！但这不能使我怕。假设因此而使全国女子皆恨我我也不怕。因为我的胜利不幸不在今日，定必在后来的女子。我的苦心我的诚意我的伟大热烈的爱，终有一日见白于我国的女子！

《新文化》断不是淫书[1]

陈梦韶

论淫书之文,郑宾于教授曾在《新文化》第二期发表了,他的眼光是不错的!他说:"以旧小说论:《水浒》《红楼》,非不佳也,然而一般的评论者却说它是'诲盗''诲淫'。《金瓶梅》《九尾龟》《肉蒲团》《灯草和尚》等书者,非不淫也,然而我们正可由它而知道作者的文学艺术。"夫以《金瓶梅》等书之描写淫欲,而尚有其文学艺术之真价值在;以《水浒》《红楼》之纯粹描写英雄儿女之真性情者,尚被目为"诲盗""诲淫",则《新文化》之讲性欲学理及方法者,宜其为一班自命为道学家之流目为淫书矣!然而《新文化》断不是淫书,它断不得与《金瓶梅》《九尾龟》等书并看,亦断不能作《红楼梦》一类视之。小说描写主要在乎"情",《新文化》写性爱问题在乎"理"。溺于情,往往足以堕陷一般青年,使湮没其壮锐之志;明乎理,非但不能堕陷一般青年之志气,且足以指导其迷茫,使其对于新知识有彻底之了解,而免奔入空想,以为性的问题是一桩什么极神奥、秘密、不可言说的事项,因空想好奇之心太过,致发生"色情狂",或致混入嫖妓之途。若能先明了性的真相,则前所以为不可言说的神秘事件不过尔尔,于一般青年之心,也就目为平常之事了。有妻室者,多知道一点性生活的高尚方法,多得一点

---

[1] 1927年11月《新文化》第6期。本篇开头有"编者附志":以下三篇是拥护本刊的,是为应本刊征文而来的,此中当然免不了有党同之嫌疑,但也可窥见舆论一斑了。

性生活的真快乐；未有妻室者，亦安心坐待，望妻室之来，得以如此实行其高尚的性生活而已；当不能如前的心志误迷、东撞西撞的了。这是单就心理上来说，《新文化》断不是有妨害青年的淫书。就事实上而论，《新文化》已出的过去四期中，哪一篇是"诲淫"？哪一篇是专用情感性质的文字去描写诲淫的言论？哪一篇不是依事据理，切实可作男女青年的性爱指南？专就性育栏的篇名而论：第一期《怎样使性欲最发展——与其利益》，及《如何得到新娘美妙的赏鉴与其欢心》，可谓说性爱的事项最丰富的文字。前一篇叫人发展性欲的方法不在吃药，重在食滋补品，重呼吸运动；后一篇可以减少新娘婚后许多隔膜、许多疑猜、许多夫妇恶感。促成许多完满美姻眷——这难道是"诲淫"吗？

《新文化》第二期关于讨论性爱的文字最重要者，为《第三种水与卵珠及生机的电和优生的关系》，及《性的教育法》二文，前者讨论第三种水，是极有价值的优生学文字，也是张竞生博士为要指导性生活的真乐趣在哪里，要使一般兽交的我们同胞，知所取择，不致醉梦昏迷，作那鸡鸭麻雀的交媾，淡然无味，因而缺乏性的满足要求，其结果之弊害：一、男女失其性生活的满足快乐；二、因性生活失却满足快乐之故，所生出来的子女，非愚即夭，产生布满全国的"低能儿"国民，恶劣的子弟举国中而皆是——这就我国人不讲究性爱问题的一般男女与欧美人民之讲究性爱者，从其所生国民相比较便知；三、天既赋予人类的性生活中有此第三种水的机能，而人们大都不能享其快乐，只知性欲发作时，与老妻幼妇在被窝里乱抽一两抽，送了几送，把那无精打采的精泄出，就算是性生活，算是要制造儿子的勾当做完了；这真正冤枉上天使他生做一个人，这真不算是人的性生活，简直是麻雀和鸡犬一类不如的"非人的性生活"罢了！此项第三种水的"微生学"上的重要新发现，在一个曾译《遗传学》的周建人——比较关心于优生问题的文人，尚且懵然不知不晓，况一般青年哪能知道？今张竞生博士毅然把这新发现的天赋机能揭布出来，其有裨于"优生学"，其有补救于改良中国"积弱的人种"，其有贡献于人类生活的优美快乐，功劳实是不少；有真心爱惜中国的政府当局，正宜褒奖之不暇；有心爱惜中国的教育家和优生学家亦当宜弘扬赞美之不暇……苟其不然，反加以非訾干涉，便是不明了，意气、迷执、专制、摧残学理、毁灭新言论，不知赏惜新时代的学者——新时代的产生者，欲使中国人民返于洪荒无知之世！欲使国内男女青年的性生活尽变为鸡鸭麻雀的性生活而后已——欲使中国长此"低能儿""恶劣分子"继续蔓延蓄生，以至国弱种亡而后已！我知一般有明了头脑的政府当局、教育家和优生学家，当不至如此狂悖颠倒，不知褒奖反视为邪说异端的罢！第三种水的发现，确是有大功的言论，那么后一篇《性的教育法》更是平常教育学者所当要讨论的重要问题，更不是诲淫的文字无疑的了。至于第三期的性育问题文字，以一个"善于吹毛求疵"的我，也终找不出有诲淫或伤风败俗的文字来。谁能告诉我其中有"诲淫"的文字，我倒要请他指摘解释出来。

  第四期的《新文化》，讨论性欲问题的重要文字是《性部呼吸》一篇，这篇文字第一段解释呼吸的真意义，第二段说性部与呼吸系关系的证据，第三段说性部呼吸的实状……一、血液的消长；二、性神经的感觉，在性神经的感觉一小目内分说：（一）指窝及掌心的性感觉；（二）嘴唇；（三）腋窝；（四）颈部；（五）奶部呵！就只这最后小目内一段的论列，其足提醒青年的"兽淫狂"已不少了！我们一班青年从今后才切实地明了性感受不专在男阳女阴，不专在交媾，不专在行淫泄精，只须用这最优美、最高尚、最简便有情的"情玩"方法，便已胜过房事嫖淫的快乐了！呵！假使我有一个最相爱的情人，我最多，只要实行这种高尚的情玩方法；我一定不要胡思妄想。那种鼠头鬼脑地筹划要如何和她偷淫、窃香的事，绝不去试的。我也曾知摸乳、接吻是表情的一回事，但假如没有像张博士一辈先觉的人告诉我们，而且以学理用系统的方法告诉我们，说性神经感觉不专在阴阳器，而尚有较阴阳器更感受着性爱快乐的嘴唇、奶部等在，使我们从高尚的性爱路上出发，我们一定要孜孜从"淫"字方面着想，从"淫"的方面用功夫。我们有偷香窃玉的机会，一定会变成淫滥孽子；有金钱的时候，一定变成大嫖公子；有娇妻美妾的时候，一定变成淫虫莽夫！今而后吾们既深明性神经的感觉的真快乐所在，这可减少许多罪恶，可省却许多淫滥了。我们青年苟个个都依照这言论去实行对待我们的对方情人，至多，也不过使社会形成如同欧美的恋爱生活样子——高尚的、纯洁的、表情而非交淫的。由上事实理论来看，这篇《性部呼吸》一文，也断是一篇经世有裨文字，若有说它是诲淫文字者，其人死后一定被罚入"拔舌地狱"，万世不得超度！（此语若嫌太不恕）至少，也可称他是头脑麻痹的无理性的伪君子！

《新文化》自第一号至第四号的讨论性育的文字，我已一一指示加以公正的批评了，它断不是"诲淫"的文字，稍有理性和学识的人类，谁不赞同我批评的不错？那些重要的讨论性育的文字，既都是促进"优美的性生活"，提高"真正的人生"，有贡献裨益于"优生和人类改良"的宏文巨论，其不负为《新文化》的产儿者固已毋庸多论。兹略提及其他文字：如第一期的《妇女承继权》的提倡，真是替一切被压迫的妇女的第一声号呼！这篇文字是一个要把妇女从"性奴隶的监牢中"救出来的林肯的宣言！它是要谋妇女平权且替她们争得平权地位的被压迫的妇女的教主！这类为妇女谋解放的第一步，一般提倡新文化运动者曾注意之乎？现在《新文化》一出世，便开口高呼着这"妇女承继权"的声调，假使你是注意新文化运动的热血者，你一定要三呼《新文化》万岁！！！假若我是个妇女，我一定要联络二万万的被压迫的女同胞，同向着这《新文化》的提倡和赞成妇女承继权者，三呼万岁！！！

《妇女承继权》一篇而外，其他如《视觉与性美的关系》《情感化与群众化的艺术》《母爱的调节与其要点》《关于庚款用途的一个建议》《艺术概谈》《实验小说论》等等，哪一篇不是正经大道之文章？哪一篇不是极有价值，极有贡献，极有新思想的言论？

唉，《新文化》究竟是不是淫书？我敢断然毅然地回答说：《新文化》断不是淫书，《新文化》就是"新文化"——不负其为《新文化》。它在优生学家看起来是优生学；它在美学家看起来是美学；在教育家的目中，只是视它为性教育学；在理学家的目中，只是视它为说理学；在新文化运动者的目中看起来，只是在一个黑沉沉的中国宇内的唯一的新文化宣言书！然而，在另一班人的目中看起来，就大不以为然了。道学家——或许是虚伪的道学家的目中，只看见淫；附和虚伪的道学家的不明了道理的民众——他们的目中，也许要惊骇它是"淫书"的了！易于与一班无知的民众表同情而且易于被一班社会上的虚伪道学家的哄骗播弄的执政当局，因也遂以"淫书"看视之了！

是的，《新文化》假使是淫书，执政者固应宜把它宣布死刑；《新文化》若既不是淫书，执政者自要极力拥护扶持，才对的罢。执政者不是聩昏的人员，断不为一辈不肖的伪道学派所播弄因而淆乱黑白。执政者是社会上明断无私的公人，应扶正锄伪——凡窃仿《新文化》言论，而自出小报、淫书的奸商书贩，它要予以严重查究，使其遁迹无噍类；如此乃不负新时代的产生者如张竞生博士一辈的人才的创业的婆心和苦志！若谓因《新文化》之出，而遂有小说淫书之盛行，此正我国人民的没有程度的特征，执政者其将谁责乎？尝闻之，菲律宾土人因常见影剧的侦探小说，因而模仿其方法以行劫，执政者对此扰乱治安之事，其将执盗而杀之乎？抑将把摄演影剧的公司封锁而将它宣布死刑乎？

我们都作了虚伪的道学家罢，我们一同去看《水浒传》的西门庆行淫一段故事；我们一同去看《红楼梦》——不是很诲淫的吗？怎么反让那大名鼎鼎的胡适之去鼓励它，推行它？我们怎不叫执政者把它们宣布死刑？执政者怎么不自动把它们宣布死刑？

怎么《新文化》便是淫书？怎么便会有被宣布死刑的厄运？岂是

为了那性育通讯栏内讨论的太率性公开了吗？难道一般新青年对于性育事项有不明了的不许他们询问请教吗？他们有的有了性的秘密病、古怪病，难道不许他们责问高明，要让他们酝酿着去再糊涂地为中国生了许多不成丁的寄生虫出来吗？难道公开讨论性育问题，就是伤风？就是诲淫？假使这不诲淫的当做诲淫的论，而因这所谓诲淫的讨论，竟能使一般青年明了所不得明了的人生重要事项；解决所不能解决的人生重大问题；脱离所不堪胜任的人生重大痛苦，结果，终于使他们得着性生活的快乐、人种的改良——这便谓之诲淫，也须讨论的；况所谓诲淫者，只不过是一班"淫者"才如是看罢！

总之，我盼望在这黑沉沉的中国社会里才出现的《新文化》明星，不致及早陨沉！我盼望它要永远地照耀着——从它那不息的光芒的映照，终必能使一班富有理性的国民甚至一班无理性的虚伪道学家，也都会表同情的。

我也盼望我们政府宜竭力奖励这班新文化提倡的志士文人，同时并惩警剽窃学说有妨害这班提倡新文化的志士文人的那些文化之贼——一班造小报的奸贩。我尤其盼望中国社会，是言论自由的社会，出版自由的社会——除一班偷造小报淫书的奸谲书贾是没有这般自由权的。天静地动之学说，在今日并不是新奇骇耳的了，然而高伯尼[1]却以是而被禁锢！性育问题在今日也不甚新奇骇耳的一回事了，然而《新文化》却险些儿被宣布死刑！孔子，我国之千古大道德家而兼大哲学家者也，他之言曰："食色性也。"《中庸》曰："天命之谓性，率性之谓道。"孔子告诉我们，"面包问题"与"性育问题"是同等的重要，而且是出于人类的本性，是天命所赋予的。我们依这天命所赋予的本性，率性无伪的去过了那食色的性的生活，便是合于"道"了。我们把孔哲人的话分析起来而得了人生的三大问题：

（1）食（面包问题）

---

[1] 今译哥白尼。

（2）色（性育问题）

（3）道德（行为问题）

一切人事、科学、学问、行为、感情、意志，几乎可归纳于此三大问题之内，科学家、革命家尽管竭力去促进人类生存的问题——面包问题。性学家、小说家竭力去讨论性爱，描写情感——性育问题。至于道学家也尽管去努力他们的道学生活，他们要祈祷，念经禁食，绝欲不婚，作僧作尼，都无不可——行为问题。因这三大问题都是出于性——天命。我侵犯你不可，你干涉我也不可。你板着道学家的脸孔来骂我谈性爱、谈性育、描写爱情的小说；说我谈性爱、性育是和描写爱情小说一样地有妨害青年。我也骂你不壮志，无情的颓废的东西！只会谈那令人做不到、自己不必做到的假道德以欺人。你又骂那科学家，说他们日讲究些坚炮猛弹，又骂那些革命家，说他们只是谈"救民于水火"的民生问题，而终于都作了人类的大祸害——战争、斗杀。如此你骂我，我骂你，岂不是真都要被宣布死刑的吗？其实这三大派的人都是为"性"的使命而来的，道学家不能脱离了食，也同时不能脱离了色。谈食之道，不怕饮食得法反而陷奢侈；谈性之道，独怕讨论知道其法而海淫乎？

我愿一班虚伪的道学家，收其诡幻夸张的法宝，现出其本来的真面目。我愿高伯尼之世的政府，不再见于青天白日旗帜下的中国。我愿《新文化》之明星永远地在我们青年的前头引导着！

草于厦门大学囊萤第三层楼，消夏之日八月十七夜四点钟

《新文化》与现代诸杂志刊物[1]

谢景仁

现代讨论妇女及性育问题之杂志刊物，最著名有《妇女杂志》，继之者有《新女性》，其他注重讨论科学者有《科学杂志》，注意艺术者有《艺术杂志》。《新文化》是最近产生的轰动全国的著名杂志，它出世只十来个月却比较同时产生已十来年的杂志还要著名的呢，至少其在一般民众的心目中，总不亚于《妇女杂志》或《东方杂志》。这是什么缘故呢？是为它专讲性育，专讲性爱问题出名吗？若果回答说是，则《妇女杂志》之讲"恋爱"，之讲"性育"岂不是更多吗？从前《妇女杂志》出一期"新性道德号"，破题儿第一篇长文宣言，大标特标说："依新性道德而言，若男女有真正受精，只但能够避免生育，便可行肉体交合。"（抄原文大意）这种言论，在这全国一时最瞩目之《妇女杂志》上竟毅然宣言提倡出来，读者不以为"猥亵"，讨论者不以为"倡淫"，当局亦不以为"诲淫"而把它宣布死刑。是的，不错，因为它是依照"恋爱真理"而提倡的。《新文化》书中讨论"性育"之文，也是依"性育真理"而提倡的，它比较同时的讨论性生活的刊物，是治本的，不是治标的。是说理的科学方法的；不是理论的，空谈的，它的根本讨论要如何去实行"高尚的恋爱"，实现"优美的性生活"。它的"第三种水"的发现，胜过《妇女杂志》之讲千万篇"恋爱"，胜过《新女性》之说"性育"百万篇。它的《性部

---

[1] 1927年11月《新文化》第6期。

呼吸》一文，谓其不猥亵，则可以作"恋爱方法论"读，可以作"优生学圣经"读；谓其猥亵，亦不过如近代高中卫生教科书的讨论男女性问题的猥亵；谓其诲淫，也不及"依新性道德而言，若男女有真正受精，只但能够避免生育，便可行肉体交合"的率性无伪的提倡为诲淫。

由上观之，性育问题若不可谈，则圣贤之书可焚，一切教育家可杀，一切讨论男女性问题的杂志刊物皆应宣布死刑！若可谈，则《新文化》何妨其为新文化呢？

《新文化》若徒以性育栏为论点，就是讨论达到"纯洁恋爱"的根本方法，若从建设栏、美育栏、文艺栏等为论点，就是"建设杂志"，就是"科学杂志"，就是"文艺杂志"，它的轰动一时，耸听全国，本非无因，岂得谓其专讨论性育著名耶？

它的被宣布死刑的厄运之来，或者由于一班同业者之妒忌，或者由于一班伪道学派之谣播，或者由于当局之不明察。此我以为在这青天白日旗帜下，应无不明察之当局——临时法院的推事已明了地说："张竞生不是有意'诲淫'的了。"是的，不但不是有意"诲淫"，且也谈不上"诲淫"二字。他接着说："不过自《新文化》出版，上海小淫报风起波涌其影响于少年甚大，此种'行为的结果'，张某不能辞其咎云云。"（抄原文）《新文化》既不是有意诲淫，而且并不是诲淫，而又欲以上海书贾偷出小淫报责备《新文化》编者——这种逻辑方法，就太离奇了！试尝以明之，《新文化》之被人人欢迎，好像国家银行的钞票：一班偷造小淫报的，好比假造钞票以混乱治安，妨害信用的小人。我们断不能因有假造钞票妨害治安信用而遂把堂堂的银行倒闭封锁；同理，我们也不能因有偷出小淫报影响于青年甚大，而遂要把严严正正的《新文化》宣布死刑，而遂有张某不能辞其咎的新逻辑！

以上所言，只就我个人和许多同志的批评眼光公平地说出，全无扬此抑彼的偏见，是是非非，待之明眼人和有理性的人们去裁判罢！

《新文化》是为"救淫"非诲淫![1]

王蕴玉

我读了《新文化》第五期《征求一个有意义的社会测验法》一段启事，不胜骇异而且痛恨！我与许多同志向来就看《新文化》是一种最有新思想，最有新贡献的出版物，不但不猥亵诲淫，简直可称是"救淫"的宝筏。何则？《新文化》所讨论的是就事论事；是根据学理；是说要怎样在这人生不能避免的性生活中求得优美的、高尚的、快乐的方法；不是叫人去乱淫，不是描写些如《金瓶梅》中西门庆的淫乱事实——只是本能的、淫欲的举动而已。《新文化》书中的宏文巨著，如《实验小说论》《触觉与性美的关系》《视觉与性美的关系》《情感化与群众化的艺术》《关于庚款用途的一个建议》等，其在"美学"上的真价值及在"文艺"和"社会建设"上的大贡献姑且勿论。单就讨论性育的文章而言，哪一篇是猥亵？哪一篇不是对于"优生"和"性生活"等重大问题有大匡助补救？则所目为最猥亵的《性部呼吸》一文，也就是最不猥亵的一篇"经世"文字。何以言之？试就篇中各段分析来说：第一段呼吸的真意义——这段说明呼吸不仅在肺，其他皮肤各部也都有和呼吸相同的作用，哪一句是猥亵？第二段性部与呼吸系确有相关系的证明——这段引各著名学者的证例——科学的、说理的、证实的，哪一字是猥亵？第三段说性部呼吸的实状——这段的内中分说一，血液的消长，引一二世界上人类性生活的事实以证明

---

[1] 1927年11月《新文化》第6期。

《新文化》是为"救淫"非诲淫！

性生活有这么一种性部呼吸的作用,何见其为猥亵？譬如我往缅甸游历回来,报告缅甸人风俗说他们的妇女每与人家相骂忿极的时候,辄脱开自己的裤子把阴器暴露出来以辱其仇人；或说非洲某部的土民与人怄骂气愤不过时,辄以泥土涂抹自己的阳物以示侮辱仇敌——诸如此等说话,不过根据世界各民族怪异的风俗思想,报告出来,使人们知道人类生活中有这么一回事而已,难道这就是猥亵了吗？第三段的二,说性神经的感觉,这完全是"救淫"方法。一般兽性的愚民,只知道有妻有妾,便是看作泄精器、交淫品；没有妻妾的时候,也是百般营为去偷香、强奸、嫖妓；他们把性神经的感觉全在交淫,不知高尚的"情玩",正可以使有了妻妾者,不沉醉于淫,有了情人者,不注想在淫；好嫖妓者,觉悟"肉淫"不是性神经最乐趣的勾当,因而减少其狂淫,救脱其危害。由是观之,《性部呼吸》一文,非但不猥亵,而且是"救淫"的鸿论,若贸然以"猥亵"之罪加在此篇言论,未免太枉而"不聪明"罢！

《新文化》中讨论性育之文,如"第三种水"的新发现,是"优生学"的最有价值的贡献,谋强种强民者,应即有相当的褒奖恩加才可。《性的教育法》是家庭教育所不可少的大作。书中著者和其子保罗说及梅毒之危险毒害,真令一班青年不寒而栗！他里头有一段告诉保罗说："……你到药房里买一种按梅术尼哥夫教授的方式——拉纳里纳二十格兰姆,与甘汞十格兰姆配合的膏药来涂在阴茎上,然后再加摩擦。你或有几分避开传染的幸运。"由这段看来,为保罗者,应如何感激父亲爱护之苦心才对,因为他的父亲既殷勤劝他不要陷入嫖途,以致患了梅毒的危险,同时又恐这人生不能避免的性冲动,万一有不能自禁,与其任其患梅毒而死,不如率性授予脱险的方法。若保罗不感恩,反说："父亲！你真是猥亵诲淫的呵！你怎么连这药方也说出来？"这样,在我们的头脑清醒一点的人看起来,一定要说保罗是理性发达不完全的顽童！同理,《新文化》内中也有率性的、坦直的讨论性生活的言论,授予人们以脱险的方法,获得优美的、情感的、快乐的生活；人们若不知感恩欣赏，或知欣赏而故意板着面孔说："张博士！你真是猥亵诲淫的呵！怎么连这性生活的快乐方法也告诉我们呢？"若果这样反对地说，那么就和不知感恩的理性发达不完全的顽童一样口气罢！

总之一种新学说新思想的产生，在当时总不能无引起许多反动的。倡说"思想行动"不在心脏而在头脑的某英国名医、倡说三权分立的卢梭、倡说天静地动的哥白尼、倡说飞艇行空的某某——他们在当时都是一般民众所目为邪说异端的人，徒遗后世万代替他们叫出无穷的惋惜慨叹！因为他们能道他人所不能道，敢倡他人所不敢倡，故他们成为历史上的人！"性育"一事，本来是人人能知的，却不是人人能道的；本来是人人必为的，却不是人人敢倡的。张竞生博士悯中国社会之无情——或有情而非高尚的、兽欲的；因而大发其不忍人的心，鼓其不敝之唇，倡人所不敢倡，道人所不能道。以他一个关心提倡"美的人生观"和大呼"组织美的社会"的人，哪得不有《新文化》的产生？《新文化》若果遭受宣布死刑的厄运，便就是把"美的社会"和"美的人生"宣布死刑！且从一方面说，张博士虽是倡人所不敢倡，道人所不能道者；从他方面说，他却是倡人所已倡，道人所已常道者。孔子说食色性也；孟子说饮食男女，人之大欲存焉；我国二圣贤已把性育一大问题在两千年前提出来了。斯托拔的《结婚的爱》、裴赛特的《性的教育法》……和新制教育的注重性教育；可见性育问题是中外教育家所已倡而能道之的了。《新文化》不过说理较透辟而已。若因说理明了真切而把它宣布死刑，那么那些倡性教育的中外教育大家都免不了要被宣布死刑的厄运！那些出性教育书籍如同男女卫生风月宝鉴等的书局和书也都免不了要先被封闭焚毁的了！其实，概括言之，一切说理不明了而且有害（？）的性育书籍虽可废绝，可宣布死刑；而《新文化》终不能和彼等刊物同作一例看视！

末了，我敢断说：《新文化》是"救淫"的书不是"诲淫"的书；《新文化》从一方面看是性育的科学，从另一方面看是社会建设学、美学、文艺之学。又有进者："知识"譬如宝剑，英雄用之以马上立功，盗贼得之以行劫杀人。性知识也如宝剑，淫者只看视它是淫，杀人之利器；智者则不然，他获得"性知识的宝剑"，必善用之以保存"良善优美的人种"。且凡事有大利者亦必有小弊，舍利而求弊，世无善事，世无可道之道、可言之言！余望执政秉法者，明言论自由之法律，同努力于中国新文化之发展，杜禁仿造小淫报——有害青年，同时有妨害新文化事业的进行的一般书贩丑类，不要因噎废食，则不但《新文化之幸》，吾辈青年之幸，亦中国社会前途之庆幸也！

评张竞生的"性文化运动"[1]

昌群

近来有一种很时髦的"运动"在青年思想界流行着。它是从西欧偷得一点皮毛的科学术语，同时又穿着东方文化（道教、同善社之流）的衬衣，板起十足的"学者""博士"面孔，很恬然的做指导青年的工作。倘若青年要照着这一派"学者"（？）的指导去解决青年问题，只是变成自私的、浪漫的个人享乐的追求者，而且他们追求的结果（我可断言）十九将一无所得，能够得到的只是个人精神、物质多方面的苦闷和压迫。这种运动的代表人物就是张竞生；它就是此处所要说的"性文化运动"。他的代表言论就是《性史》和《新文化》月刊。

现代青年，受政治、经济、礼教多方面的压迫。性的问题，亦是差不多每个青年都感有烦闷而又无从解决的问题之一。现在忽然有一个具有教授资格的"洋翰林"出来下"慈航普度"的决心，大吹大擂的提倡"性文化运动"，对于一般青年自然是恰合行情，自然可以引起青年之狂热的欢迎与迷恋。张大教授洞悉此点，所以很急进的编印《性史》，刊行《新文化》以从事提倡；结果对于他个人是得着很普遍的彩声和很丰厚的利润。干事之投机与讨便宜，宁有逾于此者！

关于张竞生所倡导的性交运动，我们有三个问题值得想一想：

---

[1] 1927年《中国青年》第6卷第24期。

评张竞生的"性文化运动"

一、青年是否有比性交更急迫的问题亟待解决？二、专门研究所谓"科学化""艺术化"的性交，是否可以得着性的问题的解决？三、像张竞生所倡导的性交方法，是否真如他自己所吹的：科学化、艺术化？

现代的青年十个有九个是苦闷的。青年苦闷之产生自然是由于半殖民的中国所受之整个的政治的和经济的压迫。在整个的半殖民地民族所受的各方面压迫之下，一般，青年自然有很多切身的困难问题不能得到解决，譬如求学、职业、恋爱、生活的痛苦等，无往不是给予青年以切肤的压迫，而又难得找一条适当的出路的问题。在帝国主义和军阀的政权之下，青年学生一面受讨赤战争或军阀互斗的影响，弄得教育破产，想读书而无地读书；一面因他家庭战祸匪祸、苛捐杂税之各式迫害，时有破产而中止学费供给的恐慌，以致发生纵有学校可读而不能进的痛苦。此外尚有学校内容之大半腐败，不能满足青年求知欲望，社会各方面的破败，不能使青年有适当的职业；升学转学以及毕业后找生活随在不能如愿的苦痛。复次，说到青年工农和青年妇女所受之厂主工头、地主土豪以及吃人的礼教思想种种不可胜数的压迫，更是无往而不是使青年求生不得、苦痛万分的问题。在以上略举之每一项问题之下，都是有无数的男女青年在里面呻吟号泣着。因此，现代青年所最感压迫而亟待解决的问题，是首先解除政治经济上的压迫，然后再求吃饭问题，读书问题，改良青年学生、工农、妇女之各种待遇问题等等的彻底解决。若是把这些急待解决的青年问题放在一边不去管它，而只把"性交"当作唯一无二的文化问题，说出很多的方法叫青年去学着解决，不但是弃重就轻，而且对于有些青年，简直是"解而不决"。因为现在大多数男女青年最感痛苦的是不能战胜经济的压迫，冲破旧礼教的壁垒去找着适当的性的对手，还说不到怎样学"科学化""艺术化"的性交方法。

复次，我们就假定一般青年多能照张竞生所指示的，把什么科学化、艺术化的性交方法心领神会的学好了；试问能否就此即可得到性的问题的解决？当然不能的！现在男女青年大半对两性关系缺乏正确的观念，难以自觉的在反叛旧礼教、脱离商品化的性的关系、尊重两性间的意志和人格诸条件之下，以求性的问题的解决。不特如此，即令有了两性关系的正确观念的青年，亦多有或受父母包办婚姻制的压迫，或受社会旧礼教的限制而不能得到男女公开的社交自由和恋爱自由。倘若不把以上的这些重重的困难问题解决，纵然把所谓艺术化、科学化的性交方法学得熟透，结果终只是"英雄无用武之地"。对于一般吃饭问题、读书问题、男女社交问题都不能得到解决的青年，不告诉他们以解决这些问题的途径，不灌输他们以适当的两性关系的观念；而只是向他们天花乱坠、绘影绘声的谈性交方法，结果是什么？是不但不能解决青年性的问题，而且更提高青年性的烦闷，变成更浪漫、丢开一切比性交尤其重要的个人事业社会事业于不顾的、性交享乐的追求者。追求的结果，终只是苦闷和压迫或性的堕落。因为所谓科学化、艺术化的性交，在中国社会现状之下，只是个人生活地位优越，不愁穿、不愁吃的如张大教授或商品化的女交际明星所能得到，不是大多数受压迫、吃饭穿衣都感困难的男女青年们所能够享受到的呵！

最后，我们再看一看张竞生所倡导的性交运动的本身，究竟是否真如他个人所吹的"科学化"和"艺术化"？从张博士在《性史》上所题的按语尤其是他老先生在《新文化》上所发表的《怎样使性欲最发展——与其利益》的文章中观察，我们可以老实不客气的说，张竞生所倡导的性交方法简直是一塌糊涂，离科学、艺术不知有多少万里！张博士在《性史》中所加之几条自命是"科学的"按语，业已被周建人君在《一般》上指摘过，但是张博士却以"我看的性书也有相当的积量，而我的主张（实则就是张博士对于关于性的事实的论断或推测）常有超过一般普通自命性学家的思想范围之外"二语推辩得干干净净。因为张博士"看的性书有相当积量"，所以他自信他的主张是不会错的。因为张博士的"主张常有超过一般普通自命性学家思想范围之外",所以他所说的虽然错了,不合事实,却还是"特别"自命的"性学家",而且"值得傲人"!

复次,张博士所告诉我们的关于发展性欲的方法,要算《新文化》月刊上所发表《怎样使性欲最发展——与其利益》一文最为详尽具体的了。张博士所说的发展性欲的方法,前二者如多食滋养品、多运动尚不算胡说,但是说到第三方法"新近由我所鉴明者就在腹式呼吸、丹田呼吸及性部呼吸与性官强健有密切关系"一节,则真正"超越一般普通性学家思想范围之外"的"特别性学",叫人"莫名其土地堂"了!张博士说"丹田呼吸,因其去腹部仅一间,而且有和尚道士试验过,自然也可相信(?)"。可惜张博士没有说"鄙人已经试验过,最可相信",而只是叫我们去学和尚道士,学同善社!这只不过是和尚道士的性学,同善社的性学,"超越一般普通性学家思想范围之外"的"特别性学"。这种性学对于一般青年,简直是"学不得"!因为青年大半并不如张博士一样,相信和尚道士。至于张博士所说的"性部呼吸",尤其荒谬,不可思议。他举出一个可以用阳具吸入高粱酒和一个"全靠女阴吸力缓缓将阳具吸入作事"的例子来证实他的主张,证明性部呼吸本是常事。举出一个"熊某先生者"和一个从霭理斯书中的安南报告叫青年"如法炮制",而且这是"常事"。倘若像张博士这样提倡科学化、艺术化的性学,则"潘金莲大闹葡萄架""封悦生夜战十二金钗"与夫未央生之用狗生殖器加大阳具也都是科学化的性学,也都是常事了!但是不然的,那些都是淫书,只有张竞生的《性史》和《新文化》乃是科学化的性学!再者,张博士于指示性部呼吸法之后,接着叫人如法炮制,说"如此每日若干次,继续若干月或若干年之后而大功告成矣"。这尤其是药店卖春药说"服试无效,原件退洋"的惯技!试问实行到若干月、若干年之后,假若是"大功不成",叫人到哪里去找张竞生算账?像张博士这样用荒谬而且滑头的言论来指导青年,而且还是提倡新文化,则我不但要为青年叫苦,而且要为新文化一哭!

除了占了大半篇幅的"特别性学"而外，在那一本自己之所许"中国最有新思想的月刊"中，又有所谓"社会建设"的《妇女承继权》。在这里面张博士等除了摆出十足的"我们男子应当出来（替你们女人）主张公道"的面孔，主张女子应得"以五十万元为度"的遗产而外，并且效法红色补丸"生殖灵"的广告办法，横七竖八的找人签名以进行他的"社会运动"。接着又做了一篇"签名介绍"，对于这些签名者上至名流，下至学生每人灌一碗十足的"文化"米汤，主张既十分滑稽，宣传方式更叫人肉麻。

把旧礼教先生们所视为大逆不道的被窝里问题拿出来公开的讨论，引起讨赤诸帅爹之滑稽的查禁和通缉，以及触怒那些乡愿经生们气得把胡子翘了起来大骂"诲淫"！原是一种带反抗性而且很痛快的事——假若真能很科学，很负责任的阐明性的知识。但是像张竞生这种胡说乱道，大吹大擂，弄得和尚道士、同善社一齐登场，叫青年把生殖器练习得能够喝高粱酒，简直是迎合青年性的烦闷之普遍的心理，拿"性学"走江湖，不特无聊，而且该死！

评张竞生博士的所谓《美的性欲》的前半部分
——即第三种水与卵珠……的关系[1]

周烽昭

在未评正文之先须得附说一下，就是张先生主张的那第三种水，第一次他在一舸女士的文尾说的：（1）为香液，乃阴核内面所泄出者。（2）为阴道排泄液，每于阳具输送时发现。（3）为"巴多淋液"。大意在性趣极满足时才能如男子射精一样射出。第二次他在本文（即《美的性欲》）内说：阴道液为第一种水，阴核液为第二种水，但第三种水，即"巴多淋液"。照张先生讲，周建人先生是被他辩败了的，可惜我不曾注意到他们辩论的文章，现在我不愿重复，再要来和张先生唠叨几句！但我要声明的，我不是像张先生那样读书甚多而兼博士而兼……而兼性经验的人，我只不过照生理学和国外的科学家说过的来重讲讲罢了。现在我第一讲巴多淋氏腺，它在女性的性器官的发育学上，是与男子尿道根球中的"考培尔氏腺"相当的，可是它们俩的功用，在成长以后，就略有不同。"考培尔氏腺"是泌出碱性液以中和酸性尿道，预备精虫通过的。"巴多淋氏腺"则泌出液体以润滑紧夹的阴道口，使阳具插入时不致艰涩。但两者分泌的时期都同在性冲动的路上，而不是如张先生说在女子性趣极满足时，"巴多淋液"才如男子的射精一样远击的。

第二，阴核的组织虽似男性的龟头，但它是退化的器官，其中完全没有腺体的存在，故不会分泌多或少的液汁出来。在阴核的边围，

---
[1] 1927年《新女性》第2卷第5期。

涎膜间道有不少的黏液腺和皮脂腺，皮脂泌出，黏附于阴唇前庭间，经过相当的时间，经空气的接触，便酸化而发生乳酪臭，有许多神经异调的人，对于这种似乳酪而非乳酪的女人下身味（Genitalgeruch）诚有如麝香般而引起他的冲动。

第三说到阴道水。阴道的组织为扁平涎膜。在显微镜，也看不出有腺管存在，所以它并不会泌出水来。阴道中的水是子宫颈流来的，子宫颈液本是碱性，及到阴道便被阴道中常存的特种无害而有益的细菌（在阴道有炎症时这种菌便缺乏）的作用变为酸性。

第四子宫颈液，它在平时也继续不止的分泌去润泽阴道，在交媾时女子达性乐的极顶而子宫起痉挛的收缩时，多量的液体，便随即排入阴道。

从上面四点看来，我们可以确定：

一、阴核本身不会出香液，连臭的脂液也不会出。

二、阴核边围的前庭腺有分泌液体的，有分泌皮脂的，不洗下身的女人，因皮脂酸化而发生臭气，鼻官正常的人不会感到香。

三、巴多淋氏液，在性冲动时即泌出，不是到极快感时才射出来。

四、阴道本身不会出水，它的酸性液是由子宫颈液变来。

五、子宫颈液平时也分泌，但在性顶愉快时，因子宫痉挛收缩而激射出来，与男子射精现象相似，张先生要锡以尊号，这个才算值得！

张先生既把"巴多淋液"认做女子的射精（即第三种水），而将真正有射精现象的子宫痉挛收缩（兼有阴道收缩）兼排泄子宫液为第四种水，在根本的生活学意义上，他也就错误了，于是他又发出更错谬的第三种水与卵珠……关系的理论。他开首大概说："妇人于交媾时能出第三种水，则卵珠同时乘兴而下，现已由推测而进为事实也。"他的"似乎"的论证是：

生理的根据。大意说："交媾时，女性的全部性器官，因为特别复杂广泛的缘故，须经长时间的摩擦，才能使广大的面积发生相当的热气,才能发热,拥血,才能射精。"

但我相信张先生是站在思想前头的人,所以他讲的性生理,使我这浅薄的医学生实在有点不明白。本来两物相摩则生热,这种浅显的物理现象,我是不必怀疑的,而况肉体原是物质,岂能例外。但稍微留心一下,便知普通物体相摩,愈起劲,生热愈多,愈持久,生热愈大,但交媾时生殖器的发热拥血是由于性器官中副交感神经兴奋的结果。副交感神经随性的刺激(无论是精神的肉体的)而兴奋,直接使全部性器官的血管扩郁血,由郁血而局部的热度升高,所以只要有性的冲动虽没有性的行为,生殖器的热度,也会增高的。至于射精现象的发生(无论男女),须受射精中枢的支配,倘使射精中枢起了兴奋(如在情梦中),纵然没有性部的摩擦,也会发热的。因此张先生所说的女人的生殖器,要经长时的摩擦,而后才能生热拥血,而后才能射精(即出第三种水?),是不对的。因此我的结论是:

一、女子全部性器官的发热是由于郁血,郁血是副交感神经兴奋的结果,副交感神经的兴奋,不必经长时的摩擦,只有正常的性的冲动便行。

二、射精和性的冲动,各有其指挥的中枢,有性的冲动,固然可以射精,无性的冲动也可射精(如在情梦中)。

三、男女性冲动的(即性的起落曲线)快慢不同的原因,不是由于两性性器官大小简复的关系,而是神经传达迟缓的关系。

这样看来,张先生所恃为他下文根据的生理,既已错误,从错误的根据而来的,当然不会正确了。但我为得要使读者明了起见,不妨先将女性产卵的种种现象说清,再来评判他的下文。

卵巢为产卵的巢穴,女子在胎儿时,卵巢中的卵子名为卵房(Oogonium)。卵房继续如细胞分裂,直至胎儿生后三岁为止,此时之卵房,称为卵囊(Oocyte,数目约有百万),卵囊继续发育为格拉夫氏胞(Graafscher Foltikel)。当格拉夫氏胞发育至极度时则其中的卵珠脱颖而去,破卵巢至腹腔,为输卵管扩大部(亦名剪彩)的纤毛运动所吸着，而继续输入子宫，为成胎的预备。

卵珠出格拉夫氏胞后，其中便增生一种黄物细胞名黄色体（Korpus luteum），如该格拉夫氏胞排出之卵已在子宫内受孕，则黄色体可以继续存在，直至胎儿产后若干时为止，否则黄色体经数周间即复萎缩，前者人称之为真黄色体，后者人称之为假黄色体。当假黄色体萎谢时，而第二个格拉夫氏胞又续次成熟而破裂，排出第二次卵珠。在假黄色体萎缩时，除有第二个卵珠排出外，另有一种现象发生，即子宫内膜（所谓脱落膜，decidua）脱落而出血，一般称为月经的便是。

在十九世纪初叶，许多作家，均以为哺乳动物的产卵，和张竞生先生现在的推测相像，是受交媾的影响而起的，故多以为少女未嫁是不会产卵的。自从 Grudrm Nogriov 的实验，尤其是经 Bischoff 从母狗的试验只有在传种期（Brungszsit）才能产卵，而与交媾是完全无关的，这种错误才得以纠正。他更发明产卵是以黄色体的发生为标志的，黄色体在前次排卵后的格拉夫氏胞中发生起来，在人的卵巢中亦有同样现象，而且在人的生育力充足时期，黄色体是在依期的变化，即前头个黄色体萎谢，第二个格拉夫氏胞又继续裂破。因此证明女人在相当的年龄中，随黄色体的一生一谢而继续产卵，与交媾的刺激是无关系的。

黄色体与产卵既有这样密切的关系，我们不能不将它的本身和对人的关系更详切的探讨一下。

黄色体的本身

一、是青春腺的一部。有功于内分泌的一人 Steinnach，意为令黄色体与由格拉夫氏胞萎谢而成的 Theoalutin 细胞而成女性的"青春腺"。实际用 X 光照射天竺鼠的卵巢，使其中格拉夫氏胞萎缩，黄色体不再发生，结果，与未照 X 光前及卵巢完全割除后的现象各异，这也就表明黄色体能泌出液汁入血而为"青春腺"的一大要素。

就黄色体对人的关系讲：

二、是促成卵熟的原动力。照 Herrmann（一九一五年）的试验，将黄色体的以脱浸出汁注射进青年女子的体中，可以促进卵珠的早熟。又依 Frankel 的实验，将猴子卵巢中的黄色体割去，或将成熟的格拉夫氏胞切除，结果下次的月经迟来四至八周之久，这就表明黄色体是有促进卵熟的能力的。

三、是维持子宫脱落膜的要素。Loeb 的试验，证明子宫在产卵之后，才有生成脱落膜的可能，这显明有种植胚胎力量的脱落膜，是与黄色体的生缩齐驱并驾的。但子宫脱落膜须经一定时间（照 Frankel 与 Cohn 行兔子试验，黄色体分泌入血后），才能造成，才能供成熟卵子的种植与营养，所以照许多人的试验，卵子在输卵管，必须经过六七天才能到子宫内。而且黄色体的发光，依 Rob Meyer 与 Runge 的实验，亦要在八至十二天才能看见。这样可以明白黄色体与脱落膜及输卵时期三方面的关系了。

以上所讲的系假黄色体的本身与对人的关系，至于真黄色体则与胚胎互相为用，有制止卵熟的能力。至于

四、黄色体的萎缩时期，自排卵时计起共为四周，而排卵即随黄色体的生萎而成一定之周期。自 Lopold 与 Rvono 研究起，在一九〇七年，发表了他们的成绩："排卵常有其一定之周期，亦成间隔现象，但大多数却在周期上并月经同来。"到了一九二〇年，大学教授而兼临床家的 Frankel 与 Breslan 亦有相同的意见。（可是依 Pflugel 的学说，月经虽多半与排卵齐来，但卵熟是受黄色体的直接作用，而月经是受黄色体萎谢的间接影响，所以排卵与月经，发现的时间纵同，而彼此的关系却很少，从许多乳母月经未见又已受胎的报告中，可以证明他的学说的能够存在。）

从上面的种种实验和学理看来，更可得一般的要点，即：

一、卵珠的成熟完全是受黄色体的影响，绝不因交媾的刺激而早熟、多熟、好熟的。但遇黄色体发育不全而早萎缩时，则月经可以早来，而却无卵珠排出。黄色体发育迟缓，则卵熟与月经均不能早来。黄色体发生过多，卵可早熟而月经不来。

二、卵子无论早熟、迟熟，但离开卵胞后，必须经长久的时期始

输送至子宫，一方面因系输卵管组织关系（见后），一方面因黄色体未形成，子宫无脱落膜以种植营养胚胎也。

三、排卵须受黄色体的支配，而月经尽可不受黄色体萎缩的影响而早来或迟来，因由神经之刺激可使月经早现或迟来的。如女子在施行下腹手术后往往月经早来，惊恐后月经往往迟至（The Lhaber，1911）。

过去的事理我们已经说完，现在来将张竞生先生的新学理继续分段的评考下去。在他的证明第三种水与卵珠有种种关系的三段中。

一、女性射精的作用起时，不独子宫，就是阴道也同时起痉挛性收缩以抑留精液。子宫收缩，一方面用碱性液去中和阴道的酸性使精虫适于生存，一方面阴压增高可以将精虫吸入，而给受孕以良好的机会，这诚然是各种性学书上有的，现在张先生引用来证明他的学理，认为有科学的事实的。可是照德国性学专家 Moll 说，这仅是一种尚无确证的理论，因为有许多有丰富性经验的人说，交媾时女子虽然感到很愉快射精，不见得就有传种的把握，反之，被强奸或酒醉蒙胧中的女人，竟一下受了孕，可见这并不能作为第三种水与卵珠关系的证据的。Moll 又曾经考查过两百多不感性的乐趣的女人，统计她们生的孩子，比母亲的数目还大，其中仅四十个女人是从未生产过的。又照 Duncan 的统计，在许多的女子中，虽然有百分之六十是感受性的乐趣的，然而也不曾受孕过一次。这许多统计，无论可靠与否，但反对者要证明女人的射精与卵珠有怎样的关系，总是不可能的！

二、张先生根据射精时子宫收缩的现象而谓"子宫在要出第三种水时又如钟摆一样，不停地左右摆动，同时又可拉动输卵管与卵巢"。但我们就子宫的解剖位置讲，它在平时，并不怎样自由，它四周广扩的索形的韧带包着拉着，好像船上的桅杆一样，倘然这些似绳索的韧带松动了（如产后韧带松动），子宫便会前后弯曲而显出病态的。即使子宫有左右摆动兼及输卵管、卵巢的可能，我们以肠管的运动作比方，任生理上悬锤式的左右摆动，并不能将其内容排出，同时我们又以组织学的眼光来考察上皮组织，我们知道有纤毛上皮的气管，从不见有蠕动现象，同样具有纤毛上皮的输卵管，其输送力，不但不能因子宫左右摆动而增加，恐因纤毛波动的方向受扰乱而反迟缓了。

三、这一段也是根据上面因子宫的摆动及输卵管、卵巢的振动生出热气来。所以张先生便决定了"卵子成熟的多少、速迟，是与输卵管及卵巢的热力成正比例的，即该两处的热力多，卵子成熟便多而速，热力少，卵子成熟便迟而少"。他更加以下面的两项说明："第一（A）用孵卵作证。凡热不足或间断的，孵出的时期也延长。（B）许多女子，交媾能出第三种水时，则月经快来些日子，就是表明排卵期早些。（C）欧洲有些女子每月有一大一小的两回性潮。（D）北冰洋的女子冬季无月经。"

上面第一项说明的四个证点中，多半是偏侧不全的论证。（A）倘使张先生能证明用高过产卵动物的体温去孵它自己的卵，而能使之快速孵出，则始能证明其说之有据。（B）欧洲人认为月经四周一来是正常的现象，倘一般有射精现象的女人，照张先生的学理，一定至少有数次以上的月经，然而一般治性学者，到现在并未有这样的报告出来，难道他们也有好古的癖性吗！（C）性潮的起伏，固与黄色体的内分泌有关，但与环境的刺激亦有关系，这绝不能认为多产卵的证据。（D）张先生能证明北冰洋的女子冬季无月经，同时如又能见到婆罗洲的女子夏季多月经，才能算是个完全证据。但是照生理学讲，无论寒地热地，人体的常温是一定不易的，天气的寒冷，哪能降低输卵管及卵巢的温度呢？

第二项说明是"卵珠生存的长久与热力有关系"，但张先生又继续拉扯到间接与体力有关系，而不能坚壁高垒地维持他唯一的出第三种水时的热力作用而想取巧了，但体力与遗传的关系，谁还再要张先生来发明呢。张先生又说："凡有相当的热力时，则卵珠当然能生存长久。否则，冷气袭入，则卵珠易于衰败。"试问张先生所认为"相当热力"是什么，倘是出第三种水时的热力而非平常体温，则卵子在平常的输卵管中，定会有冷气袭入了，我不想自谓有生理学根据的作者尽可离去事实随便乱说吗？不然，深长腹腔中的器官，除非其人死去，绝不会有冷气袭入的！

本来张先生最初根据的生理作用，已经根本错了！以后的许多文章，我本无再评述的必要，不过要继续述明张先生上面的谬点起见，所以连续的又在枝叶上说了这许多，写到这里，见到这种层层相因的谬误，实在没有继续下去的必要了。只好停笔吧。

末了还要说几句，照生物学的意义讲，性交的愉快、子嗣的强壮，多半是以两亲，就是灵肉的健全为因而不能归功于交媾的得法。而且性爱的艺术，在治性学的人虽不能忽视，但张先生要发明这岂浅鲜哉的有益于人类的学理，应该比旧学说更切近事实，而不能以"似乎"的根据去论证，就算是备具科学性而不容人惊疑的！

一九二七，四，十，在广州中大医科

读《性史》后感[1]

紫美

当我读了《性史》这一本书之后，我失望极了。原来我极希望拜读的《性史》，它一点不符合我所企冀的理想。若当它科学书读，那它简直离科学还有十万八千里远；若当它文学书读，那它还不如张资平、郁达夫、淦女士[2]等人的小说所给予我者之大。又如果《性史》是算作研究"性"的问题的文字，那么《肉蒲团》一类的书，就更值得人们奉为交媾的金科玉律！

我们不能说张竞生研究性史时所取的态度不好，但是他的结果却明明白白揭示给我们，他的方法错了。他走上谬误的歧路上去了。我们不必说这种片段的描写，只是性史中的一点点儿不大重要的参考资料，值不得那么铺张扬厉；我们只就"性的问题"本身着想，也很觉得照《性史》这样的去研究"性的问题"，绝不是一种弄学问的方法。我们若能过细的思维一下，我们就可觉察出《性史》供献给我们的，并没有真正的性学的研究所得之真理。它只不过送与我们一些浮末的轻薄的空感而已。这本书对于"性的问题"之谜不但不会使人因它得到释明的资助，或者更甚地说，它越把人们心中的氛雾加浓了。因为他把性交或性交的式样，当作性的问题的全部了。我绝不是用了旧道德的尺度，来绳量《性史》的作者张竞生氏，然而我对于《性史》，

---

[1] 1927年《泛报》第1卷第6期。
[2] 冯沅君（1900—1974）的笔名。

同时也还是不能表示满意,那是因为它是性学研究的冒牌货!他挂了"性的问题"的研究的招牌,不免走上了诳骗的路。他对青年们宣传说这是性的珍宝,结果也就不求利而利自来;如果印行这书,竟然为的是牟利,那就该死!

我常说,中国人的一切都表现着消沉的气象,其最大的根本原因是太小视了性的研究与发挥了。虽然有许多人——竟可说是全人类——在关闭了家门之后,不惜下许多研究与试验的功夫,但他们总是把这种研究与试验的结果或成绩,秘而不宣。他们认为这门事件只是被头里边方可出诸口外,若像卫西琴氏[1]那么在学生教员群集的礼堂之中,高声大喊的说明,这恐怕毕竟因为他是外国人吧。中国人实在都是忘记了古圣先哲的垂训:"君子之道,造端乎夫妇!"虽然近来社会上也掀起了张竞生的《性史》潮,但这给予社会的影响只是恶的,他虽然是敢于不畏责难与非议,提出了这个"造端"的问题,但毕是因他的方法与眼光之完全错误,却不能使我们因为他是"哲学"博士做的便已于言。

卫西琴氏在其《男女新分析心理学》一文中说:"凡从身体起的方法,不是方法,因为第二人还可以用他的从身体起的方法破坏之。第二人所以容易破坏第一人之方法者,因为如果两个人的活动都是从身体起的,则最容易发生冲突……"张竞生氏的《性史》,便是这样,从最前一页到最末一页,都不过是一个一个人从身体起的方法罢了。这如何能叫我们表示他对"性的问题"之方面研究的满意。一男一女在那儿动员、开火、肉搏,这绝不是"性的问题"的全部。至少也应该和天文学家一般,把性的世界看成一粒泥沙或小球,那么我们以后由研究而获得的解释,才不会失之于褊狭。张竞生氏的态度,恰巧不是这样,他居然把娼家十八大例认为是性问题研究中最良好的资料了,我不能不替他可惜,把一个可贵的"大胆"掷之于无用之地。

---

[1] 卫西琴(Alfred Westhar),德国人,与梁漱溟交好。

读《性史》后感

我们如果是研究过立脚于优生学之基础上的新分析心理学的,则我们必知道性欲的冲动,是有生之伦的人类的力量活动的根本原动力之最重要的一部。而且我们更知道如果人会用力量在物质方面,便能发明新的东西;会用力量在精神方面,便能创造新的思想;同理,若果会用力量在男女性交上,则可以做"君子之道"的造端。无论何种伟大事业之建设,何种新奇学术之完成,直接间接地,性之冲动实为之根本。故无论中国外国古往今来的圣贤哲士、贩夫走卒,没一人不是以性之冲动为起点,以得到性之满足为归宿。为了满足性的欲望的缘故,不畏怯犯罪或作恶。为了满足性的欲望的缘故,不惜牺牲生命与一切。要研究性的问题,是要研究人类力量之正当运用,而绝不是如张竞生氏所研究的"干"!更不是如张竞生氏举例给我们的各式各样十八大例的"干"!力量活动的运用和力量活动的变化,才不是性教育、性问题所应该致力者。至于怎样"塞进那粗钝的肌肉",怎样使"……里边积了长久的那个东西放出",这些都是容易的。因为这些是身体,是物质,是可以一学就会的。再进一步说,这些只是性之本体外面,是随便就可以完成的简单工作。我们对性的问题,如果不研究,缄默不作声,也就罢了。否则的话,既想干这份工作,便该用一点诚挚的缜密的研讨功夫,实行指导人们在性冲动中力量活动之运用。不当轻浮的只拿物质的身体——怎样干,做发挥意见的对象,致与研究者本来的意向,获得南辕北辙的结果。

张竞生博士[1]

金满成

被人不了解最甚的一个人,要算是张竞生先生了。他是我的先生,他从前,在中法大学的时候,专门替我们讲哲学,尤其是孔德哲学,尤其是孔德哲学最后的一部分:"行为论"。

我在中法大学毕业后,就和他成了朋友;我敬爱他,我知道他最深。我现在把别人误解他的地方,略略地说一说。

先生最初并不愿意研究性学,他只是告诉我们说:恋爱在行为中占了很重要的一个位置,尤其是青年;所以恋爱有研究的价值和必要。为要研究恋爱,到底不能不涉及性问题。所以他才有性材料的收集。不料这书一出版后,得了三种他所料不到的结果:

第一,政府的禁令,

第二,社会的欢迎,

第三,性博士的头衔。

因为这三种意外,造成他现在的地位;他于是丢开哲学的书本,放下孔德的讲义,专门去和霭理斯讲相好;他组织美的书店,他翻译了几部讨论性问题的书。

这些书出版后,他的声名才噪起来。书店的营业也非常发达,他

---

[1] 选自金满成《鬼的谈话》,第225—240页,民众日报社民间出版部,1928年10月初版。根据金满成序言所说,"从第一篇《元宵记游》至《五月九日》止,都是最近作的,是为《民众日报》副刊《民间》作的",可知上面文章最初发表在上海《民众日报》的副刊《民间》上,时间为1928年4月。

自己也决计往这方面努力去。《新文化》出了六期，都可以说是他一手包办。不料后来因为股东闹意见，不但书店的营业不能发达，而官厅还随时光顾。这"随时光顾"的根本原因，并不是书的内容问题，乃是股东自己的捣乱；这原因，是不言而喻的。

在此种危急的情形之下，张先生的生活，可以说窘困到极点。近来我见到他的时候，他的身上竟拿不出一块钱来。他对我说了许多难以实现的计划；在这些计划中，他都放了一点悲观的调子进去，学者的落寞，真太值得人同情了。

近来思想是大变了，性的问题，决计是不谈了；他还想退回去他的恋爱和哲学。他十分喜欢浪漫派的文学，他想自己译几部浪漫派的名著出来。

他想到南洋去集股，要以五十万的资本，经营一个翻译大书店；他想约定三百个翻译家，两年之内，出书一千种……但是这也无非说说罢了；他一头说着，一头坐在那安乐椅上动也不动一动。

法国的朋友，随时寄些法文书给他；他看见好的时候，即刻送给我叫我替他翻译；有时一礼拜之内，叫我翻过五种书：《拜伦传》《喟尔伦传》[1]《女人的冷淡》等。可是实际上我一章也没有动手，他也并不十分催我。

他最敬爱卢骚，他想学他过那纯情感的生活；最近，他着手翻译大学者的《忏悔录》，已经脱稿四分之一了。然而中国的社会啊！那就不用说了！谁了解卢骚！

张竞生先生的妻子，就是褚松雪女士。结婚以后，夫妻间的感情甚好，生一个小孩，张先生和他取了一个法文名字 Anpre，不料小孩子才到一岁的时候，张夫人的性情渐渐地变了。在北京后门外什刹海十八号住着的时候，不时总要口角一次。这口角的根本原因，还是为了小孩的"责任问题"。张先生说他夫人不负责！张夫人说他丈夫不

---

[1] 今译《魏尔伦传》。

负责：实际是因为彼此都想研究学问，不肯把宝贵的光阴多用在小孩身上去的缘故。

我同他们想出来的救济方法是请一个良好的保姆；不料所来应招的俱属劣等，因此夫妻间的纠葛，一时总理不清。

过了许久，才实行一种西洋式的分居合作法：就是张先生住一所房子，夫人另住一所房子。张先生每天下午到夫人家去晚餐。

这样，相安无事地过了许久，张先生离开北京了。（民国十五年六月下旬）他到汕头、潮州、广州等地去跑了一趟，那汕头、潮州、广州等地的人都怕他的思想，比怕洪水猛兽还要怕。结果碰了一大路钉子再转上海。任了艺术大学的教务主任，同时也把他夫人接来上海同住了。

又过了许久（是十五年阴历年底的事），他夫人忽然舍弃他跑了。

他夫人走的时候，是把所有的相片都撕掉了的；只是留了一张放在小孩的身上，写着"这就是你的母亲"。

这件事不但使他对于爱情抱了很深的悲观；简直使他对人生根本就抱不满。他本来是爱饮酒的，现在饮得格外多了。上海有一家小报，所是误报告这消息说："张竞生博士日夜筵宴宾客……"

近来，失恋爱一年，他又不大饮酒了；现在，在生活沉闷时候，他唯一的消遣就是看视他的宝贝彼得。他觉得一切无聊的时候，他就牵着小孩到法国公园去（他的住处距此园极近）。除此而外，他的乐趣大概就是"聚朋友骂不忠实的女人"了。现居法国的华林，就是最能同情于这一点的朋友之一。

社会上的人都误解了他。这一个思想上极新颖而锐利而猛烈的思想家，他的内心才是那样贫弱啊！他饱含着愤慨和悲哀的情绪，过着他单调而孤寂的生活！

现在，无论对着谁，只要你提到"张竞生"三字，他的脸上总会露出一种不平常的表情来。在这表情中，包含了各种不同样的判断。换句话说：同情他的有，反对他的有；又同情他又反对他的也有，又不同情他又不反对他的也有。

总之大家到底重视了他；到底不以平常人的眼光看他，这却是他的胜利啊！

实在说，张先生的思想并不奇特；人人也有的；只是他敢于发表，这是他不同于众人的地方。然而众人因为这"敢"而骂了他，他罪有应得！张先生，我也不客气地向你说一声："活该！"

四月廿三日

附录　张先生的来辩二件

满成，你有些说错了！

竞生

在你的《张竞生博士》二段里，不知者以为我吹，在我自己以为丢丑。吹乎丢乎，均是满不在乎。不过你掉了小说家的笔花，未免有些失实。咱们一家人，似有更正的必要。

第一，你说我："近来思想大变了，性的问题，决计是不谈了。"这未免说得太快一点。我自来就并未专谈性。一向都是将性与别种学问同谈。今后尚当如此。不是因为社会欢迎，我就投机大谈特谈；也不是因为社会反对，我就畏怕而匿迹销声。可是，今后，我拟注重于"性的升华"一方面。不久即出版的《情化》月刊，即可证明。

第二，你说褚松雪女士与我不协的原因，全在小孩问题。你完全错了。你为"师母"讳耶？哈哈。事实是"不是冤家不聚头"，她对我本无情感，只为利用我为她在社会出风头耳。继见我不是这样人，而又适前年尾，她的"旧人"屈凌汉，在汉口大活动，遂使她弃我们而就屈某了。她不是为小孩纠缠不能用功而逃走。自有小孩，我就雇有保姆及女工服侍她们母子二人。她整日闲暇，只有出外寻开心。……提起笔来，我对此人就恨。她完全是一副假面具，与我辈真情感之人当然枘凿不相入。……

满成谨按：张先生对于褚女士现在没有感情，我们知道，同时也承认。但是张先生要一口说定她从前对先生的感情都是假的，这我们觉得未免对女人残酷一点。爱，正如先生所说，是可以变迁的。因为变迁以后，就否认那过去的也是假的，这总是有些不合理。凡是（一）悔不该从前认识她，（二）否认从前的爱，都是我反对的。许多人都是如此：一到痛苦加身的时候，就失悔从前不该认识她；一到她的爱变迁了的时候，就骂她从前在欺骗；这是怎样偏见呀！张先生最喜欢普遍逻辑学，思想最能彻底的解放，何以对褚女士却如此呢？

满成，你又按错了！

竞生

今日看你在我文后的按语，照"普遍逻辑"讲，何尝不是。不过，个人相与，乃"特别的逻辑"，所以不能应用普遍逻辑也。"爱，是可以变迁的"，这是我们的主张。但，必先有爱，然后才可以说"爱的变迁"。褚松雪女士向来就并未曾爱过我，所以不能说她对我的爱有变迁了，我本良心说话，假如有人真心爱过我，虽爱的时间短到一刻半秒，而在后，就不爱我，我当然应该说她爱过我一刻半秒了。

褚某与我住有二三年之久，她是否有爱过我一刻半秒的真爱否？除非天知道，我个人是当局者迷不能说了。不过褚某此二三年光阴，完全是用一种假面具欺骗我，确有实事实证。天如能使我悲哀抑下去，使我好好将拙著的《恨》这本书，详细写出来，你就知道她对我怎样的情形！我尚有良心，如其人确实爱过我后而变迁，我终不肯说其人完全对我假骗，不过此事不能移对褚某说"她确实未曾爱过我"，你安能说我"否认从前的爱"呢？同居至二三年之久而又生养一个小孩，若说毫无情爱，未免使人不信，这个更见褚某的可畏了。你曾与我与她用餐，听她言，审她色似乎她有点爱我；你或者见到她曾把些菜肉放在我的饭碗内。可是，这都是假的！都是欺骗世人，使人知道她尚有一点情感酬答我。其实皆是假的。因为我对她太好了，若无一点酬答，似乎太不近人情，其实，她向我笑面之时，暗中已写信给她的屈某说她如何恨我了（我确实看过她这样信）。罢，罢，提起笔来，我对此人就恨。你看我这文字混乱，就可知道我写此时恨到怎样地步了！

　　总之，"爱是可以变迁的"，但爱时当确是真爱，不是，口说爱，而心藏把剑，这样假骗人，无论对谁均不可，而况对于所谓伴侣。这样欺骗，一经发觉，当然非给她或他一顿教训不可。这才是有情者的行为。若一味无是无非，专以阴险取胜，这是周作人派的学说，不是我辈主张真情感之人所赞同。满成！你以为然否？请你按语，我拟与你解释到一切误会全无才罢休！

十七，四，三十日

对于杭当局逐张竞生的几句话[1]

怀瑾

出了一本《性史》的张竞生，现在几乎被全个社会所唾弃了。孔老先生底忠臣——旧礼教的拥护者，固然目之为洪水猛兽，一班新的（？）教育家、批评家，以至妇女问题研究者也认他为狂人。租界当局且当他是个财主，三三请他罚几十块钱，四四请他罚几百块钱。而现在，他旅行到了杭州，也被一张逐客令赶回上海来了。于是大报小报，报屁股里的主笔和编辑先生拿他当作了好材料，今天你骂一句性博士怎样，明天他嘲笑一句性博士怎样，顺风推浪，大打落水之狗！

我虽然并不佩服张竞生，也不赞成他所倡导的性崇拜，但我看到盲目的社会所加于他不公平的论断，以及他不屈不挠的精神，倒禁不住要说几句话。

中国人的富于叭儿狗性是谁也不能否认的。在女子头发烫得惺忪的都市中还能看到背后拖着豚尾的冬烘。在汽车电车驶得辐辏的通衢上还能看到第七世纪所用的独轮车。翻译几本书，东摘西抄作一篇序便可算是某某研究或是某某介绍，最可笑的身上穿着漂亮的西装而脑中装满着传统思想的遗少，口里还唱我是什么派，我是什么派。就是以最近的革命来讲吧，军事告结束了，建设也可就此"合扑"，何尚彻底过来？总之，在中国你只能寻到一个中庸主义，也不新，也不旧；也不过激，也不过缓（？）；也不反革命，也不真革命。什么东

---

[1] 1928年《新评论》总第20期。

西只尝了一些皮毛,就好像叭儿狗之不侪于猫(因为太大),也不侪于狗(因为太小)。

性观念在中国向来是认为有淫秽性的,男人和女人授受不亲,亲了便要发生不规则的性行为;丈夫和妻子不许讲情话,讲了便不是君子(所谓上床夫妻,落床君子)。好好一个身体硬把它划做两半。上半身是属于圣洁的,下半身便不免于秽浊。至于女人,连全个身体都属于污秽,她们底衣服不许和男子的同只盆中洗,请菩萨享祖先的祭品不要女子拿(至少有大半的地方是这样)。一旦她们月经不调,或生殖器患病,宁可随它去,绝不愿去请医生诊,即诊也不过按一下脉,开张方子,吃几梗草就算完结了。著书立说,公然谈到性,啊哟,反了反了,洪水猛兽!

所以从盘古先生辟开天地,直到张竞生出《性史》止——可怜,大概人们都忘记自己从前的祖宗都是赤裸裸一丝不挂的!——谈到性的书籍恐怕只有畸形的《肉蒲团》和《金瓶梅》两本(唉,我不忍言)。而这两本书呢,非但道德家,恐怕凡读过的人没有不会承认它是淫书罢?

《性史》,并不是他作的,那是他从几个朋友处所集的他们自己底性历程。所加的只是篇末科学的按语。那按语假如是在外国,用外国文写的,恐怕不至于被目为"淫"甚或洪水猛兽罢?可是在少见多怪的中国人看来,自然不免要群起而攻之了。现我们且不说它内容的善恶,就以他这种勇敢大胆的态度来讲也不失为伟大。以封建的大本营,每人都怀着封建的情绪的北京,他遽然以大学教授的名义——那是多么高贵的?——出版那样一本反道德、反礼教的《性史》——那是多么淫秽的?——试问这个尝试哪个敢实行?

《性史》的销路,据高长虹调查要占到中国出版界最高的地位(鲁迅底《呐喊》只能占到第二)。我断定读这本书的人十分之九是青年。——其实哪一本书不是只有青年读的?谁看见中国的政治家、商人、官僚,以及一切大人先生之类有读新书?可见青年对于性的问题是非常急切想得到些正确的智识。他们因饥而思食，因寒而思衣，而"大欲"中之一的性当然也同样地感到切要。无如社会不应许他们享有得到这样智识的权利！家庭中父母对于子女绝对不谈性，学校中教师哪个敢倡性教育？他们所得到的来源都从佣人、恶少，以及街头巷尾的琐谈。其结果则发生 masturbation[1]！对于《性史》我不敢说是正确的智识，但由它们所引起的其后各种关于性的译品著作，大概不得不归功于张竞生罢？请问以前那爿书店有陈列着性的书籍的？现在呢？不是随处可以得到吗！这是好现象还是恶现象？假如有人反对把正确的性智识灌注于青年的，我倒要知其名字和其理由。

我做这篇东西并非为张氏辩护，我不过要说所欲说的，中国现在很有许多打落水狗的人他们自己对于所骂的对象并未研究清楚——有的简直一些也不知道。然而他们竟也随着狂吠起来了。杭州当局的处置尤为不当，张氏并未犯过法，他也没有说要谈性，他不过是来旅行的，然而他竟连旅行的自由都被剥夺了。无聊的文人还加之以冷嘲热骂。我不知道他们是如何居心的。

一九二八，九，一五

---

[1] 即手淫。

评张竞生著《美的社会组织法》[1]

蔡尚思

一、苛细的新礼教

张竞生先生所制定的嫁娶及交媾时期是：

"大约男子二十岁以下……为不当交媾的时期。"（《美的人生观》美的体育）

"社员人人当宣誓：……仅能做女子的情人。"（新女性中心论）

"凡人民要结婚。……将女的割断输送卵珠的喇叭管。"（美治政策）

我读了这段议论，不觉叹着说：以旧礼教家的康有为先生，还知说道："人为有知之物，则必恶独而欲群；人为有欲之物，则必好偶而相会……兽有牡牝，鸟有雌雄……人有男女之质，乃天之生是使然。……圣人……制为夫妇，以相判合……其有壮夫而无妻无夫者，孤阳独阴，掩沮憔悴，生人之乐泯矣。""凡人之情，身体受缚，则拘苦无量；思知受缚，则神明不王；若夫名分之限禁，体制之压迫，托于义理，以为桎梏，比之囚于囹圄，尚有甚焉。"难道这个新礼教家的张先生，反比不上他么？若把张先生所规定的限禁，同儒家社会下的鳏寡，比较一下；吾想也相去不远吧！或者还比他过头哩：因为鳏寡未必是人人有的；而此种新礼制，则为人人所必经的。又不但康有

---

[1] 本文选自蔡尚思著《伦理革命》，泰东图书局，1931年，内容有删减。

为那个近代的旧礼教家,就是中国古代的旧礼家,也曾说过:"食色性也。""饮食男女,人之大欲存焉。"可惜他们只能言之,而不能行,言行适得相反,真可痛恨!而今张先生,并且不知道。因为禁人男女,就无异于禁人饮食,难道饮食也有罪过么?如饮食不能算得是罪过,那男女的事,岂不是一样的么?饮食男女,乃凡有生之物的自然本性;岂得妄限滥禁,倒行逆施的么?我实在认:这个动辄主张去势割小阴唇(详下)……的,为太无人道,不顾物性,没有理由!张先生不也曾骂过现社会么:

"现在各国所用死刑的方法……望他不为非(尚思按:此不但吓人,人不怕;反足养成人之残忍性,所谓'习惯如自然'是也。),则更无理之尤……胡闹之尤。"(同前)"许多法律……也完全被法律所夺去了"(极端公道与极端自由的组织法)。这一类的话,既极有道理,又痛快得很!而张先生所自制定那种拘束刻薄的限禁,虽然还未至于死人,但吾也希望他再加以修改才好;不然的话,张先生就无异于自骂了!责人而不自责,也未免不恕吧!

张先生意犹未尽,还再说道:

"凡犯礼与乐者,……就能变成为常态了。"(美治政策)

凡此——纠仪部礼乐的新意见——之类,吾皆认它为太烦琐与严苛的新礼仪;即张先生亦自知之而说:"啰啰嗦嗦,说了不少的礼节,未免使人讨厌。"吾今亦将其言而评之:"使人讨厌。"然哉然哉!这是什么缘故呢?吾们读《周官》《仪礼》《戴记》那一类书,就是讨厌它的麻烦;如今张先生也要同周公的制礼作乐起来了!吾认它是一部新礼记,或变相的旧礼仪罢了!我以为:如有所限定,就失其本性的自然,如儒家的丧祭等等,皆不外乎一种虚伪而勉强的怪现状罢了!譬如:人之哭也,或真哭无泪,或多泪假哭;人之笑也,或喜而不声,或笑而不乐;今欲强而同之,必如此笑法(如张先生说的什么英雄笑……),必如此哭法(见《礼记》),一经制定,虽较整齐;此其整齐,纯出勉强;真苦乐者反失其所苦乐,不苦乐者反见其为苦乐,本欲见其得失，竟反乱其是非（如《礼记·问丧》所述之，免祖踊，皆儒礼所极重视者也；然秃伛跛者，虽其哀与人同，而不能如人之备礼；实哀而不备礼，遂可以为不孝乎？备礼而实不哀，遂可以为大孝乎）？虚伪勉强，最无谓矣！若吾则谓：唯其真苦，不问其泪之多少，哭之有无；唯其真乐，不计其笑之大小，声之有无；吉凶之事，听其自然，出乎本性，何礼之定？为礼之声，吾不敢听；为礼之式，吾不敢视；如其说话不像说话，行步不像行步，笑不成笑，哭不成哭，非怪而何？吴稚晖先生也很讨厌这一班人，说"毛骨悚然"。

现在请再把儒家的旧礼教，和张先生的新礼教，来总比较一下，以便归结：

儒家的旧礼教	张氏的新礼教
夫死不许再嫁——忍性守寡，或殉夫。鳏……	人人三十岁前不嫁，犯色狂罪割小阴唇或喇叭管去势。……男子二十岁以下，五十五岁以上，女子十八岁以下，四十六岁以上，不许交媾
《仪礼》《礼记》……（古人亦有"犯淫则男子割势女闭宫"之说）	礼乐的意见（犯礼乱乐者至割小阴唇）……

二、过偏主张与阶级观念

张先生在他的"爱与美的信仰崇拜"里主张："每年一次或几次，于国都省会县城或区邑乡村之中，举行'五后的赛会'。……（一）为美后……如为'美后'者，则必其人美容貌、善装饰、好身材、善言语、能交际等等，……除了最著者选择为后之外，另依类择其成绩较次者数人，为各后之'妃'，如为'美妃'……之类。……我们对于这些女后，不当看作一种暂时的玩赏，应长看作人类的祥瑞，珍重保惜，唯恐不周，断不肯任伊们飘零憔悴，吾们主张以地方的资助，保护伊们，长为社会的明星。""于这些女后赛会之外，我们又应当组织八项'王'的赛会，每年每地方上，将男子中之以美貌……见长者举为'美王'……总为八王，其下各就其类，比较次等者，举为卿相若干人。"前此社会尚力（指帝王等），有力则将：富有天下，贵为天子；张氏尚美，美则富贵；你不听他说过么？俨然也有什么王公卿相后妃那一班贵人了！至其使男女两性去争情人，也说："创造力大的，则为情之王与情之后；其小的，则为情的走卒，和情的小鬼……爱的创造，乃是对于情独多的人，时时想出新花样……使他免为别人所夺去。"（情人制）同是一样的人，而竟有什么王后走卒小鬼之分，这是多么不平呢？而在每一性之中，亦使之各自相争，如他说的："女子所怕的，是同类争宠，……若不与之比赛，恐不能立足于情场……其实任凭男女对于情爱，去自由竞争……要爱不能不美，由美自得到爱。"（同上）这已经是说爱情的竞争，全系于美丑；美的一定胜利，丑的一定失败的了；他再明白的说："世无生来的十足美人……美了自然不怕无情爱了。"（新女性中心论）此说固然是很不错的；但吾试问张先生：比方现在有三个人，最美的本质为三，最丑的本质为一，不美不丑的本质为二，于是这三个人都尽量的去打扮，结果各增了一分的美，例如，一的加一就变成个二；二的加一，就变成个三；三的加一，就变成个四。这也可改为各增了一倍的美，例如，一的变成个二，二的变成个四，三的变成个六。由此看来，岂不是仍旧的美者自美，而丑者自丑的么？一切丑的，既仍旧存在，则为人所讨厌，亦自不免了！而一切美的，仍旧占优胜地位，而为人所共爱亦然。这又要怎么样呢？他还再说："要使人人得到情感公道的分配与享用……拜倒裙边。"（共情与专智）吾终恐美的应接不暇，丑的无人过问，经过张先生大倡特倡之后，美的自益值钱，而丑的则去死期益迩，这是专为少数的美者造良好机会；至于多数的丑者，那是不管的，岂有此理？未免太甚！吾因想到一班美人，尤其是美女，一生下来，就可以富贵，比较那一班争天下而百无一二成功的帝王，真是便宜得多呀！要是会生个美女，那就什么都有希望了！反是，则虽劳劳苦苦，也是没有什么用处的；就是还有用处的，结果也比不上那种"不劳而获"的天生美人哩。不平不平！真大不平！他除了使人各自竞争以外，还再设一个介绍人，去给人家介绍的，这差不多有点像前回的媒妁，他说："审视谁与谁最相宜为朋友……这或是我阶级观念太深！"（交际部）我实在认此为阶级观念太深！我以为：不必限定夫妇，听他自由择交好了！恋爱车夫听差也好，恋爱学生教授也成；有时恋爱听差车夫，有时恋爱学生教授也好；同时恋爱车夫听差，兼学生教授也成；要以天下人皆夫妇，听他自由去择交最好。你是什么东西呢？岂得替他作主么？要是替他作主，那就去父母之命，与媒妁之言的情形，也差不多了！关于此点，吴稚晖先生在所理想的无政府大同世界里主张男女杂交说："挟富挟贵，固无其事；挟贤挟美，亦在所陋。"贤美还不相挟，这是多么好呀！若按张先生所说（见前后）的：美者必兼富贵，吾恐挟美挟富挟贵……终是不能避免的。

他还有关于情的一种阶级战争，他主张的是："今后我们'第五国际'的作战方略，是'有情者与无情的宣战'，这也是一种阶级的战争；但比马克思主义的贫富阶级战争，其范围较宽，其劲力较大，我们不管贫富与否，只问他们有无情感，凡有情感的，虽富人也是我们的朋友；凡无情感的，虽贫穷也是我们的仇敌；我们知资产确是社会的制度所造成，我们不必向富人仇恨；……至于一班贫穷的人……苟其人有慈爱之情，那管他是盗贼，我们也当爱他；若无情的破落户，他们只知一味借'无产阶级'的头衔，行了他们中饱欺人的实态，这些人，我们安能因他的贫穷，遂认为同道吗？总之，我们今后的旗帜，是以情感为基础，我们聚集这些有情感之人，不论他是富的、贫的、贤的、愚的、高的、低的、男的、女的、白种的、黑种红棕色的，皆应同隶在这个旗帜之下；与那无情感的，虽是父母、兄弟、姊妹、族人、朋友、亲戚、同乡人、同国人宣战。"（交际部）忍见众人皆贫，而我独富；众人皆贱，而我独贵；则如所谓不仁，不义，无情，无良……莫诸富与贵者若矣；若果以同情、博爱、忠诚、仁恕……存心，则当灭一我之所有，以补众人之所无；去一我之贵族，而与众人为平民；……此亦吾说"贵则皆贵，贱则皆贱，富则皆富，贫则皆贫"之一部分也。张氏于富贵贫贱之外，尚有亲疏之分（男女次详）；贫富、贵贱、亲疏……儒家之所重视也；张氏相去，亦不远矣！张氏只有见于男女爱情之多少，而无见于贵贱（地位）、富贫（财产）之不平，则其所谓爱情者，必伪而已矣！将来仍不免如今世之挟富挟贵，以为爱情（如果富贵自有爱情）；而诸贫贱者，则终无望得见天日；是吾忧也。

张先生说："男子重刚强，女子善温柔。"（新女性中心论）这分明说：男子所长的在刚强那一方面，女子所长的在温柔这一方面的；他在《美的人生观》一书里头，还曾说过：他是重宏美而轻优美的。那么好像男子的刚强，不是比较的宏的，而女子的温柔，不是比较的优的么？要是照这个道理讲，就应该重男而轻女了；不然，就未免有点自相矛盾了！可是他立刻就反面而说："男子共同游历……其趣更无穷尽哪。"（情爱与美趣的社会）试问勇敢二字，是近于刚强的那一方面的呢？还是近于温柔的这一方面的呢？自然是近于刚强，而远于温柔的；要是不以为然，那就优宏刚柔，都没有定着了！吾在这里，敢问张先生你：是要矛盾而有定着的呢？还是无定着而免矛盾的呢？勇敢也莫如女子，温柔也莫如女子，这已可见在张先生的心目中，好像是女子无所不长，男子无所不短似的了。他更袒护女子的说："女子总不会如男子一样看铜臭过重。"（同上）这恐怕未必然吧！因为事实的告诉我们是：男子也有看不起铜臭的，女子也有看重铜臭的。他因又带着扬女抑男的口气而倡说："不可如今日的男女同学一样的糊涂……以失却女子的特长呢？"（中国妇女眼前问题）这真是我刚才所说的：在张先生心目中，是女子无所不长，男子无所不短的了！他因又代女子找个好地位，而把所有的不好地位去给臭男子："凡一切粗重丑臭的工作……应该由男子担任。"（情爱与美趣的社会）原出这个主张的，或者是因为生理上的关系，

评张竞生著《美的社会组织法》

吾今对此暂可不说。

他既认定女子是包办一切的长的,而把一切的短的都去归男子的了,当然愚的男子,要去跟着贤的女子;总不能倒屈贤的女子,去跟着愚的男子的。所以他说:"女艺员既出台,男艺员也必同一跟上了。"(新女性中心论)"实则情人制的社会……然后始能得到女子的爱情。"(情人制)像这个以男为仆、以女为主似的之主张,比前此的旧社会说夫唱妇随的,有何不同之处?不过把这一对男女的地位,对调罢了!你瞧这是多么不平呢?但在说者方面,是有其原因的,试看他所说的"女子受了数千年压迫之毒……尤其是我国的女子"(同上),便可知道了。但吾终不以为然,等一回再说吧!张先生的痛论旧社会的人同婚姻制度说:"……其恶劣的……便是妇凌虐夫。"(情人制)我想现在的社会,多者是"夫凌虐妻"的;若有如张先生所理想的社会的一日,那就多者是"妇凌虐夫"的了;这是可以断言的。我害怕的,就是在这个重男轻女的社会,势自至于一夫多妻;若到张先生所理想的社会实现时,势必反而至于一妻多夫:这是因为主贵而奴贱,好几个奴还抵不当一个主哩!还有张先生自己所说的一件事情,可引来作证,这就是他所说的:"我于三年前……我是中国的男人。"(《美的人生观》中之美的性育、美的娱乐)只问其性之为男为女,不计其说之孰高孰下?属女虽下亦高,属男虽高亦下,此其为弊,可胜言哉!在这个重男轻女的世间,尚且如此(名轻实重);若到张先生所理想的香女臭男的社会实现时代(男既为臭,则女之香自可知矣)。那就更不堪设想了!吾的意思:张先生既要主张重女轻男,那又何必作此不平鸣呢?既作此不平鸣,那又何必主张重女轻男呢?这或者有点矛盾吧!又未免有见于今,而不想见于后吧!事实既是如此,而张先生还是不顾,或不悟的极力主张:"由这八部合成为'美的政府'……女性代兴……"(结论——情人政治)他更怂恿女子之打倒男人说:"如遇那些冥顽不灵的男人,……终是你们的。"(中国妇女眼前问题)按不论何事,无有主奴……之分,而皆平等最妙;否则,不论彼此,同一失也。前此男子为主，女子为奴，人既知其非矣；若如张氏所说，是又以女子为主，而以男子为奴矣，吾亦未见其可也；前此以力（或武）为上，如帝王军阀然；贤（文等）次之，如卿相官吏等；是天下之富贵，莫如有力者；如据张氏说，则以美为上，贤……次之，是天下之富贵，莫如色美者。盖其心目中之社会，列美于第一，此指美女男也；而其美女男之中，尤以美女为第一列；吾恐将来必有美女阀出世，其恶毒虽未若前此之暴君军阀，然亦相去不远矣！第张氏为前此社会之一种反动，而未之见及耳！吾确认男女只有半身，合之乃成全体，盖不论男女，每一个人，既由父母二体合化而生成（父母化身），又须夫妇二体通气以安乐，以前而言，是一身之中有母父二性；以后而言，是夫妇二人，各仅半体；一人类中之有男女二性，亦犹个体之有左右手足耳目各二，而二之中，果有或香或臭，或贵或贱之可分乎？如今张氏谓男子为臭人，男子固人也，女子独非人乎？如亦人也，则亦臭矣；前此社会（尤其儒家等）谓女子为贱人，女子固人也，男子独非人乎？如亦人也，则亦贱矣！设今有二人焉：虽其夫之贵，然以其妻之贱，人亦将以贱人之夫名之矣；虽其妻之香，然以其夫之臭，人亦将以臭人之妻呼之矣；香女子与臭男子交，及贵男子与贱女子交，亦足羞也，无谓极矣！古之人乎，今之人乎，如欲贵男，当先贵女，女贵则男自贵；如欲香女，当先香男，男香则女自香。反是，女既贱矣，男自贱矣；男既臭矣，女自臭矣；故吾终谓：与其一方臭贱，而致败全人类之名声，不如使之皆香贵之为愈也！吾谓男女皆香贵，岂前此社会之贵男贱女，与张说之香女臭男，所可比哉？男女自相争杀，实非人类之福（亦犹两手相打非身福也），男女一争，男优胜，女屈服，既可鉴于前矣；如男女再战，女优胜，男屈服，亦当防之于后也；张氏倡之，好乱极矣！虽谓天地循环，无往不复；然吾何忍再见此人类之大不幸事乎？善事固当继续努力，恶剧何堪重演一幕？"一之为甚，岂可再乎？"愿再思之，深长思之！

…………

三、美中不足的各种议论

第二版序中说："乙说：'情人制，则杂种必多'……其儿女尚不会成为杂种。"我认杂种莫由明分，是最好的！张先生何必与之计议呢？况张先生在他处，也曾说过："不错！是混化……尚有因国家的观念而打战么？"（交际部）如要他的混化，便要先从杂交入手，杂交就杂种了，人且杂矣，尚有何事之不混哉？乃张先生因欲证明其不杂种，又接着说："况情人制的本义……须行情人制。"这恐怕未必然吧！或者反为"无见"的"强词"，不必和他计议就得了！

"情人制中的一夫一妻生活"，我也说不甚妥当，因为如有此种规例，到底必弄成为限定的，就去今世不远了！况张先生也说："男子或女人，还要借什么名义来霸占对方人？这更无情理之尤了！"所以吾想最好就是使一切的男女，不论美丑……皆可成为无限的情人。

"……或则男抱女身……又何须什么顾与忌？"（纠仪部）吾意：其实即不相识之人，亦何妨呢？或者还更须要极力去联络其感情。好像张先生的论调，未免美中不足，反成一个"半通不"的了！

"其无显著的功罪者……聚合于纪念庙之下层。"（爱与美的信仰崇拜）姓族不废，未见其可！须知世界人类的乱离，与有姓族是极有关系的。

"我国古时的外交……例有救助之义。""他们见友国即是与自己为第二母国……覆手为雨的那样心思去毒害邻国了。"吾尝以为：世上无政府最上最难；若世上一大公政府，而无彼此国家之分，如康有为先生所说那样次之；如今张先生所说的，相差很远哩！但也可以当作过渡时期中之一过渡办法吧！由张氏至康氏，由康氏至无政府——如今人吴稚晖先生所说的，完了（？）。

"或说限制一国户口于一个最高的数目……及极严地限制婚姻的

条件。"（美治政策）按此似亦不如我的大人伦观，公子公人，于无形中，能减少妇女生育痛苦，与预防人口过剩之患，不必大大奖励，及极严地限制，女人自然由不欲多生子以至不生，世界人口自然由减少至绝灭，出世！脱臭皮囊！阿弥陀佛。

　　他在"情人制"里说："名义上一切皆是朋友，事实上彼此准是情人。"这固然是很好的；可是还不如吾所说的十亲化的人类，没有什么名义上的朋友一伦；又能联络老幼的男女们。张先生所说的，就办不到此地步了！你要是不相信的话，那吾就试问：像十岁的女孩子，和九十岁的男老翁，或者把他对调来说，难道这也可以当作情人么？张先生还再说道："好的社会是娱乐化的……有如朋友的相亲爱。"（社会的娱乐）"凡遇交友节……皆成为朋友一样的亲极了。"（交际部）吾亦以为：无人非亲，人类十亲，何止于朋友？无时无地，何止于一交友节之场？张先生竟又再说："自来宗教也尝竭力提倡博爱……他们也就不知不觉中变成为情爱的人了。"（共情与专智）吾亦极以：孔之仁恕，释之慈悲，耶之博爱，墨之兼爱……为无限之谈，与今张先生所说宗教的博爱，是一种枯燥不情、有名无实是同意的。至其所说之情人制，与吾所说的一家化的世界，十亲化的人类，仿佛虽似有点相同，其实所异的地方很多，彼所说的，吾多不赞成，把他的情人制同吾的大人伦观比较一下，便知道了！要就其所说"自然而然，能够彼此互相亲爱"，最后一点，与吾之说而言，是皆同一有所见，并非孔墨释耶……那一班人所可比的。张先生说："一个情人式的社会……如好朋友。"吾则更进一步而说：世界一家，无处非家，人类十亲，无人非亲；不再如现在的有什么家亲外之亲戚朋友路人那种疏远之人。张先生要使为父母的情人化他的子女，为子女的学他父母的情人化，吾也说不如使子莫由辨明其亲，而看举世之老者莫一而非其亲；亲之于子，亦照这样看法，……岂不更妙么？如果照张先生所说的，还有什么亲戚、朋友、路人、私的子女、私的父母……那种殊伦异见，吾敢说：世界永无光明，人群永无和亲之日；即有，也和

评张竞生著《美的社会组织法》

现时差不多的！须知在世界人类，本来就是一家十亲的，后来才渐渐变成这样分离的！念本思源，恢复到我们人类始祖太宗时代那种情状，实为现今切要之图！岂应仍旧妄自疏异，以致生出极无谓的骨肉相残，同室操戈的事情吗？近世高人如谭嗣同、吴稚晖、张竞生诸先生，开口只要使人成为朋友，以朋友为最美善，吾则更上一层，更进一步，而倡世界一家，人类十亲之说；并且认朋友二字，为足使今人忘祖背本，妨碍互相亲爱，常时发生恶感。例如，最近某人之杀某二人的通电说："大义灭亲，何况朋友？"这是说以最亲的手足，好像周公、管叔那样，还可以相诛；何况吾今与某二人，尚为极疏的朋友吗？杀一朋友，实在不足为奇！若在我的世界一家，人类十亲主义，则说：异物如牛马之类，吾人还不忍杀它；何况同住一世，互为十亲的吾人吗？同室操戈（世界），骨肉相残（人类），那更何忍？亦所不许！

四、超俗之见

极端公道，与极端自由的组织法"4. 共情与专智"："我以为情感必要公共的……理智与人愈差异愈觉妙。"此真不愧为至理名言，发前人所未发！吾极同意。即其前此一节——"3. 共权与分能"所云："人人同有相等的权力……个人极端的自由。"这更能将中山先生权能分开之说，发挥而光大之，吾也有相当的钦佩。

外婚制："爱是广大……莫如在广义的婚媾入手。"我认张先生所倡的外婚制，是有利无病，不但为中国人计，并且为世界人类计，这种生死关头，新旧交接的办法，实在有去提倡的必要，以便达到如他所说的："……我们希望由此容纳全世界的民族……人类行为变成为情人的行为。"（交通部与游艺部）

美的职业："职业中有些是丑态的……它是最科学而又最艺术。"

这样批评,也算不错!他因又说道:"如以职业为职业……皆可望得一个极大的发明。"(同上)"现时做职业科学艺术的……即是一种娱乐品。"(美的艺术)这也颇说得有理呀!

"我国现在个人的生活……恕我不去论列了。"(社会的娱乐)"我尝恨我国社会都是虚假敷衍……这样社会安能得到有特别情感的人物呢?"(极端的情感)(关于本部,还有很大胆的议论,今暂不录,学者注意。)

五、勉人深 望人厚

"最好是由我人自动的抱定一个极有价值的冒险;……高强得多呢。"(美的娱乐)

"青年们,你们须知人有人的生活,……也属极无聊的寄生虫。"(第二节)

"我们所希望的……有万倍大的重要。"(《美的人生观》)

"就理智说……当然极呈其文化的长进了。"(共情与专智)

"究竟我们的新文化运动是什么?……人类社会所以比禽兽高处在此。"(教育与艺术部)

"许多人的怀疑……成为现实呢。"(美的思想)

"我也知道这书中所说的……已得慰情与舒怀了。"(《美的社会组织法》导言)我读到这几段的话,觉得他所勉人之处,会使人奋激起来;他所自慰之处,会使人感慨下去;此种言论,极为重要,故附录之,学者勿忽。

我的随便来评张先生所著的《美的社会组织法》一书,大概如此;至他所著的《美的人生观》一书,也有周作人先生的评论,兹附录之,以供参看。周先生说:"下半卷讲深微的学理,我们门外汉,不很懂得;上半卷具体的叙说美的生活,看了却觉得很有趣味,张先

评张竞生著《美的社会组织法》

生的著作上,所最可佩服的,是他的大胆,在中国这病理的道学社会里,高揭美的衣食住,以至娱乐的旗帜,大声叱咤,这是何等痛快的事!但是有些地方,未免太玄学的,如'内食法'……古怪的是……'神交法'……关于这种'神交法'觉得大有可以商量的余地,比'内食法'虽未必更玄学的,却也是同样的非科学了!……总之,张先生这部书,很值得一读,里边含有不少很好的意思,文章上又时时看出著者的诗人的天分,使我们读了觉得痛快;但因此也不免生出小毛病来,如上面所说的那几点,大约就因此而起。……"我的意思,大概也差不多是这样的。再按《美的社会组织法》比《美的人生观》,虽然是姊妹行,可是还更重要。

民国十八年一月×日评

张竞生、刘仁航提倡的女性中心社会[1]

蔡尚思

民国时代有两个提倡女性中心社会的人,即张竞生和刘仁航。他们的共同处,都说人类最主要的不是面包问题;其理想社会政权的比重,都必须按百分比,女多于男。张要女子倍于男子,刘要女占六七、男占三四。张、刘都大骂男子,都主张要女子中心社会。他们的相异处,是张的女子中心社会是西洋化的,尤其是法国化的;刘的女子中心社会是东方化的,尤其是佛教化的。张强调美化,注重男女关系;刘没有提出这方面的要求。

张竞生法国化美化的女性中心社会

张竞生(一八九四——一九三二)[2],广东饶平人,一九一二年赴法留学,获里昂大学哲学博士学位,一九二〇年回国,先后任潮安中学校长、北京大学教授。公开提倡研讨"性学"。又开美的书店,出售性学书籍,被查禁,乃避居杭州。一九三一年在某佛寺诵佛经,自谓有忏悔之意[3]。未几,又赴巴黎,研究自治与农村之社会基础问题。

---

[1] 《中国礼教思想史》,中华书局(香港)有限公司,1991年,第303—305页,本文为该书第一节。

[2] 生卒年有误。

[3] 此处信息有误,道听途说。

返国后，于故里筑室田野中，从事著译。著的有《性史》《美的人生观》《美的社会组织法》以及译作多种。

张竞生由于留学法国，受影响很深，所以只赞美法国人，而大骂英、美、德、俄和东亚人。他的思想可详见上述的几本著述，最突出的约有如下几点：

1. 主张男女关系比经济重要，以情感斗争代阶级斗争。

2. 以欣赏的情人制，代替一切占有、给予的婚姻制度。

3. 不许嫁娶时期规定为：男二十岁以下，五十五岁以上；女十八岁以下，四十六岁以上。

4. 女子中心的政权具体说："美的政府"分为八部，人员由"爱美院"所选出，"美的政府对爱美院负责"。"爱美院的额数，女子当倍于男子，以符合女子为社会的中心的要义。"女子担任外交。女子特殊职业即男下贱女高贵的职业分配。

5. 女子中心的道德和宗教，即从"宗法社会的木偶观念""进为英雄及美人的崇拜""以情人的宗教代一切的宗教"。

6. 关于女子中心的教育，他认为男女的教育"不可相同"，女子的智慧比男子的知识"高贵千万倍"，所以要"女学独立，不可附于男校"。

7. 提出实现世界大同的外婚制。他说："这是混化，不是同化。""不但使全地球的人皆成朋友，并且使四海之内皆成同胞。"

8. "美能统摄善与真""美是一切人生行为的根源"。

我从一九二九年著《伦理革命》起，就开始指出他的很多缺点，现略举其有关的录目：有重食与重情不食的矛盾，反对绝欲、宗教、孔子和赞美佛教、孔子的矛盾，男女刚柔的矛盾，女子仍为男子的玩物；每人的心神全用在情人身上的无谓，过于夸大女性的美德，仍是封建社会与资本主义社会的等级和阶级的旧观念，仍带宗族制度，仍要维持私产社会，对女子有比旧礼教更惨酷的新礼教，对女子国外宣传胜雄兵使馆的空想，男女的神交法，等等。上述各点，多是资产阶级浪漫文人的玩意儿，只有敢于反旧礼教不无可取之处而已。

书籍和财色[1]

鲁迅

今年在上海所见，专以小孩子为对手的糖担，十有九带了赌博性了，用一个铜元，经一种手续，可有得到一个铜元以上的糖的希望。但专以学生为对手的书店，所给的希望却更其大，更其多——因为那对手是学生的缘故。

书籍用实价，废去"码洋"的陋习，是始于北京的新潮社——北新书局的，后来上海也多仿行，盖那时改革潮流正盛，以为买卖两方面，都是志在改进的人（书店之以介绍文化者自居，至今还时见于广告上），正不必先定虚价，再打折扣，玩些互相欺骗的把戏。然而将麻雀牌送给世界，且以此自豪的人民，对于这样简捷了当，没有意外之利的办法，是终于耐不下去的。于是老病出现了，先是小试其技：送画片。继而扣折扣，自九折以至对折，但自然又不是旧法，因为总有一个定期和原因，或者因为学校开学，或者因为本店开张一年半的纪念之类。花色一点的还有赠丝袜，请吃冰淇淋，附送一只锦盒，内藏十件宝贝，价值不赀。更加见得切实，然而确是惊人的，是定一年报或买几本书，便有得到"劝学奖金"一百元或"留学经费"二千元的希望。洋场上的"轮盘赌"，付给赢家的钱，最多也不过每一元付了三十六元，真不如买书，那"希望"之大，远甚远甚。

我们的古人有言，"书中自有黄金屋"，现在渐在实现了。但后一

---

[1] 1930年2月1日《萌芽月刊》第1卷第2期。

句,"书中自有颜如玉"呢?

　　日报所附送的画报上,不知为了什么缘故而登载的什么"女校高材生"和什么"女士在树下读书"的照相之类,且作别论,则买书一元,赠送裸体画片的勾当,是应该举为带着"颜如玉"气味的一例的了。在医学上,"妇人科"虽然设有专科,但在文艺上,"女作家"分为一类却未免滥用了体质的差别,令人觉得有些特别的。但最露骨的是张竞生博士所开的"美的书店",曾经对面呆站着两个年青脸白的女店员,给买主可以问她"《第三种水》出了没有?"等类,一举两得,有玉有书。可惜"美的书店"竟遭禁止。张博士也改弦易辙,去译《卢骚忏悔录》,此道遂有中衰之叹了。

　　书籍的销路如果再消沉下去,我想,最好是用女店员卖女作家的作品及照片,仍然抽彩,给买主又有得到"劝学""留学"的款子的希望。

张竞生自叙传的轮廓及近日生活[1]

王礼锡

自美的书店关闭以后,张竞生博士在杭州现过一次踪迹,就很久已经不在中国著述界有过踪影了。甚至日本报还有传说他在上海续撰《性史》的消息。其实他早已到了法国,正集合旅欧的友人组织旅欧译述社,准备将欧美著名书籍二三百种作有系统的译述。不过因为欠缺经费,一时不能积极进行。近来他与友人书谈及他正与巴黎大学教授同译佛经为西文。并云:"弟素好议论,但极努力向上,'以学问为学问',不因时论攻击而见阻,亦不因世人誉赞而骄夸,誓守学者本色,誓终身牺牲于学问而不顾及其他也。"不过在中国学术界,则很希望他的"终身牺牲于学问"的精神实现第一个计划,在饥荒的中国学术界中增加一些精美的食粮,不必在欧美的辉煌的图书馆中增加灿烂的佛光。

再近张先生寄来的《建设》稿的自序[2]中,有这样的一段:"竞生于革命初年,也曾出点破坏力量。回首十几载矣,民生愈加凋零,国事愈形疮痍,自惭前日革命功不偿过;加以前时为《新文化》曾与旧礼教决一死战,终因误会太多,仇计太险,以致败北而逃。凡此既不能于破坏之余,取得实力,将所怀抱见诸实行;只好逃迹于欧洲空谷,提起秃笔,诉诸空言。悲哉!寒木萧萧,白云缥缈,我的思想,也将长托于高山流水之间乎?"在这一段中,张先生划了一个自叙传的轮廓,又可窥见其近日的生活,在本文尚未披露以前,亟录出使读者先睹为快。

---

[1] 1931年4月1日《读书杂志》创刊号。
[2] 此为《民力建设》的序言部分文字。

为张竞生呼冤[1]

十发

近人每提及张竞生，辄联想及于《性史》，而即以《性史》为张唯一罪状。然张自民国二十年，回饶平原籍，闭门思过，研究矿业，饶平县政府，因畀以实业督办头衔。张乃从事建设，筑路造林，颇著成绩。闻曾筑成公路数百里，有裨地方交通，两年以来，恢复名誉不少。故饶平同乡，有一部分，因羡生妒，遂用改进社名义，控张十大罪状，使张不能立足，终于狼狈而去，逃往香港，竭力辩白。饶平旅汕人士，旋以张此次被控，确有冤抑，乃具呈代为辩诬，市政府亦以改进社，并未立案，显系违法组织，下令取缔。张之被诬，平心而论，张之《性史》，其初纯为生理学上之研究，他人变本加厉，遂成淫书，然张始作之俑，罪有应得，其后服务桑梓，努力建设，亦足功罪相抵，倘使张能始终其事，固亦有为之士也。

---

[1] 1933年《天津商报画刊》第9卷第33期。

张竞生近事和其发妻的自杀[1]

刘天白

倘若提起张竞生博士的名字，我相信没有一个不知道的，这完全是他刊行《性史》以后便惹人大注意而特注意。因此就有人叫他做性学博士；其实博士不过一个摇旗呐喊的革命家而已，不是真真正正的实行家！

当他在去年十一月十五日由法国归汕以来，就有好多人去拜访他，问他回国后作什么事？是不是再想编《性史》？博士对这些问话，不但没有犹豫，而且很爽快地回答道："曩昔的编纂《性史》实为改革四千余年来锢蔽思想的首倡，谁知一部分低级眼观者，竟目为海淫，实则亘古至今，人类何曾免掉了'性'底一道，不过却被一班道学先生持为虚伪掩饰哩！所以此次归国暂不续编，决先返饶平（博士家乡）办自治，而自治定为四大纲领：（一）肃清土匪，（二）开垦实业，（三）普遍教育，（四）整辟交通。如果地方人士能够依照计划按部就班施行后，即便马上重返法京。"

我听了博士这段说话之后，登时觉得无限地喜欢，以为中国的大伟人，个个像博士这样纡尊降贵去干下层的工作，将来国家必定会至于兴盛起来。但回头一想，经验和理想是不相同的，博士从来不曾参加过政治，难免届时政策上有些要碰板，譬如某农科大学毕业生，他所教人种出来的番薯，仅仅像洋参的一般大小，比之没有读过农科大

---

[1] 1932年《图画半月刊》第3期。

学的农夫,还是幼稚得多。博士听了便很不以为然再坚决地说:"天下无难事,只怕有心人,先哲磨铁成针,也是这个道理。"我看了如博士此决心要办自治,也就不便阻挠他底兴趣,又随即问何时得与褚松雪女士同居?年来奔波未享衾枕欢愉,会不会枯燥?博士则答言:"性问题虽然占了生命上最大部分,但连年偃滞求衾尚且困难,还有什么闲心情讲到巫山云雨襄王之梦呢!"

由博士这些片段的说话中,我们最少可以明了博士近来底思想比较在著《美的人生观》和《美的社会组织法》时代变动得厉害;然而以一个受大众所欢迎堂堂新英雄的马占山尚被环境转移而变节,何况是一个张博士呢。

因此博士硬着头皮不顾一切底责难决然回到他的故乡——饶平——去办自治,和作种植大运动,先行创立一个中兴实业公司,并发出募捐簿册向了我们各同乡劝捐。而最有趣的即是簿之第一页博士题着自己所撰的引言道:富强富强,可知富字列在先,富就能强,美国便是这模样。"我们今后救国之道,全凭提倡所应有的利权,利权有工有商。农林更为根本,投资在山林田间,不怕外国打劫与取占,益己益人,取利最大,利源最远。"有好多人读了博士这篇序文,便很奇怪,尤其乡人,以为做了博士应该做些骈四骊六的文字,才觉肚子里有点东西,如今怎么写些像乞儿歌之类,未免叫人骇异。但博士则管不到许多,以为词能达意,要说什么便说什么,不必矫揉造作,后来乡人也没法,只得照着博士的命令捧了那本簿子向各同乡集募。

时间上匆匆不知道过了多少日子,忽然便传着博士的发妻许春姜夫人在上月十七日服断肠草自杀了,由此一点,可以使我们想起乡间的"状元头戴是乌纱,专心理国不理家。不如嫁给田夫好,日则耕种夜归家"四句歌谣来,博士的头衔究竟在村妇被窝里是没有多大关系的,这几年来全国虽然哄传着博士是一位性学专家,凡做他妻子的,对于衾枕之欢,自当妙不可言,哪知在他的许夫人看来,仅是"营盘家伙摆摆架势"而已。盖自博士结婚至今廿余载,在外日多,住家日少,此次回乡,复令其夫人任烹洗之职,夜则听其独自冷清清地睡觉,人生虽不是为了性交而来,然而有夫妻之名,而无夫妻之实,也太觉没趣味。

当博士返梓倡办自治之初,夫人满心欢喜着从此可以完聚,谁料博士竟不在家居住,自己花了一千多块钱筑一间木板屋于田中,上面盖着茅草,四周用铁纱网为窗。有人问何以一片玻璃都不用,博士说玻璃会阻住空气的,因此乡人都喊他做"怪博士"。

有一个时候,许夫人曾静悄悄要去和博士相会,博士不但没有欢迎,还冷冰冰的面斥夫人道:"你们乡下妇人,真不晓卫生,一次开了门进来,随后便跟了很多微生物而俱入,假如你每天进来两次,一个月的微生物就多到不得了,以后要找我,请你先在户外叩门,等我出来谈谈就可以。"夫人听了这般话,除了怏怏之外还有什么法子呢!

而博士每天除译书外,其余的时间就是和他的七岁公子(褚松雪女士所生)荷锄到邻乡山中去,先把山形绘好后,便挖出些土块注明系某种土质,适宜于某种植物,屋内堆着土模很多,大概是预备要作种植的大运动。有暇之时,还到各乡去巡视各村巷,所有沟渠垃圾都被他督责洗得十分洁净,真真是一位大卫生家,故此乡人还算敬重博士。不过有时博士也受人家的责骂,这是因为博士只顾清洁而不论张三李四都进到人家厨房去,督责修扫,妇人在家,大多数是穿小马甲,一碰见博士,皆嚷着"衰鬼又来,衰鬼又来",而博士则像没听见一般,骂只由她骂,博士依然还是个博士。后来大家也无形中认为司空见惯了,这还不奇怪,最奇怪的,博士每天早晨便偕同其公子到溪中去洗澡,冬天也如是,哪里来的一副"铜身铁骨",这是乡人对博士洗澡时而发出来奇异的感想。

夫人三餐所烹给博士吃的菜,要经过洗涤数次之多,有一次博士发见夫人很马马虎虎便叱道:"你这样不讲卫生,难道要弄死我不成?"

倘若青菜是没有洗了数次之多,而会害死人命,恐怕今日我们也不在世了,夫人由是对博士更加绝望,遂毅然走到自杀的路上。

张竞生的《性史》[1]

郁慕侠

民十五，国立北京大学教授张竞生氏，忽编辑了一本《性史》小册子，专演述男女两性间的接触事。封面刊着"北京优种社"出版，书底不刊版权，连头带尾共只十篇文字，用三十二开纸印刷，不过六十张而已，定价一元，实售八角。出版不多时，竟能轰动一时，购书人不以为价昂。迭次再版，共印了五万多册，一概卖完，后来要买《性史》的人，居然有钱没处买，竟至转辗访求，或者登报征觅的也很多，其吸引力的伟大，可想而知了。这本书开首即说"天下第一乐事，莫过于雪夜闭门读禁书"两句，又他序文前段引用怪杰金圣叹批《西厢》的口气说"这部《性史》不是淫书，若有人说它是淫书，此人后日定堕拔舌地狱"等一篇大道理。后来这本小册子畅销了，旁观的瞧得眼红起来，就此你出版一册《新诗》（谐《性史》），他发行一本《性艺》，最盛时代，这类书籍倒有十几种之多。后来当局一声令下，谕饬查禁，才风流云散，不敢公然出卖。

张先生本是一位大学教授，又是哲学博士，不去研究教育和哲学，却凭空地去推阐"性"学。他的思想行为和寻常人划然不同，故社会上群呼张博士为"性博士"。

---

[1] 郁慕侠著《上海鳞爪》，沪报馆出版部，1933年。

我所见之张竞生[1]

华林

中国人是"知而不干"或"不知也不干",所以李宝泉[2]说"士大夫之悲哀"(参阅本月二日本栏),实在是立论很精确的!而不干的人,还在旁冷笑干的人是愚蠢,张竞生说中国人是"猪狗生活",是一点不错的。例如"诚实"的人、有志气的人、自己努力追求人生的人,旁人总拿他取笑,取笑是笑他不会滑头、不会投机、不会阴险、不会作伪,而且一动加人的罪案,所谓"思想落后",真正做人的意义,他是一点不认识,一点不认识"人生是什么东西"。故张竞生在中国社会中,也成了大逆不道的罪人。谈到张竞生,就要说到《性史》,而不知《性史》被流氓假造,愈弄愈精,原本尚不至此,而且这一点错误,就把整个的张竞生骂得罪大恶极。其实张竞生之为人,诚实而勇敢,努力打出一条生路,他就是认真的干,丝毫不愿苟且。所以此次他返国后,决心不谈"性的问题",而努力实验他的理想生活,培植森林,开辟公路,提倡新生活之教育,极力谋民生事业之发展,这个人是勇于改善、勇于进取的人物!而不能见容于社会,因为他不能与社会同流合污。须知中国把"诚实而认真干的人"看成蠢笨,以之为取笑谈资。不知"诚实"是勇敢的表示,勇于进取的人物,绝不作伪欺人,中国人专善于投

---

[1] 1933年11月9日《南洋商报》。
[2] 李宝泉,江苏南京人。早年留学法国,活跃于20世纪三四十年代,艺术评论家,曾任上海美专教授。

机取巧，视诚笃而认真的人，不是冷笑，便是恶骂。张竞生所谓"猪狗生活"，中国人诚有之，须知强国绝非偶然，中国苟欲力图自强，非把这种"劣根性"改造一番不可。旁观而冷笑，自己不认真干的人，是"知而不为"，其罪实不容诛，是为猪狗所不如，更离做人远矣！

"性学博士"被控[1]

潘光旦

五年前有人编印变相的淫书，自称其学问为"性学"，又自命为"性学博士""性学专家"，又大言不惭的著为种种学说，一时受他的欺罔的青年男女，正不知有多少。记者不敏，当时先后写过三篇短文章，一面驳斥他的狂妄，一面警告读者，在乱世里须得谨防假先知。那三种文章的题目是《〈新文化〉与假科学》《性教育者的资格问题》和《变态心理与社会治安》。最后一篇的末段说过："普通患夸大狂者犹可，若患者略有智慧与才干，又假之以教育，则其为社会之殃祸也甚大。若在一切社会行为缺乏标准之社会中，则危险尤甚。此等人之在昔日，有以天才自命者，有以真命天子自命者；近则有以专家自命者，著书立说，以欺罔社会。社会不察，或惑于'狂易近天才'之谬说，从而附和之，为之助长势力。近更有人以其名名其学说；此其自夸之程度，古今中外，直无伦比。据理驳斥之者，自不止一人，则彼又指为骂人者有团体、有组织，真若专与彼为难者；又或疑与彼为敌者以一人而拟数名，作数稿、投登数种刊物；以及衬出其一己之地位崇高，势力雄厚。塞格拉士（Seglas）[2]有曰：偏执狂者之特性，'二字可以尽之，曰夸大，曰猜疑'；与今兹所叙之症候抑何酷似也？呜呼，智识饥荒之中国青年，其慎之哉。"

---

[1] 1933年9月2日《华年》第2卷第35期。
[2] 今译塞格拉斯。

据最近的消息，这位"性学博士"被广东饶平民众控告霸地耕作与著书诲淫等十大罪状；广东省府令该县拿办，专家潜逃汕头，于八月二十二日被汕头公安局扣留，日内即解省垣法办。从此变相的淫书可以受一些打击，固然是好事；但同时我们以为这一类的专家有需要专家研究与诊察的地方，法律的制裁是不中用的，至多只好算做第一步。

张竞生印象[1]

准之

大约是因为我出世太迟了，我不能看到张博士的杰作"美的书籍"，那些书现在是被禁不卖了，但是性学博士张竞生的大名，想必每个青年所知道的。张博士如今不写关于"性"的文章，《时事新报》的《青光》上，刊登的《食经》，是他最近的作品，同时，我也知道了张竞生原来是哲学博士。

一个凉爽的夏天底下午，在天庐先生[2]的客厅里，我见到这位大名鼎鼎的张博士，是，张博士很像"南洋客"，他那一口广东官话，说来使人不大能听懂他的意思，圆圆的头颅，短短的平顶式的头发，衬着普通的中等的身材，白的翻领短袖，下面是白的西装裤，一双黑色的皮鞋，很随便的装束，像一个大学生。如果，不经过别人介绍，真不会想到他就是张博士啊！

起初，他不大讲话，大概因为才见面，张博士也会怕生疏的？吃马铃瓜的时候，清雅的客厅，渐渐热闹起来，他说吃西瓜连着皮咽下去最好，于是，他表现了一番；吃完了瓜，他谈起抽烟，"抽烟很好的，但是，中国没有专为女人做的卷烟，像这种烟（他将手中的烟扬一扬），女子每天最多不要抽过十余，因为性质太浓！""我每天能抽许多烟，但极节制地最多不过十几支罢了。"他抽着烟，将

---

[1] 1934年《十日谈》总第37期。
[2] 黄天鹏别号。

一条腿搁在沙发椅栏上，笑着，那么不停的轻松的笑着，使我想到他也许永不息止的。我们许多人随心的谈笑，并且每个人都称他"张博士"。我们谈到中国的电影，从《渔光曲》回溯到《姊妹花》，"你们知道吗？张博士看《姊妹花》都哭的！"天庐夫人大声的说。"哈哈，张博士会哭？""你们不哭吗？""我们不哭！""不好，不好，男人要笑，女人要哭！"他笑着对她们说。

张博士要想将赛金花的事迹，写成电影剧本，但是，因为赛金花的一生太变幻，虽然有了假设的扮演角色——胡蝶，但是摄制的费用太大，现时中国的电影商负担不起，最近不能实现。张博士很崇仰赛金花，并且，她现在很孤寂，他要天庐先生将《青光》出一个赛金花专号，叫我们写些稿子关于赛金花的，将稿费寄给赛金花。于是，我们请他详细地讲一下赛金花的过去，他谈得很多，从赛金花的漂亮美丽，怎样堕入风尘，怎样做了钦差夫人，怎样在外国出风头，怎样和德国军官发生关系，救了中国的老百姓，又是如何不容于大家庭，一直到现在老了，清苦地独个儿住在北平，所以，我们很应该帮助帮助她！张博士现在是赛金花的"知己"。

关于爱情，张博士以为女人能够这样（下面写来），方是真真爱她的爱人：

（一）他要跳水（如必要时），她也能够同跳。

（二）他去打仗，同时她也要拿手枪一同去打仗。

（三）他去寒地热带垦荒开矿，她也同去。

在未见博士以前，我听说张博士有一段伤心的罗曼史，他曾经为一个女郎颠倒，如今这番话，或者是"感慨系之"的伤心话吧？！

张博士留法很多年，当然法国人尊敬女人的礼貌，沾染了许多，见了女人不脱帽的朋友，时当要受到他的教训的！

在天庐夫人家里——我是夫人的同学朋友，坐了整整一个下午，夕阳西照的黄昏里，张博士跟他们夫妇很有礼貌地送出大门来，一个长的影子，从那很神气漂亮的圆头颅、中身材，印到墙上，这个热情浪漫的人，谁知道他和他的影子是不相衬地让一般人惊异呢！

博士在《青光》上发表《食经》，在提倡营养食物，民以食为天，食色性也。博士所以始终是性博士了。

食色性也

——从《性史》说到《食经》[1]

形云

记得几年前——那时我还在中学里念书——性博士在提倡性交术的《性史》的时候，一部一部的《性史》从美的书店出版出来，销路之佳，的确风行一时。就是我们这班中学生，也都人人手执一卷，不论在课室之内，也管不了先生在讲台上扮演什么拿手好戏，却没有心绪去听书，两只眼睛偷偷摸摸地只注意着桌子下面的小江平怎样跟着嫂嫂睡觉，干着那套性交术。就连睡觉钟打过的时候，也都不愿意早睡觉，暗地里背着舍监偷燃起洋蜡烛儿在研究，等到舍监来敲门的时候，才快快地吹灭了火，心里还觉得难过，埋怨着舍监的多事。有的年纪较大一点的同学，还在和舍监高声争辩，说什么明天要月考，在预备功课哩。甚且有的同学也还拿起棉被做起性交的姿势的演习。

过了一些时，这种性书也许在一班道学先生们的研究的结果，认为"世风日下""有伤风化"。于是开始向性博士下总攻击，性博士终于势孤力薄，虽然有了整千整万的子弟，但一个个都是年纪轻轻，不知兵法，自然不能为博士沙场效力。性博士处此情形之下，只好挂上免战牌，宣告下野，出洋"游历"去了——说好听一点，"考察"去也。

又不知道过了多少时间，性博士又重新从法国回来，这回，我们眼巴巴地对于博士的祈望，希望他能够对于性交术有更多更伟大的

---

[1] 1934年《十日谈》总第29期。

贡献。但是，事出意外，性博士是再不研究性史了，从提倡"性史"转到提倡"造林""开辟荒地"，静悄悄地回到他的故乡——广东饶平——实行振兴农业救国去了。这种转变，不消说使我们这班希望博士对于性交术有更伟大的贡献的人起了无限的失望！然而这年头儿什么都在转变，从前的大人先生们反对拜菩萨，赞成没收菩萨的庙宇；现在都在大大的提倡祭关公、念佛经、修庙宇了。因此，也无怪博士之要转变，换换花样，如果不如此，那恐怕要如我们碌碌小子，不成为二十世纪的中国伟人了。

可是，现在性博士又到上海来了——到这里应当改口，把"性"字改成"哲"较为妥当——"性"固不提，"造林"也不倡了；却重新又掉了花样，大谈其"食经"。这似乎又给许多希望哲学博士对于"性术"有所贡献的人们起了失望，但我以为这是博士更进一步了解中国的国情，而觉得中国人一个个都缺乏康健，身体的瘦弱，连支持一个人的身体还没有能力，哪里有赢余的精力来表演性交术呢？于是乎第一步应先从个人的身体修养起，然后才能进而研究性的快感。所以提倡《食经》与提倡《性史》是一而二二而一的，绝能吻合，而不矛盾，此之所谓"食色性也"。

未知一班拥护博士的同好们以为然否？

张竞生底活跃[1]

幽槐

曾因《性史》而博得"性博士"之美誉底张竞生先生，现在又由沉默而活跃了。

当《性史》出刊的时候，登时便如风之发，如潮之涌，在全国的青年界中，是一件惊天动地的事情。那时，你随便在马路上拉一位青年，提起"张竞生"这名字，他没有不嬉笑面孔，和你津津有味地高谈下去，你总可以知道，那时张先生在青年界中底魄力是怎样地大得可怕了。

但俗语云"花不百日好"，张先生虽乃非常之人，也逃不了命运的袭击，自上海美的书店被封后，不得不栖栖惶惶，远渡重洋，态度一变，大译其《卢骚忏悔录》。从此之后颇有矢志不再谈"性"之概。当其由法返国之时，新闻记者又往访，询其关于"性"之问题，他只有摇头苦笑而已。

那时，颇有些人怀疑，为什么那位戴"性博士"之荣冠，震撼一时的张先生，会有如此的样子。其实，这些人都是傻瓜，他们哪里知道张先生是一位最机警的人物呢？

我们知道，我国自闹了"傀儡家庭"之后，张资平之香艳小说开始问世，郁达夫之《沉沦》也轰动一时，张先生把握了这时代动向，于是乎《性史》出版，自然洛阳纸贵，人手一篇。张先生这极爽直大

---

[1] 1934年6月6日《南洋商报》。

胆的举动，我觉得比郁达夫、张资平之流痛快多了。

张先生二次由法返国后，花枪一新，弃其"第三种水"发明之大功，而高唱社会问题之论调，可谓与一班由"象牙之塔"而走到"十字街头"底左翼作家媲美。且参加实际工作，跑回广东，干其理想的社会事业。据报纸传闻，听说也颇有相当成绩，我们正翘望张先生底理想社会之实现，好像从前之企望着张先生，教我们底精深的"性"底知识和技术一样。岂知扫兴得很，张先生底大功尚未告成的时候，却遭广东政府底通缉，不得不迭迭若丧家之狗，跑来上海。

当时，许多人又为张先生担忧了，以为张先生恐怕要永远沉默了；我更因为张先生那种倒霉的可怜状态，滴了二点同情的眼泪。其实，我们又不是些傻瓜，张先生是聪明底人，并不多逊色孙猴子本领，有什么可制止其脱颖而出呢？

果然《时事新报》的《青光》栏上，张先生底新花样——《食经》出现了。如此还嫌其寂寞，又添一"奇论之篇"，第一炮便是《故宫古物拍卖论》，有声有色，确为"奇论"。

夫"食""色"为人生大事，孔二哥也颔首称肯，张先生既发明"第三种水"和"美的人生观"著先，自然要以"食经"继之于后，否则未免有遗珠之憾矣。张先生果不辱命，皆有奇伟之贡献，有益于社会人生，岂鲜浅哉？张先生亦可谓人中之杰矣。

唯可惜者，当今之士能够得"食"者几人？能够有充裕的力量来讲究"食"者，更有几人？我恐怕张先生底《食经》这谆谆教诲，而有听者藐藐之憾。正和张先生之"第三种水"和"美的人生观"高唱入云之际，而许多女人正无限感激张先生之时，出人意料之外的是张先生底夫人褚女士，却三番五次，最终还是下堂而去之煞风景一样，将抱恨于无穷也。

可是，我们所不能否认者，是张先生不失为一特殊之人，其制造花样之本领，足与欧洲之军火制造家并驾而齐驱。他能观时察势，追波逐流，若时过境迁之秋，则张先生不爱如胡博士之重弹旧调，足见其高人一等，士君子之务时流变也固宜。固由"哲学博士"而"性博士"而"食博士"，以后或许还有不穷尽的"×博士"，只要张先生看看光景而把身子一摇便成。

啊，我想，张先生永远是一位活跃底人物了。

为张竞生鸣不平[1]

郑正秋

天下出于意料之外的事情太多了,尤其是近十年来特别多,要是一一举出例证来,只怕在《潮声》月刊上登一年也登不完,现在不必说远,就说最近广东民政厅电令饶平县要捉拿张竞生的事吧!

一个博士的头衔上,会给人加上一个"性"字,提起"性博士"居然都知道就是张竞生,这也是一件咄咄怪事!论张竞生的相貌、身材、姿态:那是什么文雅、俊秀,什么潇洒、风流等等的字眼一概都配不上的。只有乌乌的、胖胖的、粗粗的词句可以形容,看了他的人,心坎儿上一定会暗地里发笑道:怎么这样一位呆头呆脑的傻大爷,会给人称呼作性博士的呢?因为博士帽子上面又加上了一顶性帽子,于是,张竞生到东到西,就给人当作是一个怪物,而受到不少的痛苦,其实张博士的为人,真正老实头,做到公家事,很肯负责任,虽然处处不免于常带三分呆气息,可是正因为他有三分呆气,才肯做好事,做好人。

也许有人要发生疑问:说是张竞生既然是好人,为什么他要提倡性育、著作性书,伤害不少青年男女的身心呢?唉!这也是出于意料之外一件事!只怕也是张竞生所梦想不到的一件事!

凡青年男女,一到青春发育时期,往往要求性智识,中国是自古以来,把性生活当作神秘得不可以告人的丑事的,于是由着青年

---

[1] 1934年《潮声》月刊第1卷第6期。

们盲人瞎马的、偷偷摸摸的、暗地里去求实地的经验。张博士以为文明先进的法国，和我们中国大不相同，他就不怕冒天下之大不韪——这是单指中国的天下——把一部《性史》就公开了，哪知道出书以后，销数之多，多到个异乎寻常。不好了！书店老板们眼红了！靠着笔头过活的文人们眼红了！大家不约而同的起来投机了！所谓变本加厉的性书，一批批的出版了！平地一声雷，淫书大倾销，在这淫风大起的当口中，张博士给书店老板当作财神菩萨看待了！张博士不去找钱，钱来找张博士了！博士稿去，书店钱来，人非仙佛，谁逃得了经济的支配？张博士不能例外，张竞生就此帽子上面再加帽子，变为性博士了！唉！有了这种自私自利的社会，才出这种书店投机的怪事；有了这种怪事，才造成张竞生这一个怪号，因此一点，就要怀疑他不是个好人，这个理由，只怕还不十二分的充分吧？

哈哈！几个月前，消息传来，倒说性博士一变而为回去乡里作农工了，而且成绩大好，尤其可喜可贺的，地方上对他很有好感，都肯相信他的主张，都肯听从他的指导，这是何等宝贵而又出于意料之外的一件事啊！

近年来我为着潮州外受帝国主义经济的侵略，内受苛捐杂税、兵荒战乱的压迫，弄得危机四伏只怕去大崩溃日期不远，故此常常在叫"救乡运动"的口号。不过朝朝暮暮，所忧所虑的，就是缺少建设人才。救乡的第一义，就是要从事开发，和增加生产数量，一班从外国学了本事回来的先生们，又各自怀抱着有名有利的奢望，大家在享乐惯了的都市里，互相趑趄谋角逐，甚至情愿在都市里叹出失业的穷气，不肯各回乡里去努力建设，帮助生产，这是何等可忧可虑的事情哟！在我为此日夜忧虑的时候，居然听到我们的张先生，我们的张博士，丢了大学教授的地位，做了救乡运动的急先锋。做了乡村建设的实行家，伟大的张先生呵！足够叫人对你五体投地了！

像这样一个为大众努力，而牺牲自己享乐的人物，大该受地方拥戴，受政府保护，真所谓求之不得，奖励之不暇，岂可以对他加以压迫？要知道压迫一个老百姓的事小，破坏乡村建设事大，不要说我小题大做，且看张竞生在饶平建设的成绩，就可以明白了。

此番的捉拿张竞生，背景还是党员们的名利冲突，这个消息如果实在，那么党老爷未免太近视了！只看到自己的权力，不顾到老百姓的公益，这样的以私害公，将来还是要自食其报的呵！因为无论什么人，都不能离开公众而独自生活的，损害公众，结果还是损害自己，中国人勇于私斗，已经贻笑外邦得也够了！我希望大家莫把捉拿张竞生的事，当作关系个人无足重轻的事，赶快起来援救！救张就是救乡：我们要政府马上取消缉令，我们要张先生马上恢复自由，继续做他建设地方的工作，我的话是不是事实，且看下面转载《新夜报》上的一段汕头通讯吧！

张竞生被缉原因

遭朝阳社之忌屡图中伤

署竞生名发表反动刊物

【汕头讯】尝以提倡性学，声名震海内之张竞生氏，自归国回饶平原籍，从事实业建设后，数月间广植农场二万余亩，并以一个月之短时间内，完成饶钱全长百余里之公路，近突闻被民厅电悬，将其扣留。记者莫名其真相，特走访该县人士，探询究竟。据称，张氏早已因事外出，尚未被扣，而此事起因，可分为两点。其远因系饶平党派纷争。当民十八年，该县有二社团，一为青年社，一为朝阳社。该二社分子，多属当时党政核心人物，旋因意见不合，致成分裂。县党部因以重行整理二社，亦由省党部令行取消，事遂中寝。自张氏回饶从事实业后，而旧青社分子，多属张氏门徒，故帮助张氏实业建设，至遭朝阳社之忌，以为张氏偏袒一方，思有以去而后快。前经造饶平旅汕促进会名义，发出传单，宣布张氏十大罪状，此种祸之远因也。其近因张氏追寻传单负责人，以便依法起诉，该反对人情急，遂再进一步，闻有以署竞生名义发表反动刊物，于广州市流行，故民厅电令该县扣留。事闻遐迩，该县人士及各机关团体，以张氏为桑梓服务，致遭此祸，并证明张氏之人格，及在党历史，毫无为歹事情，业经联呈西南党政各机关，取消通缉，俾专心建设。

赠张竞生[1]

朱湘

不必作英雄,去向风磨摇戈!
虫海、虫山,这世间要有多少?
自古来的理想都埋进方窠……
闷了肚,及只有尸虫在暗笑!

每个人都主宰有他的海岛;
不必作英雄,作事的去骚扰。

离开了你的手,美变成丑恶。
你挨了风磨
想栽起幸福来点缀这方窠——
哪知道长成的是断肠药草!

英雄与虫蚁都长睡在方窠……
今天又有你来向风磨摇戈!

---

[1] 朱湘《石门集》,商务印书馆,1934年6月初版。

从《性史》谈到《食经》[1]

自然

鼎鼎大名的张竞生博士,昔年著了一本《性史》,风靡一时,颠狂迷离了多少风花雪月的尘寰世人,他的名字,深入于少男少女之中,所谓新文化巨子胡适之、鲁迅辈也莫能望其背项,获得了国产的性博士的头衔。

一个人成名的原因,往往有其社会的客观要求或条件。咱们礼教的国度里,向来视"性"为猥亵的东西,关于性的方面的写述,当是吞吞吐吐,使人看后发生痛不痛痒不痒的难熬情景。旧小说描写性的地方,也有不少,如《说唐征西》中秦汉偷奸刁月娥、《水浒传》西门庆与潘金莲之调情、《聊斋》中之五通神等等,但皆只一鳞一爪,没有什么更大胆更深刻的描画。那年博士却能本他在浪漫的巴黎熏染了十余年的物观(不是唯物史观的物观)的思想,做了一本专门叙述研究性交的书,更发明女人的第三种水,他的大胆和狂妄的精神、明目张扬的态度,诚是复绝一世,在性的观念禁蔽忌讳了数千年的古国中,造成空前独步的巨潮,一切男女间性的秘密,给抉发了,一班情火炎炎的青年男女,皆大欢喜了。

《性史》的功罪,咱们不去论它,但张博士能利用这客观条件,狂妄地高谈性学,完成他成名(?)的捷径的盛举,这,不可不说是他的聪明处。

自从他的"美的书店"被封后,自从他到处受着骨子里穷奢极淫

---

[1] 1934年《新大声》第1卷第2期。

表面上拥护礼教实行顺民政策的所谓革命政府驱逐后，他重渡西洋，到巴黎去，回来又在乡下继续韬晦了好些时，他依然被人目为洪水猛兽，依然在通缉之列（虽然和《性史》无关）。然而，博士近日已抛弃昔日的性学不谈，变了新的花样，大谈他的《食经》了。聪明的博士呵，你这遭却不聪明了。

中国是最著名讲究"食"的国家，山珍海错，虫蛇狗猫（昔年李鸿章曾宰食西人赠送他在巴黎赛跑获得头奖的狗，一时腾笑国际，引为奇闻），皆登筵席，在中国是"食在广州"，在世界是"食在中国"。听说西洋人凡用过中国人顶呱呱的盛馔的，莫不叹为奇迹，思慕无既，无不想"再来一次"。那么，中国人的"食经"，本已湛深而普遍，社会上，"食"博士满坑满谷，何劳张博士时下忽倡言此道，岂不笑煞民间的"光禄大夫"乎？

或许博士以为咱们国度，饮食不讲卫生，故倡《食经》以导之。但卫生之道，千门万户，假使真要讲究的话，则岂但饮食须卫生，便是衣着的卫生、居住的卫生，甚至性交的卫生，也必须同时注重的。

或许博士鉴于今日环境之恶劣，已不能大谈性史，故只得采用迂回政策，打一个大转弯而高谈《食经》：因为食色性也，从心理和生理方面探究，食与性本有密切的联系存焉。然而，假如是这一层，更加肤浅无聊，表现博士空卖气力，瞎嚼蔗渣。何以呢？你要性的兴奋吗？市上有通行的壮阳丸养阴丸补肾丸给你激发，屡战不衰，或家制的醉虾，可以把欲火升到白热的程度；其他如咖啡、大烟，及酸辣等食品，更是日常的兴奋剂；反之，你要抑制难熬的欲火吗？则有出家和尚常服用的蜗牛熬油拌饭，给你消欲息淫。所以谈到《性史》，张博士或许有独到之处，如果《食经》，则我家的女用人，便可双手打倒博士。

我的估价是：《性史》的时代已经过去，《食经》不值一文钱。张博士呵！还是静心去翻译《卢骚忏悔录》那一类比较有益的书籍吧。

廿三年夏月

烧性书[1]

记者

最近有一条耐人寻味的新闻，德国的学生将世界著名的侯施斐尔[2]教授之性学院的图书馆中所有收藏的性书和图画尽搬到柏林大学，定于五月十日焚烧，并高歌欢呼，歌的起句是"日耳曼之妇女兮，今已予以保护兮"。

从这句歌词我们窥见在极右倾的德国法西斯蒂主义领袖希特勒指导下，一班大学生焚烧性书的目的，申言日耳曼之妇女，今后已予以保护，当然足见在以往这些性书对于德国妇女是使其蒙受了不利，足见性书在德国民族种下了重大的罪恶。

最近世界中的两大潮流——共产主义和法西斯蒂——中，德国似苏联一样予我人一个要解决的谜。步莫索里尼[3]后兴起的希特勒，他挥着臂，指挥着数千万的褐衫同志，暴风雨似的，谋日耳曼民族的复兴，争拔着德国国家地位增高。最近更对于种族的注意，严定新的优生律和焚烧性书。

谈到性书，不禁想到数年前在中国大谈性学的张竞生和他所著的大作了。那时风行一时，一班意志未定血气方刚的青年，都争相传诵，大有纸贵洛阳，不胫而走，于是一班投机者，有续集的仿效，莫

---

[1] 1933年5月14日《京报副刊》。
[2] 今译赫希菲尔德（M. Magnus Hirschfeld, 1868—1935），德国性学家。1912年创建"国际性科学会"，出版《性知识》共五卷。
[3] 今译墨索里尼。

不利市十倍。在这种情形下，不知害了多少青年，损害了民族的无限前途。

直到现在，张竞生是在改良农业，做督办了，政府的禁止的例行公文也行过好久了，时过境迁，谁也不再注意，可是一班都市的青年，通常大学的学生，对于张博士未曾忘怀，他的著作也仍替投机者在大发其财。类似此类的照片，也在暗暗地一本一张地销去，仍旧是不胫而走。

焚烧性书，中国的大学生，也许会觉得是太愚笨、太多事吧！

张竞生悄然抵沪：不忘性学问题，愿做社会工作[1]

记者

沪函，数年前在上海被称为性学博士之张竞生，曩者设美的书店于本市，编售《性史》，畅谈性学，讨论性艺，颇引起社会上之注意，而一班青年尤为狂热。嗣即悄然离沪，赴杭小住，旋赴法之巴黎，居约二载，复返广东。近为转换空气起见，又于日前搭轮离港来沪，已于昨日抵此。记者探得张氏下榻于某公寓，乃即驱车往访，蒙其接见，兹将谈话分志如下：

张氏丰采：张氏昨日于一公寓小室中延见记者。斯时彼已卸下西装，仅穿便服，着木屐，唯白色之领与黑领带，仍套置于颈间，戴一淡灰色之阿舌帽。张不修边幅，颇有名士风，年约四十余，脸微黑，精神甚佳，且善发言，风趣横生。

自法归来：记者出刺道来意，张即谓前数年赴法国巴黎，旅居二年，为世界书局撰译文学哲学书籍，为数颇多。近回国内，居于广东，在饶平当过实业督办，办理种植交通等事业，薄有成绩。唯被当地人倾轧甚力，不可久留，遂即辞职，小住香港，近乃来沪。且谓此次来沪，纯系游历性质，并无一定目标。沪上颇多友好，拟于日内访晤，借叙阔别后之衷曲。在沪勾留日期，尚未能定，此后行踪亦不能知。

国际情势：张氏久居国外，拟谓意、法等国施政均佳，德国力图自强，采用法西斯政策，将来之能否走上康庄大道，当视外交之成败

---

[1] 1934年4月13日《南洋商报》。

为断。英、美两国自不必说。又谓世界二次大战，万难幸免，因各国之间而冲突，大形尖锐，非借战斗解决不可。人每推测一九三六年为世界危机，彼时战斗即将爆发，然而二次大战之爆发，或在一九三六年前，亦未可知。盖是年虽为军缩条约满期之年，但既图战争，决不遵守条约，未必于条约满期后始行发动也。

中国乐观：张又谈及中国问题，彼对中国前途颇为乐观。谓中国现在之民众，并非不可为，只须有非常才具之好首领领导之，即可改造中国。中国处处有相当组织，所缺乏者即大系统组织耳。如有大统系主持其事，则不致成一盘散沙，以中国之地大物博，必有可为。至言军备，中国之陆军本可一战，空军虽在幼稚时代，扩充之亦甚易，唯海军无办法，现须极力扩充，将来方可固守。日本颇畏吾国，现在日本所以不敢与俄国交战者，非为别种原因，即恐吾国袭击其侧面也。

性的教育：记者复询以近来对于性学问题，有无继续研究。据答，对此已不愿再谈，因过去所提倡，原图灌输正当之性学常识于青年，但未能得社会之谅解，遂难偿吾愿。实则中国极需要提倡性学。因国人对于性的智识，实太缺乏，但社会不乏市侩商人，专制贻害青年之淫书，而假《性史》之名以牟利。希望社会人士，一方提倡正当性学，一方尚须严禁各种淫书，俾纳青年于性之正轨。张复一再声明，本人以后对于性的问题，断不继续讨论。

今后志愿：张氏最后又表示，愿为国家社会服务，从事社会工作。彼意现在我国虽穷困，然人民甚多，利用人力以建设，一切事业都可成功。如万里长城及广东东区之公路，全是民力所造成，为最好之例证。今后当局如能下令强迫我国成年男子，每年于农隙为公家做工二三月，全国之交通、实业、卫生及国防各种工作，于三四年均可得有相当成绩。彼意此举实关我国根本命脉，希望政府从善采用其办法。

张竞生想著性学大全[1]

凌中

张竞生博士的大名,相信不会有谁不知的,博士的名著,在暹罗华侨的脑子里,早已印下了一个深刻的印象,相信一定很多人想见见他,究竟是一个怎么样的人。如今他果然到暹罗来了,记者和一位同事乃特到三聘街德记号——他的寄宿处去拜访他。

一个年纪五十多岁,身材不高不矮的人,从楼上下来,他立刻就和我那位同事打招呼,经过同事介绍后,知道他就是张博士了。本来博士在我的印象中,应该是一个西装革履头发光滑,十足摩登装束的人物,然而他——张博士,却是穿了黑色的短裤和粗川绸内衣,脚上是不光的皮鞋和白袜,头发都霜白了,额上和面孔都有鱼线皱纹,他请我们坐下后,我们便把来意告诉他,他满面笑容地表示欢迎。

我首先问他到暹罗来的目的和任务,是不是调查华侨的状况和鼓励华侨回到国内投资。

他立刻客气地笑道:"说不上调查,我是因为要到印度去出席泛亚洲会议,而'潮汕建设协会'顺便叫我到这儿来筹募资本,负责招股。"他继续解释着说:"这潮汕建设协会是预计资本一百亿元国币,其工作大纲是:一,农林(以柑为主);二,畜牧;三,渔利;四,各种矿;五,交通;六,工厂;七,商业。而这协会的上述工作都是以现代科学方法为实施。"

---

[1] 1947年3月12日《南洋商报》。

"博士近年过着怎样的生活？"我问。他似乎显出一种感激的眼光，抽了一口雪茄烟说："我近年来埋头在家乡从事及研究农业生产，过着农民的生活，因为我是不会做官的。"说后显出得意的样子。

我问他有多少儿女，他说有五个儿子，女儿却没有，关于他留遛的日期，大约是七天。我问他近来有何著作出版否？他说他和朋友们在南京，打算在太平门外紫金山脚建立一个大规模的农场，包括"新村"和"风景区"的组织，可能时还要组编译馆从事科学、哲学并艺术的研究和编译。我乘着话头问他："先生对于性学是很有心得的，请问近年来对这方面可有什么心得发明？"他的面上呈现着一种异样的微笑向我说："没有什么，十余年来因为误会太多了，我对于性学绝口不谈，不过或时代许可的话，十几年后还想著一本《性学大全》，而现在准备先出版的是《人物交化论》[1]，是属于哲学的理论，同时还想送一篇《山的面面观》到贵报去发表。"他还解释说："这篇文是对于山的利用的提供。"我又问他："中国人对于性学方面是向来很不注意的，博士对这点有什么意见？"他深深地抽了一口雪茄，然后以沉重的语气说："这是因为旧礼教和封建风俗的束缚的缘故，另一方面则是因为科学不发达。"

我们的话头又渐渐转到了农业生产方面，因为我知道张博士近年致力于农业生产的研究和实际工作，对中国的农业状况，一定很有研究的，我提出几个问题，张博士都一一答复，兹归纳如下：

"中国目前的田地，实在少得可怜，就广东一省来说，如果把一切大地主小地主的田拿来分，则全省每人也只不过能得到八分田地而已，这怎么够吃呢？所以中国现在唯一补救的办法，就应该垦拓荒地和山，使全国的荒地和山，都可成为吾人的农林，尽量生产，同时还要提倡新式的农业，亦即是科学化的耕种，科学化的垦荒，科学化的水利，那么中国的农产品还可有余利输出。因为如果利用科学方法垦

---

[1] 此书未见发表出版，手稿亦未见。

荒，则山地中每人可得到几十亩的旱田，可以供各种植物的生产。美国现在的农产，比我们中国多出四十倍，都是他们用科学的方法的缘故。同时，中国人对于小丘、坑和山谷等等，若能利用以种植果木，则大有收获。"我问到关于移民台湾的问题时，他特别高兴的说："移民台湾，实在和移民南洋有天渊之别，那边可以移民五六百万，气候亦与潮汕相仿。从前给日本人占去的田地有百分之六十，现台省政府收回，则用以分给移去的人民，每家四甲（即六十市亩），自己还可去开荒。而那边生活程度也低，米也便宜，每人每月生活费大约一万二千元国币的样子。建筑一个房子大约是三万元，路费约三万元，如果带十几万到廿万元，可以维持六个月的生活。开荒垦地后，便可以从容过日了。而且路途又近，从汕头出发，早去晚到，是多么的便利。那边现在的官员，因为很坏，所以引起台湾土人的排外性，但对潮州人则很好，因为潮州人没在那边做官，只是经商，给他们较好的印象。"

张博士虽然年纪这么老，头发已全白，但是他的体格却很健全，而且又是一个健谈的人。从头至尾，皆说头头是道，越谈越起劲，我们谈了约半个多钟头，又有朋友在等着他，我们只好道谢辞出。

性与银[1]

郑逸梅

圣人造字，后人乃变化用之，然从未有若性与银两字变化之奇，应用之广者。性本作生之质解，如性善性恶，又性命也。《左传》："莫保其性，又无为而安行之曰性。"《孟子》："尧舜性之也。"甚至宋儒谈性理，我佛言性海，诗人讲性灵，律家究性法，凡此种种，皆循规蹈矩之性，非歪嘴吹喇叭一团斜之性也。自张竞生著《性史》而《性艺》继之，于是性具也，性病也，性常识也，性的教育也，而性遂为秽亵之所归。以司空见惯故，社会人士亦性长性短，不复讳言，寒假而各种表册，且有性别之填写，几忘其性字之来历，出于绝不庄重之《性史》也。

银，金属之一，色白，因以为白色者之喻。如银汉银杏皆是。叶劲风辑《小说世界》，首列电影图文，称影幕曰银幕，于是凡涉及电影者，无不以银字称之。仿佛银字可代替整个之电影，如银灯、银海、银坛、银星、银讯、银评、银色界、银色圈、银色信箱等，尤以一班影评人及各大电影公司之宣传员，连用银字，入化出神，银字之普遍，殊不减于张竞生之所谓性，斯亦奇矣。

---

[1] 郑逸梅《瓶笙花影录》下卷，山房书局，1936年6月版。

张竞生[1]

贾逸君

张竞生，广东饶平人。少尝肄业于汕头同文中学，聪颖异常，毕业时名列冠军，乡人群呼之为秀才。旋留学法国，入里昂大学，得哲学博士学位。民国十年回国，乡人多呼之为状元郎。张因欧化太深，处世接物，格格不能入俗。在潮安任中学校长半年，学潮迭起，颇受舆论攻击。遂辞职北上，任国立北京大学哲学教授，课余则为性学及社会学之研究。后编有《性史》及《美的社会组织法》诸书，风行一时。又开美的书店于上海，发售性学各书，性学博士之徽号，遂喧噪于当时。唯事为当局所禁，认为有伤风化，书籍被查禁，书店被封门。乃避居西子湖边，复为当局所驱逐。后遂踪迹渺然，不知所之。二十年春，有人在杭县某寺中见张手捻念珠，长跪莲座，喃喃诵佛，并自谓今是昨非，言下颇有忏悔之意。未几赴巴黎，研究自治与农村之社会基础问题。回国后于饶平浮山故里，筑室田野中，从事著作。

张元配许春姜，为一半旧式女子。张任北大教授时，在北京复与褚松雪女士由恋爱而结婚，许未与闻焉。自是张许感情渐疏，许乃负笈潮安某女校读书，以为学力稍进，必可承欢张氏。[2]未几褚女士别有怀抱，与张脱离，美的书店亦在沪被封，赴杭又遭驱逐，褚乃以张生之子归许抚养，许因无子，视之如出，褚子亦呼之为阿娘。二十

―――――――

[1]《中华民国名人传》，北平文化学社1937年印行。
[2] 文中信息有误，许春姜并未读书识字，亦未单独抚养褚松雪之子。

年，张自巴黎归来，花去一千余元，在田间筑一木室，上覆芦苇，周以铁纱为窗，不用玻璃。张每日在茅屋中生活，极有规律，除椅桌帆布床之外，书籍堆满地板上，如山如丘。晨五时即起，赴小溪中沐浴，浴罢行深呼吸及运动。七时早餐，所食为青菜、鸡卵、牛肉、牛乳、豆腐、鲜鱼、面条之类。食台上置一磅秤，食时将盘盛菜饭先过秤，晨为两磅，午为两磅四两，晚为一磅八两。另分析食物中所含之质素，如医生之配药然。张早餐后，八时半，即着手译述及著作，下午则看书与抄写，工作时不接应一切亲友，信件亦必在工作以后拆阅。有时携其七岁儿童，赴邻村田中，掘取泥土，化验土质，注明某地之土，宜种何种植物。或巡视各村巷，见水沟不通，垃圾不除，即命附近之人挑去，乡人呼之曰"状元游金街"。有时赴邻人厨房，督责其修洗整扫，有时劝导妇女勿以小马甲束胸，邻人群以"怪博士"称之。张氏既不家居，其妻每赴田间访之，甫启其门，张则大怒，斥其不讲卫生，带进许多卫生虫来，以后再来须先敲门，在门外面谈方可。许既空帷独守，抑郁寡欢，竟于二十一年三月，服断肠草自尽。事后饶平为之谣曰："状元头戴一乌纱，专心理国不理家。不如嫁给农夫好，日出耕田夜归家。"可谓谑而虐矣。译有《卢骚忏悔录》一书。

张竞生博士二三事[1]

缘

张竞生博士的大名,很久以前我便听到了,民国卅四年我到饶平的时候,更知道他已闭口不谈性的问题,而在他的故乡——浮山,努力于造林建设与著作等工作。

我接长浮山区政之初,便想请他来署一晤,但因未得其便,遂也不能实现。有一天,有一位年约五十多岁,头戴法国工人式的破旧胶帽,脚着棕皮木履,身穿赤色夏布衬衣,和灰色的破旧西装短裤,一手持着扫帚柄似的手杖,一手拿一猪蹄、赤蟹,以及茶叶等物的老人到来找我,这突如其来的怪客,真使我不知其所以,好在他很爽快的自我介绍说:"我是张竞生……"我一闻这个名字,诚出意外,立刻倒茶,点烟,十分诚恳地招待他,彼此寒暄了一会,他便起立要跑,我马上指着桌上的猪蹄、赤蟹说:"不要太客气,请你把这东西拿回去。"他边拿边说:"是的,这东西我要拿回去自己吃,因为大家还不相识,我没有准备东西送你,请了!"这话羞得我满脸发红,真不好意思,好在他没有望着我的脸,而点头辞去。

一个海内知名的博士,原来就是这样质朴率直,这太出人意料了。

从这一次的认识后,我们便三日一会(他逢墟期必到农校上课),每会必品茗倾谈,由浅近的乡务区政,以至国家大计、世界展望,无所不谈,所谈又无所不尽,不到一两个月,我们居然成了知交,街

---

[1] 1947年9月16日《潮州乡讯》(新加坡)第1卷第3期。

坊上便有人说："浮山真兴，博士神经，区长也神经，纪念台建成老爷宫……"

其实博士是否神经我不得而知，但是我做区长却丝毫不会神经，而且在我们真诚合作下，浮山一切都步入和谐的步调。因此在短短的六个月中，我们更完成了很多的工作，由于工作的联系，情谊也日见深厚，因此便听到他许多的逸事，现在把它记录起来，也算是一件有趣的事。

一、请你打打我

当饶钱公路开筑的时候，他对督导工作是非常认真，自朝至暮他都在路上梭巡，各村壮丁若有借故不到或怠工者，他必亲自下乡督责，各壮丁给他的手杖光顾的大不乏人。一次，恰巧有个过客正在公路旁的树下休息，他以为是壮丁怠工，便气愤愤地举起粗大的手杖将他大打特打，那人一时不知所以，遂便互闹起来，经过一番争辩之后，才知道是打错了人，于是便双手捧着手杖将那过客说："打不住，打错了你，现在请你打打我……"那人只有摸着伤痕，红着眼眶说道："衰呵！"便悻悻的去了！

二、如再作怪当控你于玉皇大帝

当公路开经一座古冢时，许多路工都不敢下手开掘。他用手杖逼令乡人开掘，乡人没奈何，只得勉强开掘，刚举锄头，便有两三人昏倒地上，几有生命之虞，由是众皆惊恐，没敢动锄，而博士志在必掘，且素不信有神鬼，于是气愤愤地举起手杖击着那座古冢而告之曰："鬼灵？鬼灵！我们开辟公路，全是公益，你既有灵应当尽力帮助，何竟作孽，殊属不是，我既奉令而来，志在必锄，如再作怪，我当记你姓名，控于玉皇大帝。"语毕，自持锄头掘倒墓碑，着令乡人继续力锄，顷刻冢平，昏者复醒，闻者咸称怪人怪事。

三、我也拉过布袋

陈卓凡专员在浮山民众大会中说道："潮州政治风气之坏，全是由于官民间的隔阂，士绅们便从中作怪，每好为官厅拉布袋。从今天起我们要打倒士绅阶级，肃清无耻的布袋客。使官民打成一片……"这一段的时候，张博士便站起来说："陈专员这段说话，在理论上很正确，但实际上行不通。因为我们潮州教育不普及，人民没有智识，不懂官厅规矩，遇着有事便乱撞，往往一件小事，竟被他撞成大事。官吏又因不谙地方情形，而讲其官话，执行法令来，譬如打架、小窃、赌博等案，本来是轻微的事，但讲起法来，便须三二年或几个月的监禁，这是多么可怜呵！假如有士绅和他疏通，他便可出多少钱而免监禁了。如此岂不两便，说来更是惭愧！我亦曾向人家拉过布袋，不过为的全是便利人民，而绝没有从中折扣情事……"这话说得陈专员啼笑皆非。

张竞生的性学[1]

罗敦伟

张竞生这位性学博士,其实是一个很规矩而且很正直的教授。学问也非常之好。他之所以提倡性的研究,三种水之类,绝对不是妙想天开,也不是穷极无聊,更不是标新立异,尤其不是存心不良,企图有伤风化。完全是因为鉴于中国几千年来人类自然的天性和千千万万男女正当的性生活在"性闭塞"的传统道学之下,牺牲太过,是一种性道学的反动。我和他不十分接近,不过他没有出版《性史》第一集之前,有一次,有几位同学和他一块儿谈话,我曾经问他研究这些问题,有什么意义。他说:"食色,性也。"性生活是人类神圣而自然的生活。不料几千年来,被假道学家弄成大逆不道。谁谈到性学,谁就应该枭首示众似的。为民族健康及改进社会道德,非讲究性学不可。我当日正热心于家庭问题之研究,组织了家庭研究社。仿佛自命为所研究的还是"性而上"的问题,所以对张先生的大道理没有什么附和。

北大二十周年纪念大会席上,张先生有一篇讲演。讲的内容,虽然早已忘怀了。可是仿佛记得还是大谈性学。他穿上一套笔挺的西装,颈上一条雪白的丝围巾。一本正经,力竭声嘶在席棚的讲坛上,真是为性说教。《性史》第一集出版,销售一空,据说北大同学即买了千把本。比我和君左合著的《中国家庭问题》[2]还销得多。因此他

---

[1] 1953年《畅流》第7卷第6期。
[2] 罗敦伟、易家钺著《中国家庭问题》,上海泰东书局1929年出版。

有了勇气，再行出版。不料第二本出版以后[1]，社会上冒张先生招牌的假著作风起云涌，这里一个性学博士张竞生，那里又来一个性学博士张竞生。左一本《性史》，右一本《新诗》，弄得张竞生很伤脑筋，索性在天津办一家美的书店，专门出版性学书籍。来客乱问一阵，弄得女店员啼笑皆非。张夫人褚女士也因此闹过许多别扭，后来卒致离婚，不知道是不是为了性学的关系。

张先生的性学究竟不能得到太多的学术地位。他的声望并不能因为性学著作之增大而提高。因此慢慢地他也感到了莫名的寂寞，不久以后离开了北大。后来他老先生的情形，我不大清楚。到民国十七八年有人告诉我，他在广州附近乡下办了一所农场，规模还好。1949年后，也就没有什么有关张先生的消息。

---

[1] 本文信息错误较多。如张竞生《性史》只出第一集，其他皆为假冒，美的书店开在上海不在天津，北大二十周年纪念大会张竞生没有出席，等等。

由金赛博士谈到张竞生[1]

小弟

月前天大弟君在商余报告了张竞生博士的一些趣味历史和他的近况，现在小弟要谈一谈张竞生的得失。

一提起了我们的张竞生，就想起了美国的金赛博士；自然哪，提起了美国的金赛博士，也就不期然想起了我们的张竞生的。因为他们俩俱为当代怪人，而且都是因对"性学"有其深湛过人的心得而名扬四海的。

然而，金赛博士于成名之后曾捞到一大批丰厚的油水，我们的张竞生却于"成名"之后落得被人唾骂，使这位博士足足失意了将近三十年。

其实，张博士虽然比金赛先成名了二十多年，但其轰动程度和影响所及，却是万万及不上金赛博士的。其原因或许正因张氏成名于中国而且又为中国人之故；如果他竟是美国人而且远在三十年前成名于纽约的话，我想是怎也轮不到金赛博士来挂起他的"性"招牌的。

金赛博士是美国近年来的最赚钱"作家"，他的大名几乎是家喻户晓，老幼咸知的。听说当一九四八年美国共和党在费城召开全国代表大会推举总统候选人的时候，竟有人提了金赛博士的名字，而且出现了许多写着"拥护民望所归的金赛博士！"的宣传标语。在同一年里，美国华盛顿一次民意测验（有关选举总统的民意测验）中，杜鲁

---

[1] 1958年3月7日《南洋商报》。《商余》为其副刊。

由金赛博士谈到张竞生

门得了卅七票,埃森豪[1]得了卅六票,而以性学著称的金赛,竟然得了二十票!美国的一个著名诗人所出版的一个诗集子的名字,居然叫做《诗歌体我的金赛报告》。还有一些研究动物学的专家,也在他们的著作写了什么"鸟类学的金赛报告"字样,这说明了金赛博士影响力之大。

现在美国正流行着一首歌曲,叫做《啊!金赛博士》,这说明了金赛博士在美国的夜总会中名字更为响亮。据说有一个男歌手因惯于唱这首歌而到处受人欢迎,那一支由名歌女瑞黛蕾所唱灌的《啊!金赛博士》的唱片,更是畅销。美国的每一个小家庭里,几乎都有这支唱片,歌声轻轻地敲着每一个美国青年男女浮荡着的心扉,这就无怪美国的色情犯罪和骇人听闻的奸杀案要特别多了。

我们的张博士虽然曾撑起了"性"的大纛,但他毕竟没有金赛的影响力,他没有金赛那样受人欢迎,就是对本身所引起的"好处",张博士也远不如金赛的;张博士因撑了"性"的大纛而遭人唾骂、遗弃,落得半世孤单寂寞,金赛博士却因而捞了大批金钱,而且到处受"人"欢迎,相信落差实在太远了。虽然金赛博士已于去年八月廿五日在美国印第安纳州的一个医院里,带着一个丑恶的包袱离开人间!

潮州人有句俗话叫做"要臭臭到底",这是说,无论做什么坏事,除非不做,要做就要做得彻底。我想:张博士之比不上金赛的受人欢迎,或许正是做不够彻底的缘故。

读过张氏和金赛的《美的人生观》(张著)和《性行为》(金著)的人,大抵都知道:张氏是专门教导人类找寻性行为的最佳方式而得到更高的享受而已,他不若金赛的带着恶毒的心肠,以部分人的违反自然的行为起来歪曲整个人类的生活意向,以机械的统计数字去归纳人类社会的复杂关系。金赛博士曾运用其技巧与才能,恶毒地去鼓励女人把"性行为"的权柄操在自己手中而不必畏惧男人,这些无形中

---

[1] 今译艾森豪威尔。

的鼓励和诱惑是会把女性,甚至于整个社会和人类带到死亡的道路上的。金赛把许多离奇和古怪而耸人听闻的男女间的似是而非的行为作挑动读者的利器,结果使男性读者怀疑他的妻子或女儿,而具有外向心理的女性读者却为这些诱惑而"实践"起来。整个社会秩序就这样坏将起来的。

张竞生的《美的人生观》着实未具金赛的挑拨与诱惑的能事,由是也可看出张氏确是一本正经地做他的"性的研究"的工作而不想借诱惑的字句或故事来引起读者的兴趣以达到他的著作的倾销目的的。

对于张竞生的事,笔者敢说知道得特别清楚。虽然他在出版了《美的人生观》之后,曾公开征集了许多人的性的经验而编成了一本叫做《性史》的奇书,但他却未在这本书上写下一句诱惑的文字。此书笔者小时候就曾读得滚瓜烂熟,虽然当时笔者还是个发育尚未健全的小孩子。书中有一段最"妙"的文字,叫做小江平的自述,张竞生曾对我说,那是当时名作家金满成虚构的。因为张氏知道了那段文章乃是虚构的之后,还曾表示过高度的不满哩!

张竞生是个农村专家(金赛却是个研究动物学的),他因编了《性史》而"成名",却也因此累了一生,教他永远抬不起头来。这正如黎锦晖一样,他写了《葡萄仙子》《月明之夜》《麻雀与小孩》那些很好的儿童歌曲之后,偏偏大家只派他是《桃花江》《毛毛雨》的作者,说他的作品都是靡靡的"亡国之音"。如今,人家除了知道张竞生编出《性史》,却又有谁知道他出过那本大有益于人类的《美的人生观》呢?

《性史》初发行的那一时期,销得很多,流通很广,然而张氏并未因此而发财(有人以为他是发了财的),而《性史》的二集、三集以至于五、六、七集,却全是一些投机的出版商把旧时淫书改头换面加以翻版的,那与张氏绝无关系。笔者小时于读过张氏所编的《性史》之后,又闻知有二集、三集出版,因而在汕头特地写信给他,要他把二集、三集寄赠给我,不料竟给他回信骂了一场。这一骂倒把二集、三集出版的内幕揭发了。现在回想起来，倒还有趣呢！

其实张氏对于"性"的态度，可说是非常严谨的，我们可从他的《美的人生观》看到，那本书上还有周作人的序文哩！

金赛博士死了，张竞生尚在人间，今日我在这儿为张博士洗清了一阵，也算是重重地为他出了一口气，略松其半生之积郁。张氏远在千里之外而有知，料当"偷笑"于浮山圩上的啊！

张竞生开风气之先[1]

一得

近来报章热烈报道金赛博士性的研讨工作。

金赛是哈佛大学理学博士。张竞生是巴黎大学农村经济学博士[2]，两人均非"性学博士"，过去多冠以"性学博士张竞生"，似是而非。

金赛一八九四年生，今年是五十九岁；张竞生今年亦是五十九岁[3]，与金赛同年生。一八九四年产生两个性学家，一中一西，亦天地造物之妙。可惜的是，金赛正在大行其"道"，而我们的张竞生，已是销声匿迹了。

金赛对"男性性行为""女性性行为"的研究，是从多方面调查统计下手的，据云下了三十年的工夫，并有多人合作，还成立了"性学研究所"，有源源而来的经费。

张竞生于一九二七年春到了上海（时年三十三岁）。住了二年余，曾任暨南大学教授，在各大学公开演讲"美的人生观"[4]。提倡不穿裤子——裸体运动，不能隐避身上的疾病与弱点，不失"真"，才得"美"。又大胆主张男女性问题公开研讨，灌输青年学子性知识、性行

---

[1] 据《饶平文史》1988年第2辑"竞生博士诞辰100周年纪念专辑"，本文选自一得编《林语堂思想与生活》，香港新文化出版社，1954年。据考证，本书出版于1955年，且文章并非林语堂所写。本文又结合《林语堂随笔幽默小品集》核补。
[2] 此处信息有误，张竞生为里昂大学哲学博士。
[3] 张竞生1889年生，比金赛博士大五岁。
[4] 此处信息有误。

为，使不"歧途"。一切问题，愈神秘愈出毛病，公开研讨，见"怪"不怪了。他认为天生万物，一无神秘可言。

张竞生在沪，创刊《新文化》月刊（发刊四期，限于经费即停止，那时笔者大学求学时期，为该刊稿，印象极深）。[1]

又集十几个人（如金满成，即小江平）性经验的描写著述了一本《性史》。四马路光华书局发行，每册四毫，出版之初，光华书局两个伙计，专事顾客购买《性史》，收钱、找钱、包书，忙个不停。第一二天，日销千余本，书局铺面不大，挤满了人，马路上看热闹的人尤多。巡捕（租界警察叫巡捕）用皮带灌水冲散人群，以维持交通。

张竞生真版《性史》流传不广，因遭租界当局禁止，那时的我阅到了，觉得全身血肉在跳……尤其是董二嫂偷小江平那篇东西，写一个处男，被一个性经验丰富的少妇所"骚弄"。描写细腻，入骨入髓！新婚夫妇阅了"得也"。

《性史》查禁后，几个书贾发财了，改头换面，暗中买卖，大有收获。最可恶者，还有《性史》二集、三集，几个书贾靠了张竞生，留用了他的名有得捞，而张竞生呢，只落得一个"性学博士"。

张博士在北大任哲学教授，偶然在一次北京言论界为了一位北大高才女生的移情别向激起了一场自由恋爱问题的大论战，他异军突起地提出了"恋爱条件论"的主张。他说恋爱是有条件的，条件是可以变迁的，因之，恋爱自然也是可以变迁的。这个恋爱观的三段论法，使他大露锋芒；《性史》出版以后，更成为风头的人物，奠定了他在国内文化界的地位。

之后，张在上海开设美的书店，编辑美的丛书，最主要的是《美的社会观》[2]及《美的社会组织法》等书。他主张中国农村传统的迎神赛会，不但不应废除，反而应扬弃其迷信部分，革新其内容，整齐其

---

[1] 此处信息有误，《新文化》月刊共出六期。本文被误认为是林语堂所作，由此可知为1927年在校学生，"一得"为其笔名。

[2] 应是《美的人生观》。

秩序，使广大农民，在四季辛劳之后获得休养娱乐的机会。这要比蔡子民先生"美的人生观"更为具体而有建设性了。当时京沪一带美的咖啡室、美的饮冰室一类的招牌，风起云涌，可见他的主张对中国社会影响之深了。

有人误解他，认为他是一个怪诞不羁的人物，实则那正是他不平凡与突出的地方。

他有一次到杭州旅行，行箧中满装着巴黎流行的裸体相片，别无他物。警察觉得形迹可疑，把他带到公安局。

"你是干什么的？"局长问。

"我是大学教授。"张回答。

"既然是大学教授，怎么可以带这些东西？"局长愤怒地问。

"唯其我是大学教授，才有资格带这些东西。这是最高艺术的欣赏啊！"张满不在乎地回答。

张的第二任太太是一位有高深教养的女性。据说是慕名而自动地投到他的怀抱的。有一次，他在他的上海寓所，发觉她和另一位情人通信，他坦白地对她说："倘使你喜欢他，你随时可以去；而倘使觉得不好的时候，仍然随时可以回来。"他就在这样的情况下，实行他的"恋爱条件论"和"恋爱变迁论"的主张，和他的太太三合三离。他对太太的雅量与作风，实在不容易找到先例。

张氏离开上海，其道不行，到处撞壁，后闻在福建省政府工作，又回返原籍潮州办教育、办农场，从事畜牧、农艺，所学还有所用，然近状不知如何也。

赤诚而首言如张氏者，因时代的不同，见弃于当时，其主张性行为公开讨论，能行当可能言，何必鬼鬼祟祟，大家"暗中摸索"！其研究精神，开气风之先，不弱于今日之金赛。

张博士根本是一位具有坚强的意志、丰富的想象力的自由主义学者、思想家。毫无忌惮地击破了旧礼教的最后藩篱。

两个博士，一中一西，年龄相同，研究性学意趣相同，目标相同,大家从事性的研究讨论,打破几千年来人类性行为视为神秘,又视为猥亵……要从性的科学研讨、增进人类生活的幸福。

我们的张博士早在二十年前已倡导了!我们的张博士哪里去了?

现在研讨性行为权威者金赛博士,如果上帝把他投生在中国。何来房子、银纸,给他三十年研究性行为工作。

正是:张竞生生不逢辰,金赛则得其所哉!

张竞生博士与金山中学[1]

邝国祥[2]

民国十年春,我正在家乡从先伯衮宸读书,忽接卢觉人兄由潮州金山中学来信,说金中招收插班生,叫我马上前往投考。于是跟着先伯,趁轮赴潮州,到了那里,投考的时期已过,插班新生也已招足了。卢兄埋怨我来得太迟,勉强带我去见校长,请他原情插录。校长看见我,点了点头,微笑地问了我几句官话。初出茅庐的我,一句话也听不懂,但是观形察色,想已得到允许。及听卢兄的翻译,果已准予插班,也无须参加什么考试,马上就随班上课。那校长是谁?原来就是大名鼎鼎的张竞生博士。张博士个子不高,也不算矮。身体不肥不胖,十分结实。头上留着从左边梳转的头发,年纪大约三十岁左右。走起路来,并不见得高视阔步,却是头先足后,步法十分稳重。他虽然在法国住上十年,但也无法人浮华之风。

当时我是一个新从乡下初到城市中的山巴佬,事事物物,多是见所未见,闻所未闻,而校里的一切举动,更觉得十分新奇。午饭后,跟着大众走出膳堂,肩上绊着精神带似的红布条子的舍监先生,拦住路口,不准返回宿舍,只得站在膳堂门口,心里想不知出了什么乱子了。举头一看,原来校长先生正站在一块大石头上,指手画脚,非常起劲地对簇

---

[1] 1957年10月1日《热风》第98期。
[2] 邝国祥(1904—1970),名友洋,大埔县茶阳迪麻村人。1921年入潮州金山中学,1924年毕业。后赴马来西亚槟榔屿曾任中小学校长和华校教师工会主席,1962年退休。著有《槟城散记》《槟城散记续集》《桃李春风》。

拥的人群演说。究竟是训话，还是说故事，我一些也听不懂。他居高临下，眼光四射着周围的同学，偶然发现想溜走的同学，就招手唤回，态度倒十分温和。却也有少数的同学"燥磅""燥磅"（这是潮州表示不满的呼声）地叫起来。他老人家不动声色，继续讲演，必至钟声而后已。

说起吃饭，是行分餐制的，每人一菜一汤，八人同席不同菜，校长和舍监事务员等，亦占其中一桌，同学们已经入席了，有位顽皮的同学，以为摆在校长面前的菜，必定同中见异，于是不客气地端着他自己份下的菜，和他对调。刚巧校长走进膳堂瞥见，他仍不声不响，若无其事地入席用饭，并不见他责备调菜的同学。吃饭时，我们边吃边谈，诮笑百出。校长等却寂静地用膳。当时学校里的校服是猎装（就是后来叫中山装的）草鞋。他以身作则，也和我们一样，穿起猎装草鞋来，因为大家都穿草鞋，俏皮的同学，说这膳堂有些像丧家，学生们像孝子，校长先生那桌活像扛棺材和吹鼓手的合席。他们以绊红带子的舍监当棺材佬，校长当吹鼓手，当时情景，确有些相像。

晚饭吃过了，舍监的哨子又在响着，只得跟着同学走到操场集合，"排队！"舍监先生发的口令，队伍排好了，舍监先生领先，校长殿后，一同出发。哪里去？却不知道，为什么而去？更不明白。下了山，出了校门，一直由北门而上，到北堤，兜了一个圈子，停了几分钟，又跑回学校来。无限好的夕阳早已下山，黄昏的时候已到了；原来这就是饭后散步。星期日到了，大家又得预备出发到附近的地方远足，每人发给点心一个，每两个星期即有一次，校长也一同参加。晚上他又常常来宿舍视察，虽在熄灯的时候，他还是猎装草鞋，制服齐全，飘然而至。同学们在熄灯以后，还是闹个不休，潮州同学则唱起白字戏[1]来，客家同学则吊嗓子，毫无顾忌地对起山歌来："恋

---

[1] 广东省传统戏曲剧种之一。正字戏（又称南下大戏）传入闽南、粤东后，与当地的潮调、泉调及传统民间艺术相结合，并用方言演唱而逐渐形成。当地称中州官话为"正字"，称本地方言为"白字"，故名白字戏。白字戏原有老白字（闽南地方戏）、潮州白字（今称潮剧）和白字（海陆丰白字）之分。

妹唔到会发癫，上问神来下问仙，一日三餐思想妹，三魂七魄妹身边"；"石上种茶妹无缘，茶壶装酒没锡生，阿哥生来中妹意，唔得涯郎行得前"。一边唱，一边和，十分有趣。"不要唱诗！好睡觉了！"大家才知道校长先生光临了，马上鸦雀无声。有些同学，喜欢两人睡在一张床的，给他发见了，他就说两人睡不合卫生，快离开。总不见他疾言厉色，严加叱责。

奇怪！那天午饭后，舍监叫我们到操场去，我以为校长先生要换地方演讲，到了那里，却不见校长的踪迹，只见一大群哼天震地的同学，在地上互相追逐。有的睡在地上，有的打翻筋斗，也有骑马的，也有背人的，一片闹声，上彻云霄。呀！校长也在那里，他正和三位同学作对打，三个人打他一个，却打不过他。

有一天早晨，宿舍失窃，我失了一件校服，袋里还有一本日记簿和一支水手标的自来水笔，同时还有一二位同学，也不见了几件物。那天下午，校长忽传我问话，我跟着茶房，一直走到校长室，他刚在那里整理桌上的书籍，看见我进去，随手捡起一本和我昨晚所失的日记簿一样的簿子，仔细看，果然是我的日记。校长对我说了许多话，我呆立着，不知他说些什么，心里不禁忐忑地跳着。他知道了，忙用铅笔，在我的日记簿上写道："有人说你是贼，我看了你的日记，知道你是一个好学生。"我最先捏了一把冷汗，及看到最后一句，才放了心，摸着了头脑，于是我一半用笔，一半用断续的官话，和他谈了一会。原来昨夜和我一齐失窃的同学，在小偷逃走的路上，拾着我的日记，那同学误以为我因偷他的东西而失掉日记，他们不相信我也失窃。

有一位教植物学的先生，在上课时，好事的同学，常常要请他说些关于男女生理的故事，问七问八纠缠不休，先生只好把教授书丢在讲桌上，说个痛快。忽砰然一声，猎装草履的校长推门闯进，那位先生连忙拾起了课本，遮羞般地，捧在眼前，大声念道："这么里头，细胞很多"（这么即是植物之变音），人家看他"转钳"得快，而发音又奇，因尊他为"这么先生"。那一次他又讲得太出神了，也不知是否校长进得太快,他拾起了桌上的点名簿,捧向眼前,又是原套"这么里头,细胞很多"的转舵语,弄得哄堂大笑。张校长却不明其土地堂,用着惊奇的眼光,扫射了全室的同学,等到扫射到那位植物先生时,"这么先生"才发觉他的错误,说时迟那时快,忙把教授书调过来,大家见了又是哄堂起来,校长闪了闪眼睛:"做什么?"就走出去了。

英文教师沈天生硕士告假,张博士代课:"Look at the window."校长一边念,一边走到窗前,手指窗子,重复几句。"This is door."他又走到门边,推了一下半开半掩的教室门,复又再念几遍"Look at the ceiling."。举头一望,只见几根梁子,再上就是瓦了,校长马上停教,领我们到有天花板的屋子,指给我们看,"This is the ceiling. 明白吗?"

潮州地居韩江下游,自从"夕贬潮阳路八千"的韩文公到过之后,散播了文化的种子,宋明清三代文人辈起,同时潮人也许受韩文《师说》的感化,重道尊师,校里的茶房伙夫们,对着老师,礼恭宛然,自不待说,而对着我们这些小伙子,也十分客气,呼我们为秀才。如你姓王,他们就叫王秀才而不名。最初听见,不免面红耳赤,听惯了,对"下人"倒自称起秀才来了。譬如伙夫向你讨饭钱,你尽可以不理他。"难道我王秀才也要欠你的钱吗?"鼻子一缩,伙夫只好垂头而去(金山中学,原系满清时代书院,为秀才读经之地,茶房辈沿用昔时称呼)。校长是法国的哲学博士,我们已是秀才,大家当然都得尊称他为洋状元了。记得当时美国的山额夫人刚到中国宣传节制生育,张博士不甘寂寞,大发伟论,因是惹起《公言报》主笔钱老先生和他打起笔墨官司来。[1] 金山顶上东南角,有一座六角亭,面临韩江,遥挹双髻,确有含远山吞长江之概,张博士每天就在那里撰述他的辩论文章,洒洒千言,写得十分动听,结果如何,现已忘记,不过当时大家都说,好大胆的钱先生,敢在状元面前打笔花。

---

[1] 此处信息有误。山额夫人首次来华是 1922 年,时张竞生在北京大学哲学系任教。

据校长的报告，不久的将来，学校要购置两条舢板，给我们学习摇船和游泳，根据这种报告，游泳一事，将为校长所赞许，已成了"怪"的同学们，就根据这种理由，当他们上体操课的时候，就提议到河里去游泳（往年有些人以中学一年级生为古，二年级为灵，三年级为精，四年级为怪，即古灵精怪）。那位体育先生姓俞，浙江人氏，接受他们的提议，欣然引往。金山脚下的韩江是没有沙滩，深不可测。识水性的同学，一个个随水漂流，十分写意，其中一位林姓的惠来同学，他原是一只"旱鸭"，呆头呆脑，也脱掉衣服，跟着跳下，灭顶惨剧，马上发生。等找得到河边舟子，拯救起来时，已气绝身亡，返魂乏术了。这样一来，就起了空前的大风潮，而林同学之死，恰成为这次风潮的导火线。原来校长上任之初，即毫不容情地，把几位滥竽的教师，解除职务。那些老师久拥皋比，不论在学校里、地方上，都占有相当势力，去职后，心怀愤恨，仍旧伏处城内，总想相机报复，刚巧发生灭顶惨案，于是乘机鼓动学生，搅动风潮，一唱百和，群起与校长为难。学生们怎么这么容易受人鼓动呢？则纯为张校长求治太速，忽略了"欲速不达"之训，致使学生起了反感。又在张校长还未到任之前一二年，学校屡起风潮，弄得校政废弛，学生习于游惰，张校长一到学校，用着大刀阔斧的手段，除弊兴利，十分认真。就我个人言，当时也感着有些吃不消，是以全校同学，容易受人利用的，都赞同罢课。可是公道自在人心，张校长终于得着最后的胜利。

双十节到了，学校参加提灯会，校里有一位叫什么恨海精卫的事务员，自出心裁，做了几十个灯笼，出发前，由校长分配给少数的同学提点。最后一个，又大又笨，样子十分难看，个个同学都不愿接受，后来校长走到我们那队，看见了我，笑容可掬地说道："你是好学生，请你提吧！"这样一说，几百对眼睛，都不约而同的集视在我面上，我不敢作声，只好把它接起来。

大约是十月杪吧，霹雳一声，传来了震动每一个同学心弦的消息：校长要辞职到北京去了。大家同学才觉得校长的可敬可慕，不期然而然发生一种依依不舍的情绪,"挽留,挽留"的声浪,弥漫着全校,可是总留不住去志坚决的校长。"别矣金中,别矣诸生……"的离别宣言,终于出现了,火车的汽笛响了,我们几百个同学,眼呆呆地望着车窗里伸出的手巾,在那里飘扬。从兹天南地北,立雪无由,瞻仰宫墙,辄深慕恋,往事追维,不胜欷歔!

我还记得校长临别时,在揭示处贴的布告,最后几句道:"……方今国势日亟,诸生应抱远大之志气,高尚之人格,异日共同努力改造社会,有厚望焉!"

我所知的张竞生[1]

温大雅[2]

冰郎先生所写的《张竞生对人呼冤》一文（见本栏十二月十四日所刊的"老生杂谈"中），似乎对张竞生的事迹有些误会，冰郎先生既然在"距今约四十年左右"，在香港曾与张竞生做过短期的同事，何以对于他出版《性史》亏大本而说成"赚得一两万元"？我拜读冰郎先生大文后，才知道远在三十年前张竞生曾"替香港一间新出版的早报主编副刊"。原来我这位老朋友也在香港玩过这种玩意儿，我一向不知道的。但我不太敢相信张竞生曾在香港编过副刊，以我所知，他对报屁股最没兴趣。如果说他在"四十年左右"确曾在香港编过副刊，所谓四十年左右，今以最中庸之法来计算，约是一九二六年至一九二七年之间，或一九二九年至一九三〇年之间吧。这个时期，张竞生红极一时，他在上海搞文化事业，一九二九年又重至巴黎，似乎不会俯就香港报馆的一个老编。但我不敢说冰郎先生无中生有，他既然是张竞生三十几年前的同事，所说必定可靠。

关于张竞生出版《性史》及离开北大这两件事，冰郎先生似乎有道听途说、不符事实之嫌，此间有不少张竞生的亲友学生，如果读冰郎先生那篇大文后，一定与我有同感。现在让我来略谈这两个问题吧。我得先此声明，我到一九三五年才识张竞生的，虽然一九三〇年

---

[1] 1962年12月22日《文汇报》（香港）第6版。
[2] 高伯雨的笔名。

在巴黎时,郑楷(揭阳人,今与竞生同为广东省文史馆馆员,军事学专家也)带我去见他,恰好他到乡下去,没有见着,第二天我赶回伦敦,一直到五年后才在海船上相识。但张竞生在潮安做金山中学校长(一九二〇年至一九二一年)以至他一九二六年出版《性史》,一九二七年在上海办美的书店,我都很留心他的行动。

三十年前凡稍留心文坛动态的人,大都知道《性史》不是他写,而是他编的。冰郎先生文中口口声声说他写《性史》,真不知何据?一九二五年我订有一份《北京大学日报》,我读到报中有张竞生一个启事,大意说寒假将到,同学们不妨写些性史来,他将编辑一本专书。我读后就立即写信给潮安的青年书店同我留一本。一直到一九二六年三四月,《性史》由青年书店寄到澄海县给我。《性史》第一集中,并没有一篇文章出于张竞生之手,只记得他在若干精彩文章之后,附加按语而已。冰郎先生说他靠《性史》赚大钱,"突然阔绰起来,天天都在八大胡同的窑子请客",并"坦白的告诉朋友,说金钱是由《性史》赚来的"。这完全不是事实。竞生为人生活严肃,在北京当教授,绝不玩八大胡同,凡其老友皆知之。至于《性史》第一集出版后不久,张作霖就要抓他枪毙,他狼狈逃出北京,哪有赚钱的机会。凡出版一书,并不是今日出书,明日就可以大把收入的,一部自费的书,即使一纸风行,起码也要半年左右才可以收回印刷费用,如果经售的书店拖你一下,一年后你也未必捞回本钱。《性史》第一集出版不过三四个月,张竞生几乎连命都赔去,更说不上赚大钱了。冰郎先生更以意为之,说他"赚到笑",薄北大教授而不为,到上海"专心写他的《性史》续集,于是一版再版而三版,一集二集而三集"云云,真不知从何处得来!他出过第一集之后,就没有再出版什么二集、三集。后来上海书贾假他的名义出续集、三集等,被租界当局一连告他几状,美的书店因此赔本而关闭。

冰郎先生文末说竞生"离开香港回到他的故乡饶平办了一个农场",大概是指他离开"香港报界"回故乡从事实业吧。那么,张竞生在香港编副刊是一九三五年的事了[1]。一九三五年我从广州趁招商局海轮"海贞"号往汕头，竞生也趁此船往上海，在大餐间吃饭时，互相"请益"，才知彼此神交已久。第二天到汕头，竞生在我家做客，他说回上海迁家眷到汕头居住。一个月后他带回妇人到汕头，租好房子后，就来找我。不久，我回北京，他在汕头住了大半年，又迁居广州东昌大街，出版一部建设性的杂志。一九三七年抗日战争，他才由广州回故乡办农场的，我有日记可以参考，绝无一句虚言。现在我和竞生还是书信往来不绝，冰郎先生大文我将寄给他一读，但我先写一些我所知的以告读者。

---

[1] 此事当指张竞生主编《群声报》副刊一事，因为《群声报》为香港《循环日报》在广州所办报纸，故有此一说。其时间在1935年初的几个月间，后张竞生辞去副刊主编。

张竞生老而不死[1]

陈敬之

从家庭到学校，从国内到国外

张竞生，广东饶平人。他出生在一个比较富有的家庭，他的父亲是壮年在新加坡经营"批银"事业而获得厚利的一位归国华侨。母亲也颇贤淑，他有兄弟三人，他幼居家庭生活本很美满，但由于他的父亲晚年娶了一位恃宠放刁、对家庭极尽挑拨离间之能事的小老婆之后，他的那个美满家庭，从此就被她破坏得"迄无宁日"了。他的两个哥哥，既因他的父亲之听信谗言而被赶去了南洋；而他的两个嫂嫂也由于经不起那位小老婆的凌磨诟辱，竟至双双服毒自杀。[2]他的母亲虽然贤淑，但究竟是一个弱女子，目睹家庭之如此多故，除了旦夕以泪洗面外，也就别无长策。至于竞生本人这时虽然年少，且已在外面读书；而由于那位小老婆的居间播弄，他的父亲也曾跟他疏远起来，几至连他所需的学费都不肯接济，使他脆弱的心灵上即从此烙上了永难泯灭的伤痕；而他的家庭教育也就因而完全失去，一切任其自由发展。从此一副吊儿郎当、不守规矩绳墨的脾气，自这时起，也渐渐地养成起来了。

真是祸不单行！竞生在遭受家庭变故之际，接着而来的又是旧式

---

[1] 1963年《畅流》第27卷第3期。
[2] 此处信息有误。

婚姻制度对他的迫害。由于"父母之命，媒妁之言"，他在十岁时，就和一位年方七岁的许姓小姐订了婚。虽然一直到了十八岁，他和她才正式结婚，但她那时还是一个十五岁的"小妇人"。据说她那一副"俗不堪耐"的"芳容"，尤使竞生不敢领教。因此，他在和她勉强度过了个多月的新婚生活之后，就彼此分离了。从此，她就一直在家里过着"小媳妇"的可怜生活，再也没有和竞生发生过夫妻关系。迄到竞生由法返国，在北京结识了那位中国式的"娜拉"（详后）并接受了她所提出的必须与发妻离婚而后才和他结婚的条件之后，这位"小妇人"迫得无奈，才饮鸩而死，真可谓极人世之惨了！[1]

竞生禀性还不算坏。在开始跟着塾师念书的时候，即因颖异逾常见，颇为塾师所喜；但其调皮捣蛋，也就伤透了塾师的脑筋。他在私塾里的得意杰作，便是每当塾师午睡或外出的时候，他就独个儿偷偷地溜到了山之岭与水之涯，共牧竖渔樵而徜徉游乐，每至流连忘返，虽被塾师连打手心亦不以为意。他就是如此的放任自恣和受不惯约束的一个乱蹦乱跳的孩子。

后来，他由私塾进入了饶平县立小学，这时，他已十五岁了。但他在小学只读了一个学期，而为了要爬高，就到汕头考入了类似中学性质的同文学校。嗣因受了当时社会所宣传的什么"军国民主义"的影响，忽然脑筋一转，又想去学陆军，不久，就考进了黄埔陆军小学。他在那儿虽然一直读了两年，但终于为了和同学吃饭抢菜而大打出手的问题，结果，陆军没有学成，又被监督开除了学籍。

嗣后又到上海，进入了法国天主教所主办的震旦学校。没有好久，又由上海到北京，再进入法国教会所主办的法文高等学校。旋又考入了京师大学的法文班。

在京师大学没有几个月，由于受了震惊当时的汪精卫谋刺摄政王载沣一事的激发，他忽然又想去做革命党。接着就有参加陈璧君、张

---

[1] 此处信息有误。

俞人等所组成的营救汪精卫逃狱集团的事。嗣以所图未成，他恐怕其事一旦泄露，随时有被清廷捕去杀头的可能。所以这时的他虽然身在京师大学，而心则无日不在栗栗危惧之中，不仅无心向学，而且也大悔不该梦想做革命党。幸而经过了年余之后，武昌起义成功，汪精卫也被释出狱。至此，他才把日夕引以为虑的包袱完全放下。不久，他也就和京师大学告别了。这时，他恰恰是二十岁。

到了民国元年，他忽然又动了出洋镀金的念头。接着，果然获准以官费留法，在法国巴黎大学攻读哲学。直到民国九年，他在那儿得了"哲学博士"学位[1]，达到了他的镀金愿望之后，才欣欣然背着那块"洋博士"的招牌乘船返国，这是他第一次赴欧，在欧洲逗留时间，整整九个年头。

好一个"看看玩玩"的洋博士！

由上所述，可见竞生在国内从进入小学起到离开大学为止，在这一阶段里，他先后进进出出的学校虽然有六七个之多，但任何一个学校都是有始无终，从来就没有拿到一张毕业文凭。而自他所经历的时间而言：他开始进入县立小学是十五岁，而离开京师大学是二十岁，前后相距又只短短五六年。加以在校的时候，他不是闹事捣乱，就是心猿意马。他虽然有几分聪明，而又每为聪明自误。你想，他在这一阶段里，究竟能学些什么呢？

举例来说吧！他自考入了京师大学法文班之后，尝满怀欢喜，自以为从此可以深造了。可是在校两年，他又因故不能安于其所学终至离校他去（原因见前）。他事后回忆，曾说到他在那儿两年，除了在学习一点法文外，就只有在京师大学的藏书楼上，曾经使他阅读过多

---

[1] 此处信息有误。

少遍的那一本德国人游历世界专门搜集妇女身上种种奇怪东西的图片，确实引起了他的研究兴趣和解除了他一时的烦苦情绪（这可能与他后来研究性学有关）。其余则"毫无所得"。言下，大有追悔之意。竞生这些话，当然不假。他在京师大学所学的尚且只此；则在其他各校究竟学了些什么，也就不问可知了。

竞生在国内所学的既然如此，然则他在国外所学的又有些什么呢？是否又当别论呢？

不错！上面曾经说过，竞生第一次在法国历时是整整九个年头，论时间不可谓不长。他所获得的是"哲学博士"学位，论所学也不可谓不专。自常情推测，他应该是一个了不起的学人了。可是，实际情况如何呢！他自己的答复是："哲学家是玩世的"；"哲学家是既不为名，也不为利，是来看看玩玩的"。因此，他在法国所学的哲学，就是学的"看看玩玩"的哲学；他这个"哲学博士"，也就是一个"看看玩玩"的"哲学博士"。他在法的时间那么久而且长，也就是为了在那里"看看玩玩"至于欲"看"够"玩"够；而他所"看"的则是法国纸醉金迷的花花世界，所"玩"的则是法国的软玉温香的妖冶女人。竞生曾经说过："在法国别有一种特殊的学术，即是情感满天飞，到处融溢着磅礴的感受。"无疑地，他在法国留学最有心得的，也就是这种"特殊的学术"。由此推论，他对男女关系之所以有他的那一套想法和做法；他后来之所以由"哲学博士"而成为"性学博士"；以至他的一生所以一直把握着如此一个"中心主张"——"痛快的生活，情感的接触，愉快的享用"，莫非从这种"特殊的学术"中研究发展而来。

且举男女关系为例来加以说明吧。不错，竞生对这个调调儿是有其一个整套的。他原是不满意于中国旧式婚姻制度的人。他到法国后，即醉心于西洋人的情人制。他是主张以情人制来代替婚姻制的。他认为西方女人和东方女人，其心愿绝然不同。西方女人都是为爱情而爱情，东方女人则视爱情为附带条件，而她们最重视的却是要有一个永久而可靠的婚姻。这就是他之所以有上项主张的由来。他在法国留学时期，是深深地领略过情人制的滋味，也享受过情人制的艳福。以曾经和他正式同居过的法国情妇而论，他就有三四个之多，至于临时的法国情妇，则更不在少数。而那几个正式情妇，据说又漂亮，又多情，其同居时间虽然久暂不一，但个个都曾使他如醉如痴，欲仙欲死。故他在回国好久之后犹为之想念不已。后来他回到国内虽然感到在中国行纯粹的、公开的情人制是行不通的；但他却希望能在婚姻制度中试行情人制。像他所爱的那位中国"娜拉"和另一位小学教师，他就曾先后把她们看做在婚姻制中试行情人制的两个理想对象。然而，她们不懂使他彻底失败了；而且还害得他"灾情惨重"（均详后）。由此，可见女人这玩意儿，虽然使他乐了，但也使他苦了。他半生虽滚倒在女人堆里，但也几乎断送在女人堆里。

竟是如此地鬼混了半生！

竟生在国内外所学的既如上述；然则他自欧洲返国后又做了些什么呢？不用说，他由学到做仍不过是那么一场鬼混而已。

竟生自第一次留欧返国，即以潮州的第一位镀金的洋博士的资格，被潮属各县议员联名推荐给当时把持粤省政权的陈炯明，令派为潮州金山中学校长。当他走马上任之初，挟着包括有限制人口、提倡避孕那一套新奇项目的条陈，第一次去见陈炯明的时候，就使陈看了他的条陈而一直为他皱眉摇头。因为陈本身就是一个妻妾盈室和儿女成群的家伙呀！他的校长宝座之不能持久，此际已决定了。何况他接事之后借口整顿校务，举措乖方，又接二连三的激起了大风潮，闹得满城风雨，他由于迭遭反对派的臭骂和痛揍，几至欲跳海自杀呢！恶劣情节迫得他难于招架，结果，他出于无奈，不到一年就只有一走了事。这真使潮州人士为之大失所望！

可能仍然是凭借着他的那块镀过金的"洋博士"招牌的关系，不久，他居然混进了北京大学做起哲学教授来了。而且一混就是连续五年。他在北大这五年之中，其最得意之事，大概有二：一是为了支持北大某教授和其已有婚约的小姨子发生了关系，认为在爱情上并无不当。因而在《晨报副刊》上发表了他的所谓"爱情定则"，主张："（一）爱情是有条件的；（二）爱情是比较的；（三）爱情是可以变迁的；（四）夫妻关系是朋友关系的一种。"他的这种主张一出，于是在当时封建思想尚浓的北京文化新闻界，就立即掀起了一场所谓"男女爱情问题"的论战，且延续至月余之久。他和对方论战的结果，其是非、曲直、胜败，虽然当时并无定论，但由于他是这一次挑起论战的一员主将，故一时颇为人所注意。他不仅由此一跃而成为北京文化新闻界里的一个敲得响叮当的人物，而且还得到一个由于受了他的"爱情定则"的影响，因而弃夫出走的中国"娜拉"——芳名叫褚问鹃的，变成了他的情侣。二是由于他受到了因从事"爱情论战"而大有所获的影响，从而食髓知味，于是，他又更进一步在男女性关系上动起脑筋来。接着在民国十五年春间，他所编著的《性史》第一集和他另一本有关性学的写作，就先后在北京出了版。这时，他的"性学博士"的大名故由此而播腾遐迩；而因读了他的《性史》而深受戕害的男女青年们，从此也就难以数计了。

依照北大的惯例，凡连续任教五年的教授，是可以请假一两年带薪出国去游历或深造的。竞生在那时原就有援例作这种请求的打算。他并没有料到自己因胡搞什么男女"性"问题磕出了边儿，竟把那时坐镇北京的张大帅的"红胡子"，激怒得翘了起来。一道抓到他就要枪毙的命令，直吓得他心惊胆落。他既因此丢掉了北大的教授宝座，也就无法到外国去游历一番了。他在无可如何的情况下，就只有挟着他一度出走重行来归的那位"娜拉"，静悄悄地离开了北京，逃到上海去做"美的书店"的"大老板"了。

提起竞生所开的那爿"美的书店"，在那时上海的书林里确也出够了风头。它的第一个特色，系以"美"相号召。无疑地，这是由于他的《性史》此时已为世所诟病，遂不能不转而谈"美"以为掩护之计。

其实仍不过是新瓶子装旧酒而已。因此，他的"美的书店"的营业范围，仍以印销男女问题的有关书籍为主。他除印行了他所著的《美的人生观》和《美的社会组织法》之外，又以全力译述英国霭理斯所著的那部性心理丛书。其余又介绍了一些肉麻的爱情文学作品。（据张竞生自述：那时《性史》久已不敢继续出版，除第一集外，其余各集与那本《性艺》，都是一班文丐假他的名偷印的。）他又出版了一种《新文化》月刊。且在月刊中著文倡导"大乳运动"和"裸体运动"，仍然是"三句话不离本行"。第二个特色，是他打破了那时的上海商店只雇用男店员的传统，竟雇用了几个年轻貌美的女孩子在书店里充当店员。所以"美的书店"一开始，生意就极发达。可是不到两年，由于迭受租界当局的查禁和处罚，无法支持下去，终于关门大吉。而他那位可爱的"娜拉"，这时，丢下了她的爱情结晶品——一个很幼小的男孩，又第二度出走且从此一去就杳如黄鹤了。真使竞生伤透了脑筋！

此后，竞生虽曾回到饶平故乡，有了一度勾留，并曾从事农林工作；但不知道他究竟使用了什么高明的猎艳手段，居然又和乡间小学请来的那位美丽的女教师发生了同居关系，且出入相偕，俨然形同夫妇。这已使得乡人们为之烦言啧啧。接着，他又为了支持那位女教师任令女生白天到溪里去游泳的主张的实现，益使舆情大哗。不久，他卒以提倡男女同浴并公开宣称性学等罪名，遭受到当时广东省政府的通缉，他自知在家乡无法立足，乃乘夜逃到香港。接着，那位女教师也就"琵琶别抱"；而他也就再度跑到欧洲了。[1]

呜呼，张贼！何老而不死？

竞生二次去欧，约在民国十八九年。他这次在法国一住又是五六

---

[1] 此处信息有误。

年。[1]直到抗战前二年始行由法国返国。他回国后，始居汕头，继居广州。这时，他已是四十多岁且已续娶了。他续娶的这位最后的"爱人"，仍是在中国的"婚姻制"里结合的。她为他一连生下了四五个孩子，直至前几年才因风湿病逝世。这对他一向所主张的"情人制"和提倡"避孕""节育"，简直是一个难堪的讽刺。现在，他已是鳏老了。

据说，他第二次在法，系研究地方自治与农村组织。这时，可能他的思想上已渐渐在转变了。因此，他在民国廿六年抗日战争发生，由广州再度回到饶平故乡后，就挂名为饶平县实业督办，修公路，开农场，设苗圃，又做农校校长，表面上像煞有介事似的俨然实业家也。可是，在骨子里呢？他就一直与埋伏在地下的粤共小头目林美南（后任□"粤东区专员"和□"广东省人民政府委员等职"）等，眉来眼去，打得火热，且竭尽心力地为之作掩护活动，迄至大陆□□，他以靠拢人士姿态出现为止，历时达十余年之久。其在抗战胜利后，以政协会议召开于重庆，一时各党各派纷纷出笼，而竞生不自度德量力，居然在故乡也搞了个什么"中华农民党"，企图与其他党派在政坛上来一决雌雄，这当然是受了□□的怂恿而然。终以其令名不佳，人多一笑置之，不久，他这个"农民党"也就无疾而终。

近来，迭据香港方面传来可靠详细：竞生自大陆□□，投靠了□□□□之后，始则由饶平故乡到了广州，参加了所谓的"南大"的学习，继又"官"拜□"广东省文史馆"的"馆员"之职。据说：在"党"的"改造"下，现在虽是古稀以外的年岁，却"生活积极"。他不仅已由所谓"旧社会"里的"鬼"变成了所谓"新社会"里的"人"，而且他为了诅咒"旧社会"和歌颂"新社会"之故，他的"大"著像《新饶平》[2]和《浮生漫谈》之类，也先后在香港印行了。

---

〔1〕 此处信息有误。
〔2〕 此书张竞生寄往香港宣传家乡，但是否出版，今未见。

而就张竞生来说，□□之所以特别看重了他，更是有其理由的：他为了掩护粤共地下人员的活动，曾使出了浑身解数，"功劳"确也不少。因此，这就无怪□□□□的招降榜上，少不了有他一名；而他背着那块早被社会唾弃的"黄色博士"的臭招牌，至此，也就很"光荣"地被安排在□"广东文史馆"里，恭顺得像磕头虫似的，再向"红色专家"去长此从事"学习"和"改造"，以度其凋年急景的可怜岁月。他再也无法贯彻其所谓"痛快的生活，情感的接触，愉乐的享用"的"中心主张"了。

不用说，他的《新饶平》，就是他为了表示"学习"所得，而向着□□所呈现出的"成果"。因为其书是以描绘"党"给"新饶平"带来了"新建设"和"新气象"为主要内容。而他的《浮生漫谈》，则是他为了表示接受"改造"，而向着□□所写下来的"自白书"。因为其书是他的自传的全部，也是他一生丑史的和盘托出。而就两者综合来说，竞生之所以为此，一言以蔽之，无非是想借此以显示其投靠□□□□的忠心耿耿，之死靡他而已。孔子说："老而不死是为贼。"呜呼！若张竞生者，诚可谓"老而不死"之"贼"矣。

赠张竞生[1]

陈铭枢

黄浦江上三过秋,同窗今日几人留?
厉呵朋党声相应,促膝昆季气难求。
匡衡规谏功名簿,惊雷骤起岁月稠。
黄冈近睹惊精矍,有待新书挫九州。

---

[1] 1963年秋,陈铭枢参加福建事变三十周年,路过饶平黄冈,专程看望了老同学张竞生,回去以后亲笔书写此诗寄来。

张竞生访问记[1]

无名氏

1964年8月25日上午,我访问了张竞生。下面是这次访问的所见所闻。

没落的生活

一进张的住所,一触目便可看到:屋里办公桌周围的墙上,贴满了什乱无章的所谓"创造性的唯物主义"的要点。桌上放着一个香烟盒,一格盛着土烟,一格丢满香烟头(他把土烟与烟头混什而吸),东面壁上,一边贴着一幅已变为黄色的几十年前的刺绣的老虎,一边贴着民革右派陈铭枢亲笔写的题词,睡床旁边,放着几个盛着凌乱衣服的胶百盒(注:潮俗称纸板盒为胶百盒)。屋南红砖的天台上,集中放着自用的几个烧得乌黑黑的沙锅,堆着二堆半尺厚的泥土,种着一株半死不活的木瓜,木瓜周围凌乱地插着脱了叶的地瓜藤,还有四株枯黄的蔗苗和一些已枯干了的竹枝。已是上午九时,张才在吃早饭。他说:"现在我三餐饭做一次煮,味道虽有些不自然,但没关系。"我说:"这不会吃坏肚子吗?"回答是:"现在的气温都是华氏八十度以上,饭不炒热,也已八十度了,刚熟的食物热气很高,吃了不会胃病的。"

---

[1] 本文根据手稿整理,小标题是当时的整理者所加。

这一切，使人感到主人的精神世界是反常的，这一切，使人感到这是没落阶级的生活方式。

肮脏的灵魂

"余子亮是个快乐人，他住泰国，但新加坡、香港、内地各有一个老婆。他每年各巡回一次，过着新婚般的生活。"我说："资本家的天堂，劳动人民的地狱，是资本主义制度的腐朽。"张感到不好意思说下去，把话题岔开了。

是"空头话"吗？

我说："近来关于学术问题的讨论很活跃，在哲学上大家都在批判'合二为一'的观点，你看过吗？"张说："看过，不过都是一些空头话。"立场不同，语言各异。

多么留恋"以前"啊！？

"原在餐厅寄膳，天天吃一样的东西，我发过脾气，他们说，你要吃好加钱，加钱？！我吃不起呀！"

"以前多生几个儿子无所谓，现在却被儿女拖死了。"

"二个打算"

"近来我有二个打算，一是向农业局要求，让我和几个人自费开发山区；一是想到上海、北京走一走，想找知识界就我写的哲学交换意见。"现在张仍在写所谓"创造性唯物主义"。

对照一下

"《性史》第一集是科学书呢？还是淫书？经过今日深深的讨论之下，即使说它是淫书……它只有对人类的恶劣影响，它是'黄色刊物'的一类，它同美帝的'大腿子'电影同一样性质，只有挑动资产阶级消遣性欲，于群众不但无益，而且有害，总之，这本《性史》第一集与受影响陆续出现的《性史》若干集，在社会所发生的罪恶都应由我一人负担的。"

这是1951年11月12日张在南大学习时，自己所写的"我的思想革命运动总结"中的检查，看来，当时经过学习，学员对他的批判，他承认了在文化上的这一罪恶行为。

但1961年初，他在答复香港报纸关于《性史》的讨论文章中，却又完全另一个样。他说他写《性史》的目的：第一是提倡性的解放，第二是提倡性的科学，第三是提倡性的艺术。文章的内容极其荒谬，如："据我的研究，人类属禽兽类，就性趣论，人类比禽兽甚。""情人制比一夫一妻的婚姻制优越，历史上便体会到，妻情不如妾情，妾情不如妓情。"

1951年他写给我们的检讨是一套，1961年他写给香港报纸的又是一套。对我们说的是假话，对香港报纸说的是真心话。这说明张的反动的政治思想原封不动，这说明，政权在我们手里，采取二面手法对付我们的大有其人。

张竞生未偿所愿[1]

高伯雨

抗日战争结束后,张竞生往南洋一带联络华侨,拉华侨支持他领导的农民党(因当时国民党要"行宪",小党纷纷成立,希望能参加政府)。当他路经香港时,打听我的行踪,有人把我通信的信箱号码给他,他就亲身往邮政总局的信箱部问我的住址,并在他的名片上写着"张竞生博士和高君是老友,有要事和他面谈"等字,交给邮箱部分的主管人,那人并不因为他是博士而卖他面子,告以"不能奉告",但可以把他的名片放在我信箱中,待我往取。

这时候,我住在上海,家人为我把他的名片寄来给我,我才知道他的通信地址,和他联络。竞生对战后的政局很表示悲观,认为国民党已腐化,人民对它不能存有希望了,所以他要组织农民党,同时他又要成立编译社,介绍西洋的文学、艺术、政治、经济科学名著,叫我千万不可放弃翻译,多做些准备工作。

共产党到了广东后,又是一番天地,张竞生并不为当局重用,只给他在省文史馆当名研究员,每月拿一百三十元人民币薪水,在五十年代的确是很好的待遇了。他仍然主张翻译西洋科学、文学名著,写信给北京的文化部,提出他的建议。他写信给我,说文化部对他的建议极感兴趣,决定要成立一个机关主持其事云云。但后来又没有下文。

---

[1] 高伯雨《听雨楼随笔》(四),牛津出版社,2012年,第148—149页。

一九六〇年二月我到广州游玩,和竞生在华侨大厦的餐厅吃咖啡。

自从一九六〇年和竞生一别后,就没有再见他一面了。但讯息常通,到一九六九年,就不大见他寄信来,大概给"四人帮"所"整",不敢和海外亲友通信了。

张竞生的旅欧译述社[1]

高伯雨

一·二八淞沪抗日战争后,十九路军的"主帅"陈铭枢,在上海河南路六十号的神州国光社创办一个定期刊物,名叫《读书杂志》,由王礼锡主编。这本刊物篇幅很厚,内容颇丰富,在今日的香港,绝不能有这样厚的刊物的。创刊号中,就有"海外文讯"一栏,由王礼锡自己编辑,载有张竞生从巴黎给他的信,说到他组织"旅欧译述社",尽量介绍西洋科学、文学名著,又说正和法国文人商量共同把佛经译成法文。(以上是根据记忆所及,不是原文,但大意是不误的,因为时隔五十年了。)

张竞生在三十年代初期,对介绍西洋名著有很大热心,他和我谈到这问题,往往攻击国内最大的出版机构——商务印书馆和中华书局,骂它们剥削文化人的劳动。他的译述社对作家的待遇提得很高,除每月给予足够维持生活的薪水外,版税的计算是百分之十或百分之五,这样,作家有固定薪水,出版后又有版税,自然可以专心工作了。

我说这是一个很理想的办法,不过西洋名著未必每部都能在中国畅销,例如罗素的哲学著作、爱因斯坦的相对论,销路就少得可怜。如果有十种八种滞销书,恐怕会把你的资金压到不能周转,不关门大吉者几希矣。不过张竞生这个计划并没有实现,如果真的实现,我包管一年半载后就要关门大吉。不过我也不必为他担心,赔

---

[1] 高伯雨《听雨楼随笔》(四),牛津出版社,2012年,第150—151页。

本的是广东省政府。

原来那个时候（大约是民国十八年，即一九二九年），陈铭枢是广东省政府主席，竞生与陈是陆军小学的同学，竞生就向他上了一个条陈，叫政府拨出十万元给他在巴黎办个旅欧译述社，他向陈主席保证，在三年后省政府所得的版税，就可以把付出的十万元全部回笼了。陈主席读过他的条陈后，极表同意，复信叫他进行，待他提出省府会议通过后，即付诸实行。

竞生得信后大喜，满肚密圈，立即依照计划进行，可惜不久后，陈铭枢的主席丢了，十万毫洋付诸流水，竞生的计划不得不收档了。但陈铭枢搞文化事业的兴趣并不减低，他盘过了神州国光社，出版书籍期刊，网罗了一批文人，有声有色地搞了几年才收场。

《性史》面世六十年[1]

高伯雨

六十年前（一九二五年）这个时候，故友张竞生、金满成都在北京，张竞生在北京大学教哲学，金满成在中法大学继续读书。我说"继续"是有缘故的，他本是留法勤工俭学的学生，和陈毅一起到法国留学，因为发生风潮，被勒令回国，所以也和陈毅一同在中法大学念书。金满成在巴黎早和张竞生相识，张比他出国早八九年，张得博士学位，蔡元培就罗致他到北大。

一九二五年十月，张竞生在《北京大学日刊》上刊登一则启事，征求同学把他们的性史写出来。启事的开头几句我记得似乎是"寒假快到了，同学们怎样消遣，为什么不关起门来把你们性经验的故事写出来呢"（大意如此）。最先寄来的就是金满成化名"小江平"的那一篇，题目叫什么早就忘记了。

张竞生筹备出《性史》的时候，我还是旧制中学的四年级学生，一九二六年五月将卒业，校长杜国庠先生和故友李春涛先生都竭力鼓励我到日本求学。（杜先生是我校的前任校长，李先生则是汕头《岭东民国日报》的社长，新近在北京谢世的柯柏年是他的胞弟，另一弟名春烽，一九二七年我在上海时才认识，当时他和许心影都躲到我们所开的商号避孙传芳大刀队，住了十多天，他们似乎已是"夫妇"了。）

---

[1] 高伯雨《听雨楼随笔》（七），牛津出版社，2012年，第1—5页。

我见到杜国庠先生的《北京大学日刊》那一则张竞生启事，为了好奇，才写信给潮安的青年书店，为我订购一册。我手边已买有张竞生的《美的人生观》和《美的社会组织法》，这都是他在北大的讲义，后来结集成书的，我见周作人为《美的人生观》写的序文，对此书很是赞扬，才买的，现在又见他有《性史》出版，当然不肯放过了。一九二六年三月，《性史》寄到，我只欣赏小江平那一篇。董二嫂与小江平之名，历六十年尚未忘记。

初会金满成

我迟到一九三五年才和张竞生相识，三六、三七年往还最密，尤其是他住汕头广州的时候，其时距《性史》之诞生已十年，竞生给人家上个"性学博士"的尊号而不谈性，让给后他三十年的金赛博士去专美。

在这期间，我曾问过竞生金满成现在何处，他似乎说在南京一家报馆当编辑，但亦语焉不详，我对这个小江平早已没兴趣，也不再追问。又过了十二三年，是为一九四八年，我在香港也是干金满成那一行——报馆编辑，经过上司推荐，叫我去看看他，我才和他相识。

我编《星岛晚报》副刊近一年，报社的社长林霭民可说是一个很风雅，又喜欢结交名士的政客。（抗日战争期间，他从香港回国，做县长等官职，抗战后方任福建某局局长，一九四六年十二月，胡文虎需要他，叫他来做《星岛日报》社长以继胡好，他立即复电，"君命召，不俟驾"。）林霭民认为《国民日报》那个叫作《文园》的副刊编得很精彩，问我知不知谁主编。我说战前我曾在《国民日报》工作半年，现在旧同事一个都不在了。他说："你不妨亲往打听一下，也许知道。"我问："你要和那人相识吗？是不是有'招贤'之意？"他不置可否。不久我就辞去《星岛晚报》，也没去打听那个编辑。

辞职后，我在家写稿为生，投稿的地方有《大公报》《星岛日报》

《工商日报》《晚报》《新生晚报》，但不投《国民日报》，因为国民党兵败如山倒，该报来源减少，欠薪欠稿费，行家皆知，所以尽管《文园》编得精彩如林社长所说，我也无"问鼎"之心。但为了好奇，倒也想和那位编辑见见面，看他是甚么人。于是摸到高士打道找着《国民日报》（现在社址还在彼处，只是改建为十七八层的大厦，而其后身时报在焉），碰着一个旧同事，他说见金先生么，便带我上三楼，金满成住在一个小房间。

一辆小汽车

金满成是四川峨眉县人，光绪二十五年己亥（一八九九年）出生，中学卒业后响应勤工俭学组织的号召，到法国留学，在巴黎的时候，生活曾一度陷入窘境，因为他和褚民谊很合得来，得到褚的帮助才渡过难关。回国后，他的文艺活动区域，不是在南京便在上海，抗日战争发生他才回到重庆，翻译了很多法国文艺作品。但生活程度日渐高涨，稿费收入追不上物价，迫使他投笔从商，经营小生意，支持生活。香港的《国民日报》是一九四六年初复版的，战前在摆花街，复版时，得到香港政府协助，把高士打道日本海军俱乐部接收过来改社址。（日军投降，英军接收这所房子，英军回国才转为《国民日报》所得，一个钱的顶手费都没有。一九四七年，潘公弼带了三十万元港币从南京来接任社长，有人说，这笔钱有一半用来作顶手费，他向南京报销时，声明顶手费是不合法的，故无收据，于是那十五万元不知去向，余下十五万，支持报社开销，半年不到就花光了，金满成的薪水无着，还得每天白写数千字填满副刊的篇幅。）

…………[1]

―――――――

[1] 这里略去几页无关的文字。

张竞生与赛金花[1]

高伯雨

民国二十三年（一九三四年）四月，我和十多个朋友为了好奇，托人向报馆打听了赛金花的地址。原来她住的地方是北平城南"贫民区"一条小巷，名叫居仁里，门牌似乎是十六号。几天后，我们一行八九人带了礼物，雇一辆旅行车，往城南拜访一度曾为名女人的赛金花。居仁里是陋巷，平时甚少汽车经过，尽管是旅行车，但司机也认不出路，过了天桥，他就停车三四回，下车往问路人，好不容易才到了目的地。

今年二月，吴德铎兄寄赠他所编的一部《赛金花本事》，中有张竞生《致灵飞书》一文，是民国廿三年七月十二日从上海给赛金花的信。赛金花本姓赵，赛金花是其"艺名"（唐突一班艺人，罪过罪过！）。一九一八年在北京和议员魏斯灵文明结婚后，她的名片冠夫姓为"魏赵灵飞"。我识赛金花之年，不知张竞生已和她通过信，后来看平沪报纸通信，赛金花对人说过有位张竞生先生曾为她募捐，帮助她解决生活。当时我还未认识张竞生，直到今日得这册《本事》，才拜读他的那一封信，读后不免有些好笑。竞生搞哲学，在北京大学讲学自有一套本领，但他竟然会相信八国联军入北京时，她有魅力，能把联军统帅瓦德西搞掂，不乱杀人，真是懵于事实。竞生给她的信长千余言，现摘录一些有关这件事的先载于此，然后再谈。

---

[1] 高伯雨《听雨楼随笔》（七），牛津出版社，2012年，第187—189页。

闻你现极热诚念佛——阿弥陀佛，最好就是看云玩花时不知不觉中念一声救苦救难观世音。我常喜欢把你与慈禧后并提，可是你比她高得多呢，假使她在你的位置，什么事都显不出，最多只能被作为"哭娘"（慈禧以此出身的）。若你有她的势力，当能变法，当能做出许多新政治。

张竞生似乎不大会知人论世，分析人物世事入微的，以赛金花这样的人，会有革新政治思想与否，颇成问题，假定她有，恐怕一朝得宠于皇帝，其做出来的也一样搞到国家鸡犬不宁，死人无数的。

《赛金花本事》的封面题签，出自赛金花之手，这部书的执笔人是刘半农弟子商鸿逵。去年上海重印此书，增加材料，商鸿逵说明赛金花题签的内幕。他说："赛金花的文化水平并不高，略识文字，不能执笔作书。《赛金花本事》的题签，还是我先写好，由她铺上薄纸描成的。'魏赵灵飞'四个字的署名，是我爱人摹仿她的生涩的笔势代写的。……"一九三四年我访问赛金花，出纪念手册请她签个名，她拿起我的钢笔，重如锄头，很久很久才写成赵灵飞三字，又因魏字笔画太多，我请她不要写。

竞生的信续说：

你虽位卑而人格并不微，当联军到北平，她抛却人民和宝贝的太监溜走了。只有你在金銮殿中与外帅折冲，保卫了多少好人民。佛号是无灵的，唯有人力的奋斗。华北又告警了，你尚能奋斗吗？与其空念阿弥陀佛，不如再现身救国，一切慈善事都可加入的，看护妇也极可为。若能领帅一班女同胞作有规模的社会运动，更是好不过的。你打绒线工作吗？（即是织冷衫，其实普通话也叫织毛绒，不叫做"打"，用打字是潮州习用之语。——引注），当多多打出，为无数贫民作纪念啊。

这封信可谓好话说尽,但那时候赛金花的生活已陷入绝境,只靠人家救助,有时还不免断炊(鸦片烟尚未能戒断),哪里有雄心去领导什么女同胞进行爱国活动呢。

............〔1〕

---

〔1〕 这里略去几页无关的文字。

《性史》与《性艺》[1]

曹聚仁

或以《性史》与《性艺》二书相问者,我问他:"看过这两种书没有?"他说没有。我就对他说:"你没看过,那就不要听信别人的谣言,乱说一阵。"

《性史》,除了这书名以外,乃是一部一本正经的书。那时,张竞生先生任北京大学心理学教授[2],本弗罗乙德[3]变态心理学说,征集性故事辑成此书。他自己并没写什么,最有名那一篇,署名小江平者,乃是金满成先生手笔,和张氏毫不相干。在那时谈性生活,已是大逆不道,于是张氏一生便受了《性史》之累,好似这部书乃是他的自白书。(张氏著的乃是《爱的人生观》[4],亚东本。)

至于《性艺》一书,也不是写性生活的书,是我的老友记徐桌朵(平梅)先生托名江不平,用以讽刺张竞生的小说。这小说,说张博士登报征求性友,每天都有一位女性上门应征,和他实验性生活,其中有武旦、尼姑、寡妇、姨太太,个个性艺高强,显得这位"性"博士银样镴枪头,简直不中用。后来给一位女人带来的狼狗,一口把那话咬掉了,张博士也就一命呜呼完结。这可真把张博士挖苦死了。这部小说也很销行。

---

[1] 曹聚仁《书林又话》,上海书店出版社,1999年,第185页。
[2] 此处信息有误。张竞生为哲学系教授。
[3] 今译弗洛伊德。
[4] 此处当为《美的人生观》。

可是，一般人以耳为目，每每把谣言当作真，这也是一种变态心理，此所以今日"大陆专家"的谣言，日出不穷，居然会有人相信的！

关于《小江平》[1]

曹聚仁

在一处熟朋友的席上，有人问起："《新风》上的满成，是否小江平？"于是，朋友们替张竞生先生呼冤，这是近半个世纪中，文化界一大冤枉。因为张氏并未写过《性史》，他是以"爱的人生观"研究"性问题"，很严肃地征集男女青年的性自白，《性史》乃是一部征文集，有如金赛博士的性研究，其中没有张氏写的文章。《性史》中最好的一篇乃是金满成先生的《小江平》，写闺中少妇的性饥渴，这种性变态，在莫泊桑小说中，也平常得很。要说"色情"成分，在香港，几乎无论哪一种报刊，都十百倍于《小江平》。然而，一般人一说到《性史》，就把它当作"色情"的，而张竞生先生，那么生活严肃的人，就当作色情狂的代表人物，好似《性史》是他的自序传。可是，悠悠之口，已经替他下了定案，熟朋友知其事的，替他辩白，又有什么用？金满成先生有他的重要译著，也并没人注意，好似他一生杰作，只有《小江平》。东方之有《小江平》，乃如西方之有《查泰莱夫人的情人》。在英国，《查泰莱夫人》一书毕竟解禁；在东方，《性史》却一直算作是淫书。

当《性史》疯狂时期，上海滩上，无数《性史》续集、二集、三集、四集都出来了，那都是《肉蒲团》《灯草和尚》一类旧书的翻版，当然和张竞生毫不相干。那些色情书，也不是"性史"，因为那都是

---

[1] 曹聚仁《书林又话》，上海书店出版社，1999年，第186页。

关于《小江平》

文人幻想之笔,并非性的实录,不能当作性心理的研究资料的。中国的旧淫书,如《金瓶梅》《肉蒲团》之类,都是明代宰相的门客所写的,因为明代皇帝,十有八九都是迷信道士采补修炼之术的,宰相有替皇帝增加性技术的责任,就非请门客写淫书来刺激性欲(正如香港流行小电影,看妖精打架之意)。那些淫书中的性生活,都是不正常的。一个男子,可以连战一个寡妇、五位少女而精不泄,战不败,试问天地之大,种族之多,可会有这样的阿飞吗?骗骗皇帝而已。

在群众说来,某一方面是盲目的,他们相信了的谣言,就会当作是真的。

叛逆一生
——张竞生这个人[1]

高拜石

提起张竞生，老一辈该不十分陌生，有人说他以《性史》起家，也以《性史》而身败名裂。当时好些人骂他是"淫虫"，更有人赏他"肮脏博士"的尊号。

平心而论，张竞生只是一个狂人，或者也可说是一个怪人。

他是潮州人，清末，在中学结业后，他父亲便要他回乡去当绅士。那时候，中学毕业生，等同科举时的"贡士"，有祠产，也可用蓝衫雀顶，在社会更有种种便宜的地位。可是他不同意他父亲的安排，他渴想北上升学。父亲不答应，他癖性本怪，陡然计上心头，背地里在县衙门里告他父亲一状。

父亲不给儿子读书，儿子竟然向官控诉，在前清是骇人听闻的怪事，但只是不让他深造的控诉；县官便传了他父亲劝谕。老头子知道底细，气得直瞪眼。经县官调解下，便忍下愤怒，拨款给他北行。

竞生到北京后，汪精卫刺摄政王案正发生，恰巧耆善主张宽大，汪没有"咔嚓"一刀成快，保全了少年头。

他当时认为是广东人的光彩，为了好奇心的驱使，便常到狱中访汪，时时接济银钱食物。在京师大学堂读了不多久，忽又转入保定军校。在校中谈革命，闹恋爱，被斥革而未离校。[2]

---

[1] 高拜石著《新编古春风楼琐记》(2)，作家出版社，2003年12月第1版。
[2] 此处信息有误。

辛亥炮声响了，他的确也忙了一阵子。一直到革命政府成立，他也许觉得命是革成了，而自身学识还一无所成，所以申请准了以官费留法。

他在法国研究的是哲学，得了博士归来，在北京大学担任哲学系的教授，《性史》即是这时候写的。

自从所谓"欧风东渐"起，是"五四"运动前后一二年间，"新潮流"波荡全国，大家尽量"弃旧迎新"。在歪风笼罩下，该是见怪不怪，本来他的动机也并不怎样坏，他的主张，见之于《美的人生观》的，似也不无言之成理。因他所提倡的是"唯美主义"，和希腊人的观点相近，颇同于邓肯的人生哲学；但，他自料不会掉入色情文化的圈子，无如托名刊印的色情书本不断出现，大家推波助澜，遂成了社会文化的灾殃。

其实，他的私生活并不十分浪漫糊涂。反之，似乎还带些道学风味，只是乖僻出于天性，坚持男女之爱的左见，愈趋极端，社会群起而攻，目为妖孽，他在文学、哲学方面的成就，反而被抹杀了。

之后，他再度赴法，改习地方自治与农村组织，回国后，隐于故乡饶平，从事农村工作。

但一般人对他印象太深了，不与合作，终无成就，而他性情被刺激得愈奇愈怪，甚至每日三餐，以磅秤来计算饭菜，不许丝毫有差，被人笑为"张竞生吃饭同吃药"。

他的元配许氏，早不同居，至此重返故巢，"贫贱夫妻百事哀"，又因反目而自杀，从此竞生罪孽深重，更不齿于世了。

张竞生自传[1]

刘心皇

"张竞生自传"第一集为《十年情场》,第二集为《我的婚姻》。出版者系新加坡"夜灯报社"。并未注明出版年月。但于序文中所说的"卅年前",可推知为民国三十七年间出版的。[2]我得到的一册是《十年情场》,有张竞生的"近影"和"墨迹",以注明的确是他的手笔。卷首有王娟的《序言》,她说:"张竞生博士的自传《十年情场》,在星洲出版,可说是马来西亚出版史上辉煌的一页。"接着并介绍张君道:

"当张氏从巴黎学成归国后,出版了一本有名的著作《美的人生观》,这本书完全是一种小资产阶级乌托邦思想的反映,很适合于那时正在彷徨和苦闷中的一班青年的衰弱的胃口,成为那时一本畅销书。继《美的人生观》后,张氏便开始编辑《性史》,《性史》一经问世,他就立刻成为家喻户晓的人物了。三十年前的中国社会,封建思想根深蒂固,而我们的张博士竟敢向它投枪,出版了使'正人君子'摇头叹息,而又在暗中读得津津有味的《性史》,我们实在不能不佩服他的大胆与反抗的精神。……因此,终于被人当做叛徒,看成怪人,既不见容于乡党,复不见容于社会,一生所经历的尽是颠沛流离的遭遇了。"

这话,说得一点也不过分,他如果不异想天开的出版《性史》,

---

[1] 1970年4月13日《台湾新生报》。
[2] 此处信息有误。

他的北大哲学教授就不会被迫辞职，也不会到处不能容身。不过，当时所出版的《性史》，并不是他写的，是他把"性史"当"风俗的一门"调查来的。他说："《性史》第一集是我介绍出版的。以后那些集都是假冒我名。至于《性艺》更用恶毒的笔墨假借我名。……累得我声名狼藉。"其实，他是另有动机的，由于他的幼稚，才引起轩然大波。他的动机如何呢？他在自传的第一章，曾详尽的解释道：

"第一，我当时是'北大风俗调查会'主任委员。在调查表中由我编出了三十多项应该调查的事件，其中有性史的一项。会员们（都是教授）在讨论之下，觉得性史的调查，恐怕生出许多误会，遂表决另出专项。所以我就在北京报上发出征求的广告了，这个可见性问题在我们当时看来，也是风俗的一门，应该公开研究的。

"第二，我当时受英国大文豪霭理斯那一部六大本世界闻名的性心理丛书极大的影响。在这部书中，霭氏于论述各种性的问题后，就附上许多个人的性史。因为要成为一种科学，先有这件科学的证据做材料。那么，假如性也要成为科学，当然要先有性史做材料。性史就是'史'，就是性的材料，愈多愈好。不管它是正常的，或是变态的，都应一齐包括，搜集起来，然后就其材料整理，推论它的结果，而成为一种科学的论据。我当时抱着这个野心想在我国人性行为中，做出一点科学的根据，所以我也学霭氏先从性史搜集材料了。

"第三，确是我在法国习惯了性交的解放与自由后，反观了我国旧礼教下的拘束，心中不免起了一种反抗的态度，所以我想提倡性交的自由。在我当时以为这样可以提高男女的情感，得到性交的乐趣。而且我痴心由这样春情奔放，可以生出身体强壮、精神活泼的儿女。当然我所希望的性交自由不是乱交如禽兽一样地无选择性的。我在《性史》出版之前，已经发表我的情人制了（在一本《美的社会组织法》中）。我所希望的男女的结合是一种情人制，不是如我国那时的婚姻制。我以为性交能得到自由发展，就可帮助情人制的发展，就是把旧时婚姻制打垮了。"

上举三项意见，是张竞生调查"性史"的动机和理论。就根据他的这三项意见，加以分析，便可知道他"既不见容于乡党，复不见容于社会，一生所经历的尽是颠沛流离的遭遇"是有原因的、有道理的。也可以说，造成他这样的遭遇，一半固然由于社会的守旧和认识不够，他以"先知"的姿态来作"旷野的呼唤"，当然收到强力的抵抗；一半也由于他自己的幼稚，随便将不成熟的意见公诸社会。

他的第一项意见，视"性史"为"风俗的一门"，加以调查，本无可厚非；但，为什么要将调查来的材料，不加研究，便贸然印刷发行呢？

他的第二项意见，是说他受霭理斯的影响，"抱着这个野心想在我国人性行为中，做出一点科学的根据，所以也学霭氏先从性史搜集材料了"。要知道"在那一部六大世界闻名的性心理丛书中，霭氏于论述各种性问题后"，才"附上许多个人的性史"。张竞生君并未"论述各种性问题"，便把搜集来的"许多个人的性史"发表。那自然谈不到各种性问题的理论，而只有"性行为"现象的描写，遂构成极具煽动性的诲淫的小册子，与他原来的理想（就是他所说的"野心"）绝不符合，更谈不到"性行为"的研究。

他的第三项意见，是想模仿法国的"性交自由"，进而把旧婚姻制度改为情人制。婚姻制度的改革，需要各方面的配合，尤重在理论的阐扬使大家的观念先有所改变，方可以渐渐达到改革的目的。他的错误就在不先从理论工作着手，却先编辑发行《性史》，当然是失败的。

他所编辑发行的《性史》，是搜集来的，是属于别人的；但这一册《十年情场》，既然是他的"自传"，当然那是他自己的"性史"了。他在这里"非常坦白地写出他青年时期的一段如火如荼的浪漫史，处处实践他的二大主张——提倡性交自由和拥护情人制"。毫无疑问，这本《十年情场》就是张氏的现身说法，就是他本人的一部悱恻缠绵、刻画入微的"性史"。

从这一册张竞生自传看来，他从《性史》的出版到出版自传，整整三十年间，对"性行为"问题的研究，没有什么进步，只是把出版别人的"性史"进而为出版自己的"性史"而已。这一点不得称为有意义的研究，也不得称为有深刻的研究，更比不上霭理斯，也比不上研究男女性行为的金赛博士。他只不过是敢于公开性行为的秘密，借以惊世骇俗而已。

张竞生《性史》内幕[1]

陈存仁

张竞生算不得文学家,那时节他在北大教书,籍籍无名,他认为刘半农的征求"国骂"很有趣,不觉技痒,也在《晨报》上刊出一个征文启事,征求各人的性生活史料,名为"性史"。这一个征求,比刘半农征求"国骂"更为轰动。胡适之已经反对,蒋梦麟更期期以为不可。征求的结果,得到稿件只有三四十篇。有一个北大学生金满成,化名为小江平,应征了一篇《初次的性交》,最为精彩。张竞生不顾一切地印成一本三十二开的小册子,约一百余页,当时只印了二千本,一抢而空。但是在北京的报纸上,赞的赞,骂的骂,已经遍传各地。那时节最初寄到上海的《性史》不过十本,出版局沈松泉拿到一册,不管三七二十一,就在上海翻版出售,初印五千册,不过三四天,全部销清。沈松泉于是和派克路光明印刷所约定,日夜赶印。我那时节正在办《康健报》,也向由该印刷所承印,印刷所老板对我说,从现在起因为要赶印一种书,所以将一切原有书报,完全停印,介绍我到别家印刷所去排印。后来我才知道赶印的就是《性史》。究竟一共印了多少册我不知道,但是我约略计算过,光明印刷所日夜开工连印一个月左右,机器才停下来,印数之大,可想而知。

上海商人翻印这本书发财的消息,不久传进张竞生耳里,他听了也呆了。不久,租界当局禁止出售《性史》,京沪报章纷纷攻击北大

---

[1] 1971年4月15日《大人》(香港)第13期。

有损校誉,蒋梦麟一怒而把张竞生请走。张竞生想北京既不能存身,便认为若是到上海去一定可以发财,于是便到上海四马路开设一间"美的书店"。上海捕房一再对他控告搜查,实际上他非但没有发财,而且欠下一身的债,住在法租界萨坡赛路丰裕里,我见过他几次,觉得他憔悴不堪,而且还有隐疾,不久连妻子都和他离了婚。

传奇人物张竞生博士[1]

司马千

从一位青年朋友谈起

我与张竞生本无渊源，但我有一个在上海帮我编刊物的朋友P君[2]，曾经和张共事甚久。当时P君尚未结婚，孑然一身，寄居在我家里，白昼跟我一起做事，晚上下下棋。他是一个道貌岸然、目不斜视的老实青年，读书不少，朋友不多，更没有异性来往。但是从他的著作与答复读者来信的内容来看，他对于妇女问题似乎颇有研究，对于性的知识也相当丰富。这些知识从何而来？一度使我深觉奇怪！后来才晓得他曾经和张竞生一同编过书、开过书店。那么一切当然是从张竞生处得来的。

P君喜欢聊天，聊天中，张竞生的言行生活，常是不可或缺的材料。由于P君介绍，我也曾和张竞生见过面，请他吃过饭，然而在时隔多年之后的今天，来写这篇有关张竞生的文章，我不得不承认大部分的珍贵资料，还是从P君谈话中得来。我现在之所以愿意提笔写下去，多少也有点缅怀这位老朋友的意思在内。

P君就读于上海复旦大学，在民国十八九年间，他初出校门之时，

---

[1] 1972年9月1日《古今谈》（台北）第89期。
[2] P君，指彭兆良。

因复旦大学文学院的刘大白、徐蔚南诸教授创办了一张四开大小的文艺周刊叫做《黎明》，该刊以"园地公开"为号召，吸引青年读者们投稿。P君也常常写些短稿投去，因为刊出颇多，引起了他对写作的兴趣。其时新文艺流行一时，郁达夫、张资平等作品读者尤多。复旦大学门前的小书店中，常常挤满了许多求知和爱好文艺的青年。郭沫若的《少年维特之烦恼》中文译本、徐志摩的《翡冷翠的一夜》、张资平的《苔莉》、郁达夫的《日记九种》《寒灰》和《沉沦》诸集，皆畅销一时。这种盛况，非但使书店伙计大为惊奇，就是复旦大学当局也跟着加以注意起来了。

《性史》一书被禁止购阅

差不多就在这个时候，好像学校的布告栏中突然出现了禁止购买和阅读《性史》的布告。复旦便是其中之一。所谓《性史》，即张竞生的大胆作品。群众心理奇怪得很，有些学生本来无意购买《性史》的，却因看到了反提示的禁阅布告，反而引起了好奇心，所以，已买的学生当然早已寓目，要禁亦已太迟；未买的因此反而获有一种新刺激，不惜千方百计的去买一本来看看。那时我在P校读书，并且是P校文学会的会员之一，曾与徐迟为某一文学上的问题大开笔战，后来由储安平调解始告平息。据我所知，《性史》一书，当时的文学会会员几乎人手一册，就是平日最保守、最顽固的同学也都看过一遍。自然，现在想来，以"文学会会员"而谈《性史》，自然不免可笑，但在当时的确以严肃的心情开始阅读，至于这本书在不同的读者身上所引起的不同影响，则是另一件事。

P君和我年龄相若，他看到《性史》，以时间计算，大概比我早不了许久。但是他看到了该书底页有征求翻译合作的广告，为了好奇，就写了一封信去应征。据他说，原不想有什么结果的，可是出乎意外，他竟收到了张竞生的回信，这使P君受宠若惊，心理上的高兴，正和一个崇拜电影明星的影迷收到他的偶像寄来了一张亲笔签名的照片和复信一样。

那封回信是由北平付邮的。使P君尤为感动的，张竞生在信中措辞，非但全然没有成名作家的矜持之意，而且十分谦恭坦白。信里告诉了P君，他所征求合作翻译的书，是霭理斯原著的《性心理学》，而且将购书的地点、价格和试译部分，都告诉了P君。

由北平到上海找生活

P君刚把霭理斯的《性心理学》买到手，张竞生第二封信又到了，说他即将来到上海，不久可以会面商议移译一点的步骤。后来才知道，张竞生正是为了《性史》一书之累，丢了北京大学的教授之职，才迫得铩羽南下，想在上海文坛开辟一个新天地，至少是求一个新的生活方法。其时，中国新文艺，尚萃集于北平；上海的新文艺书店，除了光华之外，连北新、创造社都在开创试办中。另外一家是泰东图书公司，不过它是从"旧"的蜕变为"新"，正和一个缠了足的妇人急于放大一样。不过此时新文艺在上海的确也渐渐活跃起来，一班作家都由北方纷纷南下，开拓他们的新天地，争取青年读者。张竞生久守北大，抑郁已久，既不能得志于北方，乃决计跑到十里洋场的上海来另谋发展。这是民廿年间的事。

P君初次会见张竞生，是在上海永安公司附设的大东旅社里，时在春寒料峭的旧历二月[1]，对于这个从北平来的学者与教授，P君仰慕盼候，已非一日，他在到大东旅社去的路上，满怀着些不寻常的幻梦，但彼此见面之后，又不免使P君感到一阵淡淡的失望，因为张竞生完全不是P君心目中所揣想的那种非常人物。张的文学著作，奔放不羁，海阔天空，可说是目无余子。但是见面接谈之下，却发现其人

---

[1] 此处信息有误。张竞生南下上海约在八九月间。

战战兢兢，如处子之守身如玉，一派儒家味道。这是P君与张竞生会面所得的第一个印象。

张竞生在大东住了没有好久，便搬往上海虹口近郊，其地已近江湾，附近有持志大学与法政大学在焉。张竞生选此居所，一因离市区较远，喜其清静；二因其地为越界筑路，不算租界，房租比较便宜。

创办月刊，开美的书店

起初，张原打算应聘某校，担任教职，但其兴趣在创办出版事业。恰巧有一家新开的印刷所，托P君办杂志，P君因为缺乏经验，不敢负此重任，乃介绍张竞生主持其事。于是由办《新文化》月刊而开"美的书店"，而将霭理斯的《性心理学》开始节译，改编为"性育小丛书"。居然在上海出版界写出了别开生面的一页。

讲到著作方针，张竞生向来尚奇骛新，赞成翻译，但亦鼓励著述。他以为中国旧文学已趋崩溃，新文艺尚在创始，在这时候打针进补，势非乞灵于翻译不可。此一见解，固为当时识者所承认，所以译述之作，风起云涌。他也想起了他那本被人骂为洪水猛兽的《性史》，如果与世界"性学泰斗"霭理斯所著的六大卷《性心理》相较，其庄严伟大与浅薄庸俗，所差实不可以道里计，所以急欲翻译其书，公诸国人，同时亦表示他之欲以有关性知识介绍于当时的人们之前，自有其规模不小的打算与计划，并不仅只编印一两本"性史"而已。这时候，北新书局（鲁迅所编《语丝》半月刊的出版者）的李小峰、夏斧心曾在霭理斯的巨著中译过两本小册子，但因张竞生的著作盛行，所以小册子的销路未能畅旺，故于出版一二册后，即行自动停止。于是，张竞生乃大集同志，分门别类，决计从事翻译此书。

招请人员译《性心理学》

张竞生曾招请了三五位译员，分头工作，一同从事翻译六大卷的《性心理》的工作。因全译共有数百万字，经济与才力，两难胜任，于是决定办法，将此皇皇巨著，改成六十四开的小本，以"性育小丛书"名义出版。

霭理斯此书，素有世界名著之称，内容集古今性学之大成，搜罗至为广传，在性学出版物中堪称有美皆备，无奇不有。如关于世界上"性"的奇风异俗、爱情心理之微妙转变、肉爱的方式，以及摒弃肉欲而企求圣洁之柏拉图式的恋爱，与荡防失检之露水恋爱，从男女正规之爱，以至于变态的同性恋爱，无不分门别类，详细地加以讨论。其中又附外国性史，系霭理斯向世界各地通讯征求得来者，趣味尤为洋溢，而材料之丰富，内容的新异，即以自编"中国性史"的张竞生看来，也叹为观止！

独任校阅竟乐此不疲

该书的翻译工作，由张竞生分配材料，指定译述，张本人则亲自负校阅之责。每一部稿译成之后，他必按句校正，一丝不苟。译的原作是首重"信"与"达"，最后才讲到"雅"。何者宜直译，何者宜意译，张氏也有适当指点。

译述人员工作是努力的，为了赶时间，星期也不稍休息，而张竞生本人更是埋头苦干。因为"美的书店"门市部，白天门庭若市，而张竞生对于顾客，又有亲自招待的癖好，忙得不可开交，关于译文的校阅，本不简单，加之又是许多人译，一个人校，工作乃益繁重，白天既无法抽空，就不得不求之于夜晚，所以当书店门市收档，众人皆去之后，他一个人常常独自工作到午夜过后，吃一碗排骨面当晚餐。可是他却乐此不疲，越搞越起劲。

张太太居然下堂求去

他在上海的时间，不过两年。在这短短的时期中，张竞生和他的太太褚松雪女士（闻现在台）却大闹婚变，一位堂堂"性学专家"的太太，居然下堂求去，这讽刺已经相当够惨了，何况抛下来的一个三岁孩子，还要张竞生亲自照料，更把他弄得狼狈不堪。他虽然咬紧牙关，逆来顺受，不发半点牢骚，但每当黄昏夜半，昧旦晨兴，此中滋味也不难想象。

褚女士既如黄鹤般地一去不返，张竞生的生活也益单调。作为一个没有妻室和爱侣的中年男子，而且生活在纸醉金迷的上海，加以"美的书店"又坐落在上海繁华中心的福州路（俗称四马路，该处书店最多，也是下级妓女野鸡的集中所在），附近的野草闲花，行云神女，多得满坑满谷，俯拾即是。

这位"性学博士"在精神上既寂寞空虚，本来未始不可逢场作戏，或者暗自走私，可是他却守身如玉，不肯轻于一试。其原因倒也不是为了什么品行道德，或人言可畏，而是为了他自己素有洁癖，因之深恐佛头着粪，遗累终身。

首次叫堂差大闹笑话

有一次朋友请客，张竞生也做了座中高朋，主人是纨绔出身，跑惯书寓（即高等妓院），叫惯堂差，于是主人自己叫了堂差之后，也替所有的来宾各叫一个。张竞生配给到一个雏妓倒还长得清秀不俗，可是张对于玩妓女这一门实在太外行，他以为凡属妓女，总是"玉臂千人枕"，朝秦暮楚，生张熟魏，当然阅历众多。所以当她坐下未久，张就公开问她亲身经历的性史。原来张这次和妓女并坐在一起，还是破天荒的第一遭。他既不懂上海书寓中的习惯规矩，而那个雏妓又是自称为"清倌人"的，经张竞生当场问长问短，立即面红耳热，不知所对，连在座的嘉宾都认为这位叫条子的客人出言无状，相顾愕然。而张根本不理会这些，却以一本正经的学者态度，仿佛大学教授在查问学生功课似的，锵锵然必欲求其一答。终至窘得那个雏妓怫然而走。张竞生依然态度严肃，正襟危坐，似乎感到莫名其妙。

以时代而言，张竞生的时代，比美国金赛博士早了二三十年，可是张对于男女之间食色性也的研究探索不厌其详，却更在金赛博士之上。金赛博士是致力于调查男女性生活的经验，想从统计数字中求出一个结论；张竞生也是调查两性间的临床实验，再从而研究其何以如此。他把这件事当作正常生活的一部分，看得和吃饭一样。

想起另一浪漫著作家

因为张的这种大胆作风，不禁使我连带想到当年另一位真正浪漫主义的著作家，那是大名鼎鼎的时代曲的鼻祖、《桃花江》等作者黎锦晖。黎与张截然不同，黎锦晖是人如其诗，他是拿着放浪形骸的诗人姿态来描写和歌唱"桃花千万朵"的。那些娉娉婷婷、娇娇滴滴的美人影子，是真实地从他的笔端跳进了他心底去的，这些美丽的梦影，仿佛日夜地纠缠着他，苦苦不休，终于使他逃出中华书局的编辑部，摇身一变而为歌舞团团长，而陶醉倾倒于无边春色、大腿酥胸之下。他从诗中创造其生活，也在生活中发泄其诗兴。有一次，他对张竞生说，他有一个奇异的欲望，想把女人的肚脐当作肉杯来饮酒。他以为这个美妙的设想是香艳之至、诗化之极，预料可以得到张竞生击节赞美。但是他完全错了,张竞生听罢他的这一妙论,竟不知如何是好,只是对他狂笑不已。现在看来,黎锦晖所作曲谱歌词都很幼稚,而且靡靡之音得太厉害,但是在二三十年前,自有他独特的创作性与被欣赏的价值。在我国艺坛上,无论其成败得失,仍不失其为一里程碑。可是他和张竞生一样,终于像一个最起码的人,已被人遗忘。抗战时期,黎锦晖在重庆中国制片厂当一个普通职员,至于他的夫人徐来女士——黎锦晖所一手制造出来的中国"标准美人",早已做了唐生明的太太,廿年前在香港丽池花园举行的香港小姐选美会中,我还见过她,现在也早已回返大陆,湮没无闻了。

不能辨别清高或秽亵

张、黎二人的根本不同是显然可见的。黎锦晖完全是一副浪漫诗人气质,他的浪漫是富有诗趣的、幻想的、完全不切实际的。而张竞生的一套则含有学理式与学术性,譬如他之提倡性学,原是想促进一般人士对于性生活的改进,并欲因此而能敦厚风化。所以他常用哲学家的理论以推论其是非,以评判其优劣;又常用科学家的态度,以考究其结果,但既倾注全心全力于研究,便往往不能辨别其为清高或为秽亵。正如医生之检验女体或施行手术,其工作与牧师之诵赞美诗一样神圣。总之,在张竞生的眼中,"性"根本可以当作一种学术题材来研究,毫无神秘色彩之可言。

别具风格的《新文化》月刊

四十年后的今日,我们侃侃而谈"性"在人类生活中的重要,不以为怪;可是四十年前的中国社会,当张竞生以他独有的智识与勇气，向封建的社会挑战，宣布男女之间的奥秘，提倡"性"智识的解放时，真像向世界投下了一颗氢气巨弹，使无数人为之震惊战栗。

张氏当时除了编辑"性育小丛书"之外，还发行《新文化》月刊。《新文化》并不是一种性杂志，它的内容可以分为四栏：社会建设类、美育栏、性育通讯栏和批评辩论类。社会建设比较属一般性，"美学"原是张竞生的专长，而后面两栏则是他个人向读者表明的态度和答复来函以及笔战的地盘。因为这时候，正在他出版第一集《性史》之后，外界对于他的误会甚多，他不得不亟向各方表明态度，同时他的确又想在美育和性育两方面作新的倡导。

张竞生也很懂读者心理，他曾说过，通讯栏可以和读者多多联络，一本杂志与读者联络得愈密切，销路也就愈好。尤其是关于"性"智识的一切，因其带有神秘色彩，面谈往往不易出诸口，利用通讯方法乃最为合适。他的想法果然不错。自从《新文化》杂志出版以后，读者函件常常山一般的堆积在案头。其中当然有许多是毫无意义的，有些却真的贡献了自己的宝贵经验，或者对于张竞生的著作加以批评。对于读者的来函，张竞生总是用了最大的努力作答，其或涉义甚深，行词秽亵，未便公开作答者，则改用私函答复，一切都是郑重其事，不稍马虎。

他又以为，批评辩论也是推销刊物的秘诀。有一次张竞生在《新文化》上写了一篇《调笑〈一般〉之所谓主干也者》，文中对《一般》杂志（开明出版）的编辑夏丏尊有所抨击，当该期《新文化》尚未出版时，不知哪个好事之徒把消息供给了夏丏尊，夏氏闻之，紧张万分，竟等不到《新文化》印好出版，便亲自到印刷所索看样张。该期出版后，果然风行一时，成为谈助。这时上海的杂志销路都不很大，《新文化》每期的印数超过两万，比《生活》周刊（销到五万是后来的事）更多，这当然一半是振于张竞生的大名，一半也为了他在编辑方面确有独得之秘。

《新文化》月刊的编排形式，非常简陋，然而其内容却非常热闹,而最能引人入胜的,则为笔战。《新文化》月刊之出,使当时各大杂志为之失色,许多以前不大买杂志的人,也抱着看《性史》第一集那种心理来买《新文化》月刊起来。虽然尚未人手一卷,却已在读书界方面引起了巨大的波澜。说来可怜,上海和全国的杂志读者只有那些,读了这一种往往放弃了那一种,《新文化》月刊无形中抢去了许多别的杂志的生意,于是许多别的杂志便都群起而攻之,其中态度各有不同,手段也有高下之分。张竞生的应付办法是,对于那些不够程度的,一概置之不理,至于来头大的、其势汹汹的,则不惜一一应战。现在就我记忆所及,略述一二。

周作人被卷入笔战旋涡

上海以"华林"为名的作家与艺人,共有三个,这里所谈的华林先生,乃是一个法国留学生,研究艺术,并且是张竞生的老朋友。他虽不谈性育,却是一个崇拜女性而偏不得女性欢心的可怜人物。他梦想爱情,结果是连仅有的一个床头人,也跟比他年轻的小伙子跑了。

原来华林有一个情妇某女士,同居已有年余,在华林言,他已相当尽了丈夫或情夫的职责,但内媚之力不足,外诱之因有余,那个情妇别恋了他人。一吵之后闹翻,那个女人一去不回,落得华林书空咄咄,孤夜无眠,一天到晚的长吁短叹。

假使光是这样倒也罢了,可是那女人也是会玩玩笔头的,因此她在《语丝》上写了一篇文章,大骂华林蹂躏女性,而且行文语气,对于她的出走,竟以"娜拉"自居。《语丝》编者周作人又在上面加以按语,大意说,男女之爱,应绝对自由,华林不但蹂躏了某女士底身体,而且还糟蹋了她的灵魂,则某女士的出走,自属必然云云。

某女士的文章本已歪曲事实,编者的按语更是有意偏袒,华林心有不甘,便将经过的事实真相写成一篇答文,寄往《语丝》,要求刊出,以求读者公判。不料编者非特不予刊载,反而重申前议,又把华林痛骂了一顿,这便引起了华林的肝火。

华林于是在《新文化》月刊上发表了"婚变"的情形,并对《语丝》编者周作人加以攻击。这时候,张竞生的太太褚松雪女士也出走未久,张为此事心绪不宁,曾于《新文化》写了一篇长文——《美的情感——恨》。华林既攻击到周作人,于是周作人以后的文章也牵涉上了张竞生。

周作人的毛病,在没有弄清事实真相,而一味迎合读者心理。他以为男女争斗,旁观者必须同情女性,方能获得读者拥护,同时只要拿爱伦·凯的"自由恋爱"等话盖罩一下,就可以把全盘事实抹杀。他又是一个中庸主义者,主张万事皆当以微笑的态度加以处理,不宜过激。张竞生则不然,他是一个热情奔放者,平日所崇拜的是拜伦、卢骚这一班人,爱要爱到极点,恨也要恨到极点。这种个性,当然与周作人互为水火,所以当周作人在《语丝》上谈华林事件而涉及张竞生时,张竞生便毫不客气地回击过去了。

就表面看,似乎周作人置身事外,旁说旁话,但实际上华林的情妇与其小白脸,皆为周之门墙桃李,所以周作人肯蓄意回护。至于张竞生太太褚女士的情夫小叶,也常在周处走动,上述情事,张、华都知其然,所以对于周的私心偏袒,尤为不服。

梁实秋骂张无聊与无耻

周作人是鲁迅的介弟,但两人的性情与文章却截然不同。张竞生向来佩服鲁迅,倒不是为了他底一支笔,而是为了其人冷面热心,尚无油滑之状。至于周作人则不然,用张竞生的话来说,他是骑墙派之雄,油滑而无骨气。

为了华林事件,周、张两人在《语丝》和《新文化》上大开笔战，唇枪舌剑，煞是可观，而其戛然而止者，则是为了周作人有点家庭私隐，为张竞生笔下无情，加以宣扬，因此他自动先行停战，张竞生也觉得长期对骂，双方无益，就此搁笔。

那时上海《时事新报》副刊《青光》，编者梁实秋，笔名秋郎。梁实秋当过大学教授，译过《阿伯拉与哀绿绮思的情书》，却以写《骂人的艺术》一书成名。他对于骂人艺术，可谓研究有素。他除了骂社会上大小不对的事情外，最后又对张竞生痛骂了一顿，斥张无聊与无耻。但因梁实秋把《性史》斥为淫书，张竞生自也不甘示弱，于是在《新文化》月刊上写了洋洋洒洒的大文，把《性史》和淫书完全划分，并且用逻辑的方法，说明了把《性史》当作淫书的人，本人即有心理上的病态，虽属强辩驳，似乎言之成理。最后，双方的笔墨官司，自然是不了了之。

原定计划《性史》共编四集

张竞生承认《性史》是"性书"，但绝对不是"淫书"，同时他对性行为与淫行，也分别得清清楚楚，前者是有节制的健全的性行为；后者是指不合乎礼法及漫无节制的性行为。他底第一集《性史》的来源，必须推溯到他执教北大时代，那时他在课毕休息的时候，常以闲谈聊天的方式，向学生搜集有关性生活的材料。张竞生就"食色性也"作了一番学术上的解释，学生们乃一一接受，把他们底生活经验，源源献呈，当时一般青年结婚年龄远较现在还早，还在大学里读书而已身为丈夫及父亲者比比皆是。后来所搜集的资料越来越多，觉得若不以之公诸社会，未免可惜，于是灵机一动，决定付梓。[1]

依照原定计划，《性史》一共要编四集；第一集出版后，风行达

---

[1] 此处信息有误。

于极点,但以内容而言,理论实际均颇肤浅,只有当时他的学生中的一个,以"小江平"笔名写的一篇较为可取,然而里面也只有男女心理与关系的描写而别无他特别精彩之处。这个"小江平",就是后来成为作家的金满成青年时代的笔名,这位金先生,抗战时在重庆编《国民日报》(或者是《新蜀报》)的副刊,胜利后曾来香港居住。该书第一集虽然畅销,但被治安当局所注意,认为"妨碍风化",可是这早在张竞生的预料之中,所以封面里页有一句扉语:"雪夜闭门读禁书"。言外之意为"天下第一乐事"。

第二三四集编好未付印

据P君所说,《性史》第二集仍是性生活的报道,内容和前集相差不远,同时,因为张竞生自己只是"理论家"而非"实行家",所以虽云谈"性",也真只是谈谈而已。该集内容主要是性行为的姿势研究,严格说来,内容也相当空洞。差不多可以说只是把叶德辉的《双梅景暗丛书》中的主要部分,从文言译成白话,并略加附注说明。像这样一部书,用来以资谈助或者尚可,倘若用来参考,想作为临床实验之用,实在大有问题。

第三集讲些什么,已经记不清楚,第四集则为性行为用具专集。当张氏留学法国时,他曾搜集了一些提高性行为兴趣之用的小道具,携返国内,视若珍宝,把这些,加上从日本得来的另外一批,便是第四集材料全部灵感所由来,这些东西包括节育套、羊眼圈、角先生、缅铃等等,在当时的确新奇之至,但时至今日,除了缅铃之外,都已到处有售,不足为奇了。

据P君谈称:第二、三、四等三集,的确都已一一编好,等候发排,但是第一集所引起的影响和风波太大,而日子隔得愈多,张竞生的胆子也愈小。一直迟迟不敢付印,终于没有问世。后来所看见在市上发售的第二集、第三集以至第十集,实际上都系冒名出版,与张竞生完全无关,其内容的下流恶劣不堪,更是对张竞生声名地位的致命打击,而那些无德无行的出版商,则由于那些书在当时的确空前畅销,因此着实发了一笔小财。P君曾实际参与襄助张竞生的编辑工作,所言当有根据。

第二、三、四集《性史》既编而不排,就在《新文化》月刊以外,出了些单行本如《美的社会组织法》之类。《美的社会组织法》是张竞生一个人的作品,也是他对于无政府主义的一个美丽的而遥远的理想。他认为社会的组织,应以"美"为基础与骨干,不用权力,也无须政治或者阴谋,让人与人之间,无忧无愁地快乐生活。在一九三〇年以前的时代谈这些东西,当然不会有人领略和接受,同时上海租界工部局捕房,因为他一会妨碍风化,一会又提倡无政府主义,不知道他究竟搞什么名堂,也开始对他注意起来,对他的书店和办公处常作突击检查,使他自己和职员都惴惴不安,因之为时未久,"美的书店"也就关门大吉。

吃罗宋大菜又大写《食经》

美的书店关门以后,张竞生即束装赴法,旅居两年,始重回上海,回来时,风霜满面,而言论依然。这时旧日朋侣,大都星散,博士寄居于公寓,日就俄罗斯菜馆,除了早饭之外,一日两餐,均吃"罗宋大菜",习以为常。

在美的书店时代,张竞生住在萨坡赛路九十二号,门口挂着编辑室的牌子,实际上是他的公馆,座上食客常满,谈笑风生,他虽然只备小菜淡酒,即也调制颇精。这次重返上海,寄迹公寓,深感饮食之难。他曾走进许多菜馆,不得不急急出走,或由于餐具不洁,或由于菜味恶劣,或由于代价太昂,非经常所能负担。这时候他发现了罗宋大菜，一汤一菜一点心一咖啡之外，面包可以予取予求，他认为菜料、煮法、价值以及餐室的环境等，均尚可取，于是暂时便以罗宋大菜为满足。

由于"吃饭"成为问题，他乃又潜心研究饮食之道，并作《食经》，借以自遣。他认为中国的菜肴，过分重视滋味，而置营养价值于不顾，尤其是鱼翅海参之类，非但毫无营养，而且食之消化不易，有碍健康，可是这些东西却传统地被人奉为珍馐，他之有意写作《食经》，便想把中国人对于饭食的旧观念旧习惯打破，使他们有一种新的形式。那部《食经》，起初大部分是理论，有人认为不切实用，要他具体说明，实地举例。他果然想了许多新的菜式与烹饪方法，但是试验之下，朋友一致认为失败，张竞生沮丧之余，也就搁笔不谈了。[1]

回到潮汕研究农业种植

以上所述，都是抗战以前的事。胜利以后，只知他曾北至平津，南飞印度，遍游国内名山大川，对于旧时学术，缄口不提。

赴印度系在一九四七年时，曾过泰京曼谷，小住一个时期。在泰期间，由某华侨出入口公司主人招待，伴同游览各处名胜，对于暹罗的庙宇建筑，极感兴趣。

在以前，他已从事研究农产种植，在潮汕与人合作种植蜜柑。泰国华侨，以潮汕人士为最多，甚至一部分泰国人士，也都熟谙潮汕语言，张竞生既系来自潮汕，自然特别受人注意，同时许多人也久慕其名，争欲一睹丰采，他就在泰京曼谷耀华力路的东舞台举行了一次公开演讲，题曰"改良种植"。他一向提倡人类优生之学，这"种植改

---

[1] 此处信息有误。

良"无疑就是"植物的优生学"。他在演讲中对于潮汕柑力加赞扬，认为质地甘美，在美国加州的金山橙之上，只要改良种植，不但产量可以增加，即本身的体积也可以肥美加大。张竞生虽名满四海，而仪表平平，貌不惊人，有时记者往访，或以有关性的问题相询，张竞生笑着回答说："年纪已老，不愿再谈此事矣！"

印度归来，张竞生仍回潮汕，从事改良农产工作，张氏对于社会改革，向主以美的观点出发，以美的手段完成，对于急进向不苟同，所以听说早已在数年前以"思想荒谬"遭受清算。遥念故人，缅怀无已，有知张氏近况者，可告我否！

我谈张竞生[1]

萧遥天

"性学博士"张竞生四年前在其故乡饶平县黄冈镇悄悄地逝世了。享寿八十有二，生在这个变化如棋的动荡时代，人命微贱，许多平平凡凡的人，动辄以芝麻小事撄杀身之祸，而这位曾经是"万夫所指""国人皆曰可杀"的洪水猛兽人物，竟得养生全命，确可以算得是奇迹了！

今天年纪在四五十岁上下的人，多半总知道张竞生与其《性史》，报刊上也常见有关张生平的报道，这是最为读者们所欢迎的趣味性掌故，我常以先睹为快，但每篇读后，总未能满足自己的消闲欲望，因为报道的多为我所已知，而我昔年在乡所耳闻的，及得诸张的夫子自道偌大部分，却为爱写掌故者所忽略，也许他们尚未知道。我这篇拙文所记，重点在世人没有谈过的部分，及一抒我个人对张的观感与评价。

丑角本质

张竞生是当代文化界罕见的怪人，与厚黑教主李宗吾、捧着庄子骂世的刘文典，应列入同一类型，也许怪诞不经，有过之而无不及。

---

[1] 1974年9月1日《大成》杂志第10期。此文先在《南洋商报·商余》副刊1973年3月27—31日连载过，这里文字有修订。

他自生以来，便不甘寂寞，爱跑和众人相反的路径，以标新立异的行藏来达到惊世骇俗的目的。从少年时的秘密参加同盟会，中年时的提倡性学，讲无政府主义，晚年时在家乡筑路造林，组织农民党，都是一条路线的。像一根草绳的向前蜿蜒扭动，弯了几个弯，煞是好看，而看定了，依然是一条草绳。其间扭动得最卖力的是提倡性教育，冲塌男女的礼教大防，甘为淫乱之媒而不讳，以此闯得大名。张竞生一生的所作所为，誉之者赞为"先觉先知""挺进了时代的尖端"，毁之者则诋为"无耻妖孽""过街老鼠，大家叱打"！我们如了解其玩世的态度，动机只在标新立异、惊世骇俗，则一切都给这八个字所冲淡，仅为大时代平添一些幽默的插曲，他在戏台上扮过圣人、魔鬼、殉道者、叛徒，其实什么都扮不像，因为他始终无法掩饰其小丑的本质。

潮州同乡

我和张竞生是潮州同乡，而他属饶平，我属潮阳，相差一二百里，他的年事又高出我二十岁，属年长的一辈，且彼此的生活圈子又不同，故少年时也仅震于其大名，未识其人，为好奇心所驱使，也和一般人一样，曾读遍他所著所编所译的"禁书"，对这位奇人也颇向往，对他另有评价，但只在心头酝酿，从未发表过，直到后来和他订交，竟不客气地面折其过，张不以为忤，且和我交往更亲密，这倒是他的过人之处。大约在民国廿四年，他回汕头，那时他已到处碰壁，才退回家乡的，因为他是镀过金的博士，家乡人对他尚加以尊敬，某女子中学曾邀他演讲，他于讲题之外，附带谈到女人的驻颜术，认为多吃香蕉，可以保持永远青春美丽。第二天，全市的水果店、水果摊的香蕉都涨了价，被女学生们抢购一空，足窥其疯魔青年男女的力量。在汕期间，他鼓励青年多读书，提倡多作辩论性的夜谈。不久,在一个由他主讲的夜谈会上,果然初睹风采,他的衣着很随便,貌不惊人,尤无一丝吸引异性的潜力,然而他很想以讲词来惊座。记得当时的讲题是"物质不灭",针对世俗所迷信的灵魂不灭而大加发挥,认为灵魂的存在,渺茫不可知,倒是物质才是真正不灭的,一切有机物、无机物的毁灭,只是其组织的崩溃,致使构成物体的各种物质元素分离,但各种物质元素仍不增不减,存留于天地间。譬如一支烛燃烧完了,烛灭了,只是一支烛的物质元素的分解与变换形态,构成这支烛的物质是不灭了。所言固然有科学根据,可惜这也仅是中学生熟知的科学常识而已,不知者诧为闻所未闻,知者视同滥调,当时我对他的考语是"这演讲虽然超出了热门的性学范围,仍保存着他一贯惊世骇俗的习惯性"。听听算了,也没有和他接触与辩难。

正式交谈

我和张竞生正式交谈与打起交道,推延到抗战中叶才有机会,大约在民国卅年左右,那时我在教育部设立于潮州战区的一个机构里办事,曾因事到过他的家乡饶平县黄冈镇,他在家乡开辟农场,也算是当地的绅士。那里的区长王君是老朋友,便由王君的介绍而访候他,因为我爱写各报副刊文章,薄有虚名,又是他的老读者,倒也一见如故。张面目黧黑,衣着较前更随便,穿一袭土麻布的夏威夷恤衫,短裤布鞋,十足是一个乡村土老儿。我好不客气,开门见山,便提起他的性学,好像挑着他的痛疮疤,他摇摇头,声明这玩意儿已成过去,现在不谈了。我仍要谈,我说他的失败在不敢把社会所指斥的"胆大妄为""寡廉鲜耻"坚持到底,既认为"性"的问题需要公开传习,需要列为教育项目,为什么遭逢阻力便畏缩不前?这是一种革命,革命便须不计较牺牲,不问成败,硬干到底,直到把生命被革去了，才心安理得。英国的霭理斯可以出版一套性学丛书，中国的《汉书·艺文志》列有"房中术"的书目，历代的方士视房中术为长生秘诀，若干君主的重用方士，旨在以他们来指导房中术，历代著名文人颇多描写性艺的文章，像唐朝白行简的《大乐赋》便是名作。性机能与生俱来，人人所有，性艺术精益求精，人人欲知。他游学归来，提倡性学，既可移译外来的新知，又可博取固有的遗产，集古今中外之大成，把中国久已禁锢在闺房之内，疯狂于床笫之上的玩意儿解释出来，公开出来，是一番惊天动地的大事业，既干开了，何所畏惧？然而他只像旧小说里的程咬金与李逵，挥动两柄板斧乱劈几下之后，便不够劲了。"大祸"闯下来，既怕卫道之士的口诛笔伐；又怕传统势力的威胁压逼；也怕部分自称开明文人的笑他浅薄无聊，是贩卖新淫书的色情贩子；尤怕奸商和文妖们顶冒他的名字，大量出版新淫书，使他满身粪垢，有冤难伸。他的《性史》只出版第一集，风靡一时，奸商们偷印发了财，更变本加厉，冒名连续出版了第二、三、四、五、六集，赚得更多的"造孽钱"，把他的名字搞得又糟又臭，他却不敢挺身出来指斥伪作，澄清视听，吓得连自己编妥的第二、三、四集，也不敢问世，宝珠自藏于椟，让鱼目始终混入见闻，是很可惜的。及后在上海开办美的书店，发行《新文化》月刊，以性学正宗为标榜，想邀集同志，编译霭理斯的全部性学丛书，自己也写了《第三种水》《性部呼吸》等小册子，分由彭兆良、金仲华等零星译出的霭理斯性学作品，也只印行了几本小册子，《新文化》月刊也不是性学专刊，仅有性育专栏聊备一格。在上海，他的杂志及单行本很畅销，声名鹊起，而事实他已自打退路鼓，缺乏开头时的勇气了。他另搞一套惊世骇俗的新玩意儿，大谈美的人生观、美的教育，推行无政府主义，终于，上海的租界当局以他忽而搞有伤风化的性学，忽而搞政治宣传，对他的书店屡加提控，不时作突击检查，迫得他把书店关门大吉，铩羽而重去巴黎。

我又赞扬他的获得大名，也有成功的地方，例如他的文字通俗，他用通俗的语体文编写《性史》等书，也靠语体文的传播力量，使雅俗共赏，人手一册，连黄毛丫头、乳臭小子，情窦初开，略识之无，也喜偷偷捧着他的书真个销魂，如果文辞典丽，像叶德辉出版了古佚书《素女经》，便只能逗留在高级士大夫的圈子里，影响不大。我还对他一抒我的奇想，认为性学的书，人人欲观，不单可作为性学上传道授业解惑的工具，且可作为语文进修的媒介。陶行知曾选民间通俗小说作为平民教育的读物，便认为通俗小说能深入民间，为民间所乐闻易知，以此进修语文，事半功倍；但如果把《素女方》《素女经》《大乐赋》也翻成语体，言文对照，作为大学、高中华文读本，则大家都对古体文的深奥典丽大感兴趣，不惜废食忘寝去从事钻研，张亦为之莞尔，他对我的一切批评不表示正面的意见，只轻轻拍着我的肩膀，笑道："老弟好作奇想，勉强可称旁观者清，如果是由你做当局，恐怕更会焦头烂额，走投无路了，而且老弟根本没有我么大胆地表现过什么，这些责备之辞未免苛刻一点吧？"我亦莞尔一笑，又不表示收回我的观感，当天胡诌一首歪诗作为贽见礼，那诗是：

　　　　汉书久揭房中术，夏士佟谈素女经；
　　　　举世服膺霭理斯，万夫共指张竞生；
　　　　张生张生幸不死，为圣为魔浑不似！
　　　　惮续新诗销雪夜，归田已见黔驴技。

（注：翻版《性史》，为避查禁，改名《新诗》，谐音即性史也。）

他对我末句的挖苦也表示抗议，连称"胡说"，但不强令我修改，仍欣然接受，风度值得赞许。

官绅结交

自此以后，我们常相过从，别后也常通讯。慢慢体会到他在私生活上有很多优点，他很热情，天真，粗线条，不阿权贵，且能容物,像对我这后生小辈,不因批评苛刻而生愤怒,且认为是可相与的朋友。王君告我他来黄冈接差的次晨,这位张博士便登门造访,当时王还未起床,仓皇整衣出迎,博士已跨入内室,博士道:"有扰清梦,小民叩见父母大人。"王连揖几揖道:"博士别开玩笑。"张一本正经道:"地方官是父母官,小小区长,也算民之父母呀!"王懂得幽默之道,随机应道:"旧称县令为父母,知府为公祖,我这区长是比县令低一级,应该称兄弟,博士年纪比我大,那么,让小弟迎接大哥吧。"说罢,彼此大笑。他又说:"无事不登三宝殿,今天倒有一事相烦。"因说他的邻居某人与人有钱债纠纷,挽王出面调解。王哪敢怠慢,即日约妥两造,极力劝导,果然双方甘愿接受仲裁,讼事立解。次晨,张又来访,手里还带来一包的"海味",外面贴着红色的招纸,静静向桌上安放,说道是邻人的谢礼,王不敢接受,张板着脸道:"虚伪!"王道:"博士不可教我贪污。"张拍拍案子道:"你替人家做事,做得快捷圆满,人家很坦诚买点吃的东西来相谢,算什么贪污?他送给我的一份,我已收下了。你是不是嫌礼物太轻,要钱?"王只好收下。后来张又经常请王区长做些为群众服务的苦差事,事完,总有小礼物。张自嘲道:"我回家乡,乡人捧我,俨然像个绅士,总难免有些鸡毛蒜皮的纷争要我解决,我没有婆婆妈妈的说服力,又没有官威,由你这官方的小弟弟来承办吧,也算我们官绅勾结一番。西洋人找人帮忙,连谈话都论钟点计钱,我们拿这区区的食物,取不伤廉。"张对做官的是另戴一副眼镜去鉴别的,他回饶平,可称第一号绅士,很多做县长的,做专员的,都吃过他的苦头;而王君不过是个小公务员,又没有官僚习气,和他交情倒不俗。

草纸写信

张竞生的书法奇劣,国学根底不深。他给我的信都很粗率潦草,且常用包土芋的草纸充作信笺，信手拈来，随便胡说，简直近于放肆！后来我们见面，我嫌他不够风雅，我爱收藏名家笔札，张的盛名奇行，其笔札有保存的条件，但那土草纸上的涂鸦，却无保存的价值，藏下来恐怕成为"白璧之玷"，他表示不玩儿旧文人风雅的那一套，且故意道"写信达意而已，不值得收藏"。他也自认是过渡时代的留学生，对中西文化交流的工作，可勉强胜任，学问之道，仍须努力，这才是良心话。听说他在巴黎大学的哲学博士论文，是节译《论语》一部分，骗骗洋人可以，我们看来是卑不足道的。[1]他回国这几年来，从事文学，没有够水准的创作，哲学的本行，也没有自成系统的论著。他的谈性学，谈美学，谈无政府主义，介绍霭理斯，介绍卢骚，仍是贩卖一些西洋杂货，每样都浅尝而止，朱生豪的专译莎士比亚，李青崖的专译莫泊桑，成就都比他大。他最可取处，是无论处逆境处顺境，总是读书人的本色，保持着求知、服善的良好素质，天趣盎然，尤可赞叹。

他回乡这几年，埋头地方建设工作，如征用民工开辟公路，把饶平县的路政建设得四通八达，县道、乡道，条条大道如蛛网。你如果到过饶平，看他这一番作为，不得不肃然起敬，想不到"性学博士"有此能耐。公路从测丈到开辟成功，他是一个发动机，输心血，输劳力，以底于成。他一直和群众一起工作，人家的徭役是有限度有时间性的，他是长期的苦役，每天冒着赤日、冒着寒风，戴一顶敝旧的白通帽，着一套不光鲜的夏威夷恤衫，手里摇动一根大藤杖，这装束成为他的标识，他巡回于征来的劳动队中监督指导，什么人看了这标识，都不敢偷懒。有一天，看见一位工人文绉绉地跟他站着，左顾右盼，视工作如游戏，便擎起藤杖向那人的背脊连敲几下，叱道："这不是游山玩水的时候，还不拿起锄头来！"那人被打得几乎发昏，定定神，回头懦怯地望望他，也拿起锄头，劈劈泥土，唯态度有点勉强，好像在作无声的抗辩，张上前端详了一会，问他是不是本乡人？那人才开口道："我是路经此地，看筑

---

[1] 此处信息有误，张竞生的博士论文为《卢梭教育理论之古代源头的探索》。

路的工作好玩儿,偶然停下来的。"张连忙抢过那人的锄头,连声道歉:"对不起,对不起,我一时糊涂,打错人了!"又把藤杖递给那人道:"我应该受你惩罚,刚才打你几下,你照数回打罢。"说罢,便把背脊弯下,准备挨打。那人怎敢回手,别的工人围上了,向那人解释系出误会,请原谅,那人也走了。而这场误会,却成为张竞生在家乡的一件趣事。

请食黄梨

有一回,张竞生约我和王区长中午到他家里吃饭,依时赴约,适新任县长刘某[1]来访,王是刘的属下,少不得敷衍一番,张偷偷地拉我在一边说:"午饭改在晚上吃,为什么改时间,晚上发表。"他又到厨下端出两大盘黄梨片,说:"这是本农场出品,大家尝尝味道。"大家边吃边谈,我以为他和新县长必有一番酬酢,拉起王君告辞,张也不挽留,刘县长接着告别,分道扬镳去了。晚间重会,饭菜确很丰盛。他才告诉我们,为什么改时间,原来刘某专诚来拜会张竞生,攀攀交情,见面时声明很多宴会都辞谢了,乐意接受张的招待,他马上答应。第一道就请吃农场出品的黄梨,接着,带刘某去参观农场,翻山越岭,故意走了很多冤枉路,刘某疲累不堪,饥肠辘辘,回来时,却仍切了两盘黄梨敬客,两盘过后,再没有下文,他还转转空盘子,夸称这农场出品是家常便饭,也是农家特有的风味。作弄得刘某苦在心里,啼笑皆非。张好得意地又道:"做大老爷的到处受人招待,一肚子燕窝鱼翅,我本来已备有现成的酒菜,奉献他也看不上眼的,倒是让他挨饿,再添上些剥肠削胃的黄梨,可能回去时会拉肚子,也可能这是刘县长一生最难忘的一餐。"

---

[1] 刘竹轩,1943年出任国民党饶平县长。在任期间敲骨吸髓,无恶不作,人们替他起个外号叫"老竹头"。

张竞生以奇人而具奇行，多为世人所熟知，但他一生的历史，很富传奇性，鱼龙变化，匪夷所思，他的命运，可云"逢水必旺，草木皆兵"。这是我杜撰的命书总批。原来在张少年时帮他到法国读书的是汪精卫，晚年时给他安全的保障，给他休养生息的环境的是其学生洪某，汪、洪两姓都是水旁，故曰"逢水必旺"；克他的人，第一个是蒋梦麟，把他撵出北大，后来在杭州又把他扣留，使各大学都不敢聘请他。第二个克星是广东民政厅长林某，当张竞生眼见大势已去，折回老家时，竟下令通缉，使他举国没有一片安身之地。蒋姓是草头，林姓是双木，便是"草木皆兵"。

留学经过

张竞生诞生于逊清光绪十四年（一八八八），清亡，已是二十四岁的青年了。在清末，他便好高骛远，醉心于新思想新潮流，受严复译的赫胥黎《天演论》所熏陶，信仰"物竞天择，优胜劣败"，自名竞生，也像同时的人物如陈炯明字竞存，秋瑾字竞雄，是一时的风尚，进而结纳同志，秘密参加同盟会。按潮州人多侨居马来西亚、星加坡，当时为海外革命策源地，中山常驻星加坡、槟城，不断鼓吹，潮籍党人自多。不少潜回家乡活动，也吸引更多人加盟。光绪三十三年丁未，由余丑、陈涌波等领导的黄冈之役，就是在他家乡发难的，曾占领黄冈，成立军政府，唯不出一星期，受清兵的攻击，终告溃败，张竞生也参加是役的行动，幸形迹不露，未罹法网，事后为避侦者的耳目，才远游北京读书。宣统二年（一九一〇），汪精卫、黄复生等入京谋刺摄政王，未遂被执，清廷怕革命党的势焰太盛，汪又是中坚人物，不为已甚，仅判处汪等终身监禁，张在京，事前虽未与闻汪等的暗杀计划，案发，却接受党人的命令，负责照料汪等的监狱生活，以同情者的身份出面，和陈璧君等常常探牢送饭，打点狱卒，暗传消息。亦因此而得到汪夫妇的好感。辛亥（一九一一）十月革命，清帝逊位，汪出狱，张便常和汪在一起，民国二年，得其帮助，以中华民国第一批的官费生留学巴黎，在世界第一次大战中完成学业，戴上一顶哲学博士的方帽子。战后回饶平黄冈，洋气十足，嫌老家的房子阳光不足、空气污浊，嫌替他守活寡多年的黄脸婆太肮脏、太守旧，自己在田园间建筑一间法国式的小木屋，独居自乐，乡人目为新时代的怪物。[1]

征求性史

张竞生不久到潮安的金山中学任校长，大约只干了一年光景，现在流寓星、马、泰国的华人，尚有系他任内毕业的老学生，像槟城的邝国祥（已故）就是其中的一位。张在金中教书，时间虽很短，但有几件人事上的关系，却影响了他后半生的穷通得失，这金山中学的校长，是教育界争取的肥缺，张以洋博士轻取之，却感到味同嚼蜡。席未暇暖，又应蔡元培之聘，到北大当哲学系教授，混了四五年，默默无闻。他是不甘寂寞的，眼看当时的新文化运动如火如荼，不觉见猎心喜，技痒不已，便在《晨报》刊出征文启事，公开征求性生活的资料。这个征求，像爆炸性猛烈的炸弹，当然很轰动，而各方认为是寡廉鲜耻，伤风败俗，攻击与唾骂齐至，北大代理校长蒋梦麟且对他提出警告。他求骂得骂，正中下怀，竟再接再厉，把搜集的资料名为《性史》，出版第一集，只印了二千本，在北京一扫而空，少数流入上海，投机书商大量翻印，遂泛滥全国。尽管骂声载道，而家家的床上总少不了此事的搬演，正如《性史》的扉语："天下第一大乐事，雪夜闭门读禁书"。大家都抢着来闭门欣赏，各地的警方以有碍风化而查禁，则越禁越旺，书局后门的交易比前门更大，不过利益是商人

---

[1] 此节有不少信息有误，如张竞生并未参加丁未黄冈起义之事。

的，张竞生只博得一时的臭名大噪，且受到北大解聘。教授是终身职业，除了自己辞职外，很少解聘的，蒋梦麟恨张不听劝告，一意孤行，故不惜破例解聘，以示惩戒。

卖书涉讼

张竞生丢了教授，也不在乎，南下到上海以二千元的资本在租界开美的书店，编《新文化》月刊，发行性学与美学书籍单行本，各书销行很旺，业务大振，受到同行的嫉妒，指其诲淫，租界警方也连续提控美的书店，每次以罚款了事。张对他的书受罚受谤是不服的，一再声明那是性书，并非淫书，他在《开书店与打官司》的一篇回忆录中曾提起被传控时，其代表彭兆良的到庭答辩：

"我那位代表彭兆良先生是极聪明的，有一次就与当庭的检察长辩论起来。彭君说：'你每次所起诉说是淫书，但这些文章我们都写明是由英国大文豪霭理斯所著的世界名著那部性心理丛书翻译来的，又这部书也是在上海大马路你们英国人所开的大书店买到的，你们怎么竟说它是淫书呢？'那位检察长说：'不错，但是我们外国人有足够的程度，可以看这样的书，你们中国人程度低，不允许看的！'彭君又反驳说：'不错，我们中国人的文化程度，普遍比不上你们的，但凡能看我们译述的中国人，其文化程度，同样与你们一样高，怎么你们可公开允许外国人看，而不允许我们中国人看呢？'对这番反驳，那位检察长哑口无言，但还是把我们罚了。"

游杭被拘

经过二年多的时间，张竞生渐渐感到各方对他所施的压力强大，连续不断的官司也很厌烦，更不能忍受租界警方的勒索，要他每月付出一千大洋，只有忍痛把书店结束，算是屈服。悄然到杭州，报上又以花边新闻揶揄他，说他已看破红尘，到灵隐寺剃度做和尚！其实他带着新爱人到西湖去享受艳福呢。在西湖，他又被浙江省政府扣留，罪名是指张到杭州宣传性学，蛊惑青年。那是浙江省教育厅长蒋梦麟主动的，情形十分险恶。蒋说："我们以前在北大请他当教授，是请他教哲学的，他竟这样捣乱，所以非惩治他不可。"幸亏张是老同盟的底子，官衙里也有不少熟朋友替他缓颊，当他由待质所解往法院受审时，凑巧碰到党国元老张溥泉（继）到杭州游玩，问他何以狼狈至此？张以实情相告，张溥泉安慰他，决替他请浙江省主席优容，故结果有惊无险，释放了事。

冤家路狭

张竞生受此打击后，更加意兴索然，复至巴黎二年，又转移兴趣，到巴黎大学改习农村经济。他再度回国，确已致力于农村事业。张回上海，发觉气氛对他仍是不利，没有书店与杂志做据点，好像蜜蜂失去了尾巴上的刺，没有滚滚的财源，也交不到朋友；想再理旧业，当大学教授，而冤家路狭，此时蒋梦麟已高踞教育部长的宝座，不必说在京沪找个教书饭碗，在国民政府辖下，他是等于被宣布永不叙用的了。只好退回潮州，因为那时两广以胡汉民、陈济棠为首的西南执行委员会，和南京似乎有些对抗的意味，南京所不欢迎的人，就是广东欢迎的人。他的回乡，算盘好像没有打错，初到汕头、潮安、饶平各地，家乡人人情敦厚，不念旧恶，相处甚洽。不料广东省政府竟对他明令通缉，罪名也是宣传淫秽，毒害青年，并指令汕头市政府就地扣捕，如不是市政府里的朋友通消息，他已锒铛入狱了。他仓皇逃香港，后来探悉这通缉的内幕，原来他又碰上一个冤家，那人就是天南王帐下第一红人民政厅长林某，远在张出长金山中学当年，林恰好在广东高级师范毕业，由一位名人的介绍，袖着八行笺到金中拜候张竞生，想谋一份教职，张竞大加教训。说你是高级师范毕业，凭着这资格便可向我找工作，现在要以某大人物的八行笺来唬我，我可相应不理！林某碰了一鼻孔灰，决意投笔从戎，当时天南王只是小小的连长，他不计薪给、地位，在下面屈任司书，没想到天南王转战各地，步步高升，林某也跟着水涨船高，至今已贵为省府委员兼民政厅长了。闻说张竞生回乡逍遥，欲报往昔一箭之仇，才对张开刀的。这样下来，举国无可容身之地，要再放洋，又没有本钱，真的走投无路了。

张竞生在香港日坐愁城，千方百计谋求解开眼前的死结，脑内忽闪出一位人物来，友善地向他招手，此人是洪某[1]，也系金山中学时代的老学生，此刻正是闻名汕头十大城市的大匪帮首领，老巢在饶平的凤凰山，开山立寨，自为大王。党羽遍布各县，饶平更在他势力掌握中，洪某算是有现代脑筋的贼大哥，官兵奈何他不得，凡举一事，如先得洪某的默许，也不与官府为难。闻洪某之名的人，都想象他是红眼绿须的大贼，其实他的人倒眉清目秀，一表斯文。本来是金中的高材生，为什么变成大贼头？据传他的叔父为仇家所杀，又慑于仇家的财势，恐卵石不敌，竟给他想通另一条干脆的复仇办法，变卖田宅，购买枪械。有一天，乘仇家不备，率领众人，一窝蜂进去，把仇人全家杀光，上山落草为寇。若干年来，凭其智力与组织天才，打开了替天行道的局面，可称盗亦有道。张竞生对他早已忘却，但此次回饶平，却得到洪某的热烈款待，尊师重道，频频忆说金山读书的旧事。张虽感其诚，也不便在他人面前提这位贼学生。此时此际，倒想托庇于贼门了。连忙写信，述说被举国迫害、无路可走的原委，唯

---

[1] 洪之政，1899年生，潮安江东人，毕业于金山中学。1929年落草为寇，后被国民党收编。曾任饶平县长、潮安县长、南澳县长等，1949年潮安解放潜逃至香港，后不知所踪。

一的生路是退回饶平，老弟肯为我作安全的庇护吗？洪某得书大表欢迎，特派专人到港引导张竞生回乡，向张声明："这饶平是老学生的'世界'，任何政府法令，不会在此地生效，老师不仅可以闲居，也可从心所愿做你自己想做的事，安全绝对有保障。"所以张为服务桑梓，才有筑路造林等等的辟划。在饶平，隐隐有这么一位学生靠山，官民都对他很客气，他是广东省政府所奈何不得的通缉犯，也是当地第一号绅士。抗战事起，洪某受政府招安，初任南澳县县长，胜利后，高升潮州专员兼保安司令。

张竞生在他的回忆录中，一直不提与洪某的瓜葛。那篇《怀念情人》中曾提起被广东省政府通缉，而说是在乡筑路，得罪了一个大姓的乡里，他们出了数万龙洋，运动当时的民政厅长，借故要把他拘禁，其实，通缉在前，筑路是通缉后的事，这是潮州人多知道的事实。

竞选笑话

自陈济棠倒台，张竞生的通缉案也无形取消，若干年来他不倚贼势，老老实实，胼手胝足下地种植，好多人几乎忘记他当年的性学案底了。他遇事的敢作敢为，大刀阔斧，一本个性，并非挟贼以自重，不过在别地方，当他冲动之后，必有相对的抗力，在饶平则几乎十九顺利。这却是洪某遥为照应之故。抗战既起，枪口向外，洪某受招安，由贼成官，地方人的畏惧自然减轻，间接的影响，对张的礼遇也渐薄，也不大听从他的话了，他的"晚运"又如日过中天，饶平的人由全县拥护他，跌至只有黄冈一地勉强敷衍他。平日门可罗雀，他那不合时宜的脾气又发作了，随着美国盟友的援助，美国式的民主风也吹透中国，抗战后期，政党林立，他亦趁热闹，组织农民党，印发了党纲分寄全国，而最幽默的是农民党只有一个领袖张竞生，一个党员,也是张竞生,连他的太太、孩子都与农民党没有关系。行宪时期,他也是民主斗士,本乡的人选他为参议员,这是毫不费力的,唯竞选议长,逐鹿者多人,各人展出拉拢收买的功夫,张也对人称饶平县的议长非他莫属,而一无准备,好像竞选自己乡里的议员般,大家自动送上门来。到了竞选那天,向乡人告别,带了一把油纸雨伞搭船上城,说是参加竞选去。议会开会,第一个跳上讲台,谓"今天是竞选议长的日子,各位参议员应该慎重投此一票,听说此次有些人出钱收买选票,我有点怀疑,也有点相信。唯一的办法,可证明那属谣言,是请大家投我一票,张竞生的穷,举世闻名,把票子写上我的名字,绝没有被我收买的嫌疑,而且议长须为群众说话,相信我的话比诸位更响亮,所以,我也投我自己一票,这叫做当仁不让。"说完,把写妥的选票投入票箱,又向下面鞠躬道:"我就此告退,正邪的抉择,等待事实判断吧。"即刻又搭船回乡。当然,这选举是失败的,张竞生因此拿到失败英雄的头衔。

他胜利后曾至南洋各地,在曼谷和某侨领谈组织柑橘产销公司,他对种植柑橘、驱除病虫、保藏装运,都有具体的研究,准备邀请华侨投资,可惜碰到政治的动荡与内战的剧烈,什么都告吹了。他蛰处家园,其中也有秘辛,当时的潮州专员曾某[1],是他在饶平筑路时代负责测量的技正,他们相处很好,可能当时张竞生也不知道曾某是不露脸的共产党高级干部。曾某因为和张相处的关系,对张的热情、不贪污、不恃势凌人、没有真实的政治活动倒有深切的了解,可能暗示他可以安居。二十多年来,大陆不断的大风暴,张竞生幸获安居,中共给以广东文史馆馆员的职位,领微薄的薪水,过清淡的生活,直至一九七〇年,以八二高龄寿终正寝。

---

[1] 曾某当为林美南。林美南(1909—1955),广东揭阳人。1934年加入中国共产党。后任中共潮(州)梅(县)特委书记、广东人民抗日游击队韩江纵队司令员兼政委、中共潮汕特委书记。1949年后任中共潮州地委书记、中共粤东区委书记、广东省计委副主任。

张竞生刚正[1]

业衍章

张竞生教授，治心理学，时人谤之曰"性学博士"。盖当时弗洛伊德之说，国人少知，卫道之士悍然言性，乃群起而攻之，世遂以其为轻薄狂肆子。其实不然，张为人刚直守正，嫉恶如仇不稍假借。尝有人与之共游香港，适遇人行道上一少年驰自行车过，张即趋前扭责。其人不服，张即饱以老拳，虽非毒手，而其人已踣地，少顷乃仓皇起而逃去。张犹悻悻然，一时观者咸屏息敬畏。盖此类事在港为习见，特恶少人皆惮之，少敢与较，唯避让不遑耳。在张视之，则顿觉芒刺之在背，不免义愤填膺也。

---

[1] 顾国华编《文坛杂忆初编》，上海书店出版社，1999年。

寄赠张竞生博士[1]

章伯钧

花甲逢春又十三,满头拗发犹如篸。
何当换骨脱胎后,星际邀游还许参。

---

[1] 广东省饶平县政协文史组编辑《饶平文史》,1989年第1辑。

悼张竞生博士[1]

黄鹤汀

书生无力雪沉冤,搔首问天春雨翻。
时难未堪作诔祭,何人他日赋招魂。

---

[1] 广东省饶平县政协文史组编辑《饶平文史》,1989年第1辑。

张竞生开美的书店[1]

温梓川

不久以前在西书店偶然看到了那部精装烫金字的美国金赛博士的巨著《男子的性行为》，不禁使我想起张竞生博士来。

我记得是在一九二八年的秋季开学后，暨南文艺研究会要邀请名人演讲，规定每月一人，最初是请胡适博士，接着便请张竞生博士。那次受命前往邀请的，一共是三个代表，我也忝居一席。我们原本不知道张竞生的寓所是在法租界的，于是便相约到上海四马路美的书店去拜访他。哪知到了美的书店，招待我们的是一个讲着广东国语的经理。我们把来意告诉他之后，他才告诉我们，张竞生并不住在店里，他的寓所是在法界萨坡赛路。接着他还看了看墙头上的挂钟，告诉我们可以在店里稍候一阵，他今天来过电话就要到店里来了。于是我们就自由自在地翻阅书架上的新书。我当时还选购了一套彭兆良译述霭理斯的"性育小丛书"。

我们和他见面，正是他在上海四马路青莲阁附近创办美的书店、出版《新文化》月刊、出版《美的人生观》和《第三种水》等书、还介绍了英国霭理斯那部《性心理学》书的时期。那时美的书店在不大讲究布置的新书店阵容中，的确算得是一间名副其实的"美的书店"。它不但布置得新颖美化，就是所出的书籍，也另有一种风格。封面尤喜采用英国薄命画家皮亚斯莱[2]的插绘，使人爱不释手。而且还打破

---

[1] 温梓川《文人的另一面：民国风景之一种》，广西师范大学出版社，2004年。
[2] 今译比亚兹莱，英国插画艺术家。

了中国商店的传统，在上海破天荒聘用年轻女店员，后来这种风气才跟着慢慢传开去。继而创造社开办的"上海咖啡"，才聘用了女招待，但不像美的书店的女店员那么一本正经，那么有规有矩。虽然当年鲁迅就曾嘲笑过，说是有顾客到美的书店去，对女店员调侃，语气意义虽涉双关，但女店员却规规矩矩、若无其事地照实回答。

张竞生开办的美的书店，生意虽旺，但是官司却打了十多次，成为当年上海报纸上的头条新闻。每次开庭，报纸上总是务实详尽连篇累牍地大事渲染，张竞生的名气能够那么响亮，那么家喻户晓，这未尝不是一个原因。我们在那里等了不久工夫，张竞生果然从外面进来了，他的个子并不昂长，只是很壮硕，跑路也是雄赳赳的，有点像欧洲人那种高视阔步的神气。大概四十多岁的样子，红光满面，神采斐然。

当下那个广东经理给我们一一介绍，他随即很客气地招呼我们随意坐下，不必拘礼，他显得很爽快。我们把邀请他到暨大去做专题演讲的来意向他说明了后，他立刻答应了。"但是我讲什么好呢？"他说。

"随先生的方便！"我说，"题目倒不妨留到下星期演讲时才公布吧！"

他连声称善，说："这样也好，这样也好，反正我现在还想不出要讲什么好！"

我们还告诉他，我们很喜欢读他主编的《新文化》月刊，他点点头。我还问他，他编的《性史》二集、《性艺》等书，为什么不在美的书店出版。

他告诉我们，那些都是一些下流胚子冒用他的名字乱搞的东西，并不是他编的。他说着还慨叹他的著述想不到会得到这样相反的影响。

我们告辞出来以后，回到暨南大学便立刻出通告，说是张竞生博士定于本月×日星期六下午三时到校演讲，希望同学踊跃出席，讲题却没有写出来，立刻引起同学们的广大的欢迎，大家都在热烈地期待张博士的到来。

那时暨大的大礼堂还未落成，集会都是假座大膳厅举行的。好容易等到张竞生博士到校演讲的那天，午饭过后，同学们果然踊跃出席，大膳厅已经被同学们层层密密围住，简直是水泄不通，可见当时同学是如何地渴望一瞻张竞生博士的丰采。我虽然是跟张博士接洽来演讲的主持人之一，但那天我却因为挤不进膳厅去，所以没有办法听得他的名言谠论。还是事后听同学说，才知道那天他演讲的好像是"青年与读书"之类的题目。有些同学还失望地说："我以为他是讲性学的，早知如此，我也犯不着挤得一身臭汗，罚站了那么久，听他的演讲了。"

现在提起张竞生这个名字，恐怕今日的青年人，很少有人知道他到底是谁，但在四五十岁的读者群中，我相信没有人不知道他。他当年因为编了一部《性史》而竟扬名天下，大家都挖苦他是"性学博士"。其实他并不是什么"性学博士"，他是在民元到法国的老留学生，在巴黎大学研究哲学，他所考取的学位，却是哲学博士。他回国后任北大教授，最初在北京《晨报副刊》上发表了《爱情定则》，主张：爱情是有条件的，是比较的，是变迁的，夫妻为朋友的一种。在三四十年前封建气息浓厚的中国社会，他发表这种主张，简直是被视为惑众的妖言，立刻遭到几百个读者无情地围攻，在报上闹了个多月，虽然有识之士深表同情，周作人先生当年还写了一篇文章替他辩护，但还是消弭不了这些谴责。

张竞生博士编的那部《性史》，虽然使他名噪一时，其实他这部名著在今天看起来，却是卑之无甚高论，没有什么意思的东西，不过在当年却几乎疯魔了每一个青年读者，尤其是那篇署名"小江平"的文章，简直是最脍炙人口的东西。董二嫂也就成了读者有口皆碑的人物，那篇文章的体裁是自述偷嫂的经历，那位"小江平"写的文章，在文化圈子当中，后来大家都知道是法国留学生金满成的手笔，不过是一篇对性爱写得比较露骨的小说罢了。

难忘的印象：怀念张竞生博士[1]

钟声[2]

回忆张竞生博士，他给我留下了深刻的印象。

广东省饶平县中部山区，汤溪由北向南经浮山圩场旁边而过。在汤溪的西岸有一桥头乡，桥头乡有一村庄叫大榕铺。大榕铺村乡亲们依着大榕铺山错落而居，住的都是张姓人家。山坡下面，有一片二亩多地的园林，林中有一间地基较高的平顶房，张竞生博士就住在这儿。

那是一九四一年的春天，我在桥头乡的启新学校任教员。星期天，日丽风和，启新学校的校长和我一同去看望张博士（他相当于启新学校的董事长），进了园林，看到一位五十岁左右的男人，类似长工，赤着脚，穿一条短裤，光着上身，骨骼强壮结实，皮肤被太阳晒得像古铜的颜色，两眼炯炯有神，拿着锄头在桃树底下锄草。校长小声告诉我，那就是张竞生博士。他发现有客人来，和我们打招呼，到路边穿上棕绳编带的木屐，用大毛巾擦一擦汗之后，在树枝上拿下短袖的旧衬衣穿好，便引我们到小客厅坐下。小客厅是在卧室侧后面的一间独立的小瓦房，大约二十几平方，用木板隔成二间，里间放一床铺和一小桌，外间便是客厅。客厅里有二张藤椅和几张规格不一的木头凳子，角落里放有各式各样的农具；壁上挂有一幅国画，画着二只鸭子在垂柳飘拂的水面上游泳，题字是"春江水暖鸭先知"，我想：

---

[1] 政协饶平县委员会张竞生史料征集小组编《张竞生博士纪念专辑》，1984年内部印刷。
[2] 钟声（1916—2004），广东潮州人，曾任福建龙岩地委统战部部长、秘书长等职。

他是一位留法的哲学博士，这幅画题，对于人们，包括他本人也许是有所启发的。校长把我介绍给张博士，寒暄了一阵之后，我们便告辞了。路上，校长告诉我：博士的夫人是一位法学士，生有一男孩。现年五岁，未上小学；家里雇有一保姆，主要帮做饭和一些杂务。刚才拿一壶开水进客厅的、个子很高大粗壮的中年妇人，便是保姆。

启新学校，原来是一个祠堂，由于张博士的提倡、推动，因而周围环境的绿化搞得很好；学校前面一个池塘，环绕池岸种上密密的台湾相思树；右侧操场，四边都是挺拔的"有加利"树；学校背后山上，是一片茂盛的油桐树，学校左侧路边，有很多潇洒的合欢树；整个学校，繁荫翠绿，幽雅清静，确是一个学习的美好环境。张博士的同乡张文声同志推荐我到"启新"任教，我感到是幸运的。

有一次，我与校长晚饭后踏着月色散步到张博士的家，博士在月下接待我们说：有人认为外国的月亮比中国的漂亮，这是鬼话！我这里的园林月色就不坏嘛！月美，有月又有林更美。当然，林木之美是一回事，它的经济价值又是另一回事。比如"启新"背后种的油桐树就很好，油桐是宝贝，桐油是社会上生产生活各个方面都少不了；桐饼又是氮、磷、钾都有的好肥料；我喜欢油桐，大家都来提倡种油桐。

一个星期六的晚上，校长告诉我，张博士明天要邀我们一同去参观他主办的苗圃，苗圃坐落在启新学校南面的山上，相距约二十华里。隔天，起了一个早，提前吃早餐，准备会合后一同出发，不巧得很，天下雨了，我对校长说："这样的天气，博士会不会去苗圃？"校长说："他是很守信约的人，已经约定，虽然有雨，他是不会改变的。"我们走到他的家里，他正在等我们。头上戴一顶笠帽，拿着一根粗木棍当做"司特克"，二话没说，便开步走了。苗圃是属饶平县的，因他热爱农村，也乐意担任苗圃的主管，并把苗圃办在家乡附近。苗圃有一位管理员，育种有不少苗木，如"有加利"、相思树、合欢树、油桐树等。在参观过程中，张博士满腹牢骚：育苗是很费力的，要二三年才能培育出一批苗木，可是人们年年来苗圃取苗木，年年不见苗木种于何处！"植树节"年年种树，但有种无管，年年死树！"植树节"不如叫"死树节"！他对于当时的腐败政府内心极为不满。尽管是下着雨，但毕竟是毛毛小雨，在万绿林中行进，烟雾弥漫，如在仙山，如在梦境，别有一番滋味。正是："冒雨游山也莫嫌，只缘山色雨中添。"回来的路上，博士打趣说："星期天，在雨中洗一洗礼，精神也是会清爽的。"

为了绿化荒山，造林种树，博士可以说是费尽心力。他曾设想，靠搞苗圃来绿化荒山，根本很难看出效果，倒不如团结、组织一个力量，自己造林，必将是更好的。暑假期间，我与校长经常中午在他家做客，与他和他的夫人一同用膳。饭间，他从炒菜的油谈起，讲明用植物油（如茶油）炒菜，那是对人体很有益的。接着便从茶树说到开荒造林。他说：把社会的力量组织起来，建立一个"千二社"，其宗旨就是造林垦荒，绿化祖国，求得利国利家，利人利己。所谓"千二社"，其办法就是有志于造林绿化祖国的人，每人分配一千亩荒山，每日劳动二小时，有计划有步骤地把荒山绿化；成林之后，除对国家应负的义务之外，全部归私人所有。后来他把这些意见整理成为一个"千二社"的章程，印刷散发，启新学校的教师们都赞美他的美好愿望，但惋惜在当时的条件下，毕竟难以实现。

大榕铺原来在村里的小祠堂办了一所小学，由于张博士热爱树林，因此在他的强烈主张下，于大榕铺村的西角林边重新修了一所小学。有些族老反对说：这样做，第一是浪费，第二是孩子入学不方便。但是他说：这些都是小事，最重要的是要让孩子们呼吸新鲜空气，又有一个良好的学习环境，即使多花一点钱，多走几步路，也是好的。这样，在全桥头乡中，共有五所学校，就是大榕铺的校舍是按照学校的要求新建的。

为了普及农村的科学知识，张博士又想，靠他一个人来大声疾呼还是无济于事，于是又着手争取办一所农业职业学校，通过教育来培养一些农村的人才。皇天不负苦心人，终于他以自任饶平县农业中学的校长的名义取得了县政府的拨款。在离他家乡十多华里的浮山圩开创了一所农业职业学校，群众简称为浮山农校，曾经在保定农学院受业的陈君霸便曾被他聘请到农校任教导主任，我于一九四四年春季始也曾滥竽充数到该校任教。有人说"张博士办农业职业学校是为了名利"，这是诬蔑。以张竞生博士来说，他的声名早已闻达国内，当一名农业职业学校的校长又算什么？浮山农校也无利可图，穷得要命，有时教员的薪金几乎都发不出。在当时，倘使他要追求的是名利的话，那是不需要隐居在群山之中的大榕铺的。

一九四三年秋季，我任启新学校校长，由于该校原是一间祠堂，祠堂里有一神龛，有白蚁把神龛蛀坏了，群众怕神主牌被蛀掉，早已把神主牌端走了，我与同事们商量，为了避免神龛被蛀倒塌，发生伤害学生事故，不如把它及早搬掉为妥。大家一致同意，认为搬掉不仅安全，也能削弱封建迷信的影响。便请来一位木匠，一下子拆掉了。有一晚，我到张博士家里玩的时候，他对我说："有人告你的状，说你把学校的神龛拆掉是破坏了祖宗祠庙，我把告状的人骂了一通，说他是老封建、老保守、老迷信！神龛拆就拆了，对学校只有好处，没有坏处；对学生读书有利，没有不利。"

一次，他在去浮山农校时，顺便拐进启新学校，他看到礼堂两边写着二条标语"学而不厌，诲人不倦"，连声地说"好，好！"接着又讲："这是孔夫子的话，孔家店要打倒，但孔夫子这两句话还是对的，过去对，现在也还是对。"

一九四三年深秋，浮山地方经常出现野狼残害人畜，浮山圩附近有一少女竟被狼咬死，并吃去了一大块臀部的肉，张博士闻讯，非常愤慨！他连续写了两篇文章发表于饶平县的报纸上。记得文章大意是说，一个少女，多么可爱，她有美好的理想、幸福的未来，不幸竟被恶狼吞噬了！她有温暖的家庭，亲爱的父母、兄弟、姐妹，不幸竟被恶狼破坏了！恬静和睦的农村，由于恶狼的出现，竟造成鸡犬不宁，民不安生！野狼吃人而肥，是可忍，孰不可忍？！他号召乡亲们齐心协力起来打狼。按我当时看来，张博士的字里行间，流露着"吃人的何止是狼"这种言外之意，意味着人们要求安生，不仅要消灭自然界的野狼，也要打击社会上的恶狼！

回顾过去我在饶平的岁月，对于张竞生博士，我每每不能忘怀，他给我的印象是深刻的。

一九八四年五月于福建龙岩

张竞生博士二三事[1]

林修潭

我认识张竞生博士,时间在1943年9月至1945年10月抗日战争胜利后。

张竞生博士当时主办饶平县立农业学校,亲任校长。因缺乏农科教员,我由金山中学詹昭清校长介绍,到饶平农校任教(后任教导主任),与该校教导主任陈君霸[2]共事。我能走上革命道路,是与得到张博士与陈君霸同志的教育与启发分不开的。饶平农校学生多数思想较为先进,就是这个原因。

张博士一生清贫,生活俭朴,不畏权贵,嫉恶如仇。但对人则平易近人,对劳动人民更有感情。不论任何人,只要你说实话(不能欺骗),有事请他帮助,问明情况后,即予解快,本人不能解决的,不惜时间书写信件或解决原则,列明情况,由当事人亲自带去向各有关单位或个人,说明事实原委,都能得到很好解决。绝不接受送礼或请客,一生清廉。

复员前夕,郑绍贤出任五区专员(潮汕区),曾来饶平视察政务,带同随员及当时县长刘竹轩、浮山区长张扶汉等专程拜访张博士。行前张扶汉嘱咐属员备办丰盛筵席,候回来时宴请专员。不料一到旧寨

---

[1] 广东省饶平县政协文史组编辑《饶平文史》,1988年第2辑"张竞生博士诞辰100周年纪念专辑"。
[2] 陈君霸(1913—1966),广东揭阳人。保定河北省立农学院毕业,1949年后任饶平县第一任县长。曾任广东省仲恺农学院代校长、中华人民共和国动植物检疫所所长等职。

园（张博士住处），张博士一反常态，热情欢迎，客套一番之后，张博士即发出邀请招待午膳，张扶汉为讨好上级，说午餐区公所办好了，不必客气。张博士则说：你是你的事，我是我的事。张扶汉只得不敢声张。

开膳时张博士只备一大锅甘薯汤加食盐招待客人，席间张博士大谈甘薯营养价值及其所含化学成分。人吃了，比燕、翅更能提神，有益身体等。弄得官员们啼笑皆非。

在我担任教导主任一年半多时间内，曾经手办过下列几件事：

1. 1944年10月间，张博士用银元6枚，打成银锄头一把（连柄），锄面刻有"日执锄头二三小时　提神醒脑滋生无穷"，上款"蒋公委座留念"，下款"张竞生敬赠"，寄送蒋介石作为纪念。意在发展农业生产。

2. 1945年初，蒋介石发表《中国之命运》一书后，曾将发行本寄赠张博士，请其参阅后提出批评意见。张博士收到该书后，尽一夜时间阅读并逐段写上眉批，有四千多字。主要指出他应联合全国各界力量，一致对外，国家富强，非一党之私利。第二天交由我封发。

一个多月后，由"委员长侍从室"寄来国币二千元，作为补助学校经费。当时因教学时间紧迫；没有把眉批摘录下来，实是憾事。

3. 1945年夏初，蒋介石发动十万青年十万军运动。张博士阅报后深为不满，亲自拟信稿给蒋介石，由我缮写，记得有这样的话语："蒋公委座尊鉴：吾公提倡十万青年十万军，纸上热烈，事实未必热烈……"因事隔多年，全文记不清楚。

4. 日本投降前夕（约在8月），张博士亲自发起组织"中国农民党"，拟具章程及纲领，向全国各有关部门及单位、知名人士寄发。后因发起人偏于一隅关系，虽经多方奔走，行南走北，都未能得到各方赞助而流产。

1987年12月30日

我所知道的张竞生[1]

范基平

在距今半世纪以前，张竞士博士以国立北京大学教授之尊，自学术观点出发，著书立说，不顾一切，于全国最高学府的讲坛上，撕破男女关系的神秘外衣，就它的内容，由浅近的报道，进而作深入的分析研究，把千百年来认为"奥秘"的一个问题，公开于每一学生之前，也使数以亿计的中国人，第一次知道了什么叫作"性"。

他这大胆敢为的态度，曾使全国人士为之目瞪口呆，一部分卫道之士则直斥其"胆大妄为""毒害青年"，因此对他发动围攻，结果把他弄到身败名裂，使这学术界一代奇才，成为近代文化史上最大罪人。四十年后，出现于美国的一位金赛博士，却以研究性生活、性心理与一切有关的问题而成为学术权威，蜚声国际，受尽崇拜。以之与当年张博士的遭遇相对照，实在令人不胜感慨，盖金赛博士之一切，无一而非步张博士的后尘，只因时代不同，结果令人兴"成则为王，败则为寇"之叹！所以今时今日，如果我们能摒弃成见，对张博士的一切重加评价，我相信，他的功罪是非，都会掉过头来，成为文化史上一大翻案。

---

[1] 1971年3月15日《大人》第11期。

先知先觉　早于金赛

　　和张竞生博士一样，不同的是迟了四十年，金赛博士于六十年代，以研究男女性心理及生活而起家，成立机构进行访问与调查统计，出版书刊，在短短数年之内，名利双收，誉满天下。他底著作，不胫而走，他所首创的许多名词以及调查所得的统计数字，纷纷被好莱坞电影界采纳引用，奉若经典。今者金赛博士虽已不在人世，但是他底学术，经已自成一家，著名的"金赛调查"工作，亦已有人继续其遗志，不断进行，为其发扬光大……总之，金赛博士在学术上的价值，一时虽未能遽下定论，但是金赛之名已在美国"名人录"中占一席地而永垂不朽，却已不成问题。金赛博士的时代是二十世纪六十年代，他所生活的社会是现代文明极峰的美国社会，然而他的学术研究，也曾被一部分守旧分子和教会人士认为大胆荒谬，然则试想在五十年前的中国，当男女关系被视为一件神秘不可告人之事，当全中国的男男女女还不知道"性"为何物的时候，张竞生能突破一切，著书立说，传授新知，那么他不是一个伟大的先知先觉者是什么？

　　五十年后的今日，我们侃侃而谈"性"在人类生活中的重要，不以为耻，可是在五十年前的中国社会，当张竞生以他独有的智慧与勇气，向愚昧的封建社会挑战，宣布男女关系的奥秘，提倡"性"知识的解放时，真像向整个世界投下一颗原子弹，使无数人为之惊奇、战栗，挢舌不下。

　　张竞生早年留学法国，获里昂大学哲学博士衔，政治思想偏向无政府主义，回国后任北京大学哲学系主任兼教授。[1]

　　当时北大文学院，对中国新文化运动最具倡导作用，张竞生力主思想解放，由思想解放而生活解放，由生活解放而知识解放。性知识

---

[1] 此处信息有误，张竞生并未担任过北大哲学系主任一职。

的解放，原只是他的思想解放中的一小支流，却不料这一小支流，汹涌澎湃，终于成了新文化运动中的一支无比的插曲，而至今为止，我们对于"性"及男女关系的知识，还是一脉相承，以张竞生为始。

少年时代　言行不凡

张竞生原籍潮汕饶平，清末中学毕业后，他父亲便要他回乡当绅士，可是他不同意父亲的安排，渴望北上升学。父亲不答应，他就在县衙门里告他父亲一状，控父亲不给他读书，这一状的确告得骇人听闻，县官便传了他父亲当堂劝谕，老人家虽然气愤，但在县官调解下，终于拨款给他北上读书。

张竞生到北京后，汪精卫行刺摄政王案正在发生，恰巧耆善主张宽大，只判徒刑。张竞生认为汪精卫行刺摄政王一事，是广东人的光彩，由于好奇心的驱使，便常到狱中访汪，时时接济些银钱食物。在京师大学堂读了不多久，他又转入保定军校，在校中谈革命，闹恋爱，被斥革而未离校，辛亥革命后。他用了种种申请准以官费留法，在法国研究哲学，得博士学位归来，在北京大学担任哲学系主任及教授，讲"美的生活"，同时也是世界语的提倡者。[1]

"五四运动"前后一二年间，"新潮流"波荡全国，他的社会改革主张，是从美的观点出发，以美的观点完成。他所提倡的唯美主义，和希腊人的观点相近，但是他所出版的《性史》，却引起了许多误会，他的"哲学博士"学位，被讹传为"性学博士"，因此而差不多毁灭了他整个一生。

---

[1] 此段信息多处有误，可参看张竞生自传《浮生漫谈》一书。

好好先生　貌不惊人

笔者与张竞生相识，系由彭兆良介绍，彭君在担任我在上海出版的某刊物的助理编辑之前，是张竞生出版机构的助理编辑，他在我上海家里住过几个月，晚上和我下完象棋便谈天，而谈天时往往谈到张竞生。和彭君一起，我们三个人曾上过好几次小馆子，张竞生身材不高，貌不惊人，饭量不大，而且极有节制，每次都抢着要会账，但总是抢不过我。他服装随便，不事修饰，谈吐有内容，但是并不潇洒，他是否风流我不大清楚，但是据我所见，他是连普通女人也不敢多看一眼的。

有一次朋友请客，张竞生亦为高朋之一，那位主人出身纨绔，跑惯书寓，他自己叫了堂差，替张竞生也叫了一个。可是张竞生叫堂差，这是他有生以来第一次，一听见堂差就是妓女，以为既是妓女，总是臂枕千人，阅历甚多，认为机会不可失，一见面便不厌其详地探问对方的性生活。在座嘉宾闻之，莫不愕然，而碰巧那名雏妓，还是"清倌人"，结果弄得她面红耳赤，怫然而去，而张竞生犹不知其究为何故。

不穿裤子　纯属谣传

当时盛传张竞生热天在家中不穿裤子，他所雇用女佣都因此受惊而去。据彭君说：天气无论如何炎热，张竞生从来没有不穿裤子过，但的确有一次，他在卧室里穿着中装衫裤，女佣捧半个西瓜进来，他从座椅上站起，不料裤带没有束紧，裤子竟然滑了下来，女佣受惊，大叫一声，西瓜坠地粉碎，第二天她便辞工而去。从此以后，张竞生不穿裤子之说，不料乃传遍全国，终且成为人们攻击和毁谤他的话柄之一。而事实上，这位以研究性学著名的张博士，却是一个见了女人就会脸红的好好先生。

关于张竞生对于女人之缺乏兴趣与周旋乏术，又可以从彭兆良君口述的一个亲身经历的故事中见之。

彭君曾在他所任教的一间小学中遇见一位刚从中学出来的施小姐，原籍常熟，是有人介绍到该校执教的。却因为她喜欢搔首弄姿，卖弄风骚，校长觉得她不太合适，但又碍于介绍人的情面，无可推诿，给她一份闲差，无所事事。她是《性史》和《新文化》月刊的读者，听说彭君与张竞生时相过从，便万分高兴，说是心仪其人，要他介绍相识。

对付女人　绝无办法

张竞生在上海萨坡赛路九十二号的住处，挂着"美的书店"编辑室的招牌，他一向好客，确乎经常座客常满，谈笑有人，但极大多数是男客，绝无莺莺燕燕出入其间，此中理由甚明，无须说得。由彭君陪同前往张竞生家的那天，施小姐曾浓妆艳抹，刻意修饰，张竞生见彭君带了这样一位稀客前往，不觉大吃一惊。介绍之后，彭君因事先退，以后足足有四五天未去张处。

等他再去时，张竞生一见面便大笑，告诉他那天去后的情形。据说那位施小姐当天在那里七搭八搭，便毫不客气地留在他那里吃晚饭。晚饭后，张竞生问她贵寓何处，并且表示欢迎她下次再来，逐客之意，至为明显，但是她却赖着不走，说是谈得投机，不欲归去。这当然使张竞生大为尴尬，不知所措，又因熟人介绍，未便予以难堪，直到午夜终于设法把女佣找来，嘱女佣立刻雇车把她送走。

张竞生自太太走后，性生活可谓久旷。因为他的名气太响，普通女性为了避嫌疑，都不敢与他往来，他日常所能接触到的女人，便只有佣仆之流，而他曾与之发生关系治疗他的寡人之疾的，也只有一个中年以上其貌不扬的老妈子。此外里弄间有一个年方及笄的洗衣少女，张博士对之也颇为有意，可是始终无法得手。

首集《性史》 原出于斯

张竞生承认《性史》是"性书"，但绝对不是"淫书"，同时他对性行为与淫行，也分别得清清楚楚，前者是有节制的健全的性行为；后者是指不合乎礼法及漫无节制的性行为。他的第一集《性史》的来源，必须推溯到他执教北大时代，那时他在课毕休息的时候，常以闲谈聊天的方式，向学生搜集有关性生活的材料。张竞生就"食色性也"作了一番学术上的解释，学生们乃一一接受，把他们的生活经验，源源献呈，当时一般青年结婚年龄远较现在还早，在大学里读书而身为丈夫及父亲者比比皆是。后来所搜集的资料越来越多，觉得若不以之公诸社会，未免可惜，于是灵机一动，决定付梓，这便是《性史》第一集材料来源。[1]

依照原定计划，《性史》一共要编四集；第一集出版后，风行达于极点，若干学校贴出禁购与禁读布告，而其销路却因此而愈畅。但以内容而言，《性史》中的文字，理论实际均颇肤浅，只有当时他的学生中，有一个以"小江平"笔名写的一篇较为可取，然而里面也只有男女心理与肉体关系的描写而别无其他特别精彩之处。这个"小江平"，就是后来成为作家的金满成青年时代的笔名。这位先生，抗战时在重庆编《新蜀报》副刊，胜利后曾来香港小住。《性史》第一集因过于畅销，被治安局所注意，认为"妨碍风化"。这一点早在张竞生的预料之中，所以封面里页有一句扉语："雪夜闭门读禁书"。言外之意，认为"天下第一乐事"。

---

[1] 信息有误，可参看张竞生晚年的回忆文章。

二三四集　编而未印

据彭君说，《性史》第二集仍是性生活的报道，内容和前集相差不远，同时，因为张竞生自己只是"理论家"而非"实行家"，所以虽云谈"性"，也真只是谈谈而已。

该集内容主要是性行为的姿态研究，严格说来内容相当空洞，差不多可以说只把叶德辉的《双梅景暗丛书》中的主要部分，从文言译成白话，并略加附注说明。像这样一部书，用来以资谈助或者尚可，倘若用来参考，或者想作为临床实验之用，实在大有问题。

第三集讲些什么，彭君也曾谈过，但我已记不清楚，第四集则为性行为用具专集。事缘张竞生留学法国，他曾搜集了一些提高性行为兴趣之用的小道具，携返国内，视若珍宝，把这些加上从日本得来的另外一批，便是第四集材料全部灵感所由来。这些东西包括节育套、羊眼圈、角先生、缅铃等等，在当时的确新奇之至，但时至今日，除了缅铃之外，都已到处有售，不足为奇了。

据彭君谈称，第二、第三、第四等三集，的确都已一一编好，等候发排，但是第一集所引起的影响和风波太大，而日子隔得愈多，张竞生的胆子也愈小，一直迟迟不敢付印，终于没有问世。后来所看见市上发售的第二集、第三集以至第四集，实际上都系冒名出版，与张竞生完全无关，其内容的下流恶劣不堪，更是对张竞生声名地位的致命打击。而那些无德无行的出版商，则由于那些书在当时的确空前畅销，因此着实发了一笔小财。彭君曾实际参与襄助张竞生的编辑工作，所言当有根据。

自创书店　名曰美的

《性史》既不出版，张竞生创设了一间"美的书店"，出版《新文化》月刊。《新文化》并不是一种性杂志。它的内容可以分为四栏：社会建设栏、美育栏、性育通讯栏和批评辩论栏。社会建设比较属于一般性，"美学"原来是张竞生的擅长，而后面两栏则是他个人向读者表明态度和答复来函以及笔战的地盘。因为这时候，正在他出版第一集《性史》之后，外界对于他的误会甚多，他不得不亟向各方表明态度，同时他的确又想在美育和性育两方面作新的倡导。

张竞生也很懂得读者心理，他曾说过，通讯栏可以和读者多多联络，一本杂志与读者联络得愈密切，销路也就愈好。尤其是关于"性"知识的一切，因其带有神秘色彩，面谈往往不易出诸口，利用通讯方法乃最为合适。他的想法是果然不错，自从《新文化》杂志出版以后，读者函件常常如山一般的堆积在案头。其中当然有许多毫无意义的，有些却真的贡献了自己的宝贵经验，或者对于张竞生的著作加以批评。对于读者的来函，张竞生总是用了最大的努力作答，其或涉义甚深，行词秽亵未便公开作答者，则改用私函答复，一切都是郑重其事，不稍马虎。

新出刊物　风行一时

他又以为，批评辩论也是推销刊物的秘诀。有一次张竞生在《新文化》上写了一篇《调笑〈一般〉之所谓主干也者》，文中对《一般》杂志（开明出版）的编辑夏丏尊有所抨击，当该期《新文化》尚未出版时，不知哪个好事之徒把消息供给了夏丏尊，夏氏闻之，紧张万分，竟等不到《新文化》印好出版，便亲自到印刷所索看样张。该期出版后，果然风行一时，成为谈助。这时上海的杂志销路都不很大。《新文化》每期的印数超过两万，比《生活》周刊（销到五万是后来的事）更多，这当然一半是振于张竞生的大名，一半也为了他在编辑与取材方面确有独到之处。

《新文化》月刊的编排形式，现在看来当然非常简陋，然而内容却非常热闹，而最能引人入胜的，则是笔战。《新文化》月刊之出，使当时各大杂志为之失色，许多以前不买杂志的人，也抱着看《性史》第一集那种心理来买《新文化》月刊。虽然尚未人手一卷，却已在读书界方面引起了巨大的波澜。

大开笔战　热闹非凡

说来可怜，上海和全国的杂志读者只有那些，读了这一种往往放弃了另一种，《新文化》月刊无形中抢去了许多别的杂志的生意，于是许多别的杂志都群起而攻之。其中态度各有不同，手段也有高下之分。张竞生的应付办法是，对于那些不够程度的，概置不理，至于来头大的，其势汹汹的，则不惜一一应战，其中一场则与华林、周作人有关。

上海以"华林"为名的作家与艺术家，共有三位，这里所谈的华林先生，乃是一个法国留学生，研究艺术，并且是张竞生的老朋友。他虽不谈性育，却是一个崇拜女性而偏得不到女性欢心的可怜人物。他梦想爱情，结果是连仅有的一个床头人，也跟比他年轻的小伙子跑了。

原来华林有一个情妇某女士，同居已有年余，在华林言他已相当尽了丈夫或情夫的职责，但内媚之力不足，外诱之因有余，那个情妇别恋了他人。一吵之后闹翻，那个女人即一去不回，落得华林书空咄咄，孤夜无眠，一天到晚的长吁短叹。

假使光是这样倒也罢了，可是那女人也是会玩玩笔头的，因此她在《语丝》上写了一篇文章，大量写华林蹂躏女性。而且行文语气，对于自己底出走，竟以"娜拉"自居。《语丝》编者周作人又在文章后面加以按语，大意说，男女之爱，应绝对自由，华林不但蹂躏了某女士身体，而且还糟蹋她的灵魂，则某女士的出走，自属必然云云。

某女士的文章本已歪曲事实，编者的按语更是有意偏袒，华林心有不甘，便将经过的事实真相写成了篇答文，寄往《语丝》要求刊出，以求读者批判。不料编者非特不予刊载，反而重申前议，又把华林痛骂一顿，这便引起了华林的肝火。

华林于是在《新文化》月刊上发表了“婚变”的情形，并对《语丝》编者周作人加以攻击。这时候，张竞生的太太褚松雪女士也出走未久，张为此事心绪不宁，曾于《新文化》写了一篇长文——《美的情感——恨》。华林既攻击到周作人，于是周作人以后的文章，也牵涉到张竞生身上。

笔战幕后　文坛珍秘

周作人的毛病，在没有弄清楚事实真相，而一味迎合读者心理。他以为男女争斗，旁观者必须同情女性，方能获得读者拥护，同时只要拿爱伦·凯的“自由恋爱”等话盖罩一下，就可以把全盘事实抹杀。他又是一个中庸主义者，主张万事当以微笑的态度加以处理，不宜过激。张竞生则不然，他是一个热情奔放者，平日所崇拜的拜仑、卢骚这一班人，爱要爱到极点，恨也要恨到极点。这种个性，当然与周作人互为水火，所以当周作人在《语丝》上谈华林事件而涉及张竞生时，张竞生便毫不客气地回击过去了。

就表面看，似乎周作人置身事外，隔岸观火，但实际上华林的情妇与其小白脸，皆为周之门墙桃李，所以周作人肯蓄意回护，至于张竞生太太褚女士的情夫小叶，也常在周处走动，上述情形，张竞生和华林都知其事，所以对于周的私心偏袒，尤为不服。

张竞生在《新文化》上批评周作人，周也在《语丝》上对张竞生大加讽嘲，唇枪舌剑，大有可观。但这场笔战，忽然戛然而止，此中却还有一桩趣事，堪称文坛珍秘。

大家知道周作人有一个日本太太，日本女人是世界上男人最欢迎的女人，为的她们能够柔顺，不但和西洋妇女截然不同，就是中国旧式三从四德的女子，也不能与之媲美，至于新女性当然更不必论。周作人在其随笔上，尝论日本人的人情美，又说到袒护日本恐有"妻党"之嫌，可见其平日对于闺房中事颇有自鸣得意之色。周作人究竟怎样娶得此日籍贤妻，张竞生并未讲到，但他知道周作人太太还有一个妹妹，在周留学日本时，那姊姊下嫁周作人，那妹妹嫁给他的堂兄弟周某，姊姊结婚后，生儿育女，琴瑟调和；可是那妹妹下嫁之后，却过着不快乐的婚姻生活，伉俪之间，既乏情感，于是枕头人成为陌路人，柔顺女也变成了眼中钉。不久那个妹妹即下堂而去，同时并索取周弟每月津贴银洋一百元，作为赡养费。

鲁迅兄弟　家宅不安

这对姊妹花，也确可称得当世之大小乔。周弟既无此艳福享受美貌佳人之小乔，可以说是五百年前未曾修得。这个时期，鲁迅与周作人兄弟间似乎意见参商，渐现决裂之状。这里面自然还杂有家庭中别种原因——譬如他昆仲俩合资在北平筑有一所院子，鲁迅此时尚未有子，仅乎是夫妇两口，而周作人却有子女一大群，于是周作人遂以人多为借口，独自占据，却让鲁迅翁夫妇住在院子的门房间一所小屋里。

鲁迅在写杂感散文时虽是那么倔强韧性，富有战斗性，但生活上却是一个豁达大度，再和气都没有的人——换句话说，他实在是富有伟大作家之幽默趣味，因而不屑以此琐屑之事而作阋墙之争。后来，实在感到太不舒服了，索性斥资另赁一屋搬出去，让周作人一家独居其中。《呐喊》上有一篇《鸭的喜剧》中所写的"仲密的家",就是指这所房子。

周弟的下堂妇,这位美丽的小乔终于长住在周作人的家里了。她以青年美貌之身,竟未闻再嫁,或作回国的企图,而周家对之亦安之若素,自然难免为外人所窃窃私议。

周作人在《语丝》上对张竞生、华林两人的攻击,措辞激烈,一反其平日行文温厚之气、澹泊之味。当时周作人在文坛上拥有广大的读者,黑白淆混,很有左右读者意见的潜势力。张、华两人原非其敌,迫得张竞生不得不以其似刀之笔,暗示其深知周作人家庭内幕,这剂妙药,果然像太上老君一道律令,立刻生效,使周作人自动搁笔,停止笔战。

秋郎骂张　敲破饭碗

周作人虽和张竞生开过笔战,但对张竞生为人,仍有公正批评,他认为"他的态度是诚实的,所主张的话也多合理,虽然不免有些浪漫的地方"。

谈北大掌故中,周作人也特别提到《性史》,他说:"《性史》第一集不能说写得好,只是当初本意原是不坏的。英国人的《性心理研究》七册长短详细不同,却都是诚实的报告,也是一种很有价值的研究资料。张君自己谈的原意。即是想照样地来一下,所以我说本意不坏。不过写的人太不高明了。这里边有没有张君自己的大作,这不知道,总之,如看过《性心理研究》的人,总不应当那么乱写,特别是小江平那么描写,平白地把《性史》的两个字糟蹋了,实在可惜之至。"

那时上海《时事新报》副刊《青光》,编者梁实秋,笔名秋郎。梁实秋当过大学教授,以写《骂人的艺术》一书成名,他对于骂人艺术，可谓研究有素，然而他骂了国民党，骂了孙中山，骂了政府，骂了社会上大小事情的一切都无所谓，最后却以骂张竞生而敲破了他在《时事新报》的饭碗，因为梁实秋把《性史》和淫书混为一谈，张竞生在《新文化》月刊上写了洋洋洒洒的大文，把《性史》和淫书完全划分，并且用逻辑方法，说明了把《性史》当作淫书的人，本人即有心理上的病态。此外，张竞生又就一个月的《时事新报》的社论和《青光》上的文章内容，一一加以科学的比较与批评的指摘，证明了《时事新报》是一张没有坚定立场的投机报纸，张竞生的严肃态度，不但使梁实秋自顾失色，甚至整个报馆同人都为之毛骨悚然。果然，该期《新文化》月刊出版不久，《时事新报》即以改组闻，而改组之后，编辑部也就没有了梁实秋。

征集人才　翻译名著

张竞生在美的书店，除出版《新文化》月刊外，又征集同志，翻译霭理斯的《性心理学》。译述人员中，有后来曾任《星岛日报》总编辑的金仲华君。那时金仲华君方自之江大学毕业，因志同道合，报名投考，得获录取。但霭理斯原著洋洋数百万言，对于当时美的书店的财力人力，两难胜任。于是便变通办法，将这部皇皇巨著译本，改成六十四开小本，以"性育小丛书"的名义出版。霭理斯此书，号称世界名著，汇集古今性学之大成，搜罗至广，在性学界中堪称"有美皆备，无奇不有"。如关于世界性的奇风异俗，爱情心理之微妙转变，肉欲爱的方式，以及摒弃肉欲而企求圣洁化柏拉图式恋爱；从欢欣忭舞之求爱，以至荡防失检之露水恋爱；从男女正规之爱，以至于变态的同性恋爱，无不分门别类，详细讨论，其中又附外国性史，系霭理斯向世界通讯征求得来的，趣味尤为洋溢，材料的丰富，内容的新异，允称空前绝后。

各人分开移译，张竞生则总其大成，亲负校阅之责，每一部译稿完成，必按句校正，一丝不苟。译述的标准，首重信达，全体人员工作努力，虽星期假日也不稍中辍，而张竞生的埋头苦干的精神，更在其他诸人之上。这因为他在白天宾客盈门，各式各样的人纷至沓来，使他不得不放下笔杆招待接谈。但校阅工作，至重且繁，白日不足，于是他就不得不求之晚上了。因此，他往往一个人静悄悄地工作到十二点半之后。有人说，文人喜欢晚间写作，因为明月半窗、风摇竹影的夜静之时，似乎更有助于文思。但张竞生的晚上工作，却迫于白天的送往迎来，使一班翩然莅止的佳宾，满意归去，却不知他们的欢笑浪谑，无形中消耗张竞生许多宝贵时间，而这位好客成性的主人，却满不在乎，反而以此为乐。

张竞生办杂志，把读者分作两类，一为寻求知识而读杂志，一为寻求趣味而读杂志，对于小说，他着重情感与结构。他批评当时的作家如郁达夫、徐志摩、周作人等缺乏真实感情，而用生花之笔勉强造作出来的作品。他认为他们的作品，即使写得工致，亦多矫揉造作，缺乏真与生命，算不得美。他一生津津乐道的是卢骚的《忏悔录》，他认为卢骚此作，除其自然放浪的哲学外，即就其文字而言，也是一部了不起的杰作。他曾想请金满成译《少年维特之烦恼》，彭君劝以该书早经郭沫若译出，而且享有盛名，金先生若重译，唯恐徒劳无功，因此作罢，张竞生乃请改译《卢骚忏悔录》。但试译了一部分，却以译文简洁不足而未能用，乃不得不自己动手。

张竞生的译笔十分简洁，而又不失原文浪漫热情之本来面目，但正因其用笔过于简洁，而且文学显非张竞生之长，其所译《忏悔录》一书，因亦失败多于成功。

第三种水　笑话百出

美的书店单行本出版预告中，有《第三种水与卵子及优生之关系》一书，上书亦简称为《第三种水》。

张竞生在编辑《性史》第一集时，仅于每篇故事后，按加一些性学理论的解释，而此解释又都以科学为根据。与金圣叹之注解"六才子书"有所不同。至于《第三种水》，则全从性心理的科学着手，而于其著作中，亦全为科学文字，一变其平日文艺的笔法。

《第三种水》一书，一经刊出预告，预约者即纷至沓来，络绎不绝。"美的书店"开在上海四马路，值柜者是四位女职员。上海商店之雇用女职员，亦从美的书店始。张竞生之提倡女子职业，在《美的社会组织法》中早有先声，所以当组织书店时，就坚决选用女职员。不想到了预告出版《第三种水》时，却常闹笑话。

《第三种水》虽是一本薄薄的小书，全文仅二万字，但出版日期一再延期，致令读者常常到书店催问。有一班浮滑少年，每天写字间落班后，到美的书店买此书籍，问长问短，借此交谈。《第三种水》预告刊出后，更认为吃豆腐的最好机会到了，于是便向女职员问：

"请问，第三种水出了吗？"

女职员只知《第三种水》是一种尚未出版的新书，所以都是恭而敬之地回答：

"第三种水还没有出……大概明后天便可以有了。"

这些轻薄少年听了，便认为讨着便宜，嘻嘻哈哈地满足地走了。

此事曾经鲁迅写在他那些有名的杂感上，一时传为笑谈，但张竞生在编辑室中还只是埋头工作，并不知道有这回事情。

然而外界却以此为声讨张竞生的最好借口了。彭先生便亲耳听到一个形似道学家的老教师说："什么第三种水，美的书店的女职员都是张竞生这家伙搅出来的。"

好奇加上好事，便有人说张竞生把美的书店的女职员搅出什么第三种水来了。

书店关门　重去法国

"美的书店"出版的其他单行本,其中较为著名的是《美的社会组织法》。《美的社会组织法》是张竞生个人的作品,也是他对于无政府主义的一个美丽的而遥远的理想。他认为社会的组织,应以"美"为基础与骨干,不用权力,也无须政治或者阴谋,让人与人之间,无忧无愁地快乐生活。在一九三〇年以前的时代谈这些东西,当然不会有人领略和接受,同时上海租界工部局捕房,因为他一会妨碍风化,一会又提倡无政府主义,不知道他究竟搞些什么名堂,也开始对他注意起来,对他的书店和办公室常作突击检查,使他自己和职员都惴惴不安,因之为时不久,"美的书店"也就关门大吉。

"美的书店"关门以后,盛传其在杭州西湖削发为僧,事实上他于一九三二年[1]时即束装赴法,研究地方自治与农村组织,旅居两年,重回上海。回来时,风霜满面,而言论依然。这时旧日朋侣,大都星散,博士寄居公寓,日就俄罗斯菜馆,除了早饭之外,一日两餐,均吃"罗宋大菜",习以为常。

在"美的书店"时代,张竞生家中,座上客常满,他虽然没有太太,只备小菜淡酒,却也调制颇精。这次重返上海,寄迹公寓,深感饮食之难。他曾走进许多菜馆,不得不急急出去,或由于餐具不洁,或由于菜味恶劣,或由于代价太昂,非经常所能负担。这时候他发现了罗宋大菜,一汤一菜一点心一咖啡,取费不过小洋四角,他认为菜料、煮法、价值和餐室的环境等,尚有可取,于是便暂以罗宋大菜解决日常进餐问题。

但他认为国人对于饮食太不讲究,山珍海味,无补于身。徒事消耗,而坏之尤坏的事,乃为食物本身与饮食环境对清洁卫生毫不注

---

[1] 此处时间有误。

意。他说:"我巡游数十食铺,竟无可下箸,最后要吃罗宋大菜,岂不痛心?"为此之故,他便埋首写《食经》,立志改革中国菜式与烹饪方法。他认为中国的菜肴,但知重视美味,而置营养价值于不顾,尤其是鱼翅海参之类,非但毫无营养,而且消化不易,有碍健康,可是这些东西却传统地被人们奉为珍馐。他之有意写作《食经》,便是想把中国人对于食的旧观念习惯打破,使他们对之有一种新的认识。这部《食经》,他写了约一万字左右,大部分是理论,有人认为不切实际,要他具体说明实地举例。张竞生果然想出许多新的菜式与烹饪方法,可是试验之下,朋友们一致认为失败,博士沮丧之余,也就搁笔不续,于是《食经》一书,也告流产。[1]

以上所述,都是抗战以前的事,"八一三"以后,我就和张竞生没有见过,只晓得他曾北飞平津,南至印度,遍游国内外名山大川,生活思想是否因此而有何种转变,不得而知。

灿烂之极　归于平淡

一九四九年,我去曼谷,知张竞生先一年曾道经曼谷,前往印度,在暹京小住一个时期。在此期间,张竞生曾受曼谷某出入口公司主人招待,伴同游览各处名胜,据说他对于曼谷庙宇建筑,极感兴趣,事实上,那时他已从事研究农产种植,在潮汕与人合作种植蜜柑。曼谷华侨慕张竞生之名,多欲一睹风采,他就在东舞台[2]作了一次公开演讲,因为他这时候已致力种植,所以演讲的题目也是"改良种植"。他一向提倡人类优生之学,这"种植改良"无疑就是"植物的优生学"。演讲中对于潮州柑力加赞美,认为质地甘美,只要改良

---

[1] 此处信息有误,张竞生著有《食经》《新食经》连载于报纸。
[2] 东舞台,曼谷一处位于华侨聚居区由华人兴办的剧场。

种植，必不让美国加州所谓"花旗橘子"专美于前。当时各报记者纷纷往访，一时成为新闻人物，有人以性学问题相询，张竞生笑着回答说：年纪已老，不愿再谈此事矣。印度归来后，张竞生仍然回潮汕，从事改良农产工作，二十年来，不知所终。而当初介绍我与张竞生相识的彭兆良先生，自"八一三"而后，也从未听到过关于他的任何消息。

张竞生的晚年及其遗作[1]

唐宁

少的长,长的老,老的死,海外读《大人》,才知道张竞生先生去世了。世事烟云,"春与秋其代序",身居异地,不免怀念故人!

我认识张竞生先生是在他晚年的时候了。我和他的长子张超是中学同班同学,同就读于华南师院附中,因此常有机会过访其家。那时,他们住在广州法政路四十五号二楼,门前有一株大树,婆娑的枝叶穿窗入户,夏日一片阴凉。这座房子,这株树,他都曾在所作《浮生漫谈》中提及。大约在一九六一年七月左右,大陆厉行"节约劳动力"运动,动员城市剩余劳动力下农村。张竞生格于形势,主动要求回乡。自一九五七年夏或更早至一九六一年夏这阶段,他便是住在广州的,我们时有见面。留广州期间,他在广东省文史馆作挂名馆员,月薪约一百至一百二十元人民币左右,生活还过得去。这是旧一辈文化人士的机构,没有实际工作。张竞生几乎每天都到越秀山(俗称观音山)散步。在他所作的一篇《长寿法》中,他主张人们学太极拳,并认为最好内外兼修,太极拳重于外,练气打坐重于内,他称之为"无极拳",我笑说:这有另一个名词"气功",不必再另自创名词了。晚年的张竞生,身体仍很健壮,个子不高,略显清瘦,高兴时谈话很多。

一九五七年夏某日,我和另一位同学钟君、张的儿子张超同过其

---

[1] 1972年9月15日《大人》(香港)第29期。

家,当时张先生及其小儿子在家。街外颇热,室内却浓荫如水。我们上天下地地谈,后来话题竟转到青年人的理想、志愿去了,这在当时是一个热门题目,我们那时念高中一,毕业后下农村?入工厂?升大学?又入哪一科系呢?张先生问:

"你们选择志愿根据什么?"

我们那时正是"热血青年"之辈,我毫不迟疑地回答:

"首先,当然根据国家的需要;其次,才是结合个人的兴趣。"

张先生微笑了,说:

"最主要的根据是个人的兴趣。"

由于大家熟了,没有那么多顾忌,张先生也居然这么直率了。当时我是很不以为然的,认为这真是典型的"个人主义"了。我更提出这种反问,张先生静静地听了,给我们解释,"国家需要"是一个空泛的口号,很容易流为"集团需要"。国家之大,需要各方面的人才。一个人如能以自己的兴趣为志愿、职业,他的生活是愉快的,精神是充实的,因为创造力和成绩也相应更大,那不只有益于国家社会,而自己也真正的体会、享受人生。他还引用了萧伯纳在《卖花女》里的一句话:

"一个人能以兴趣为职业,这人幸福了。"

理论上头头是道,但感受上,我们仍未真切了解其意义。张竞生微笑着告诉我们说:

"你们现在很难真正理解,日后你们会体会到的。"

自此之后,这番话经常盘旋于我脑际,特别是于我的生活道路作较大抉择的时候。真的,如今我体会到了,终日劳碌,为谁辛苦?天地造人,就为了钻在名利圈里?特别在这"物质富裕、精神贫乏"的美国,营营役役,一日之余,回味张先生这短短的几句话,不禁感慨万千!

前述的同学钟君,文学素养甚好,新旧文学,以及"五四"以来的创作及译作,都曾涉猎。他曾在一件小事上帮助过张先生。大约一九五七年末，香港出版了张先生的《浮生漫谈》，但张自己却不知道，时钟君在港，便通知在广州的张先生，并为之奔走交涉，终于取回一点版权费。为此，张先生很感激钟君，其后过从更密。

张的长子超，身材魁梧雄伟，可称美男子，且聪颖过人。在同学中，成绩特出，数理化均优，文学尤著。大抵受乃父熏陶，不无关系。我们自初中一同校邻班，高中更同在一班。张超是共青团员，数度任全校团委会宣传部部长及其他团干部、学生会干部各职。一九五八年夏，我们在高中二年级，当时学校展开一个"反七害运动"，扫除资产阶级歪风邪气，张超当时与班中一女同学叶女士恋爱，被指为小资产阶级作风、班中开大会集中对他批评斗争。连续两天之后，大抵他已被学校当局内定为典型斗争对象，第三天开会，气氛转化得非常严肃。几个团员发言后，同学赵某霍然起立，指着张超说：

"张超是反党分子。"

本来，张超与赵某及另一同学邓某，三人均属共青团员，半年来如影随形，可称密友。在斗争会开始的第一天、第二天，赵、邓亦只讲些不着边际的小问题。第二天晚上，他们三人在大运动场上足足谈了几点钟，直至深夜，次日会上，赵、邓二人便发动了对张超的总攻击，赵某拿出一本记事本，像读日记一样慷慨陈词：

"某月某日某时某地，你说：'向党交心一百几十条，一人只有一条心，既然有一百几十条，就是不专一于党了，还说交心愈多愈好？'这是什么怪话？这是反对党的路线！"

"某时某地你说……"

我们暗地里都吃惊，继而不寒而栗。若非全部捏造，则是半年来赵、邓二人已像特派员一样，随时记录张超的一言一行，否则怎能准确地读出时间地点。由于赵、邓的"充分证据"，张超被指为反党分子，在全校开了一个公开批判大会，由各种人物登台发言，然后由校团委书记宣布开除其团籍，校方又宣布已由公安机关取得决议，判劳教三年，立即送往劳教场。其女友叶某则仅开除学籍了事。这事曾震

动全校,我那时少年气盛,还填了《天仙子》,借"夜雨"寓其事:

拥枕扶床方梦好,风雨忽来朝梦扫,床头屋漏被无干,风疾号,雷狂怒,百十同窗惊欲倒。 起坐床前疑海啸,蓦地轰隆楼塌了,鬼神失色急收兵,声渐杳,人渐少,雨过天青东渐晓。

张竞生先生为此饱受打击,他本来对此子寄望甚殷,此事一出,一生的前程可说毁了。一个中学生初露锋芒,历史档案上已留下这么的记录,以大陆的政权说,还能希冀什么呢?

当这个斗争会结束后,我们的班主任谭某曾向张竞生作家庭访问,道貌岸然地发表了一番教条演说,最后指责张竞生身为家长,要对儿子的教育后果负责任,不应该拿自己写的"黄色书籍毒害下一代",张竞生至此勃然大怒,拍台指谭某说:

"我写的是黄色书籍?你看过多少本?你读过多少书?"

随而从书架上拿出几本他的著作,指着谭某说:

"你拿几本回去,仔细看看,再发你的议论,怎样黄色?可以拿去文化部、教育部鉴定,如何黄色?你们从事教育事业的人,看看对教育理解多少!"

他在怒气几息之时,又补充说:

"儿子是我生的,受教育却在你们学校,纵使他真有错误,这责任应该归谁!"

谭某语塞,意气风发而来,垂头丧气而去,当然,桌子上的《浮生漫谈》、霭理斯译作等"黄色书籍",一本也没有带走。几天后,钟君往访张先生,谈起此事时,他仍愤愤然有余愠。

很久之后,我们又去拜访张竞生先生,谈起他的儿子在劳教场里的只能重劳动及管制,辛酸难以尽言。前些时患上急性盲肠炎,几乎死掉。场里没有西医,用中医针灸,结果竟然治好了。我说或者是其他腹痛吧?急性盲肠炎是要开刀的。张先生黯然无语,不置一词。一会儿又提及叶女士曾多次登门到访，向他要钱，初时说要买东西去探他儿子，又诉说他儿子误了她，使她没脸见人。至此，我们不得不以实情相告：叶女士早与他人往来。他听了频频摇头，一言不发，与往时谐趣，判若两人。

自此，内地风云变幻，"运动"频催，各人遭际不同，来往日稀。一九六一年秋，再度往访张先生，知他已"响应政府号召"，主动全家迁回故乡去了。而叶女士则闻已在广州郊区某公社与一计分员结婚。张超在三年期满后释放，听说准他重入"附中"完成了中学学业，也曾准备投考大学，后果如何，已不可闻。当年人事，沧海桑田，而一代奇才张竞生先生，忽传永别了。

写于纽约

按：一九五九年八月，张竞生曾经寄了一篇《美的生活法》到香港来，给他的同乡友人。所谓"言为心声"，行文婉而多讽。乡友收到稿件后，即汇了点钱给张，但此稿始终未发表。今因见纽约唐宁先生此文，特从张竞生先生乡友处觅得原稿，配合刊载如后。

注：文后附录《长寿法》《美的生活法》两篇。

孙中山和张竞生[1]

吕器

1909年暮春，孙中山于西南举义六起六跌之后，避居新加坡。时"党内有讧，胡氛黑暗"，党外又有保皇党捣乱。革命党一时陷入窘境。一天，当地保皇党喉舌《南洋总汇报》登出一则耸人听闻的消息说："清廷新从广州派遣来刺杀孙中山的一个刺客，已抵达星洲。"报上还把刺客的仪态、特征、口音勾画了出来。

正当消息耸动一时的当儿，有一少年来到孙的住处，要求面见。来客的仪态、特征与报上所载无异，这便引起在孙周围的革命同志的警觉。通过详细盘查了解，那少年才从夹背心上取出一颗铜纽扣，孙中山剥开铜纽扣，取出纸卷，通过显影，才知道是南方革命同志捎来的情报，不是什么刺客。原来客人是个新从广州黄埔陆军小学堂逃亡出来的学生张公室，因从小受孙革命思想的影响，带头剪辫闹学潮而被开除的。革命党人陆小刚、监督赵声嘉其志，特秘密介绍，并交带重要情报至新加坡谒孙中山。

孙喜其年少有为，派张潜入北京，借就读北京讲武堂作掩护，参加京、津、保同盟会。1910年与汪精卫、喻云纪、黄复生合谋行刺摄政王载沣未遂，汪被囚，张则组织营救小组。以汪妻表弟身份，常去探监。企图使汪越狱。并秘密在京城要津遍贴告示，声言"如敢处决

---

[1] 李俊权等主编《粤海挥麈录》，上海书店出版社，1992年。此文信息多处有误，如张竞生入京师大学堂学习。

汪精卫，决以百倍之血偿还之"。

武昌起义后，汪被释，深感张之热肠，并盛赞其过人胆识与才德于孙中山。后张公室任南北议和秘书。民国成立后，南京政府稽勋局遴派革命青年二十五人留学东西洋，张公室就是其中之一。

张公室即张竞生的原名。1912年张赴法留学时，慕《天演论》"物竞天择，适者生存"之义，遂更名"竞生"。

张竞生的《民需论》[1]

吕器

张竞生先后两度留学法国，垂十有余年。他醉心18世纪法国启蒙运动的伟大思想家、哲学家卢梭的"天赋人权""自由平等"的学说。认为"民之自由，天之所畏"，卢梭的不朽著作《民约论》，公开揭示"主权在民"的原理，其宗旨在争取人民的基本权利。成为法兰西革命的强大动力，张竞生据此原理，结合我国当年的客观情况，孜孜探求我国富强康乐之道，引申发展为《民需论》。认为当今中国人民最迫切需要解决的是"生存、智育、艺术"的三种需要。

他这种爱国爱民的政治主张，曾散见于他前期的代表作《美的人生观》《美的社会组织法》等，但提到纲领的高度作系统化阐述，还是1947年的事。

他说："所谓民需是指生存、智育、艺术三种的需要。这三需是天赋的人权，每个人从呱呱坠地生下来以后，即有此三需的要求。不论任何人甚至父母都不能侵夺，任何政府也不能漠视。三种权的需要在人生中是不可缺一的。"

他认为卢梭的《民约论》引起法国革命要求取得人民政权。然而革命的效果，仅为政治的改善，其对于社会及经济制度，无多大补救。它的过失在于忽视人民的三需权。《民约论》虽然争回了人民的自由，但尚不足以达到人民的希望。人民的需要，不独为自由，而还

---

[1] 李俊权等主编《粤海挥麈录》，上海书店出版社，1992年。

要一种比自由更切实的三需权呢。

他提出"民需论"的政治观点时，指出今后所希望的民主是：三需的民主，即生存权、智育权、艺术权的民主。在生活上能得到衣食住行最低限度的解决，又冀求在经济外，着重教育及艺术，然后将经济为全部的智育化与艺术化，这样生存始有意义。

如何解决生存的需要？他强调务须先从农业入手。唯按建设步骤，必先农业，次及工商。如何解决智育的需要？他呼吁必须打破士大夫的特殊阶层，而达到普及教育，不但要国民教育的普及，而且要专门及大学教育的普遍。同时要实行科学运动，研究科学知识，提倡科学教育。如何解决艺术的需要？他主张普及艺术与普及教育可同步进行，打破空间隔膜，缩小城乡距离，打破艺术为少数人所专享。要求做到艺术社会化，社会艺术化。

张竞生与《性史》[1]

章克标

张竞生以《性史》出名,也以《性史》遭殃。

张竞生原名公室,幼名江流,后来读了《天演论》(严复译的达尔文《物种源始》),相信了"物竞天择、适者生存"的道理,改名竞生,表示他的思想倾向。他是广东省饶平县人,生于清光绪十四年(公元1888年)2月20日,家里富有,属于乡村的大户人家。他幼时在村塾读书,就显得聪敏伶俐,为人器重。1907年他19岁,到广州考入了黄埔陆军小学。那是一所训练低级军官的学校,由广东地方办理,两广总督任总监(校董事长)。当时革命志士赵声在日本学习军事回国,在清军中任职,被认为不可靠,从新军二标标统改调他来充当该校监督(校长受总监节制),对张很赏识。张竞生因思想不稳(即有反清倾向),带头剪辫子,又主持正义为同学抱不平,打了队长,因此在即将结业的第三年上,被开除出校。赵声就介绍他去新加坡谒见革命领袖孙中山,受到奖掖和鼓励,他就放弃了原来想出国留学的计划,转而投身孙中山领导的反对清王朝的革命事业。他回家安排一下,先到上海,进了震旦学院,因他在陆军小学选修的外文是法文,已打基础,所以入此校的。这是他第一次到上海,只待了一个学期,就又到北京了。到北京后进了京师大学堂,一面读书,一面做革命工作。其时,正好汪精卫谋刺摄政王未遂被

---

[1] 章克标《文苑草木》,上海书店出版社,1996年。

捕，关在天牢里。张竞生很佩服汪的英勇行为，多次去探监并资助衣食财物。他结交同盟会革命志士，还参加了陈璧君策划的救汪出狱的谋划，但未能实行。不久辛亥革命爆发，武昌起义，各省纷纷独立，响应革命。清廷起用了袁世凯，委以重任，主持军事及政治，一时成了南北对峙状态。革命军方面同意以和平谈判方式解决政治问题而举行南北和谈。张竞生受孙中山之命做秘书，协助南方代表团团长伍廷芳及参赞汪精卫、王正廷、钮永建等，参与和谈机密及实际工作，为创建民国，立下了功绩。和约完成，清帝逊位，成立了以五色旗为国旗的中华民国。张竞生表示不乐于在朝为官，要出国留学，以为学好了本领，再来为国效劳，才有利于新中国之建设。孙中山对此十分嘉许，就决定选出一批优秀的革命青年，给以公费，派到欧美各国留学，为国家培育人才。因此，1912年（民国元年）10月，国家稽勋局公布了第一批留学生25人的名单，其中列在前面的5人是张竞生、谭熙鸿、杨杏佛、任鸿隽、宋子文，而张竞生排在第一，可见他当时声望极高。

他们于是就分别去欧洲及美国。张竞生于1912年10月去了法国，他学过法文，到法国为宜。到了巴黎，他原要学习政治及外交，后来又决心学哲学了，以为哲学是各学科的汇总和统导，学了哲学，别的一切学科，都在掌握之中了。他志向很大，他先在巴黎大学文学院学习，三年后成为文科学士，又转到里昂大学，专修哲学。同时他也参加社会活动，结交名流。1916年蔡元培、李石曾、吴玉章、汪精卫等60多人，为促进中法文化交流，创立华法学会，张竞生也参与其事，协助工作。还有提倡勤工俭学及后来在里昂开设中法大学，他都出力协助。同时他还去了英、德、比及瑞士各国，进行游学考察，以增长见闻及学识，了解世界大势，学术趋向。又撰写文章介绍西方学术文化，在旅外杂志上发表，又翻译世界名著卢梭的《忏悔录》。[1]

---

[1] 此处信息有误。

他是个热心的卢梭学说研究者。1919年以论文《关于卢梭古代教育起源理论之探讨》[1]一文,而获得里昂大学哲学博士的学位。当时他年纪是30岁,在法学习了八年。

1920年,他学成归国。广东省政府给了他一个潮州金山中学校长的位置,他欣然就职。他是满怀振兴祖国、贡献社会的热情而来的。一回来就上书省政府(上了个条陈),提出"节制生育"(限制生男育女)的建议。认为中国人口过多而素质不佳,一般人生育儿女,只养不教,这样国家是难以进步发达的。此事被省当权者陈炯明蔑视不理,而且认为他有神经病才有此种想法,因此不肯正式任命他当校长,而只给了他一个代理校长的职称。的确,那时讲节制生育,是闻所未闻的奇谈怪论,一般人都是难以接受的,何况陈炯明有好几个姨太太和十多个儿子呢。中国向来以多子多孙为大大的福气。

张竞生在金山中学一意孤行他自己的革新主张,提倡男女同校,文理科并重,加强外文教育及体育锻炼,他在广东省最先实行在中学开放女禁、在金山中学招收女学生入学,并予以优待,遭到了社会一班人的非难。他还要清理校产扫除积弊,触及地方士绅的实际利益,因之为旧派势力、地方豪强所不容,未满一年,就被逼去职。

1921年秋,应北京大学校长蔡元培邀请,到北大任哲学系教授,主讲美学,与陈大齐、马叙伦、陶孟和、梁漱溟是同事。当时"五四"运动之后,新文化运动蓬勃发展,李大钊、胡适、钱玄同、周作人等均在北大,相与交往,参加了新文化运动的行列,发挥了他的长处。在妇女问题、两性关系以及各种社会问题上,提倡破旧立新,致力于社会活动,为新文化运动作先锋前驱。

他还参加了接待物理学泰斗相对论创始人爱因斯坦博士来华讲学的筹备工作。当时中国学界为提倡科学,振兴学术,敦请世界著名学者来华讲学,成为一时风尚,先后来华的著名学者有英国的罗素(数

---

[1] 张竞生的博士论文用法语写成,中文表述或有不同。

理哲学)、美国杜威(教育学及实用主义哲学)、印度泰戈尔(文学艺术)、德国杜里舒(生物学)、美国山格夫人(产儿限制即现在的计划生育)和柏格赫斯税女士(道尔顿式教育法),等等。因相对论是当时一种新的科学学说,懂的人少,要先给打点基础,预备知识,才可以去听讲,所以在北大组织了作为先讲的五六个讲题,张竞生担负其中之一的"相对论与哲学"这个题目。可惜后来爱因斯坦因故没有来华,此事泡汤,而他们的筹备工作,都是认真的。张竞生的参加,表示了他被重视,在学术界及社会上有相当地位。

他在北京参加社会活动,1924年2月跟同校的40多位教授联名上书政府,请求恢复中俄关系,和苏维埃社会主义共和国联盟(USSR)建立邦交。最引人注目的,是他主张"性"教育,提出在教育项目中要有关于性的教材。他认为中国社会最大弊病,是"性的禁闭"。那时的北京大学是以思想开放言论自由著名的。校长蔡元培主张兼收并蓄,各自发挥所长,革新守旧互不妨碍,革命帝制可以辩论。教授中有守旧的辜鸿铭,也有革命的李大钊,张竞生也有他的发言权。他的意见:"性"即男女关系是十分重要的,但在中国一直太受压制,被封锁禁闭,没有人敢轻易提起,这很不好。古代并不如此,对性的言论及行为,都相当开放。孟子说过"食色性也",意思是说,吃饭和男女关系,是人的天性,本性所在,因之不可抑制,不该封锁,要给予开放,满足,有问题时,要妥善解决。社会主义、马列主义是讲面包问题,即食的问题,而谋其妥善解决。但在另一个性的问题,即是"色"或男女关系方面的事情,还没有引起人们的重视,是不应该的。他主张对男女青年应给予性的教育,使他们对性有正确的认识,然后对男女问题才能有正确的解决。中国两千年来,以男女关系为"大防",以致受到长时间的歪曲,现在应该起来纠正,男女关系应该解放。在教育上,对男女青年要传授这方面的知识,在生理、心理、医药卫生及伦理道德各方面,都得让他们有正确的认识,俾不致误入歧途而造成危害。他研究攻读了两性问题的各种中外典籍,以及生理、心理、医卫及社会学方面许多著作,结合他专攻的哲学,有了他自成一家的见解。在北大讲谈闲话之际，得到了许多人的赞同附和，但也有人反对。

1923年，他在4月21日的《晨报副刊》上，发起了"爱情定则"的讨论，引起了众多人的注意和赞同。他主张爱情是有条件的，可以比较的，要变迁的，夫妻不过是朋友的一种。他提倡恋爱的民主自由，批判旧式的婚姻制度及妇女的三从四德的旧道德观念，在社会上引起巨大反响，得到许多新派及开明人士的赞同。因之他进而组织了"审美学社"和"性学社"[1]两个学术研究团体，决心深入研究和开展他的这种主张，尽力宣传，使之扩大，推广而普及。他主张性教育要从儿童时期就开始，男女儿童聚居一处，可以避免生分，都同兄弟姊妹一样，没有嫌疑。两性分开、隔离，反而要引起不健康心理。他认为生育是性的最终目的，要优生优育。节制生育，可以增进家庭幸福，可以导致民族康强。反对传统的多子多福思想。此与山格夫人的"限制产儿"的思想相似，虽也有人赞同，但反对的人更多些。

当时，北京大学有个社会风俗会[2]，张竞生是主任委员，根据会员讨论，决定要调查的项目，有30多种，关于性的经历，也是其中的一个项目。他在报上发出征求这项"性史"资料的广告，搜集资料是为了经过整理研究而得出一种科学的论据。在《京报副刊》上，刊载了由他署名的征文启事中还说："这是移风易俗的关键，是人类得到好行为的方法。"他还指出，学生可以利用暑假期[3]去进行调查，以搜集更多的资料，其目的在于分析人的性心理，进行性心理的治疗，各人对性有什么缺憾处，如心理方面或习惯方面及种种变态，就可以用心理分析法来解释，并用卫生学及医生来救治，以养成各种好习惯。这种资料搜集到了之后，他从中选择了比较典型的文章，以后编辑为《性史》，称为第一集，可以想到他将会再出第二集、第三集的。

---

[1] "性学社"应为"优种社"。
[2] "社会风俗会"应为"风俗调查会"。
[3] "暑假期"应为"寒假"。

1926年张竞生博士到上海开办了美的书店，这是张竞生第二次到上海轰轰烈烈干了一阵。

张竞生离开北京因客观环境不好，白色恐怖降临。这年的大事，先有"三一八"惨案，接着奉军入关到北京掌握了政权。北京大学校长蔡元培走了，刘哲继任并宣布教职员一切欠薪暂停发放。本来，张竞生在北大任教已满五年，照例可以得到一年的休假，去外出考察或在家里著作，学校里薪水照发。他是趁这个机会先来上海的，想看看形势，把他的抱负大大发挥一下。他是在阳春三月来沪的。不久张作霖到了北京，政局变动，越来越坏，直到次年把李大钊也杀了。这段时间，北京许多著名文人学士，都南来了，广东已开始了国民革命，派军北伐，林语堂先到了厦门大学任教务长，就把鲁迅、孙伏园等北京许多人，援引到厦大来了。离开北京是一种趋势，张竞生早走，可谓得风气之先。他是个见机而作的聪敏人，由此也可以看得出来的。有一本有名的传记杂志上某君一篇文章，说他到上海先在开明书店任总编辑，这是胡说八道。开明书店是在1926年6月才在闸北宝山路宝山里60号章老板家里挂出招牌来的。初办时资力短缺，没有力量聘请大学教授的，任编辑的也只有赵景深光杆子一个人独挑担子，部下连一个校对也没有的。只有关于妇女问题及新性道德讨论等等，可能开明书店创办人章锡琛和张竞生博士有同一的论调，不过那时章先生还在商务印书馆编《妇女杂志》，而且在1925年1月该杂志还出了一期"新性道德专号"发表章锡琛的文章《新性道德是什么？》及周建人的《新性道德的科学标准》等，因而引起了陈大齐教授的申斥，发生了论争。结果章锡琛被迫辞职。1926年1月，他得到朋友协助，创办了一份《新女性》月刊，接着就办了这家后来有点名气的开明书店。这跟张竞生博士在北京宣扬性育的重要性和必须作出性的解放运动这种思想是有共同语言的。可能章锡琛先生还是张竞生博士的后辈和追随者，而这些事情是南北相呼应的，可能因此而被推想作张博士来上海一定先到开明书店当编辑，但想象即使合情合理，也成不了事实。

另一说是张博士初到上海是在上海艺术大学当教务长的。我也不知道上海有没有艺术大学，这个大学，如有之，想来也不过是周劲豪先生所办的那种野鸡大学罢了，堂堂北京大学教授去他那里是委屈了，他不过是暂借一枝之栖，有个落脚地也好，所以到了六七月间，美的书店开张之后，他就立即把他的爱人褚问鹃女士和初生的儿子"真儿"接来上海，在法租界萨坡赛路丰裕里70号安了家，在上海落了户。他们的结合是一篇充满诗情画意的"罗曼史"，此时成立了一个美满的小家庭。褚女士帮助他建功立业，他们是志同道合的一对新人。

褚问鹃原籍浙江嘉兴，她在山西阳高县任小学教师时，敢于破除迷信，把庙里的泥菩萨搬走，以扩充教室，引起旧派绅士的不满及新派人士的称扬。张竞生在北京主动写信去支持她求她交朋友，后来又介绍她来北京投考北大国学门的研究生。褚女士被录取入学后，张博士就热烈追求，每星期去几次情书求爱，最后得到女方允准。两人于1924年秋于北京的基督教长老会礼拜堂以宗教仪式结了婚，租了房子组织小家庭。一年后生了一个儿子，取名叫"真儿"。他们是新思想新生活的实践躬行者。张博士觉得北京不妙，先单身到上海来探索，有了立足之地，而且还要开始大办事业，就叫褚女士结束北京的家，带了一周岁的儿子来上海了。

张竞生在法国留学多年，对花都巴黎的大学生生活很熟悉，对于男女关系是开放而且是放浪荒唐的。巴黎的大学生生活历来如此，早已这样。雨果的《悲惨世界》里的《芳汀篇》开头就有此种记述，后来当然更加要进步发展，更开放放荡。据说他在留欧生活期间，前后有过三四个法国情妇，跟他发生过性关系的洋女人，也指不胜屈，因而又习以为常。他认为性是应该开放的，性关系是应该自由的。中国的旧社会对于性的禁锢关闭，以男女关系为社会人伦之大防，是太古旧封建了，而且也成了中国进步发展的大阻障。他在北大任教以后，把两性关系的问题和美学思想结合起来，仿照西洋社会的习惯来批评中国社会的封建性、落后性，趁了新文化运动的大潮流，在这一方面，作了一番奋斗和努力，为新文化运动的推进与发展，起了积极的作用。得到当时新派人士的赞扬，认为他可以算是新文化运动中的一个方面军的统帅。

他的关于"爱情定则"的讨论，在《晨报副刊》上提出来之后，有很多人来参加，成为一个热门的议题。连鲁迅和许广平也分别有文章参加讨论。时间持续了很久，对新文化运动，颇有贡献。张竞生博士主张，爱情有四项基本原则：第一，爱情是有条件的。不赞成无条件的一见倾心，那种唯心的恋爱观是古老的、非现实的东西，现在世上不适合于存在。第二，爱情是可以比较，有选择的。因之，第三，爱情是可以变的。不主张从一而终，不认为双方一经结合，便得白头偕老，海枯石烂，永不变心。是主张可以脱离关系，离婚是正常的。第四，夫妻关系同朋友一样，不过比较更加亲密罢了，也是一种朋友那样的结合，可聚可散。百年偕老，金婚银婚作纪念，或者别鹄离鸾，各奔前程而离异，都是可以的。这个爱情定则的讨论，当然不会得出一致的结论来，但张竞生博士以为他的主张是最好的，他的见解是十分正确的，编写了一本以《爱情定则》作题名的小册子。同他另外编写的申述他思想本质的《美的人生观》及《美的社会组织法》两书，是他自认为最好的科学著作。这些都是在北京努力工作而得的成绩，他很自负。

开办美的书店，就是为了出版发行他的这些著作，宣扬他的学术思想，推动社会的改造和革命、民族的发展、文化的革新创新，以收到移风易俗的功效，而有助于中国的建设。这是大计划、大事业。他是以主帅的地位出师奋战了，发动了对旧社会、旧风俗、旧习惯的进攻。美的书店还出版了"审美丛书""性育小丛书"等。"性育小丛书"是他邀请了金仲华、彭兆良等人分别编写的，主要依据英国学者霭理斯的《性心理学》的条目编译而成。张竞生对英国性学大师霭理斯十分崇拜,其《性心理学》一书共六大册,内容十分丰富,把每一个专题编为一本小册子,就可以编几十本也不费事,他们就这样做了。但实际也出不了几本,因为后来这个书店收歇了。其他也出些关于文学方面的书。

张竞生是爱好浪漫派文学的,他十分喜爱卢梭(即卢骚)的《忏悔录》,而且用心翻译,译笔也很下功夫,可以说是较好的译本,可能美的书店本只出了前面的几章,后来全译本是在世界书局出版的。现在通行本子,不知何人所译,可能不是张氏的译本。但张竞生译本还是较好的。也有其他的文艺书。美的书店出版的方向如此,意图上是一个关于性学的专业书店,其余不过是顺带的或小有关系的著作,他们的方向也是明确的。

美的书店出版物有一特色,即书的篇幅小,几乎都是小册子式样,印刷和用纸尚佳,而定价都只几角钱。封面上有一个裸体女像作装饰或就是美的书店的标记,或是某种小丛书的标记,也不分明,总之,很有特色。

美的书店开业之后生意不恶,大约因它的书价低廉,适销对路,所以经营者也信心百倍,等到印行张竞生编《性史》第一集,竟成为一本满天飞的畅销书,使得张竞生博士名声大振,书店收益大增,但也有人严正地指斥他这一本书是淫秽的书,并无可取之处。[1]

但是张竞生博士却认为他自己所编这本《性史》第一集,是一本科学与艺术的好书,断断不是淫秽的书。他以为淫秽的书是以虚构的情节专门以挑动读者的肉欲为目的的。他的《性史》乃是照科学的方法从种种实在的方面录写,供读者作研究的材料,所以是科学的。这不啻是说,作品的性质,只在于作者的主观意图,而不在于客观实际了。显然,他是不对的。我们不妨来看看他《性史》第一集。

开头是他的序文,说明这本书的编写宗旨,以及"性育""性教

---

[1] 此处信息有误。

育"的研究是怎样重要的大道理，并且说书的内容都是实在的事实。第一篇是一舸女士的《我的性经历》，第二篇是小江平的《初次的性交》，此外的题目是《我之性生活》《春风初度玉门关》《我的性经历》《别有一番滋味在心头》以及《佳境——我的性交历史》。这里一舸女士就是他夫人褚问鹃女士。她据实而写，也可能是他们夫妻之间的房事描绘和叙述了。小江平即金满成，是他年轻的朋友，也许是门人弟子辈，总之是自家人。金满成后来入创造社，也是创造社一派的新作家，还留学法国，深通法国文学，也许就是张竞生带他去法国的。小江平写的是他被少妇董二嫂诱引成奸，而失去了他的童贞，讲的也全是性交。其余各篇，看题目可以明白，都是同一种类的。那么《性史》其实是各种性交的汇展博览，无非是房中床笫之事，这和老牌的秽书《痴婆子》《肉蒲团》实质上没有大差别。照现在公布的扫黄的标准来衡量，也是十分明白，无可逃遁的。《性史》是秽书这一点，张竞生在晚年也有点明白了，有些悔恨的表示，但是已经几十年之后，当时他是绝对不认账的。

　　这本书一出来，就闹翻了天，无可收拾。美的书店生意很好，经济效益十分可观。张竞生且慢得意。利之所在，众所向往，群趋之恐不及，于是伪造盗印的就多了起来，许多不明来历的出版社、印书馆印造了此书，还冒用了张竞生的名字，出版了《性史》的第二集、第三集乃至到了十几集，还有性质相同的《性艺》《性典》《性史补》等等题目的事。一哄而起，通过特殊的发行渠道，在社会上流散开来，成为灾祸，引起很大反响，都归罪于张竞生了。至少是由他创始，如果不是他带这个头，这些书是不会出现的，不会成为社会上一大灾祸的。张竞生被群众封赠了"性欲博士"的头衔，好端端的哲学博士一变而为"性学博士"了。

　　《性史》第一集由他夫人褚问鹃和好友金满成带头写稿并编排在最前面，可以看出他是特地为美的书店而编这书的，此书于1926年4月编好，5月出版，绝非像某些人所说的，是早在北京就已编好，出版时不过略加整理这种情形。[1]另外几篇文章的作者，无可考查，到底是否以前他搜集的材料，难以查核。但这并没大关系，我们只断定张竞生是为了美的书店要出版就编了此书，这一点已经足够了。他编此书的动机，也就不能不认为是想多发行一些，多赚一些，而达到名利双收，结果也竟如愿以偿，得了一个"性学博士"的尊号。张竞生不必叫屈喊冤。

美的书店开设在福州路（通称四马路）中段和有名的娼妓汇聚的茶馆青莲阁相近，店堂有两开间门面，是坐南朝北的平屋，那时四马路楼屋还不多，双开间的店铺也少，玻璃橱窗的装潢尚未登场，大都是排门板，卸下之后顾客就可以直进直出的。美的书店像是前面摆了一排柜台，挡住人不让他们进内，顾客要叫售货员取书，这也很特别，一般书店都开架，任顾客自己取阅、选购的。可能因为它根本没有几种书之故，柜台上摆摆也够了。四马路是书店集中的街，美的书店这个地段算还是不差的。出版发行创造社书刊的泰东图书局就在斜对面，而开明书店，则刚刚挂出招牌在僻处宝山路的一条弄堂里，要稍后才能在望平街租到一个店面，一直到1934年才能开到四马路上来，而世界书局的开张，把门面漆得红红的，叫做"红局"以吸收读者，地点在它的对面，时间或也还在其后些，所以美的书店是走在前列的，这一出场就是这样不小的排场，有点先声夺人的气势。张竞生博士受过军事教育，懂得作战方法，他定是把开店这事当做打仗一样来开拓事业，占领阵地，以攻打旧社会，传播新思想，也许他只是在无意之中发挥了军人的头脑，一出手就不凡。

特别叫人注目、叫人惊诧而引得人们蜂拥蚁集来店光顾的，是该店雇用了美貌青年女子来当店员售货，接待顾客，这也是破天荒的创举。那时女子职业最普通的，除丝厂纱厂女工外，是小学教师。已经

---

[1] 此处信息有误。

开设了不少中等程度的女子师范学校，那里的学生，毕业出来都无法升学，多数是嫁人作家主婆去了。少数当小学老师，社会上职业妇女很少有做店员售货员的，美的书店在这方面也可以算第一家。以后才逐渐有女店员，也只是在各大百货公司，比方永安公司文具部，自来水金笔柜曾出现过一个著名度极高的"康克令皇后"，那是较后的事了。美的书店雇用女店员，并非出于要用美人来做活招牌以广招徕之意，他们是因为美的书店这个名字是出于张竞生博士的美学思想，因而要用美的店员来配合，并且认为青年女子才是美的，所以这样做了。另外还有表示男女平等意思，用女店员来表示他们有男女平等思想及决心实践的态度，并没有要利用她们的色相的意思。至于一开张以后的生意大好，张竞生博士鸿运高照，他编的书适销对路，加之内容又有如此的吸引人。且不说特别情况的《性史》，即使其他关于性教育及恋爱、爱情等问题，也都叫青年关心，而肯挤出几毛钱来买一本的。

美的书店经理是潮州人谢蕴如，他是出资本的，有钱出钱，有文出文，美的书店是这样办起来的吧，当然张竞生也有部分的出资，是合股经营性质。张竞生负责编辑部，他主要任务是编书，写稿，用他的笔来作战，很勇猛地对旧社会的旧风俗习惯、旧道德文化开火，想做出点移风易俗的成绩来。这是他多年来的抱负，在法国留学时代以前，已经是革命志士的他，是不奇怪的。

书店开张后，不久出了一本杂志《新文化》月刊，是攻打旧社会旧文化的一颗重型炮弹，于1927年1月创刊。《新文化》月刊社址是萨坡赛路丰裕里94号，也就是张竞生住家的70号邻近，在他是很方便的，而且以此作为他动笔写作的场所了。该社社员除张竞生外，有彭兆良、谷剑尘、王剑侯等多人。杂志封面上标出"中国最有新思想的月刊"字样。内容栏目有社会建设、美育、性育通讯、批评辩论、特载等项。张竞生在《〈新文化〉月刊的宣言》里说："如今我国还脱不了半文明半野蛮的状态，尤其可惜这一半的文明也尚是旧的、腐朽而不适用的！故今要以新文化为标准，对于个人一切事情——自拉屎、交媾，以至思想文化，皆当由头到底，从新做起。""若他是新文化，不管怎样惊世骇俗，我们尽量介绍，并作一些有系统研究。若他不是新文化，不管他在历史及社会上有多大的势力，我们当竭力攻击，使他无立足地然后已。"他希望该刊有两种特色："一、材料新奇可喜。二、对各种问题淋漓发挥，尽情讨论，而使阅读者觉得栩栩有生气，好似身在千军万马的笔墨战场一样。"从这里我们可以看到，张竞生的抱负与态度了。该刊第一期的社会建设栏目中刊登了"关于女子承继权的讨论"，参加者有吴稚晖、蔡元培、张继等人。在"赞成女子承继权者签名书"上，有蔡元培、张继、吴稚晖、黎锦晖等20余人签名。由此可知他对男女平等的实行，是充满热情的。美的书店用女店员也是出于此种思想，并非笔者凭空虚构。这本杂志是他宣传性育的各种具体办法发布的阵地，也有些言论是一般中国人当时难以接受的，周作人甚至认为是一条界限，在《新文化》月刊创刊以后的张竞生博士是走在错误道路上了，这以前在北京时他的各种思想、行动还是在中国新文化运动的正轨上的，意思是说，张竞生博士到了上海之后，所做的事情，是完全错误的、荒谬的。

张竞生还写了一本小册子，备受人们的讥笑指斥，书名叫《第三种水》，这可以说在当时是极为有名的滑稽笑话。他这本书的广告早已登出来，而且发售了预约，说明定期出版，但到期没有出来，又一再拖延。读者及预订者难免要去催讯，他们到美的书店去问从业的女店员。

所谓"第三种水"，据张博士说，是女性分泌的一种液体，是指在女子领略性交兴奋极度满足酣畅时才能分泌出来，也可以视为女性的射精，不是指女子在一般兴奋状态时由阴道分泌的可以作为性交润滑用的液体，因而特别称之为"第三种水"。所以并不是每一次性交都会发生的现象，是比较特殊的现象。这个名词因之而很特别且带有色情气息，一宣扬出来，常被用来做取笑、戏谑的用辞。于是有些浮滑青年就故意到美的书店去向女店员问："你们的'第三种水'出来了没有？"回答是谨慎的："这本书脱期了，还没有印好。""没有印出来。机器坏了？怎么这样慢啊？"回答说："书总就要出的。印刷、装订都要时间，对不起！"热心的询问者还是不放松："这么长时间了，第三种水还不出来，真是慢呀，慢得来！"这时旁边另外一个还会用苏州话说，补充地说，"侬真笨格，第三种水天生是慢慢交出来的，性急勿来格。一下子就出来也不叫第三种水了。侬说阿对勿对？侬格第三种水齑出来，侬再等好了。"上海人把这种调笑戏谑叫"吃豆腐"。于是也有人对那些浮滑青年说："你们吃张竞生博士用第三种水做出来的豆腐，味道怎么样？好吃不好吃？"使得他们贼忒嘻嘻，无话可对。

对于此事鲁迅先生也不放过机会，也不笔下留情，指斥了一通。《三闲集》里有一篇题目叫《书籍和财色》里说道："但最露骨的是张竞生博士所开的'美的书店'，曾经对面呆站着两个年青脸白的女店员，给买主可以问她《第三种水》出了没有？'等类，一举两得，有玉有书。可惜'美的书店'竟遭禁止。张博士也改弦易辙，去译卢骚《忏悔录》，此道遂有中衰之叹了。"

这里，鲁迅先生也以为书店雇用女店员是以色迷人，作为活招牌以招徕顾客，其实是误解。美的书店用女店员是出于张博士的美学思想及男女平等原则，上面已经说明过了。鲁迅先生这样剋他实在是冤枉的，但社会上的大多数人都并不明白张博士的宗旨和他的意图，鲁迅说的虽冤枉，也表示了大众一般的看法，那么鲁迅先生也许还是正确的。一件事情的价值判断，并不是只凭主观意图，还要看客观实际，像《性史》的只能是淫秽刊物那样，这里又出现了。这就是先驱者的苦难和悲哀，而且世间事又常常如此。

此小册子全名叫《第三种水与卵子及优生之关系》，照题目看，应该是一篇科学论文，而不是普通一般的读物。他为什么要作为通俗的科学普及读物来出版呢？大概，也不过生意眼罢了。那么他的目的，虽不能说全是为了钱，而是说主要为扩大他的推行新文化，以移风易俗的需要，但也不能排除有点哗众取宠、招摇撞骗以增加收益之目的的。这到底是怎样一本书，我没看过，不好多说。不过关于第三种水的讲法，他又牵连到中国古代的"房术"、《素女经》等等，张博士此时像相信了道家的"采补""炉鼎"等等的说法，因而是背离了现代科学的。这一点也曾受到指责而他无以自解。

后来美的书店因被控告印行淫秽书刊几次被查抄、没收、罚款，终于不堪压迫而歇业关门。也有人说是被查封、勒令关闭的。不知哪一种正确，但美的书店消失是事实。张竞生博士却说因为他的书店生意好，遭到同行嫉妒，进行破坏，暗中向工部局诬告，举报，故意捣乱，以致店被搞垮。他的事业大受打击，一蹶不振。实际是一般人的知识水平还不能接受他的教导，他是好心不得好报。他是一个新文化的先驱者，而先驱者就往往有许多是牺牲者。失败是成功之母，开头是必然不妙的。

张竞生博士那时是失败了，但在六七十年后的现在看来，他也有许多地方是好的，是正确的。他的限制产儿说，正符合于现在的计划生育，成为坚定不移的国策。他的性教育主张及办法，现在也是在学校里及社会上实际施行的。所以也有人认为张竞生了不起，是个先知先觉者。

有一则新闻，今年1991年1月，上海陕西北路长乐路，举办了一个"人类与性"展览会，全名是《走向科学、文明、健康——人类与性展览会》，是由上海计划生育中心和上海性教育研究会联合举办的。它介绍了原始社会以来的人类对性——这一延续生命的自然现象的探索和认识的过程。又正面介绍了性欲及其产生的正常和异常的性行为、疾病与性的关系，以及性功能障碍等等科学知识。同时还放映了日本及美国的两部科教片《生命与人》及《性与生殖》，它们系统地介绍了青春发育、受精怀孕、胎儿发育以及新生命的诞生等极为普通的生命科学知识。参观者很多，放映处几乎场场爆满（据《上海大众卫生报》1991年1月16日第3期）。

这岂不是张竞生的理想已经实现了吗？那么，当时美的书店的被取缔而陨灭，也真是张博士的不幸了。而且实际上张博士的不幸，还不止于此，他的爱人褚问鹃女士到了上海后，也是按照他的爱情定则逐渐变了，最后离他而去。张博士在他的《新文化》月刊第二期上破口大骂了她，是个可怜的无耻的妇人，但毕竟是照他定则发展的结果，证实了他的爱情定则是实在的真理。这就是大好。破口大骂不过一时之气罢了。夫妇离婚原是可以有的正常事情，虽然可以算是他的一种不幸，而张博士的不幸，又还不止于此。他被称为"性学博士"且广泛传播开来，北京大学继任的校长蒋梦麟，却以为这是不光彩的，有碍北大声誉，于是把张博士开除出校，罢免了他的教授之职。这当然由于蒋梦麟的世俗之见太甚，为人极端浅薄之故；而另一方面也因张博士一直流浮在外，假期已满仍不归校工作。不过学校里也没有催促他回校的函电，责任不单在张博士一方面，是他恶运高照之故罢。恶运的高照，还有下文。[1]

1929年春，张竞生博士到杭州讲学及旅游，在西子湖畔探胜寻芳，及时行乐，不道有警察局派了警士把他捉拿了去，说是奉了上峰之命来拘捕他的，把他扣留关押了。无端侵犯人权，真是岂有此理。张博士据理抗争，警察局长对他说："因为你宣传性学，破坏淳风美俗，毒害青年。你到杭州来放毒，我们是不允许的。我是奉命拘捕你的，而且还要法办。"后来总算让他给朋友通了电话，经过说情疏通，还是把他驱逐出境结案，不给他一点面子。张博士大触霉头，名誉一落千丈。这样他在国内已无立脚之地，他决心离开中国，立即动身再到法国，要做学术研究，办点其他事业了。

当时广东省政府主席陈铭枢，是张竞生在广州陆军小学的同学，他得到了他资助而去了法国的。中国旧社会就是这样好，出外可以

---

［1］ 此处信息有误。

靠朋友，有了这种关系，张竞生是可以像那时的阔人政客一样，上台可以有作为，下台可以出洋考察。他相识的军政界上层人士极多，这点办法是有的。不过他又有了一个大计划，想把世界学术名著都翻译过来，这对中国的振兴，实在是十分必要的，当然不是他一个人所能干的事，他想邀约些在欧洲的人士名流研学来共同办此大事，关于费用，他同陈铭枢函商，陈也慷慨赞助，答允可以先给他20万元，他就着手准备办这件大事了。他计划要译社会科学及自然科学的世界名著一二百种，先拟订了一份书目，同别人相商来决定，还计划同时可以出一种较为通俗的精简本以便普及。但这个计划还没有草拟完成，政局有变化，陈铭枢辞职离开广州。计划就无法实现了。幸而是先得到了他2万元的资助，他还可以在法国居留，自己一个人做他力所能及的工作。完成了《忏悔录》的全译，此外还有《歌德自传》《印典娜》等的译文及《伟大怪恶的艺术》《浪漫主义概论》等著作，均在世界书局出版。

在国外待了四年，张竞生于1933年归国，此时主持粤政者陈济棠也是他广州陆军小学的同学，给了他一个广东省实业督办的名衔，主编《广东经济建设月刊》及编辑广州《群声报》。他觉得难以舒展大志，他的志向已转到发展科学、兴办学校及建设农村，想从根本上改造中国。他辞去省参议员及实业督办，回到家乡饶平县，去做基层的实际工作。他兴办了饶平农校，致力于推广良种，造林育林，办了四个苗圃，引进台湾良种甘蔗和优质桐油树种。他还发动民众，修建了长40多里的饶钱公路（三饶镇至钱东）。在筑造公路时，他亲自下工地，同民工一起劳动，排除阻障，因有大户人家坟墓地拦路，他要出力排解纠纷，才能胜利完成。但因此也得罪了土豪劣绅，受到了攻击，诽谤，被向政府控告，要把他查办。形势险恶，他暂时去香港避风头。等事过境迁后，再回来做省参议员及广州市经济委员，他明白了没有点政治背景，事情难办。

1937年日寇入侵，全国奋起抗战，张竞生出任饶平县民众抗日委员会副主任，积极抗日救国。又率领群众忍痛破坏掘毁了自己前二年发起出力建造的公路，以阻碍日寇的进来。汪精卫在南京成立伪政府后，招他去参加伪职，他置之不理，坚决抗日。1941年张竞生在浮山创办饶平县农业职业学校，仍旧致力于农业的振兴。他知道科学技术在农业生产中的重要性，因而致力于推广新技术，引进和推广新品种，还提倡因地制宜，在本地区种植适当合宜的经济作物。他十分注重农业，回复到了中国古代以农为本的思想。10月，他用6枚银元打造了一把小银锄，作为特别礼物去赠送给蒋介石，提醒他农为邦本，敦促他注重农业生产。抗战胜利后，他曾到南京等地游说宣传，希望不要再打内战，被国民党要人拒绝会见。他到中山陵祭奠，陈诉于孙中山先生在天之灵，痛哭陈词，拜祷祈求，洒泪而归。到了1948年对国民党政府也完全绝望了，就转而赞美解放战争，掩护解放军游击战士，并发动自家的子侄辈青年去参加游击队伍，以促进解放战争早日全面胜利。

解放后张竞生任饶平县第一届人民代表大会特邀代表，并任该县生产备荒委员会主任。1953年被聘任为广东省文史研究馆馆员，在广州居住，写了回忆录《十年情场》在新加坡出版。又在香港出版了小品文集《浮生漫谈》。他又开始写文章了，经常在海外报刊上发表，显示他仍有勇猛精进的气概，博士暮年壮心不已。1960年回饶平故乡居住，还从事社会活动，撰写文稿，精神焕发。

在史无前例的"文化大革命"中，张竞生以"性学博士"的名声，在劫难逃。以反动学术权威、资产阶级残渣遗孽等名遭发到乡村劳动改造。他年事已高，体弱多病，孑然一身，乏人照料，住在一间破屋牛棚里，他是牛鬼蛇神。1970年的一天，他深夜读书，突发脑溢血。第二天看见他闭门不出，农民觉得奇怪，推门进去，只见他僵倚在床头，一本书落在身边，已经到天国去了。那时，也只得草草成殓，入土为安了。直到1980年，才迁葬故乡。

张博士一生，有荣有辱，历尽坎坷，也做了不少有益于国家、社会的事,他的反对陈规陋俗,宣扬科学真理,不屈不挠,可以说是不负"竞生"之名了。

1984年广东省饶平县,在省委支持下,召开了张竞生博士逝世14周年纪念会,为他平反,把"文革"期间给他安上的不实之辞,一律撤销,为他落实政策,恢复名誉。1988年10月,又开了"张竞生诞辰100周年纪念会暨学术思想讨论会",有来自北京、广州、汕头等地的学者、专家及著名人士和当地干部群众千余人,对他生平著述及在文化、科学上的贡献,作了讨论,加以颂扬。张博士是在改革开放的大潮流中,得到了重新的认识,张博士可以瞑目于天堂乐园里了。

一本书与一个人的命运
——《性史》及张竞生的悲歌

张超[1]

性本无史。

性，原是生物的一种本能。只有人类的性赋予文化的内涵，为之立史才有道理。可是中国历来颇多怪事：有些事可以做，但不许说；即使可谈，也不能写。天天有数以亿计的人在做的性事就是不能见诸文字，上世纪二三十年代的中国尤其如此。胆敢为性作史的张竞生，因此身败名裂，终生蒙垢，也就不足为奇了……

作为北京大学哲学系教授的张竞生博士，从哲学家的角度关注和研究社会问题，性教育和节制生育仅是他选取的课题之一。他原想通过社会调查，选取一些比较典型的性现象和性经历，供社会学家和性学家分析研究之用，乃于1926年寒假在《京报副刊》上刊出征文启事，应征来稿颇为踊跃，他选出七篇，加以科学性按语，结集出版，名为《性史》第一集，那只是一本三十二开七万余字的小册子。

没想到首集一出，即掀起轩然大波，封建卫道士们气急败坏，直斥为淫书，冠以"卖春博士"恶名，痛加挞伐。一些陋俗的人则从另一角度欣赏其内容，以满足变态的窥私欲。更没想到奸商市侩看到有机可乘，大量炮制粗俗的淫书，赝名《性史》陆续出至二十余集，笔者20世纪80年代在香港旧书店，仍发现有第十八集者。似此折腾，纵有百口也莫辩矣，他只好将已制好版之次集销毁。

---

[1] 张竞生之子，曾任广东省饶平县政协副主席。

但事件并未了结,厄运从此与他如影随形。

他在北大撰写《美的人生观》和《美的社会组织法》,鼓吹美的人生观,虽获好评,但难掩因编《性史》惹来的铺天盖地的骂名,以至假期携眷到杭州旅游被当局以诲淫罪名拘押,幸得张继保释,并被逐出境。由此可见其声名狼藉,人们总是以异样眼光视之。1927年春,张作霖入关,捕杀李大钊,他适在外地,得免于难,乃南下上海,另谋发展。

他与友人合作开办"美的书店",创办《新文化》月刊,翻译出版性学家霭理斯的性科学丛书和"美的丛书",致力于科学性教育的宣传。他提出有些女性性高潮时溢出"阴精"是"第三种水"的假设,曾被视为胡说八道,直到四十余年后的60年代始为外国学者证实确有其"水"。他还首创招请女店员售书,在上海滩搞得沸沸扬扬,但营业额倒是蒸蒸日上。他是一介书生,不懂经营之道,为同行倾轧,彼等勾结警方,以售卖黄色书刊为名屡次查抄罚款,致不久便倒闭。《新文化》月刊是中国首份宣传性教育和性知识的刊物,可惜只出了六期便夭折了。

此后更是每况愈下,在国内颇难立足,乃再度去国,在巴黎潜心翻译卢梭《忏悔录》等世界名著。30年代中期返粤,未几又被仇敌罗织罪名通缉,再度亡命海外。[1] 每次都借编《性史》之恶名以入罪。

迨至抗战军兴,广州沦陷前夕,携妇挈雏回饶平故里避难。一时几与外界隔绝,但报国之心未泯,躬耕垄亩同时热心兴学育才,度过较长时间相对平静的田园生活。

大陆解放后,当然被列为"思想改造"对象。他自己虽适时离开乡间,幸免在时代剧变的血火中灭顶,但留在阁里的爱妻未几即死于非命,他几痛不欲生,从此孤独鳏居。

"文革"爆发,他更是在劫难逃,新老一大堆"帽子"扣诸头上。虽年近八旬,步履蹇涩,仍被戴高帽、挂黑牌、游街批斗及强迫劳动,受尽凌辱,复关进牛棚。"牛鬼蛇神"均席地而卧,跳蚤肆虐,

---

[1] 此处信息有误。

蚊声如雷。室置一粪桶，便溺均在其中，从无"放风"，比正式监仓尤为恶劣。每天除接受批斗外，还要诵念"最高指示"若干则，至"晚请罪"时不能背诵便要受皮肉之苦。

如此折磨经年，已是似鬼非人，身心俱已不支，更被发配至穷山恶水荒僻之地，置于正式之牛寮。此时病笃乏医，孑然一身，孤凄窘迫，形销骨立，呼天不应，夜阑时脑溢血溘逝，翌日午始为人知。村民怜之，以薄棺草草葬于山溪之阳、峦丘之阴。时为1970年仲夏。

斯人已逝，污水仍照头泼下。地区报纸以惯用之"文革"语言发布短讯曰"无耻文人死了"，妄图从此盖棺论定。其祸尚延及子嗣，历次"政治运动"多难幸免。然而天日昭昭，1984年，当局为其剔除诬蔑不实之词，恢复名誉，遗骸始归葬家山。

时人感慨曰：一代奇人，成也《性史》，败也《性史》，谁与评说？

第一集的七位作者均是大学生，也有人为此而遭祸者。最精彩那篇《初次的性交》作者江平，本姓金，曾留法，是极有才华的翻译家兼作家，译著颇丰。1957年反右运动，翻出陈年老账，加上讲过一些真话，被炒成一碟，打成"右派分子"，饱受二十二年折磨，至1979年"摘帽"，已耗尽元气，不久便含恨谢世了。其他作者，因已销声匿迹，终生讳莫如深，幸免罹难。

这本小册子，1930年前后被译成日文出版，颇获好评，认为是中国第一本极有价值之《性史》。但它带给编者的却是半生的谩骂、曲解、孤寂、贫窘……以至家破人亡。

无知和性禁锢，造成许多人间悲剧，个人的悲剧容易落幕，但时代的悲剧就不是那么容易结束了！

二〇〇五年二月

忆张竞生任校长时期的潮州金山中学[1]

唐舜卿

公元1921年的一天,在古色古香的潮州金山中学门口贴出了一张布告:"本校自下学期起教学改革,经考试合格,招收男、女同学。家贫学生可申请'优待生',免收学杂费及供早膳。校长张竞生。"

这学期报考的学生非常踊跃,结果女生取录了翟肇庄、戴若荀、戴若萱、唐舜卿、张惠君、张文彬、蔡述秋、翁文璧等八名。这届学生分成甲、乙两班,八名女生分配在乙班上课,开了潮汕男、女学生同校学习之先河。

新任校长张竞生是广东省饶平县人,留学法国,是中国最早的留洋哲学博士,著作很多,有《性史》《美的人生观》等。学监先后有李春涛、吴履泰,他们都是金中校友,其中李春涛是潮州市经富巷人,刚从日本留学归来。

金山自古是育才胜地。宋嘉定、明天顺年间先后建有"双美堂""玉华堂",开堂讲学。清光绪三年(1877),潮州总兵方耀始建"金山书院"。光绪十三年(1887),总督张之洞巡视潮州,增资扩建书院。金山书院成为粤东最高学府。光绪二十九年(1903)废科举,"金山书院"改为"潮州中学堂"。1920年改名"潮州金山中学"。张竞生任校长时期的潮州金山中学就是处于这样一个变革的时代背景。

---

[1] 2007年12月《汕头文史》第十九辑。唐舜卿另有《忆张校长》一文,发表于1988年《饶平文史》"纪念张竞生诞辰一百周年专辑"。

以前的金山书院教材多是中国历代文选、经典著作，但张校长则文理兼修，采用外国课本，同时新聘广东高等师范毕业生高子阶、俞述、郑嘉猷、吴让三、吴子仪等多人，充实了教师队伍，实行了教学改革，提高教学质量。

有如归国华侨杨九如老师，用外语讲课，使学生学外语进步快，到毕业时已能用外语会话；教几何、三角等数学科的高子阶老师，教学认真，上课多用教具，或在黑板上熟练地绘图，使学生较快地掌握数学的基本知识；教博物学的郑嘉猷老师，多用直观教学法，上课经常带来实物、标本、仪器，使学生增添了兴趣，他又与郭希侨老师合作，种植各种花卉，汇编校里树木、花卉的中英文学名，并写标、插牌，使学生在校园散步时，便可辨认各种植物，增加知识；教美术、音乐的谢文翰老师，既能弹琴唱歌，又能即席挥毫，泼墨丹青。

学校里有不少优秀的文科教师，如郑国藩、吴子筠、王慕韩诸老师皆是精于经史子集，教读古文，音韵优美，各人的著作甚多。此外，还有宋万里（教白话文）、卢子防（教注音字母）和刘万镒、吴子仪、沈天生、黄达修（均教外语）等老师都给学生留下良好的印象。

金山中学虽非师范学校，但名师出高徒，当年的毕业生张汝器、杨金书等人的美术基础很好。张汝器后往新加坡，成为著名画家，新加坡沦陷时被日军杀害。杨金书留学日本，后来回校当了生物科教师，他继续汇编校园植物中英文学名，解剖、制作各种动物标本，其中有一头大牛的骨骼标本，受到了参观者的极力赞扬。

张校长推行了随堂听课制度。在封建时代，师道尊严，老师上课，谁也不敢过问。但是，在张竞生主持金中时，张校长却深入课堂亲临听课，以了解教学情况，提出意见，帮助老师。有一次，他发觉上地理课的张老师讲课的声音太低，头也不抬，便当面提出了批评；音乐教师陈玉阶上课不照五线谱指导，他也及时给予纠正。另方面，他也观察学生的纪律情况，及时进行教育。他发现有不称职的教师就给予辞聘。当时有一位在潮州较有名望的王师愈老教师盘坐椅上讲课，他发现后当即提出意见，这位教师气愤而不来校上课。张校长此举受到某些社会人士的非议，而他认为这是整顿学校必要的措施。

张校长积极整顿校风、校纪。除住在城厢者外，其余学生都要求集中原藏书楼住宿，聘请军事教官方炳章、陈伟、方比任宿舍管理员，整饬风纪，严格管教。他要求学生认真听课，不得迟到早退，教师认真讲课，既管教又管导。而自己则经常到各教室巡视。

张校长还善于利用大自然，强化了美育教学。学校的所在地金山是风景名胜区，教室依山而建，到处红棉擎天，树木苍郁，亭台楼阁，掩映其间。玻璃厅、金山书院、四角亭、望韩江六角亭、火药库、马公祠，处处均是美景天成。其中，山巅的六角亭风物更佳，张校长经常在中午休息时间给自由集合在亭边、树下的学生讲解东西洋的风俗和学习等问题，有问必答，博得众人的欢迎。校长讲话让学生获得了前所未闻的知识，受到了大自然美的陶冶，让学生们觉得这是一种美的享受。

张校长民主治校，他随时随地同学生们无拘束地交谈，也在校园里设置意见箱，倾听大家的意见，有时也作了解答。

张校长注意师生们的生活、卫生和营养。他每天都到餐厅，细心检查，要求做到餐厅宽敞明亮，桌椅整洁，膳食品种经常更换。当时的早餐经常是潮汕人日常喜好的白粥，小菜则有肉片、油炸花生、咸菜、腐乳等。他亲自动手开辟荒丘，种树栽花，搭盖草亭，美化了校园，又大力整顿环境卫生，灭绝苍蝇，要求做到厕所无臭味，各场地的通道、石阶无落叶。

他还将火药库改辟为操场，组织学生开展午操，又带领男学生学习游泳。游泳的地方是金山后面潮州景点"青天白日"，这里离金中较近，水也清洁。后来，某次上体育课时，教员俞侠民未请示学校就同意学生下河游泳的请求，致学生林邦任不幸溺水死亡，张校长因此遭到学生家长的指责。此前，因张校长上任后辞聘的人员中有若干名是客家籍教师，有人认为是歧视客家人，故有一些客家籍学生闹事，酝酿反对校长。于是，张校长在府学宫举行孔子诞辰仪式后便引咎辞职，自撰《告学生书》，校务交由教务长李春涛代理。他离校之日，学生们列队到车站送行。十天之后，省教厅另派黎贯校长前来接任。

众人竞说张竞生

张永善《宇宙人生问题》

后来学了东西洋的哲学史,也没有找到一个真正的安身立命之处;倒是受了几位现代学者的影响——如胡适之先生等"干"的精神——觉得人生非积极有为则美趣。后来又受了梁漱溟先生"无目的的奋进",及张竞生先生《美的人生观》的洗礼,再加上我又是一个素来爱好文学的人,遂产生了一种艺术的宇宙人生观。

(《海天集》,北京:北新书局,1926年。
此书为1925届北大哲学系毕业生的纪念特刊)

许广平、鲁迅《两地书》

许广平致鲁迅函(1926年10月14日):"'邪视'有什么要紧,惯常倒不是'邪视',我想,许是冷不提防的一瞠罢!记得张竞生之流发过一套伟论,说是人都提高程度,则对于一切,皆如鲜花美画一般,欣赏之,愿显示于众,而自然私有之念消,你何妨体验一下?"

鲁迅致许广平函(1926年10月20日):"邪视尚不敢,而况

'瞪'乎？至于张先生的伟论，我也很佩服，我若作文，也许这样说的。但事实怕很难，我若有公之于众的东西，那是自己所不要的，否则不愿意。以己之心，度人之心，知道私有之念之消除，大约当在二十五世纪，所以决计从此不瞪了。"

潘汉年《性爱漫谈》

我，生不逢辰，既没有受过"性教育"，也没有留学到国外去专门研究恋爱哲学、性欲问题、优种学……对于哲学博士详论的"丢第三种水"的快乐情状也不懂得，"性交得法可以增进恋爱精神"这种伟论，我的"无名哲学"里也找不出这一章，只好让诸张竞生先生等。好在张先生著有一本没有社会科学常识的《美的社会组织法》，以及可以解决一些枝节问题的《美的人生观》，还有那本赫赫有名的《性史》等书，可供读者受了性的压迫时拿来消遣这个。

（《幻洲》半月刊第 4 期，1926 年 11 月 16 日）

杨冠雄《性教育法》

"我们尤非议张竞生博士所倡'自由性交'而谓之性教育。"（第 49 页）

"所谓张博士者，更妙想天开，无恶不作，写出《性史》来，冒充性教育者。"（第 150 页）

"尚有一般如张竞生之徒，假借性教育的美我，而大事宣传纵欲主义，这是性教育的破坏者。"（第 166 页）

（杨冠雄《性教育法》，上海：黎明书局，1930 年）

杨忧天、胡秋原《同性爱的问题》

性学博士张竞生，抛了孔德的实证哲学不讲，弃了北京大学的教授不做，专来谈性学，勉强也够得上是人间的怪物；然而张博士所谈的，究竟不出男女房事的范围，说来说去，也不过是些各种各样的交媾方法，结果还不免被人讥讽，说张博士拿第三种水来漱口，更又何怪有人说他伤风败俗，被巡捕房取缔罚洋数十了事呢。

（杨忧天、胡秋原《同性爱的问题讨论集》，
北京：北新书局，1930年，第1页）

龙冠海《致胡适的信》

有的地方其过失乃是在我们社会心理的腐化，趋向于求不正当的思想。举个例，我认为张竞生先生著的《美的人生观》及《美的社会组织法》乃是国内现代的上等作品，定价很低，然而留意的人并不多；可是他选集的《性史》却人人都知道了，人人都背诵起来了。

（龙冠海，1931年4月9日于美国加州南加大学
研究院社会学系，《胡适往来书信选》中册，
社会科学文献出版社，2013年，第440页）

朱湘《为什么要读文学》

在中国，《乐经》久已失传，舞蹈，那种与音乐有密切的关系的艺术，因之也便衰废了，久已不复是一种大众的娱乐了，到如今，虽是由西方舶来了跳舞，它又化成了一种时髦的点缀品，并不曾像张竞

生先生所希望的那样，恢复到舞蹈的原本的立场，那便是，凭了这种大众的娱乐，在露天的场所，节奏的发泄出人类的身体中所含有的过剩的精力。因此之故，本来是该伴舞的乐声洋溢于全国之内的，一变而为全国的田亩中茂盛着罂粟花，再变而为全国的无大无小的报纸上都充斥着售卖性病药品的广告。

(《中国现代散文经典文库·朱湘卷》，
大众文艺出版社，2005年，第185页）

曹聚仁《近代恋爱观》

夏丏尊先生译介《近代的恋爱观》到中国来那一时期，上海正给《性史》的罡风所笼罩；本来张竞生先生的动机并不怎样坏，而且他的私生活也并不浪漫糊涂；至于他的主张，见之于《美的人生观》的，不独言之成理，而且卓然自成一家言，他所提倡的，乃是唯美主义，和希腊人的观点相接近，也可说是希腊主义的再生，颇接近邓肯女士的人生哲学。可是，一进入上海色情文化的圈子，《性史》这一类书，立刻和最下流的色情书本合流，继《性史》而来的色情书，托之于张博士的姓名的，每况愈下，简直不成东西。可是流行得很广，成为社会文化的灾殃了。

(曹聚仁《书林新话》，生活·读书·新知三联书店，
2010年，第58页）

梁实秋《我与〈青光〉》

《青光》也得罪人。有一回采用了一幅漫画，画的是一只马桶，无数的苍蝇飞绕，马桶上写了"性史"二字。我无意冒犯了张竞生先

生，只是当时冒张先生之名而印行的《性史》有十几册之多，恶劣之至。而张先生为了这幅漫画很是生气。

（梁实秋《清华八年》，江苏文艺出版社，2011年，第114页）

章克标《文坛登龙术》

《性史》一书，为张竞生博士毕生之大杰作，风行海内已近十年，专描写男女两性之关系，具有特长，又为青年男女之唯一爱读书，所以更不可不加研究，以资模仿。以上所举，除《性史》外都是旧书，其实要做一个簇新的新文人，全不管那些也不妨。但你如喜欢有博古通今的美誉，则上面的既是博古工作，下我得举出通今所必要的书本。

林语堂《吾国与吾民》

一九二二年山格夫人的来华，因之节制生育及性教育渐见普遍；避孕器械的介绍与输入（这可说是伦理革命的唯一原动力）；各大报章发行《妇女周刊》的附刊，专以讨论妇女问题；张竞生《性史》出版，张竞生是位留法国学生，而《性史》这本大作颇废色彩未免太重。

秦牧《谈动机》

像那个"性学博士"张竞生，据说他编《性史》的动机，是想借宣传肉欲的文字，来扫荡伪道学的风气，但他那种具体做法，正客观上变成了鼓励和协助有闲阶级纵情淫乐,终于受到严厉地指摘,可以说是十分公平。

(《华商报》1949年2月17日)

苏雪林《过去文坛病态的检讨》

这时候谁敢指摘他们一句,便成了封建残余,旧礼教拥护者,卫道的冬烘先生,冷嘲热骂,一定要使你开口不得而后已。像南开中学当局取缔十四五岁孩子阅读某博士所编那本性学宝典,居然惹起周作人先生的愤慨,普通中学定《沉沦》和《日记九种》为课外读物,其他更可想而知了。这些满含花柳病菌的书籍,灌输到青年脑海里去,其害之大,真个胜于洪水猛兽。现在报纸医药栏所发表青年种种性病和神经衰弱症,我想一半与这类诲淫书籍有关。

王觉源《张竞生的一生》

竞生性情似乖僻,既常有吃冷猪肉的道学家气味,亦坚持其男女恋爱之左见,由此继续发展,乃趋于极端。故不数年,《性史》乃见于世。复在上海创立"美的书店",以恋爱与性作品为号召。誉遂毁矣,社会目之为妖孽,大有群起而攻之之势。当其执教于北京大学也对于哲学与文学方面,尚有相当的贡献与信仰,至此亦因此涉彼,一笔抹杀。

(王觉源《忘机随笔》,东大图书股份有限公司,
1993年,第652页)

陈存仁《章太炎面折刘半农》

后来章师把这小册子看了一阵说："现代白话文的描写技术，远不如文言文，要是改用文言文来写，要超过《金瓶梅》，这本《性史》瞠乎后矣。"接着他又说："这个白话文的妖风一起，势必会弄到白话文宣告变质。"

章师说："你知不知道近年来还有一个瑞典人斯文赫廷，又在西北发掘了许多文物，究竟中国科学家做些什么事？所谓北京大学，只出了一个张竞生，写了一本《性史》，这难道就是提倡白话文以来的世界名著吗？"

（《大成》第20期，1975年7月）

李敖《由一丝不挂说起》

最有名的是常州怪人刘海粟，他公然呼吁"模特儿到教室去"！主张公开在教室里做人体写生。当时这件事闹得满城风雨，老顽固们大骂他，新闻记者攻击他？孙传芳的五省联军捉拿他，人们把他跟写《性史》的张竞生、唱《毛毛雨》的黎锦晖目为"三大文妖"。可是时代的潮流到底把"文妖"证明为先知者，全国各地的美术学校一个一个的成立了，光着屁股的模特儿也一个一个的合法了。

李敖《大奶奶运动》

在中国，女人们胸部的解放是在民国以后的事，提倡风气有被称为"性学博士"的张竞生，以及我们那位全世界见到女人乳房次数最少的"哲学博士"胡适。他们两位虽然都鼓吹"大奶奶主义",但是后者曾被前者痛斥过一次,理由是胡适之对女人乳房的知识太差,所以闹了笑话。

陈雨门辑注《开封相国寺竹枝词三十首》

12. 赁书铺

书铺半间莫看轻,"新诗"高价暗经营。

诲淫胜过春宫画,戕害青年张竞生!

注:相国寺小书铺,以售旧书残书为名,暗中高价出赁黄色书刊,尤以当时有号称"性博士"张竞生所写《性史》,封面改印《新诗》,连续出有三十余册,为害青年最烈。

(《开封文史资料》总第十九期,2003年4月)

李欧梵《中国现代作家的浪漫一代》

对20世纪20年代的文坛的一个概括,可以集中于它在上海的背景。这个景象大体上反映了至少四个团体之间的相互作用,分别是文学研究会、创造社、语丝派和新月社。假如把"文坛"这个词延伸至新文学的范畴外,甚至可以包括鸳鸯蝴蝶小说的礼拜六派以及他们出版的大量刊物,还有像"性学博士"张竞生那样的极端分子和他的美的书店。两者都有很好的销量。

(新星出版社,2005年,第31页)

李欧梵《现代性的追求》

作为一个极端主义者与性活力论的鼓吹者,没有人能超过"性博士"张竞生。他在20年代写过一本臭名昭著的《性史》,并在他主编的《新文化》杂志上提出了一整套明确的关于性的看法,倡导前所未有的过激主张。他的杂志每一期都要刊登一些有关性卫生学、生殖器官解剖、性交技巧以及建立理想的性美社会之类的文章。他不仅主张思想观念西化,而且异想天开地提倡人的躯体也全盘西化。

(生活·读书·新知三联书店,2000年12月,第104页)

邵燕祥《书市志感及其他》

自然,禁书不能一概而论。1949年后在大陆,蒋介石的书和张竞生博士的《性史》一起被禁了。张书还有人私藏暗传,蒋书我相信没有什么人保存,绝不仅仅是怕招灾惹祸,即使不禁,人们也会弃之如敝屣。"且看禁书者,人亦禁其书",毋宁说感到快意,因而认同了毛泽东发挥了的"即以其人之道,还治其人之身"的话。

编后记

编一套搜罗宏富的张竞生著作全集的想法由来已久，怎么编的构想也随着张竞生研究的不断深入而日渐清晰。尽管之前已有《张竞生文选》（内部读物）和《张竞生文集》（上下卷）陆续印行，但真正的张竞生全集出版仍假以时日。2008年3月，为了给耗时近二十年研究、创作并即将出版的长篇人物传记《文妖与先知：张竞生传》预热，经时任生活·读书·新知三联书店副总编辑李昕先生同意，传记作者张培忠选编了《浮生漫谈——张竞生随笔选》，辑录张竞生20世纪50年代在海外出版的三部自传体散文集《浮生漫谈》《十年情场》《爱的漩涡》，由年轻编辑徐国强担任责编。没想到这本投石问路的张竞生随笔选，一经推出就大受读者青睐，出版数月随即重印，并迅速登上三联书店畅销书榜。受到这种"红火"局面的鼓舞，张培忠于2008年7月22日给北京大学中文系教授陈平原先生的邮件中首次提出了"说服三联出版张竞生作品系列，计划以'1+10'或者'1+13'的方式进行。1是《张竞生评传》（暂名），10是10本张竞生的作品，3是3本翻译作品，今年已出《浮生漫谈》，最近可出《美治主义——张竞生美学文选》《乡村建设——张竞生乡土文选》《南北议和——张竞生回想录》等"。在当天回复的邮件中，陈教授直截了当地对张培忠说："这计划不太可行。"并指出"不是说张书不值得重刊，而是不能单靠市场支持，应该走'文化积累'或'学术建设'的路子"，并建议张培忠"最好在广东找学院中人合作，申请科研经费，做正规的资料收集、整理、校勘，编一套好的《张竞生文集》"。当时张培忠一方面一时半刻找不到合适的合作对象，另一方面还心存幻想，遂于2009年10月、2011年2月选编并先后在三联书店出版了张竞生的《美的人生观》《爱情定则》等。2010年11月，北京大学出版社出版了张培忠选编的《美的人生观》插图本。此外，张培忠还邀请长期从事法语教学和研究工作的广东外语外贸大学教授莫旭强先生翻译张竞生用法文完成的博士论文《卢梭教育理论之古代源头》，并于2012年8月在暨南大学出版社出版；选编张竞生分别完成于20世纪三十年代、四十年代的《食经》《新食经》，同年7月在江西科学技术出版社出版。

2013年3月，广东人民出版社副总编辑钟永宁先生约请张培忠编选张竞生全集，交该社出版。张培忠拟定了一个共15卷的张竞生作品系列，包括：第一卷，浮生漫谈——张竞生随笔选；第二卷，美治主义——张竞生美学文选；第三卷，乡村建设——张竞生乡土文选；第四卷，情感主义——张竞生文学文选；第五卷，性育丛谈——张竞生性学文选；第六卷，普遍的逻辑——张竞生哲学文选；第七卷，爱情定则——张竞生爱情文选；第八卷，新食经——张竞生美食文选；第九卷，南北议和——张竞生回想录；第十卷，新文化论——张竞生主编《新文化》文萃；第十一卷，卢梭教育论——张竞生博士论文；第十二卷，忏悔录——张竞生翻译文选；第十三卷，多惹情歌——张竞生翻译文选；第十四卷，梦的解析——张竞生翻译文选；第十五卷，满街争说张竞生——名人论张竞生。半年后，钟永宁先生调往花城出版社任职，这个计划便不了了之。在此过程中，张培忠也多次与徐国强探讨由三联书店独力承担出版《张竞生全集》的可能性，由于资金和人力的限制，这个愿望也搁浅了。实践证明，陈平原先生十年前的预见充满文化建设的真谛和学术操持的智慧，是完全正确的。

2016年底，韩山书院开完"丘逢甲与近代中国文化"学术研讨会后，"岭东人文研究中心"决定把目标转向更为艰巨的任务，即集合韩山师范学院文学院乃至社会力量来共同整理并研究潮汕先贤张竞生博士的著作，为2019年张竞生诞辰一百三十周年纪念做些实实在在的事情。书院执行山长李伟雄先生说起少年时曾在"文革"批斗现场见过张竞生的场景，至今仍觉历历在目，而孔令彬和赵松元院长也各自于十多年前都曾拜访过张竞生的故居，对这位潮汕地区民国第一位哲学博士既充满了好奇，也深怀敬意。项目确定下来以后，就由孔令彬做了牵头人。

在专程去饶平黄冈拜会了张竞生的次子张超先生并获得他的支持后，2017年春天，孔令彬与李伟雄山长、赵松元院长两上广州，专门拜访了对张竞生研究倾注二十多年心血的张培忠。我们的想法是一致的，2019年需要用一套比较完整的张竞生作品集来纪念其诞辰一百三十周年，并召开一次真正意义上的学术会议，来进一步宣传和推动张竞生的研究。两次会谈，除了讨论《张竞生集》的顾问、编委会组成、出版社事宜外，还就几个重要的时间节点以及如何借此推动饶平县政府重视张竞生故居的修缮等问题，深入交换了意见，并达成共识，由张培忠担任文集的主编，从总体上指导接下来的编纂工作。之后，由于出版经费数额较大，一直无法落实，而编委会只能按兵不动，先熟悉一些张培忠馈赠的相关书籍材料。

转机出现在9月，项目得到了韩山师范学院学校领导的大力支持，从省市共建资金中解决了出版经费问题。于是，孔令彬与李伟雄、肖玉华等第三次上广州拜会张培忠，张培忠、孔令彬分别代表甲乙双方签订了"关于编辑出版《张竞生集》的合作协议"，协议规定甲方提供《张竞生集》基本稿件、拟定文集的基本框架，负责与张竞生先生家属联系的一切事宜，包括洽谈免除稿费以减轻出版负担、授权出版以及负责与三联书店联系的一切事宜；乙方承担出版所需资金，负责对文集分卷内容进行文字校对、编辑、录入、访书，委派各分卷主编以及其他相关事务；正式成立编委会，聘请中山大学党委书记陈春声教授、北京大学中文系陈平原教授、中山大学中文系林岗教授担任顾问，全面启动了《张竞生集》的编纂工作。

编后记

从广州返回潮州，分卷主编领取各自的任务和材料，在编委会上讨论了几条文字录入时的大体原则，便开始了紧张的录入文字工作。其时难度最大的仍在文献的搜集方面。既然是要做全集的打算，并且也许就只有这一次机会，本书顾问陈平原先生和北京三联的负责人均说了这样的话，使具体负责后期资料收集工作的孔令彬深感身上的压力非常大。尽管主编张培忠业已提供了大部分张竞生作品，包括从法国里昂图书馆找回早期最重要的作品——张竞生博士论文等，但要达到编撰全集的最低目标，也还有相当的工作要做，更遑论一网打尽的更高要求！

张竞生几乎从来不使用笔名，只署名"张竞生""竞生""竞"等，这就为我们在作品搜集时减轻了不少甄别的困难。再者，借助今天高度发达的网络资源及各种数据库，足不出户，已可解决许多前人看起来不可能完成的任务。另外，借助朋友圈，通过微信、邮箱等平台方式，我们把张竞生曾经生活或居住过的地方如新加坡、香港、上海、北京、广州、潮汕、台湾等地的朋友，都链接了起来。这一年来，在微信和邮箱中不时阅读传来的新发现，竟成了我们一种极快乐的享受。当然，还有大量材料的发现只能采用传统的手段，即到各地的图书馆去访查。北京、上海、广州、汕头等地图书馆是我们多次访问的地方，但由于种种原因，香港和新加坡两地的图书馆一直未能亲去查看，虽有朋友帮忙，仍留下许多的遗憾。

在访查搜集资料的过程中，哪怕是亲临，仍不能不感受到许多的遗憾和缺憾。如一些老报纸虽有存世，但由于保存不善，无法翻阅。中山大学珍藏馆的《群声报》，就仅能翻看一小部分，上海图书馆所藏的《上海夜报》由于损毁严重则被告知完全无法查阅。尤让人痛惜的是潮汕地区的老报纸、老杂志，百不存一。张竞生第一次回国执掌金山中学，乃至后来几次乡居，前后时间长达二十余年，其在地方报刊发表了大量文章，皆因多数报刊不存而成永远的遗憾。有时即使那些保存下来的老报刊，也多是断简残编，如不少连载文章，中间缺几期乃至被人剪掉开窗都十分常见。至于作者的书信、手稿，随着1953年作者一家彻底离开旧寨园到广州，被后来的各种运动损毁殆尽。1961年后，张竞生再次返乡居住近十年，去世时也因无亲人在跟前，所有遗物散失严重，成了永久的损失。此外，张竞生因《性史》一书备受争议，其著作被禁毁现象十分严重，也为资料的搜集带来了障碍，有时为了访查一部著作的原版，即使使出浑身解数亦难觅踪迹。

访查搜集资料的过程，其实也是一个逐渐辨伪的过程，其间有喜也有悲，很多时候是悲喜交集，有一得就有一失，最后总能把所存疑惑弄清楚！如张竞生的生年问题：传统认为是1888年，而经过我们的缜密考证则更定为1889年，就是我们此次搜集整理资料的收获之一，还有其他几个时间节点对学界传统观点的修正，都载在肖玉华博士修订的张竞生年谱中。至于张竞生的著作辨伪，就目前编者所知，假借张竞生之名发表的文章比较少见，仅有《幻洲》半月刊上一篇《论小衫之必要》，不仅属于假冒，甚至可以说是当时人的嫁祸。而冒名张竞生的著作类却十分的多，《性史》第一集之后的许多续集乃至《性艺》等，已经张竞生本人辩驳，其他假冒张竞生主编或著述的性书在二三十年代的大上海十分流行，如《性考》《性美集》《欲情爱火》《对待女子妙术》《爱的丛书》《热情的女人》等。甚至于20世纪50年代的香港励力出版社还曾假张竞生之名出过如《女人的引诱》《性的原理》《爱的结果》《性的知识》等书籍（编者均不辞辛苦从海外求来原书扫描件）。另外，还有一种盗版张竞生著作的现象，如1928年由美的书店发行的《爱情定则讨论集》，后被无良书商改名为《如此恋爱》《新杏花天》等名字盗版印行。此外，也有人认为属于张竞生佚作部分的《我的婚姻》《恋爱的卫生》等书，经我们的考证也均属子虚乌有。

出版《张竞生集》，是广东学术界、出版界、文化界的盛事。为了把项目实施好，今年4月7日，《张竞生集》编委会扩大会议暨张竞生国际学术研讨会筹备会在潮州市韩山书院召开。陈春声教授、陈平原教授、林岗教授三位顾问，韩山师范学院党委书记幸小涛先生，《张竞生集》编委会全体成员，以及生活·读书·新知三联书店、广东省文史研究馆、广东省档案馆、韩山师范学院、饶平县委等单位代表三十多人出席会议。会上，幸小涛书记致欢迎词后，张培忠汇报了编辑出版《张竞生集》的缘起构想，孔令彬汇报了文献搜集校注情况、肖玉华汇报了各分卷编辑情况；陈春声书记从政治把关、陈平原教授从学术规范、林岗教授从具体细节等方面提出意见；三联书店副总编辑郑勇先生、三联书店文化分社社长徐国强先生分别从出版的角度和责编的角度提出具体要求。会议临近结束时，张培忠建议陈平原教授为《张竞生集》撰写总序，大家纷纷鼓掌表示赞成。

会后，各项工作的进度进一步加快，而全书在体例方面，充分吸收了三位顾问的意见，尤其平原老师的建议，每卷均先专著后单篇，以写作或发表时间为序。随着资料搜集的深入，全书各卷内容也在做适当的调整，如合并了一些早期的分卷内容，增加了第九卷"杂卷"和第十卷"评论回忆"等方面的内容，第九卷还临时决定加入一份张竞生的年谱简编。至于原计划中的目录索引、人名索引等，因时间关系，实在无法按时完成，只能暂付阙如。

在文字录入方面，我们亦约定了几个原则。其一，使用新式标点。民国时期标点符号的使用与今天自有许多不同，录入时则一律改成新式标点。一些报纸文章一逗到底的情况，各卷主编根据文意斟酌修改。其二，校正错别字。民国时的报刊普遍存在错别字问题，我们的处理是直接在原文上改动，不再标识原文错误文字。有些民国时期的特殊别字，则尽量保留原貌。其三，模糊残缺处文字以"□"代替。整理录入文字时，若遇到报纸、杂志文字模糊不清或残破不齐等问题，所缺文字一律用"□"符号代替。其四，繁简字转换问题。本书全以简体字录入，由于繁体字、简体字并非一一对应，尤需提醒各位分卷主编注意。如"餘"对应"余"或"馀"，在"余"和"馀"意义可能混淆时，则仍用"馀"字。其五，外国文字、图表、插图等信息的录入。外国文字、字母符号大小写应确保准确无误,图表、插图等信息建议以扫描形式存其原貌,交由出版社处理。其六,为确保文集质量,文字录入时尽量以文章出版或发表时的原件为参考对象,即使那些已经被整理出版过的专著和文章,我们也要查找到原文并核对无误。以上是文字录入的几个原则。至于注释方面,则一律采用页下注形式,每页重新编排,注释要求尽量简洁。为确保注释信息的准确性与分布的平衡,由本文集第二主编肖玉华博士负责对注释进行统一修订,且力避重复。

经过多年持续不断的努力,特别是最近一年的紧张和辛苦工作,全书总算按时交稿并走完了出版前的基本流程,照例要说一些诚挚感谢的话。首先要感谢陈春声教授、陈平原教授、林岗教授俯允担任《张竞生集》顾问并提出许多宝贵意见;感谢陈平原教授在百忙中撰写总序;感谢三联书店副总编辑郑勇先生为本书的顺利出版所给予的大力支持和付出的辛勤劳动;感谢韩山师范学院提供资金支持和人力保障;感谢新加坡国立大学李志贤教授以及新加坡潮人陈传忠先生的无私帮助;感谢台湾"中央研究院"彭小妍研究员的大力支持;感谢陈平原老师的学生宋雪同学从美国帮我们传来珍贵的扫描文件;感谢香港大学冯平山图书馆提供的张竞生写给高伯雨的数十封信件,尤其让人动容的是老馆长刘诒恢先生夏日炎炎亲自送来一些相关的资料;感谢汕头市图书馆林维存先生给予我们的帮助,书院两位办公人员轮流去麻烦了他们半个月;感谢汕头金山中学校办的何大群老师替我们查找到十分珍贵的资料;感谢广东省文史馆、档案馆的鼎力相助和支持;感谢饶平县档案局余德州局长扫描送来许多珍贵的资料;更感谢张超先生无私贡献出珍藏多年的私人材料,以及张竞生先生家族后人提供的各个方面的宝贵支持;也感谢在资料搜集过程中所有认识和帮助我们的新老朋友;最后要感谢的是我们团队的同事们和为文字录入工作做出重要贡献的韩师文学院的同学们!因为张竞生我们走到了一起,让我们真诚感恩所有遇到的有缘人!当然,囿于水平和眼界,全集还存在诸多这样或那样的缺点，加之时间所限，因此，更多材料的发现，尚祈盼学界有心之士于我们之后，更上一层楼。是所望于诸公！

值此改革开放四十周年之际，在习近平新时代中国特色社会主义思想照耀中华民族伟大复兴道路的新征程中，明年春我们将迎来张竞生先生诞辰一百三十周年，编辑出版《张竞生集》，可谓欣逢盛世，正当其时，既告慰先贤，又启迪来者，意义非凡，影响深远，特为之记！

张培忠　孔令彬
2018 年 10 月 6 日